拱北海关年鉴
2023

《拱北海关年鉴（2023）》编纂委员会　编

中国海关出版社有限公司
·北京·

图书在版编目（CIP）数据

拱北海关年鉴.2023/《拱北海关年鉴（2023）》编纂委员会编.—北京：中国海关出版社有限公司，2024.4

（中国海关史料丛书）

ISBN 978-7-5175-0769-7

Ⅰ.①拱… Ⅱ.①拱… Ⅲ.①海关—珠海—2023—年鉴 Ⅳ.①F752.55-54

中国国家版本馆CIP数据核字（2024）第061192号

拱北海关年鉴（2023）

GONGBEI HAIGUAN NIANJIAN（2023）

作　　者：《拱北海关年鉴（2023）》编纂委员会	
责任编辑：傅　晟	
责任印制：孙　倩	
出版发行：中国海关出版社有限公司	
社　　址：北京市朝阳区东四环南路甲1号	邮政编码：100023
编 辑 部：01065194242-7502（电话）	
发 行 部：01065194221/4238/4246/5127（电话）	
社办书店：01065195616（电话）	
https：//weidian.com/?userid=319526934（网址）	
印　　刷：北京新华印刷有限公司	经　　销：新华书店
开　　本：889mm×1194mm　1/16	
印　　张：24.875	字　　数：560千字
版　　次：2024年4月第1版	
印　　次：2024年4月第1次印刷	
书　　号：ISBN 978-7-5175-0769-7	
定　　价：240.00元	

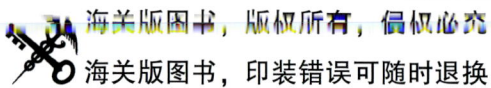

《拱北海关年鉴（2023）》编纂委员会

主 任 委 员 詹少彤

副 主 任 委 员 于 彬　唐永飞　杨 海　彭伟鹏　赖伟忠
　　　　　　　　陈 文　李伟丰

编纂委员会委员（按姓氏笔画排序）

马晓青　王欣宁　王种瑞　王景伟　韦 江
卢一宁　乐海洋　吕 骥　刘靖毅　李伟刚
李春富　杨梓光　肖 谦　吴长坤　吴永发
吴晓晖　邱敬雄　何智勇　张 琳　张立威
张展辉　陈幼朋　陈智波　陈德镁　林继灿
罗 宁　罗 荣　罗华鑫　周 玲　周坡盛
周晓雷　胡 媛　宦 萍　徐少凡　翁林佳
高 杨　高 琪　郭云玲　黄向荣　黄尚群
梁 斌　曾广雄　曾东宇　曾丽红　赖子平

《拱北海关年鉴（2023）》编辑部

总　　　编　杨　海

副　总　编　周坡盛　胡　媛

执 行 主 编　陈进利

执行副主编　许　青　赖　梅　王天颖

图 片 编 辑　江　莉

特 邀 编 辑　阳晓儒

撰　稿　人（按姓氏笔画排序）

　　　　　　　丁　冰　于　波　马　玲　马艺虓　马钊悦
　　　　　　　马轶先　丰　鹏　王　环　王　峥　王　凌
　　　　　　　王　婧　王　琳　王　博　王　鹏　王子韵
　　　　　　　王叶龙　王明月　王淑慧　王越然　王媛慧
　　　　　　　毛雁莹　方博锐　孔飞扬　邓　璐（风控分局）

邓　璐（高栏海关）	邓健明	甘　森	艾文宇	
石振龙	鑫	龙含卉	龙佳胤	卢　金
卢路遥	田　禾	付治政	冯燕禧	宁向超
宁旭洲	曲明明	朱　燕	朱伟铭	朱华霞
朱利军	朱林林	朱家兴	伍秋琳	伍梦惠
任汉毅	向英杰	刘　伟	刘　苾	刘　奇
刘　莹	刘　舰	刘　婷	刘书湘	刘永毅
刘亚平	刘伟淳	刘伊峰	刘启恒	刘坤宇
刘佳苑	刘恭源	刘菲菲	刘潇潇	刘德华
江　舟	池奕霖	许　磊	许伯然	许佳铤
许建君	许家祺	阮新武	孙　斌	孙文静
孙宗林	孙紫薇	苏晓珊	苏海波	李　娟
李　婧	李　霖	李日晴	李贝贝	李升亮
李正刚	李贞颖	李冰洁	李卓然	李泽华
李艳芬	李晓明	李海洋	李康怡	李朝钊
李锦尧	李新宝	杨　旭	杨　亮	杨　娜
杨　敬	杨凯帆	杨益涵	杨婧如	杨骐宁
吴　宇	吴　颖	吴启欣	吴劲松	吴松林
吴杰奋	吴思婷	吴梦楠	吴登云	吴锦橙
何　慧	何人敬	何志斌	何洪磊	余　念
邹衍煜	汪剑廷	汪海波	宋　怡	宋杰青
张　扬	张　杰	张　锐	张　霭	张　曦
张一欢	张玉阳	张宇恒	张红峰	张佩玲
张春华	张睿旎	陈　芝	陈　伟	陈　庭
陈　健	陈　浩	陈　敬	陈　馥	陈永康
陈宇彤	陈进利	陈志泽	陈胜相	陈敏凤
陈新彬	陈煜东	陈震宇	邵惠子	范满昌
林妍燕	林旺南	郁　涛	罗河斌	罗瑞玲

金宁	周涛	周睿颖	庞荃元	郑云程
郑争鸣	郑妍婷	郑秋纯	屈美琳	孟明
孟庆雨	赵希璇	胡昕	胡焱	胡昕鑫
胡荣镇	钟文	侯佳森	俞海敏	施宽
施嘉民	祝超漾	姚雷	袁同雄	顾德谦
徐威	徐尚菲	徐国英	徐海强	徐紫菁
徐媛媛	殷悦	高丹	郭文静	郭克野
唐小骅	涂承宁	黄宁	黄媛	黄颖
黄靖	黄云君	黄孝永	章鹏飞	梁凯
梁华振	梁志宽	梁志璇	梁涛立	梁海锋
董文卉	韩硕	程志航	曾川	曾兵
曾剑	曾海	曾晓俊	温阳蕾	谢俏霞
鄢佳紫	赖书缘	詹畅	鲍斐	蔡杉
蔡畅	蔡俊	蔡文舒	蔡昭衡	廖钧杰
熊英	黎典	潘肇仪	戴亮	魏峰

编辑说明

一、《拱北海关年鉴》是拱北海关主办、拱北海关年鉴编纂委员会承编的行业性综合年鉴，自2022年起开始编纂，逐年出版。《拱北海关年鉴》坚持以习近平新时代中国特色社会主义思想为指导，系统总结海关历史经验，坚持依法依规编纂，全面、客观记录新时代拱北海关改革发展历程，充分发挥年鉴存史、资政、育人作用。

二、《拱北海关年鉴（2023）》记述时限为2022年1月1日至12月31日。少量内容因编纂需要适当上溯。

三、《拱北海关年鉴（2023）》采用分类编辑法。主体内容设类目、分目、条目3个结构层次，以条目作为记述的基本形式。不同层次的标题，通过字体、字号和版式设计加以区别，条目标题统一用黑体字加"【】"标示，便于读者查阅。

四、《拱北海关年鉴（2023）》设有类目10个、分目39个、条目424个及相关资料（图片、表格）230余张（份）。

五、《拱北海关年鉴（2023）》单位名称、标点符号、统计数据均按国家有关规定执行，计量单位采用国家法定计量单位和国际单位，技术规范、专业名词符合相关规范要求。货币单位为"元"的，均指人民币。

六、《拱北海关年鉴（2023）》所载内容和数据，由拱北海关各有关单位、部门专人撰写或提供。数据以统计部门提供的为准，未列入统计范围的以业务主管部门提供的为准。百分比用"增长""下降"，绝对数用"增加""减少"。因四舍五入原因，存在个别合并项与分项和之间略有差异。如与年度发布统计数据有所出入，以发布数据为准。

七、《拱北海关年鉴（2023）》配备双重检索系统，卷首设目录，卷末附索引。

海关专题图片
领导活动

∧ 2022年1月13日，拱北海关党委书记、关长刘晓辉（中）主持召开拱北海关2021年度党组织书记述责述廉述党建现场会，党委委员李峰（右二）、何宏恺（左二）、于彬（右一）、沈善庚（左一）参加　　　　　　　　　　（张建林　摄）

∧ 2022年11月14日，拱北海关举行党委理论学习中心组学习会，党委书记、关长詹少彤（左三）领学并带头交流学习体会，党委委员于彬（右三）、杨海（左二）、彭伟鹏（右二）、赖伟忠（左一）、李伟丰（右一）参加。图为学习会后合影　　　　　　　　　　（张建林　摄）

∧ 2022年1月5日，拱北海关关长刘晓辉（左四）与该关第20届全国青年文明号单位代表合影
（俞波 摄）

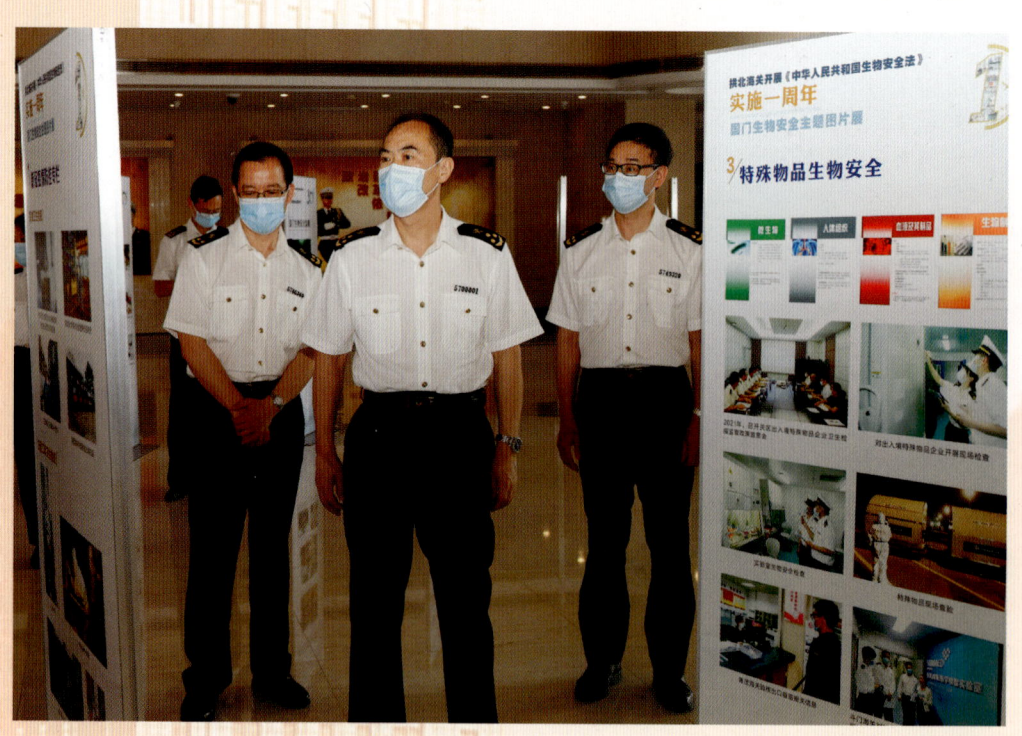

∧ 2022年4月21日，拱北海关关长刘晓辉（中）参观该关纪念《中华人民共和国进出境动植物检疫法》颁布实施30周年、《中华人民共和国生物安全法》颁布实施1周年暨"国门生物安全"主题图片展
（张建林 摄）

∧ 2022年10月1日,拱北海关关长詹少彤(左一)检查国庆节期间值班值守工作并慰问干部员工。图为实地察看湾仔中途监管站　　　　　　　　　　　　　　　　　　　　（张建林　摄）

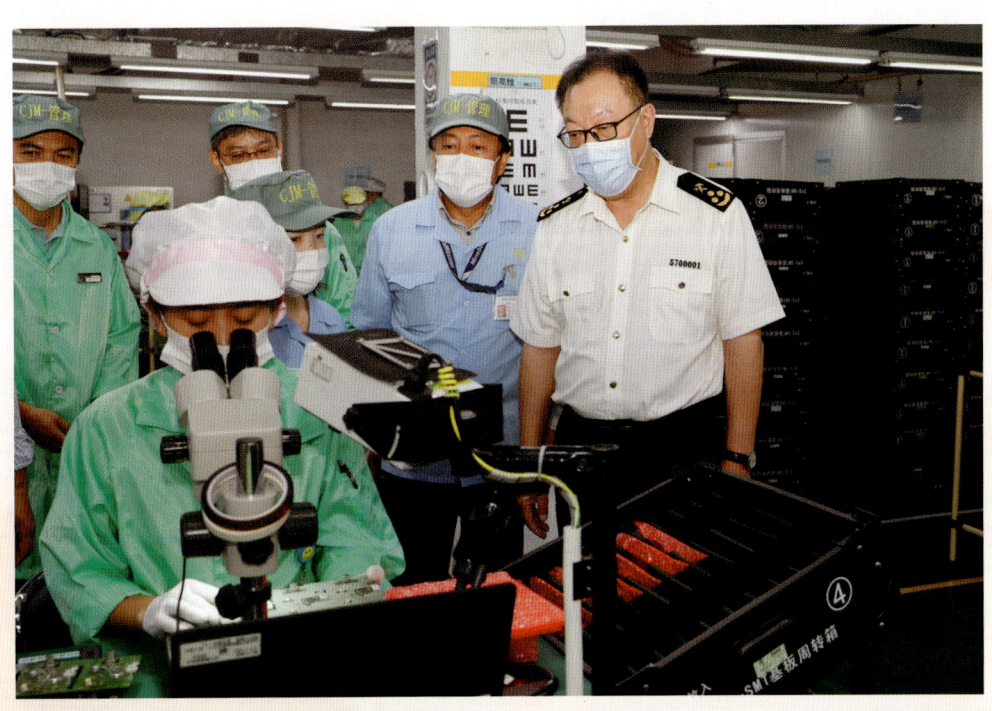

∧ 2022年9月22日,拱北海关关长詹少彤(右一)到企业调研,了解企业生产经营情况,听取企业对海关工作意见建议和相关诉求。图为实地参观企业生产车间　　　　（张建林　摄）

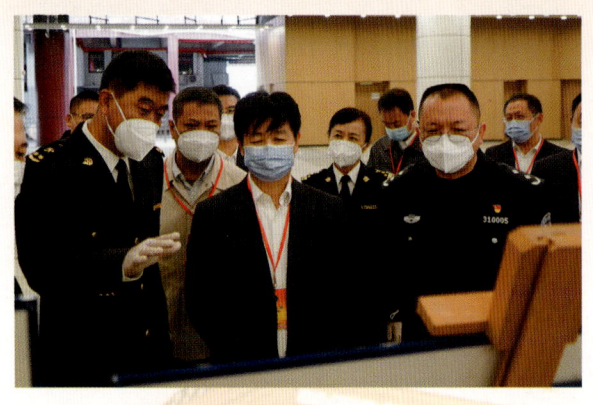

2022年1月26日,拱北海关一级总监(原副关长)李峰(前排左一)陪同珠海市委书记吕玉印(前排左二)到拱北口岸检查疫情防控工作　　(刘文　摄)

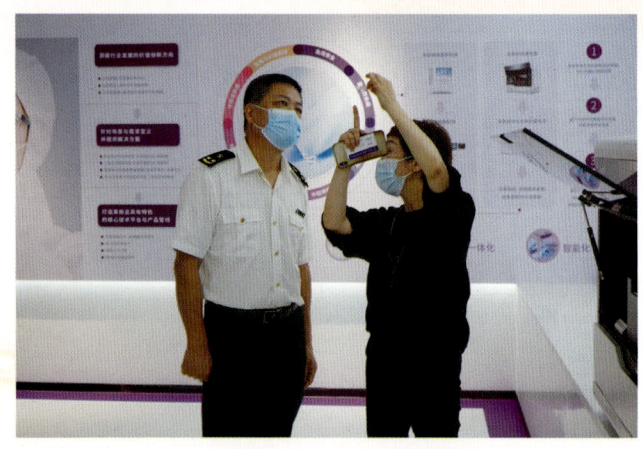

2022年6月2日,拱北海关副关长何宏恺(左)到企业调研,介绍海关促进外贸保稳提质工作措施,听取企业对海关工作意见建议和相关诉求　　(陈永康　摄)

2022年6月6日,拱北海关政治部主任于彬(前排中)先后到企业、中山海关、中山港海关调研,宣讲海关促进外贸保稳提质工作措施,现场解答企业相关问题。图为实地参观中山海关驻石歧办事处文化长廊　　(黄妙双　摄)

2022年1月25日,拱北海关原党委纪检组组长沈善庚(前排右)在拱北海关参加2022年全国海关纪检监察工作会议　　(张建林　摄)

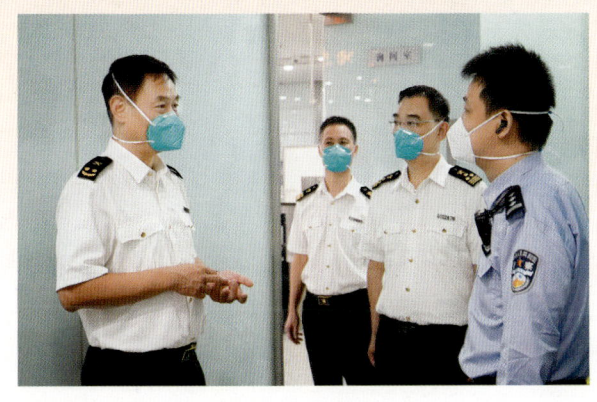

∧ 2022年11月26日,拱北海关副关长杨海(左一)到拱北海关所属闸口海关调研,实地察看拱北口岸进出境健康申报区等区域。图为在现场了解口岸通关客流、打击"水客"走私等工作情况 （刘文 摄）

∧ 2022年11月22日,拱北海关副关长彭伟鹏(中)参加该关支持和服务横琴粤澳深度合作区建设专题会议暨政策研究骨干团队工作会议 （陈冬晓岚 摄）

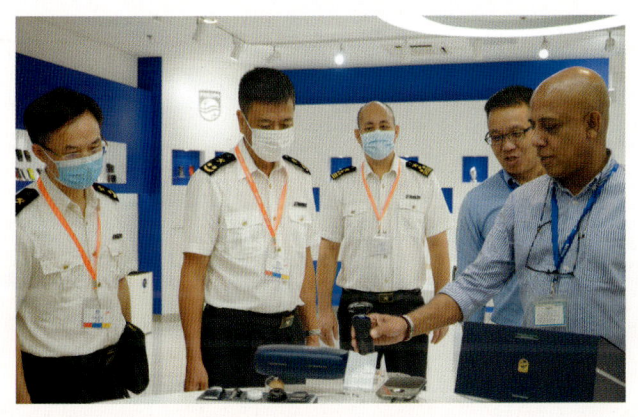

∧ 2022年9月21日,拱北海关党委纪检组组长赖伟忠（左二）到企业开展促进外贸保稳提质专题调研 （周佳慧 摄）

∧ 2022年10月26日,拱北海关副关长李伟丰(中)到横琴海关调研指导工作。图为在横琴海关三级监控指挥中心听取监控工作汇报 （杜俊辉 摄）

铸忠诚

∧ 2022年10月16日，拱北海关领导干部收听收看中国共产党第二十次全国代表大会开幕会
（张建林 摄）

∧ 2022年10月16日，拱北海关事业单位干部集中收听收看中国共产党第二十次全国代表大会开幕会
（拱北后勤中心、拱北技术中心、珠海保健中心、数据分中心　供图）

< 2022年10月16日，闸口海关组织该关干部集中收听收看中国共产党第二十次全国代表大会开幕会　（梁倩　摄）

∧ 2022年9月16日，拱北海关召开统筹口岸疫情防控和促进外贸稳增长工作指挥部会议暨支持和服务横琴粤澳深度合作区建设专题工作会议

（张建林 摄）

∧ 2022年11月3日，拱北海关关领导参加拱北海关办公室党支部专题学习交流会

（俞波 摄）

∧ 2022年5月23日,拱北海关召开"海关重点项目和财物管理以权谋私"专项整治工作推进会 （张建林 摄）

∧ 2022年3月8日,拱北海关机关党委组织"政治机关建设大家谈"活动。图为第一期活动现场 （张建林 摄）

∧ 2022年9月29日,拱北海关召开国庆节期间疫情防控应急处置综合汇演暨防控工作调度会 （张建林 摄）

∧ 2022年10月28日,中山港海关在该关"青篱"国门生物安全教育基地党史长廊开展"我与党的二十大"主题党日活动

（俞波 摄）

∧ 2022年10月26日,青茂海关组织开展与党的二十大代表交流座谈会。图为青茂海关部分党员干部与珠海市香洲区拱北街道茂盛社区党委书记、居委会主任杨斌一行座谈交流

（刘晓萍 摄）

< 2022年11月25日，拱北海关内务督察轮值单位开展日常内务督察

（马晓青 摄）

^ 2022年6月10日，中山港海关综合业务一科进行队列训练 （俞波 摄）

< 2022年9月21日，青茂海关基层党组织开展党的政治理论学习
（俞波 摄）

> 2022年8月2日，拱北海关团委组织团员青年开展廉洁从政教育实训活动
（邱雯娟 摄）

< 2022年8月18日，拱北海关团委组织青年干部谈廉洁座谈会 （邱雯娟 摄）

^ 2022年8月31日,拱北海关向乡村振兴对口帮扶的茂名市高州市分界镇捐赠图书　　　　（李昕婷　摄）

^ 2022年6月22日,拱北海关团委组织团员青年开展乡村振兴助学活动。图为向帮扶地区学校捐赠书籍现场　（邱雯娟　摄）

担使命

^ 2022年4月25日,港珠澳大桥海关关员验放中央援港抗疫物资

∧ 2022年3月6日，湾仔海关关员验放援港抗疫物资　　　（许曼　摄）

（林昌锋　摄）

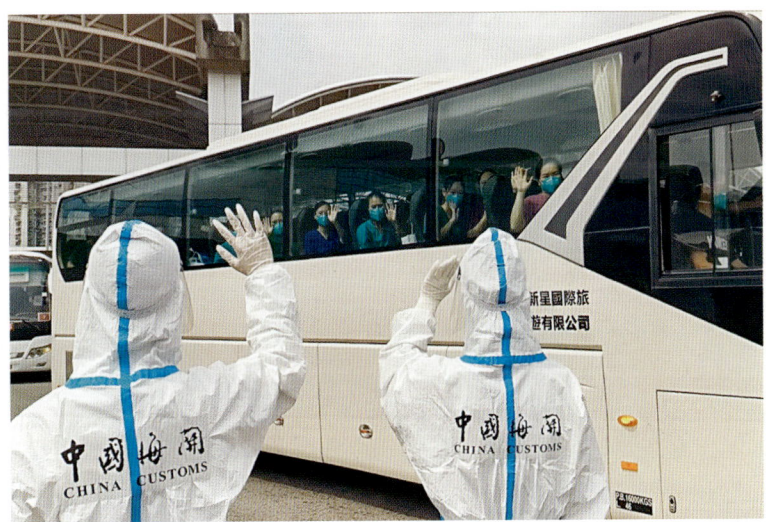

∧ 2022年7月29日，闸口海关为广东省支援澳门核酸检测采样队提供便捷通关服务
　　　　　　　　　　　　　　　　　　　　　　　　（刘文　摄）

∧ 2022年10月3日,拱北海关对供澳门水果实施"企业集中申报＋海关安全风险监测＋属地、口岸海关协同监管"新模式。图为香洲海关关员查验新监管模式下首批供澳门水果 　　　　　　　　　　　　　　　（俞波 摄）

∧ 2022年10月11日,闸口海关关员查验供澳门蔬菜
（俞波 摄）

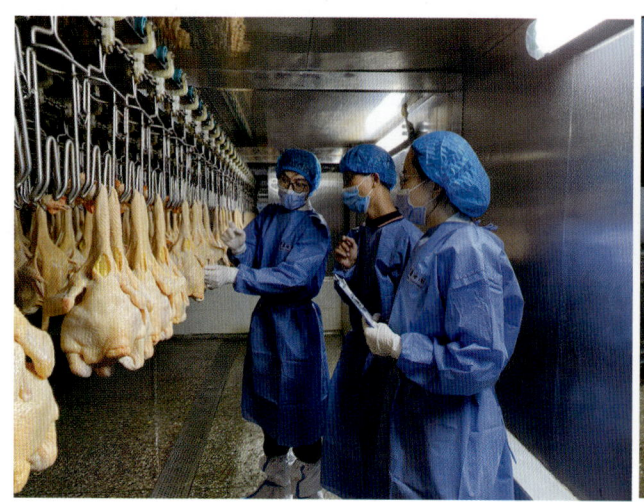

∧ 2022年11月24日,斗门海关关员对供澳门冰鲜禽肉进行属地监管 　　　　　　　　　　　（陈翰梓 摄）

∧ 2022年11月24日,斗门海关关员检查供澳门活猪
（杨俊英 摄）

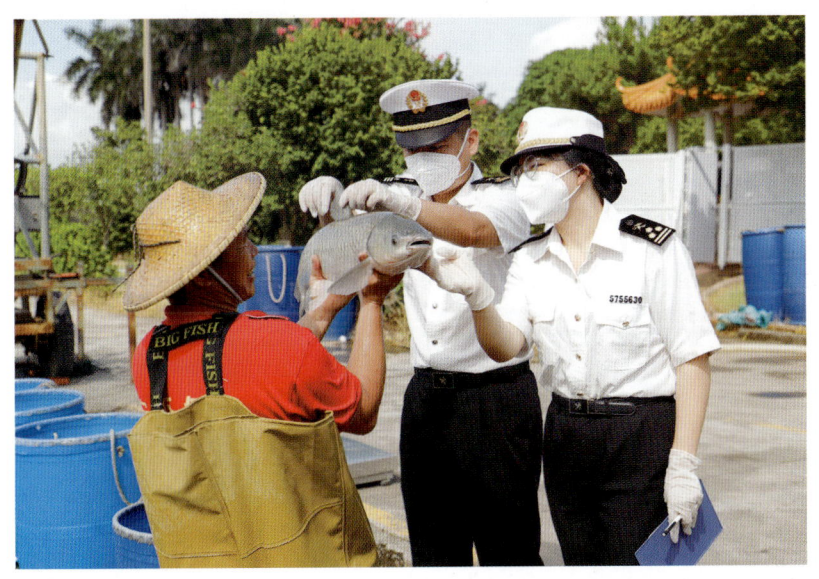
< 2022年6月24日，中山海关关员检查供港活鱼　　（何雪雁　摄）

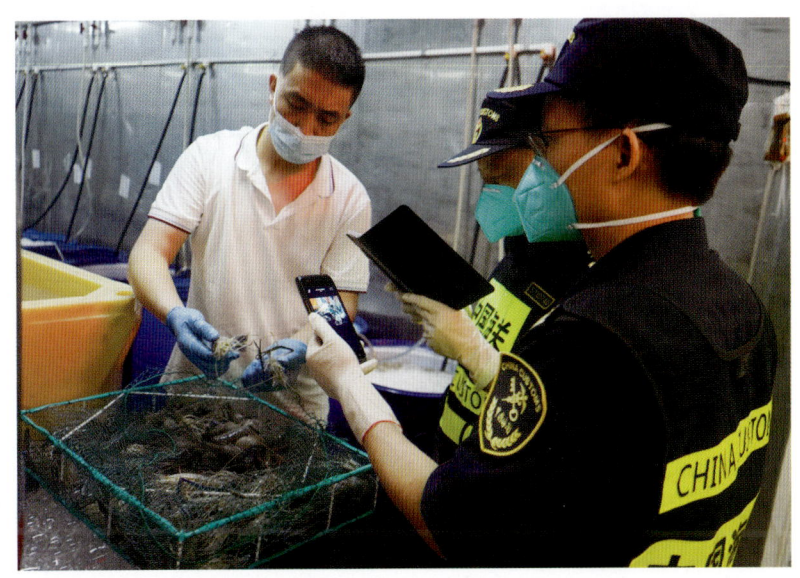
> 2022年10月1日，港珠澳大桥海关关员查验供港鲜活水产品　　（叶玉剑　摄）

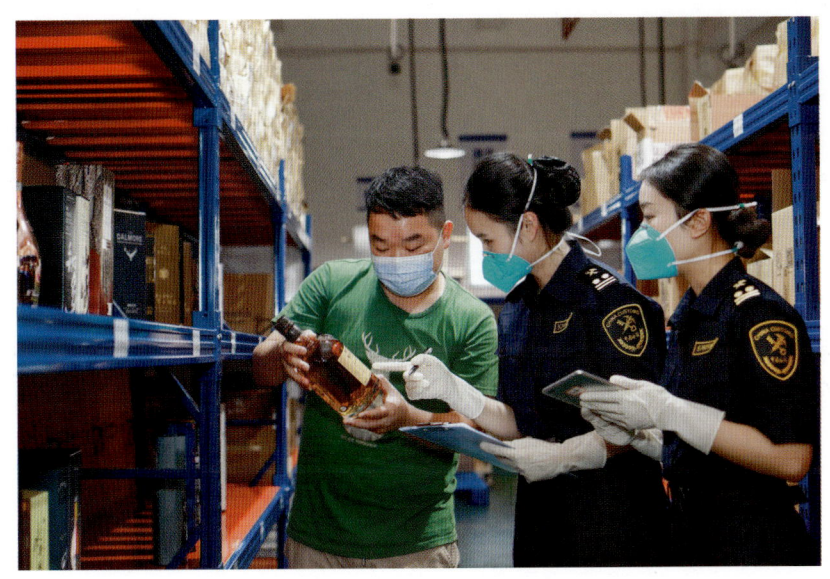
< 2022年9月21日，青茂海关关员监管进口酒类产品　　（俞波　摄）

∧ 2022年11月14日,港珠澳大桥海关关员查验参加澳门格兰披治大赛车的暂时出境赛车　　　　（林昌锋　摄）

< 2022年1月10日,湾仔海关关员监管参加澳门国际
　帆船赛的帆船　　　　　　　　　　（许曼　摄）

> 2022年10月28日,港珠澳大桥海关关员查验供澳门新能
　源公交车　　　　　　　　　　　　（林昌锋　摄）

∧ 2022年10月21日,"粤港澳大湾区组合港""珠海斗门—深圳蛇口"项目启动。图为斗门海关关员在斗门港码头对该项目首票货物开展现场监管　　　　　　　　　　　　　　　　　　　　　　　　　　　　（周佳慧　摄）

∧ 2022年8月16日,中山港海关关员在小榄港监管"中山小榄—深圳蛇口"组合港首航货物　　　（吴炎　摄）

∧ 2022年5月25日,中山港海关关员监管"粤港澳大湾区组合港"模式出口货物装船　　　（何柯伦　摄）

∧ 2022年11月30日,"高栏港—盐田港"内外贸集装箱同船运输业务首航。图为高栏海关关员在高栏港国际货运码头开展现场监管（冯校圣　摄）

^ 2022年1月20日,高栏海关关员到企业开展出口危险化学品属地查检工作 （高栏海关 供图）

^ 2022年11月15日,香洲海关关员对进口成套设备开展现场监管 （俞波 摄）

^ 2022年11月25日,中山海关关员对进口机电产品零配件开展现场监管 （何雪雁 摄）

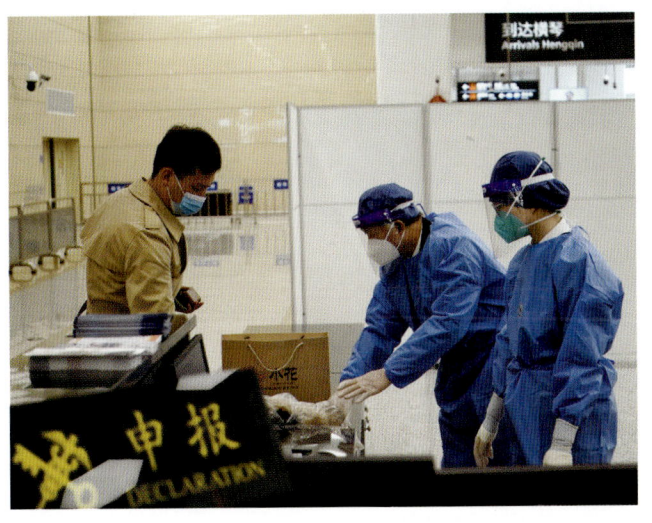

^ 2022年1月21日,横琴海关关员检查入境旅客随身携带物品　　　　　　　　　　　　　　（徐梦超　摄）

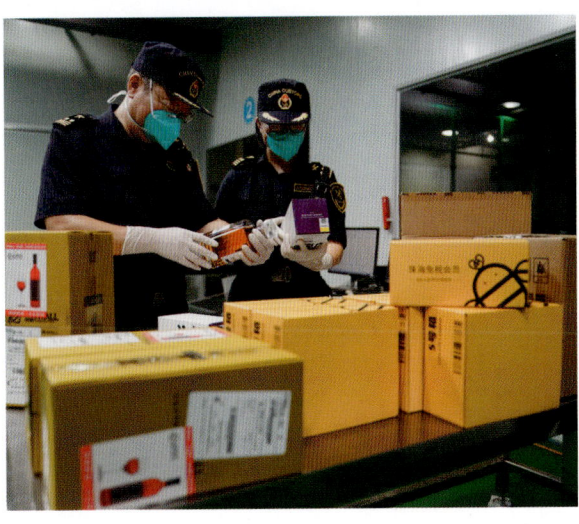

^ 2022年11月8日,青茂海关关员查验跨境电商进口包裹　　　　　　　　　　　　　　（高奇瑞　摄）

^ 2022年9月13日,高栏海关关员查验进口铁矿砂　　　　　　　　　　　　　　　　　　（林雅静　摄）

守国门

∧ 2022年11月14日，中央电视台《新闻直播间》播出拱北海关新闻：《我国首次截获全球新物种》
（中山港海关　供图）

∧ 2022年9月14日，中山港海关关员在中山港航运码头对进境原木开展输入性病媒生物监测　（施宽　摄）

∧ 2022年9月15日，珠海保健中心病媒生物实验室人员对入境截获的病媒生物进行形态学鉴定
（陈健　摄）

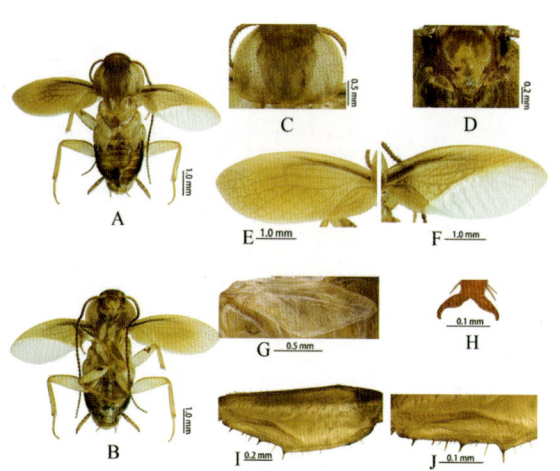

∧ 2022年10月20日，《中国媒介生物学及控制杂志》发表论文《首次截获2种国内未见分布拉丁蠊属（Latindiinae: Latindia）蜚蠊的形态学鉴定》，记录了全球首次报道拉丁蠊属蠊种（Latindia sp.nov.），为中山港海关在进境原木中截获。图为论文中该拉丁蠊属蠊种标本形态学鉴定组图　（李婷婷　摄）

△ 2022年1月6日,闸口海关关员在进境旅客携带物中查获濒危植物岩牡丹一批　　（俞波 摄）

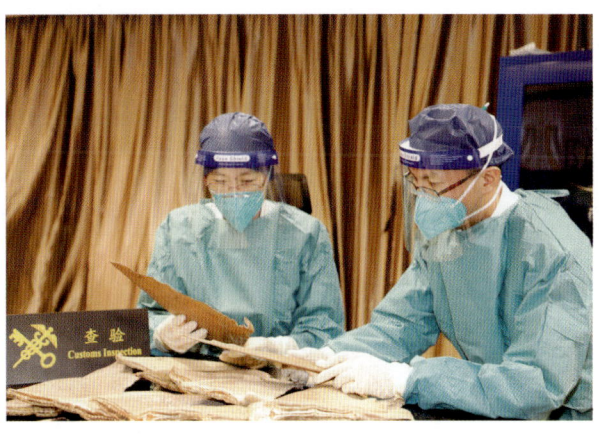

△ 2022年8月30日,青茂海关关员在进境旅客携带物中查获濒危动物鱼翅制品　　（范冬妮 摄）

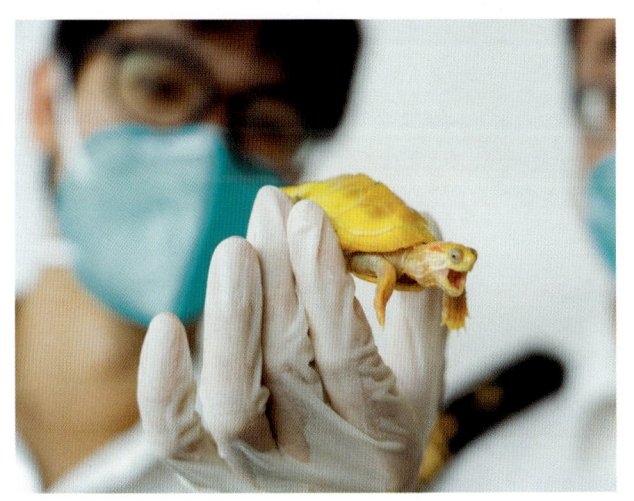

△ 2022年10月21日,港珠澳大桥海关关员在进境客车中查获外来物种活体龟2017只。图为查获的巴西红耳龟　　（林昌锋 摄）

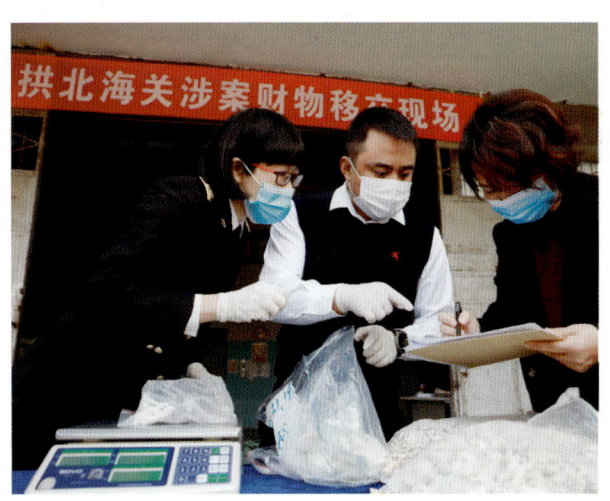

△ 2022年12月2日,拱北海关向珠海市农业农村局移交一批涉案濒危水生动物制品　　（俞波 摄）

∧ 2022年，拱北海关缉私局开展"清湾2022-1""双反"系列行动，严打粤港澳海上跨境走私。图为部分案件查获现场

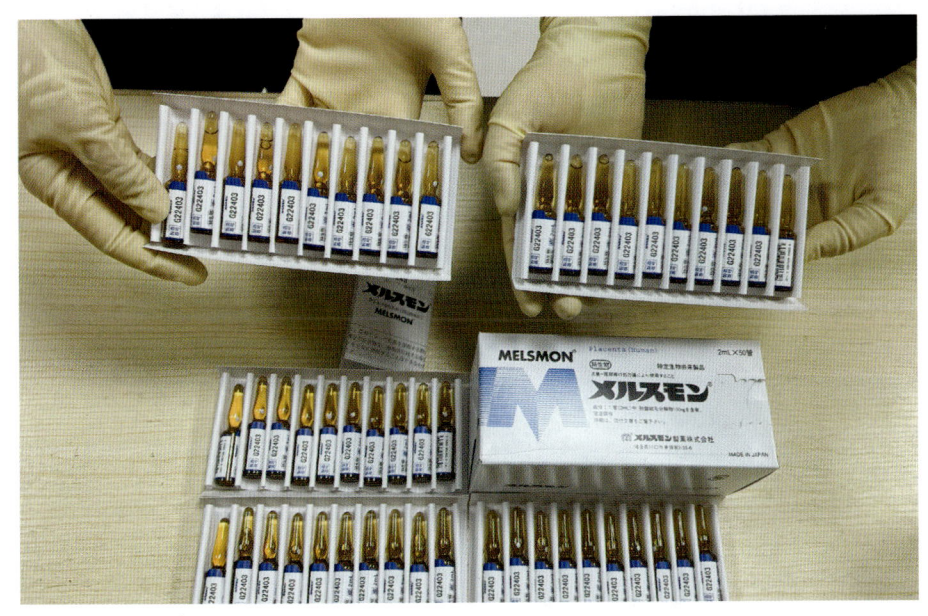

< 2022年10月7日,九洲海关关员在进境邮件中查获限制进境物品人体胎盘素50支 （赵子涵 摄）

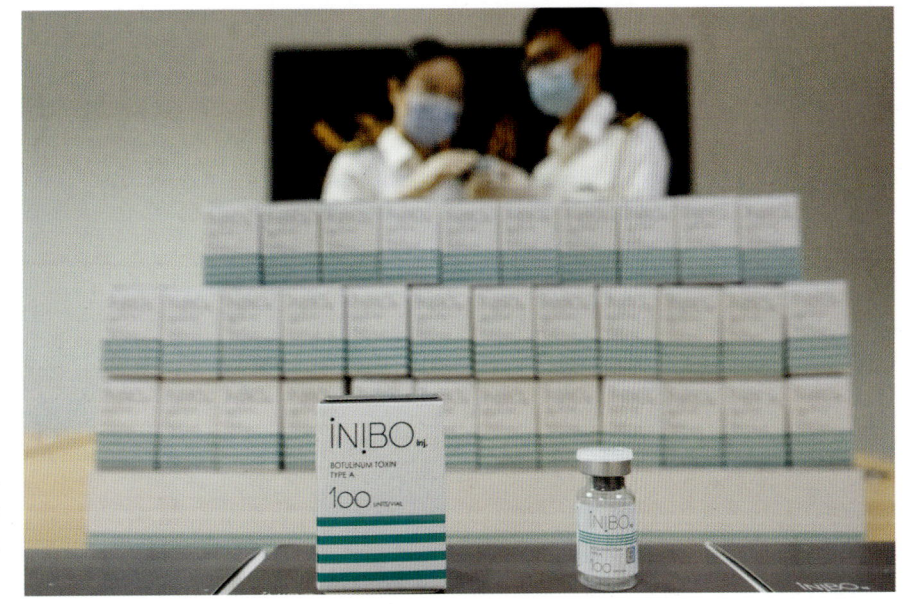

> 2022年9月15日,港珠澳大桥海关关员在进境旅客携带物中查获限制进境物品肉毒素注射剂60支 （林昌锋 摄）

< 2022年11月29日,横琴海关关员查获跨境客车司机违规携带新鲜水果进境 （徐梦超 摄）

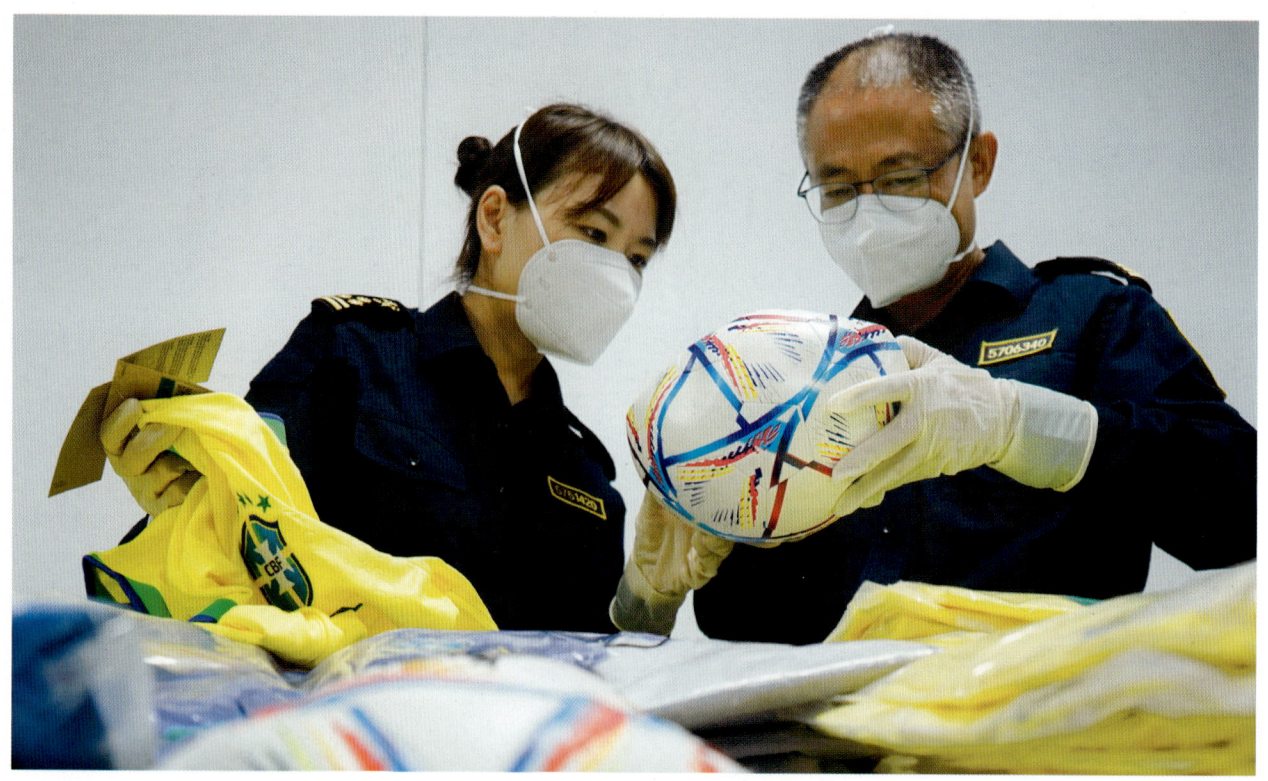

∧ 2022年11月18日,横琴海关关员查获涉嫌侵犯世界杯知识产权的出口球衣和足球827件。图为关员在检查查获物品

(徐梦超 摄)

< 2022年3月21日,九洲海关关员在出境邮件中查获涉嫌侵犯奥林匹克标志专有权的"冰墩墩"钥匙扣、玩偶一批

(阮莛欣 摄)

> 2022年10月31日,湾仔海关关员查获涉嫌侵犯知识产权的出口碳粉盒1308个。图为关员在清点查获物品

(许曼 摄)

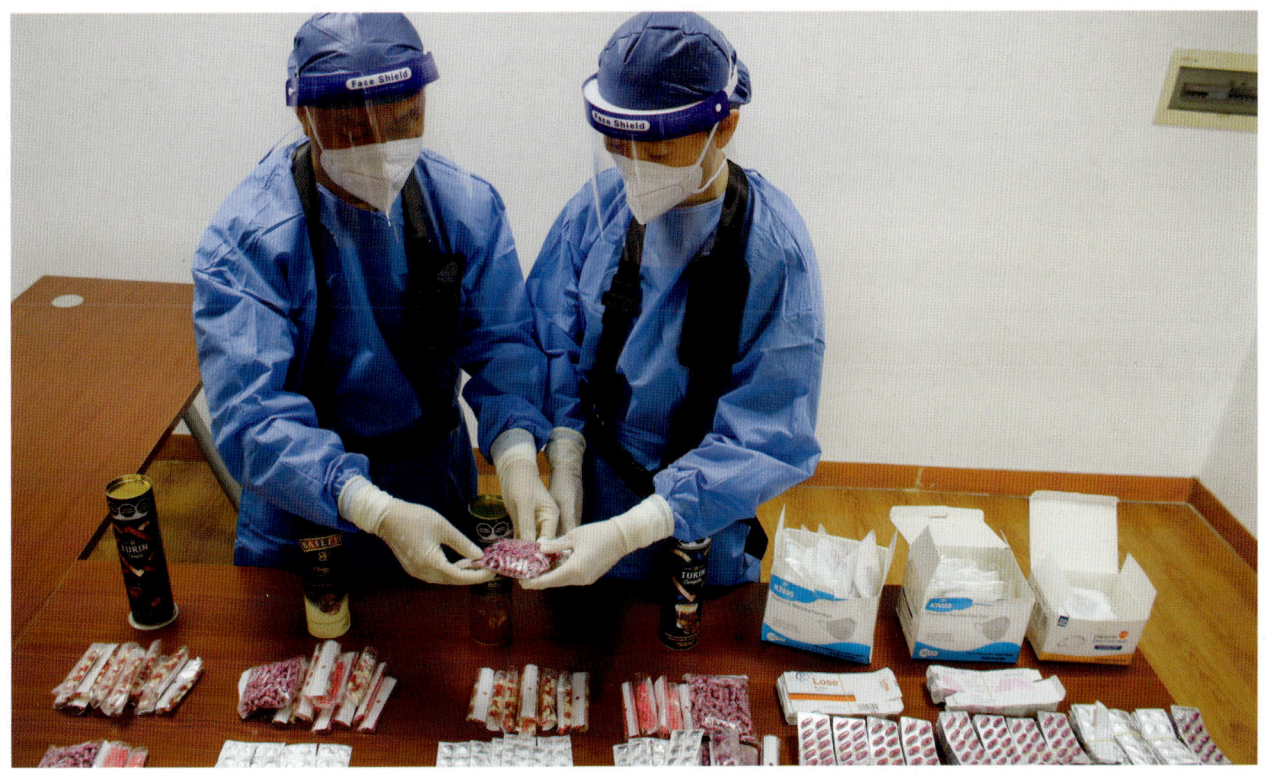

∧ 2022年6月17日,九洲海关关员在过境邮件中查获国家管制精神药品1980粒　　　　　　　　　　（张锐　摄）

> 2022年1月19日,港珠澳大桥海关关员在进境客车中查获未经加工人体毛发120千克　　　　　　　　　（林昌锋　摄）

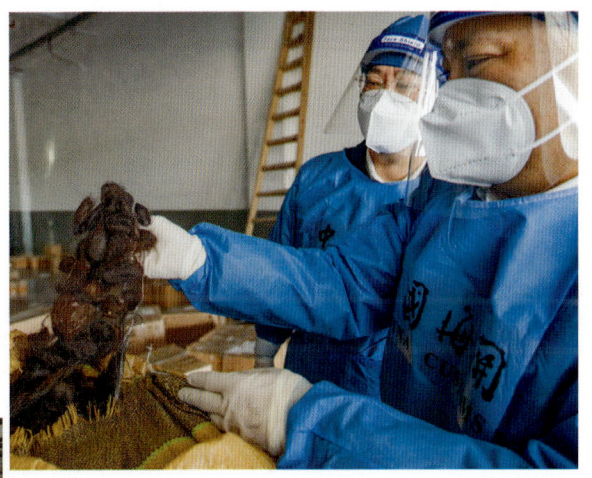

< 2022年8月29日,中山港海关关员在进境渠道查获被污染废纤维固体废物46吨　　　（赵艳菲　摄）

促发展

∧ 2022年10月28日,拱北海关召开10月外贸形势分析会议　　　　　　　　　　　　　　　　　　　　　　　　（张建林 摄）

∧ 2022年5月16日,拱北海关关领导参加中山市药品进口口岸启动暨首批药品通关仪式　　　　　　　（施宽 摄）

∧ 2022年8月30日,珠海高栏港综合保税区顺利通过预验收。图为拱北海关关领导参加珠海高栏港综合保税区预验收纪要签署仪式　　　　　　　　　　　　　　　　　　　　　　　　　　　　（俞波　摄）

∧ 2022年8月8日,中山海关、中山港海关联合中山市南头镇举办海关知识产权保护工作室揭牌仪式暨促进外贸保稳提质座谈会　　　　　　　　　　　　　　　　　　　　（何雪雁　摄）

∧ 2022年1月1日零时,中山海关为中山立中制衣有限公司签发拱北关区首份《区域全面经济伙伴关系协定》(RCEP)出口原产地证书　　　　(何雪雁　摄)

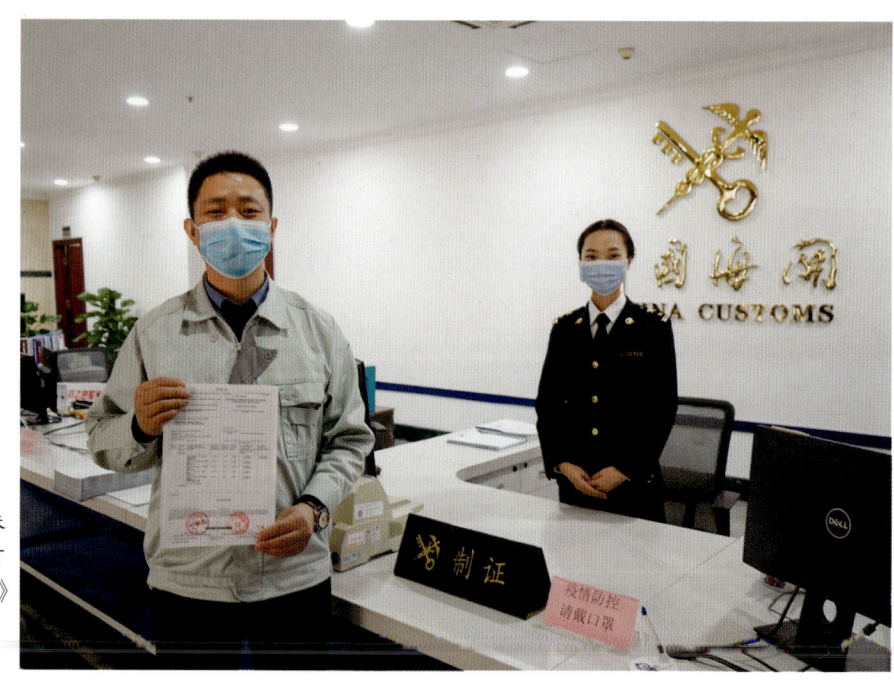

＞ 2022年1月1日,香洲海关为珠海松下马达有限公司签发珠海首份《区域全面经济伙伴关系协定》(RCEP)出口原产地证书

(陈永康　摄)

∧ 2022年11月25日，拱北海关关员参加中国海关与菲律宾海关对中国"经认证的经营者"（AEO）企业线上互认观摩　　（孔瑾　摄）

∧ 2022年3月1日，中山海关关员到企业开展"经认证的经营者"（AEO）政策指导　　（黄妙双　摄）

∧ 2022年5月15日，拱北海关稽查处赵希璇成为世界海关组织法语"经认证的经营者"（AEO）预认证专家　　（赵希璇　供图）

^ 2022年9月30日,拱北关区首个"跨境电商网购保税进口+展示交易"项目落地中山。图为中山海关关员监管该模式下跨境电商物品　　　（黄妙双　摄）

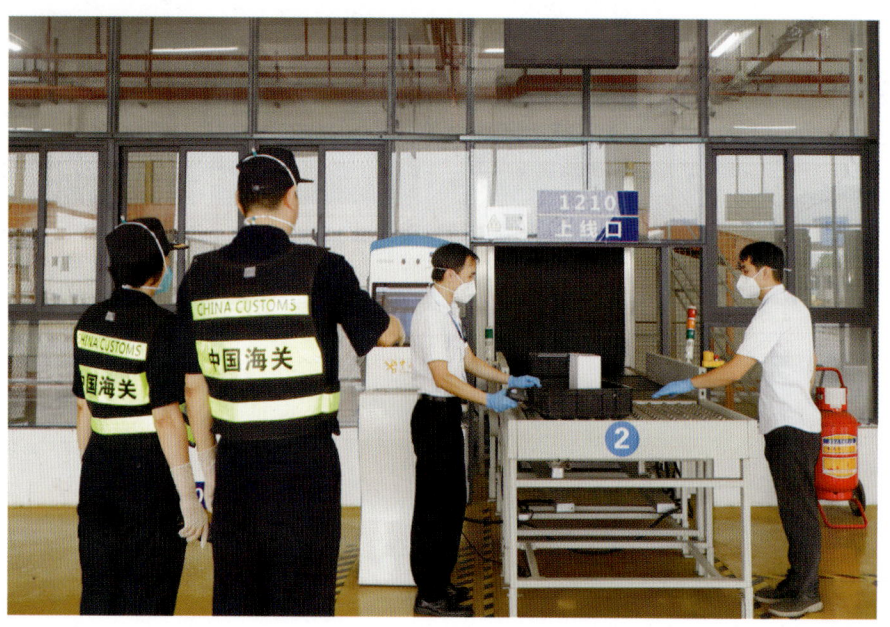

^ 2022年9月30日,中山海关积极推动珠西地区首个"跨境电商网购保税进口+展示交易"项目落地中山,让消费者跨境购物更为便捷。图为中山海关关员巡查保税展示门店　　　（黄妙双　摄）

△ 2022年9月28日，拱北海关关员为高科技企业提供政策指导 （俞波 摄）

△ 2022年5月11日，拱北海关关员到企业调研 （俞波 摄）

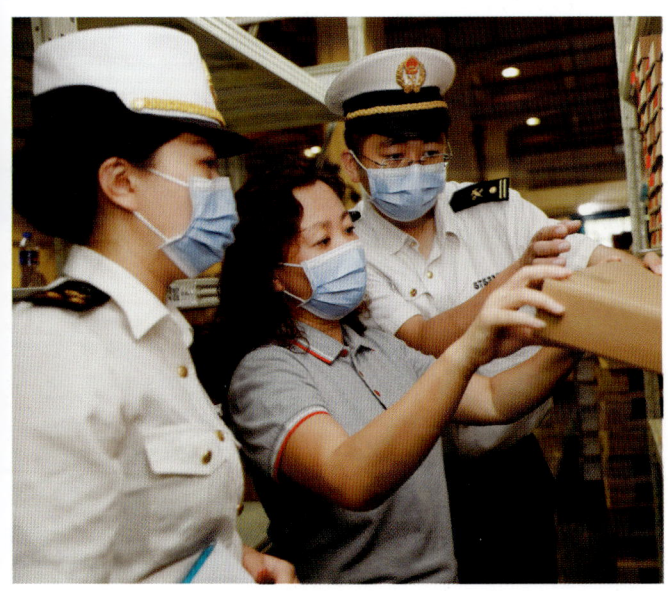
△ 2022年6月9日，香洲海关实现"分送集报"模式在保税仓储领域全覆盖。图为香洲海关关员到保税仓储企业调研"分送集报"模式应用情况 （俞波 摄）

△ 2022年1月20日，中山海关关员为中山市企业办理报关企业、进出口货物收发货人双重身份备案 （李若旺 摄）

∧ 2022年3月6日，横琴海关关员实地察看横琴粤澳深度合作区"二线"海关查验场建设进度　　　　　　（俞波　摄）

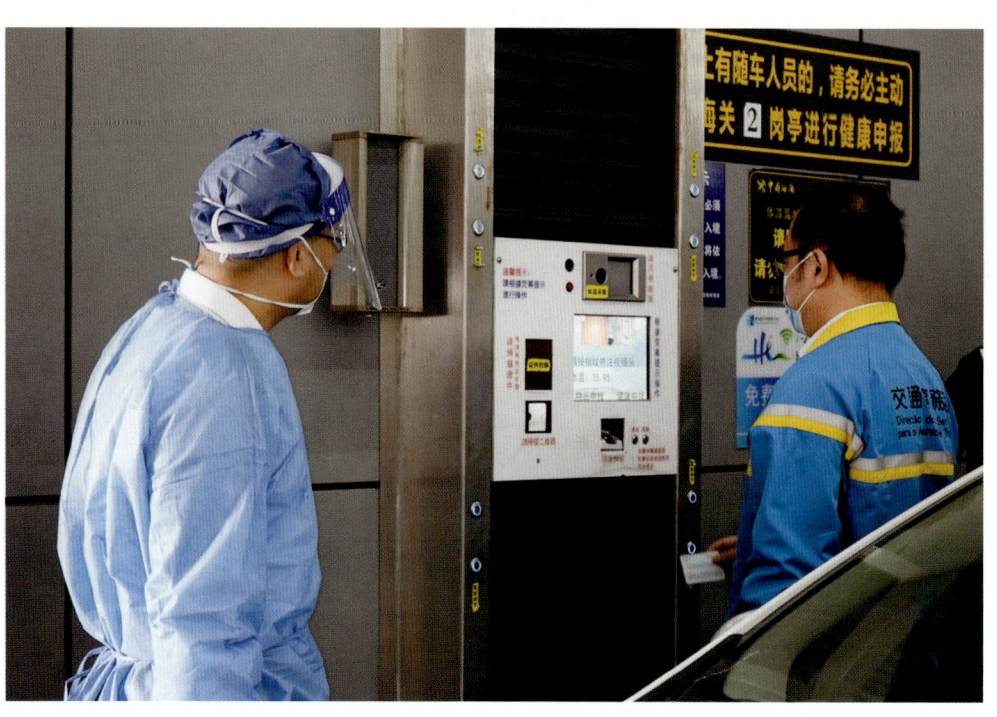

∧ 2022年12月8日，港珠澳大桥海关调试客货车"一站式"系统　　　　　　（林昌锋　摄）

< 2022年4月14日，横琴海关与广东省委横琴工委国安委办公室联合共建"横琴粤澳深度合作区国家安全（生物安全）教育基地"。图为挂牌仪式
（张曦 摄）

> 2022年6月10日，企业向中山港海关综合业务一科赠送锦旗　　（俞波 摄）

< 2022年9月28日，中国电子口岸数据中心拱北分中心、横琴海关工作人员参加横琴粤澳深度合作区首个"关银一KEY通"合作制卡代理点揭牌仪式
（陈冠铭 摄）

齐奋斗

∧ 2022年9月28日,拱北海关关领导慰问退休党员刘浩（左三） （张建林 摄）

∧ 2022年9月28日,拱北海关关领导慰问退休党员何抗生（右） （张建林 摄）

∧ 2022年9月28日,拱北海关关领导慰问离休干部郑世英（左） （张建林 摄）

∧ 2022年12月29日,拱北海关人事处(党委组织部)工作人员在核对拟颁发奖励牌匾及人员名单
(徐海强 摄)

∧ 2022年11月22日,港珠澳大桥海关关员张程被评为"珠海好青年"。图为颁奖现场
(俞波 摄)

∧ 2022年1月12日,拱北海关举行12360海关热线第20届全国青年文明号挂牌仪式。图为拱北海关办公室负责人、关团委负责人共同揭牌

（温阳蕾 摄）

∧ 2022年1月7日,拱北海关举行风险防控分局风险分析一科第20届全国青年文明号挂牌仪式。图为该局负责人、关团委负责人与该科成员合影

（俞波 摄）

∧ 2022年11月2日,拱北海关全国青年文明号集体联合开展志愿服务活动　　　　　　　　　　　　　　　（张尚　摄）

∧ 2022年7月21日,万山海关组织青年文明号开放日活动　　　　　　　　　　　　　　　（欧家豪　摄）

> 2022年11月25日,九洲海关开展紧急救援应急演练 (陈超然 摄)

∧ 2022年8月5日,拱北海关举办口岸卫生检疫能力拓展培训 (黄胜 摄)

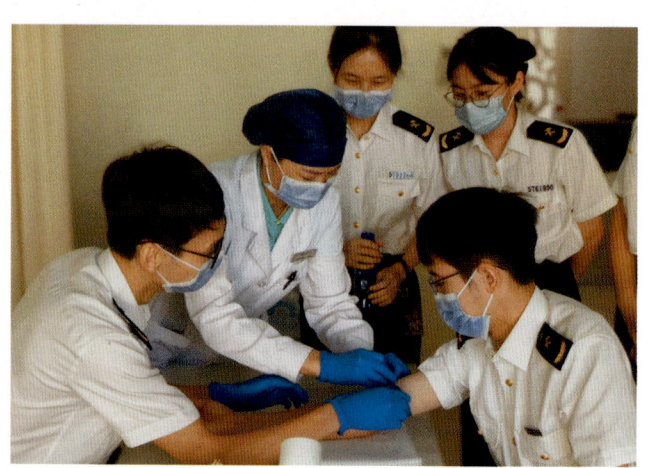

∧ 2022年10月28日,拱北海关开展2022年新录用公务员卫生检疫实训。图为珠海保健中心医师现场演示采集血液操作 (刘亚平 摄)

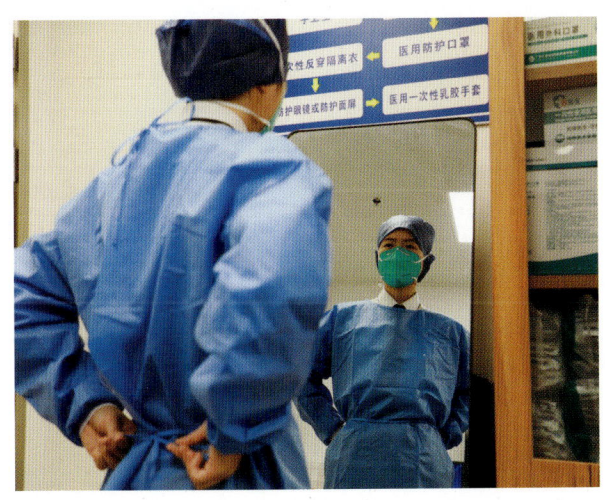

∧ 2022年1月28日,青茂海关关员上岗前规范穿戴一次性隔离衣 （刘莹 摄）

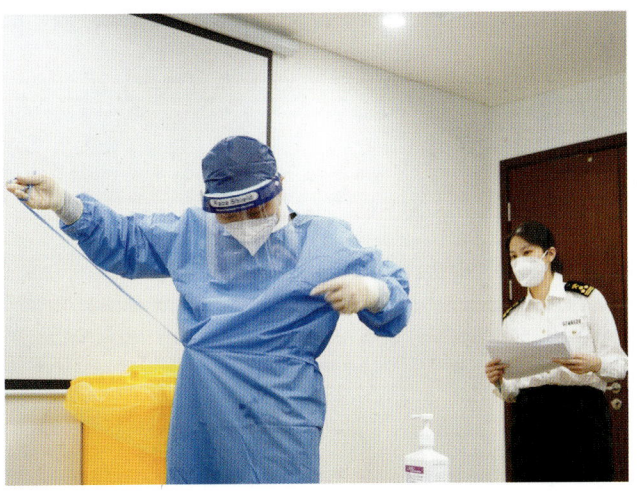

∧ 2022年12月29日,横琴海关开展安全防护监督实操考核 （徐梦超 摄）

∧ 2022年1月4日,拱北海关对进入办公区人员进行测温和扫码 （俞波 摄）

∧ 2022年12月1日，拱北海关开展应急值守检查　（俞波　摄）

∧ 2022年8月25日，湾仔海关关员在台风登陆前开展监管场所安全检查　（王晓伟　摄）

∧ 2022年8月24日，拱北海关后勤管理中心人员加固水湾路业务技术综合楼门窗，做好台风防御和应对工作
（吴林欢　摄）

∧ 2022年9月26日，拱北海关后勤管理中心开展消防演练
（曾川　摄）

∧ 2022年12月19日,拱北海关向珠海博物馆移交一批涉案文物　　　　　　　　　　　　　（马骏　摄）

∧ 2022年10月25日,拱北海关原创歌曲《每一天》MV荣获海关总署"清风国门"廉洁文化创意作品征集活动特别奖。图为MV拍摄现场

(林丽璇 摄)

∧ 2022年1月6日，拱北海关工会举办2022年"迎新春 送春联"活动　　　（赵立阳 摄）

∧ 2022年3月8日，中山海关妇委会开展"巧手拾趣 展我风华"手工作品展活动（黄妙双 摄）

目　录

拱北海关概况 ·················· 1

第一篇　特　载

在2022年拱北海关工作会议上的讲话（摘编）
·················· 7

在2022年拱北海关全面从严治党工作会议
　上的讲话（摘编） ·················· 14

在贯彻落实全国海关年中工作会议精神重点
　工作推进会上的讲话（摘编） ·········· 20

在拱北海关党委理论学习中心组（扩大）学习会
　上的讲话（摘编） ·················· 29

第二篇　专　记

抓实抓细口岸疫情防控工作 ·············· 37

拱北海关创新实施普法责任清单"三化"管理
·················· 39

促进企业守法便利，AEO扩容提质创新高
·················· 41

探索"智慧稽查"强化后续监管 ············ 44

筑牢国门安全屏障，守牢安全生产底线 ······ 46

全力促进外贸保稳提质 ·················· 48

探索"智慧商检"建设提升进出口商品检验
　"三应"运行质效 ·················· 51

第三篇　大事记

2022年拱北海关大事记 ················ 57

第四篇　党的建设

党建工作 ·························· 75
　概况 ·························· 75
　政治理论学习 ······················ 75
　精神文明建设 ······················ 76
　基层党组织建设 ····················· 76
　党风廉政建设 ······················ 77
　准军事化纪律部队建设 ················ 78
　群团组织建设 ······················ 78
　心理健康服务 ······················ 79
　海关史研究 ······················ 79
　"组团帮扶"激发乡村振兴新动能 ········ 79

政治巡察 ·························· 81
　概况 ·························· 81
　巡视整改和成果运用 ·················· 81
　巡察全覆盖 ······················ 81
　巡察整改 ······················ 82
　强化监督贯通融合 ·················· 82

纪检监察 ·· 84
 概况 ·· 84
 监督检查 ·· 84
 审查审理 ·· 85
 问责调查 ·· 85
 党委派驻监督 ···································· 85
 "海关重点项目和财物管理以权谋私"
  专项整治 ···································· 85
队伍管理 ·· 86
 概况 ·· 86
 领导班子建设 ···································· 86
 优秀年轻干部培养选拔 ···························· 86
 人力资源配置 ···································· 86
 公务员队伍管理 ·································· 87
 事业单位人事管理 ································ 87
 干部监督管理 ···································· 87
 激励关爱队伍 ···································· 88
 人才队伍建设 ···································· 88
教育培训 ·· 90
 概况 ·· 90
 党的理论教育和党性教育 ·························· 90
 分级分类培训 ···································· 91
 教培资源建设 ···································· 92
 特色课程建设 ···································· 92
 "教学练战"一体化实训体系优化完善
   ·· 92

第五篇　业务建设

法治建设 ·· 97
 概况 ·· 97
 法规管理 ·· 97
 复议应诉 ·· 98

 法制协调与法治宣传 ······························ 99
 公职律师管理 ··································· 100
 执法依据体系建立 ······························· 100
 普法案例获评全国法治宣传教育典型
  案例 ······································· 100
 新时代"枫桥经验"丰富和发展 ··················· 101
综合业务 ··· 102
 概况 ··· 102
 政策研究 ······································· 102
 业务改革发展 ··································· 103
 业务运行管理 ··································· 103
 贸易管制 ······································· 103
 技术性贸易措施 ································· 103
 知识产权海关保护 ······························· 104
 支持粤港澳大湾区建设 ··························· 104
 援港抗疫物资通关保障 ··························· 105
 卡塔尔世界杯知识产权保护 ······················· 105
自由贸易试验区和特殊监管区域管理 ··············· 106
 概况 ··· 106
 关区自由贸易试验区和特殊区域
  概况 ······································· 106
 自由贸易试验区制度创新 ························· 107
 横琴粤澳深度合作区建设 ························· 107
 特殊区域发展和管理 ····························· 107
 珠海高栏港综合保税区建设及预
  验收 ······································· 108
 海关特殊监管区域改革 ··························· 109
 海关特殊监管区域新兴业态发展 ··················· 109
风险管理 ··· 110
 概况 ··· 110
 风险信息预警 ··································· 110
 货运渠道风险防控 ······························· 110
 非贸渠道风险防控 ······························· 111

后续管理风险防控 …………………… 112
　　大数据应用 …………………………… 112
　　风险防控"三应"体系建设 …………… 113
　　大数据赋能打击"水客"走私 ………… 113
　　进出口危险品伪瞒报专项整治 ……… 113
　　"风刃 2022-916"联合行动 ………… 113
税收征管 …………………………………… 114
　　概况 …………………………………… 114
　　税收征管 ……………………………… 114
　　估价管理 ……………………………… 115
　　税则税政 ……………………………… 115
　　原产地管理 …………………………… 115
　　税收风险防控 ………………………… 116
　　RCEP 政策红利持续释放 …………… 117
　　出具关区首份 RCEP 原产地声明 …… 117
　　新能源电池出口原产地签证 ………… 117
　　航空器材减免税快审模式试点 ……… 117
　　进境邮件税款信息联网项目试点
　　　　启动 ……………………………… 117
　　行邮物品资料库试运行 ……………… 117
　　关税业务实训点建设 ………………… 118
卫生检疫 …………………………………… 119
　　概况 …………………………………… 119
　　传染病疫情监测 ……………………… 119
　　口岸卫生检疫 ………………………… 119
　　公共卫生事件应急处置 ……………… 120
　　进出境特殊物品卫生检疫监管 ……… 120
　　口岸卫生监督 ………………………… 120
　　口岸病媒生物监测 …………………… 121
　　口岸公共卫生核心能力建设 ………… 121
动植物检疫 ………………………………… 122
　　概况 …………………………………… 122
　　进出境动物检疫 ……………………… 122

　　进出口食用农产品和饲料安全风险
　　　　监控 ……………………………… 122
　　进出境动物疫病监测 ………………… 122
　　供港澳鲜活农产品监管 ……………… 123
　　进出境植物检疫 ……………………… 123
　　口岸植物疫情监测 …………………… 124
　　进出境植物产品监管 ………………… 124
　　国际动物疫情信息分析 ……………… 124
　　国门生物安全宣传 …………………… 124
　　进出境动植物检疫队伍建设 ………… 124
　　供澳门水果检验检疫监管模式
　　　　创新 ……………………………… 124
　　智慧动植检建设 ……………………… 125
进出口食品安全监管 ……………………… 126
　　概况 …………………………………… 126
　　进口食品检验检疫 …………………… 126
　　进口冷链食品风险监测 ……………… 126
　　食品安全体系研究 …………………… 126
　　出口食品检验检疫 …………………… 127
　　食品安全宣传周活动 ………………… 127
　　关区特色食品进入港澳市场 ………… 128
　　进口预包装食品标签技术整改移动远程
　　　　监管 ……………………………… 128
　　供澳门冰鲜水产品"三联三同"监管
　　　　模式创新 ………………………… 128
　　与澳门食品安全监管合作 …………… 129
商品检验 …………………………………… 130
　　概况 …………………………………… 130
　　进出口危险品检验监管 ……………… 130
　　编发进出口商品检验监管典型
　　　　案例 ……………………………… 131
　　进出口危险品检验监管业务培训 …… 131
　　进口资源性商品检验监管 …………… 132

进出口机电轻纺类商品检验监管 …… 132
　　进出口商品质量安全风险监测 …… 132
　　优质再生金属原料进口监管 …… 133
口岸监管 …… 134
　　概况 …… 134
　　口岸建设与发展 …… 134
　　运输工具监管 …… 134
　　货物监管 …… 135
　　邮件、快件、跨境电商监管 …… 135
　　行李物品监管 …… 135
　　场所（场地）建设 …… 135
　　智能审图 …… 136
　　口岸监管环节反恐 …… 136
　　进出境人员健康申报 …… 136
　　"口岸危险品综合治理"百日专项
　　　行动 …… 137
　　疫情防控专项视频监控检查 …… 137
　　第十四届中国国际航空航天博览会
　　　监管 …… 137
　　跨境电商零售出口企业分类分级管理 … 138
　　港珠澳大桥经贸新通道建设 …… 138
　　"组合港""一港通"计划实施 …… 139
统计分析 …… 140
　　概况 …… 140
　　统计调查 …… 140
　　业务统计 …… 140
　　贸易统计数据质量控制 …… 141
　　贸易统计监测分析 …… 141
　　数据安全管理 …… 142
　　统计数据服务 …… 142
　　中国外贸出口先导指数调查样本企业
　　　轮换 …… 142

　　中国海关贸易景气（进口）试点
　　　调查 …… 143
　　群众性理论研究 …… 143
企业管理和稽查 …… 144
　　概况 …… 144
　　企业管理 …… 144
　　保税监管 …… 145
　　稽查核查 …… 145
　　属地查检 …… 146
　　检验检疫行政处罚 …… 147
　　稽查岗位练兵取得优良成绩 …… 147
　　参与AEO国际合作 …… 147
　　拱北海关关员获法语AEO预认证专家
　　　资格 …… 147
　　企业集团加工贸易改革全面实施 …… 148
　　企业备案优化 …… 148
　　跨部门联合执法 …… 148
　　主动披露政策实施 …… 148
查缉走私 …… 150
　　概况 …… 150
　　智慧缉私 …… 150
　　"国门利剑2022"联合专项行动 …… 150
　　打击治理"水客"走私 …… 150
　　打击粤港澳海上跨境走私 …… 151
　　打击重点涉税商品走私 …… 151
　　打击"洋垃圾"走私 …… 151
　　打击象牙等濒危物种及其制品
　　　走私 …… 151
　　打击毒品走私 …… 151
　　打击枪支走私 …… 152
　　海关执法规范化建设 …… 152

第六篇　综合保障

政务管理
- 概况 ……………………………………… 155
- 应急值守 ………………………………… 155
- 政务信息 ………………………………… 155
- 督查督办 ………………………………… 155
- 建议提案办理 …………………………… 156
- 保密管理 ………………………………… 156
- 档案管理 ………………………………… 156
- 政务公开 ………………………………… 157
- 信访工作 ………………………………… 158
- 新闻宣传 ………………………………… 158
- 12360海关热线 ………………………… 158
- 关史办成立 ……………………………… 158
- 首部年鉴编纂 …………………………… 159
- 公文处理"三应"机制 ………………… 159
- "一国两制"海关跨境合作新实践
　探索 …………………………………… 159

财务管理
- 概况 ……………………………………… 161
- 税费财务管理 …………………………… 161
- 预算决算管理 …………………………… 161
- 行政机关财务管理 ……………………… 162
- 企事业财务管理 ………………………… 162
- 节约型机关创建 ………………………… 162
- 政府采购 ………………………………… 162
- 节能和低碳宣传系列活动 ……………… 162
- 疫情防控经费和物资保障 ……………… 163
- 财务领域重大风险防范化解 …………… 163

科技发展
- 概况 ……………………………………… 164
- 信息化建设 ……………………………… 164
- 基础运维保障 …………………………… 165
- 实验室管理 ……………………………… 165
- 科研管理 ………………………………… 166
- 网络安全体系构筑 ……………………… 166
- 实验室技术能力建设强化 ……………… 167
- 政务数字化转型 ………………………… 167

督察内审
- 概况 ……………………………………… 168
- 督察监督 ………………………………… 168
- 内部审计 ………………………………… 168
- 内控建设 ………………………………… 169
- 执法评估 ………………………………… 170
- 内控示范科室创设 ……………………… 170
- "鹰眼"工作室运作 …………………… 171

离退休干部管理
- 概况 ……………………………………… 172
- 离退休人员党建工作 …………………… 172
- 离退休人员服务 ………………………… 172
- 老年文化教育 …………………………… 173
- "学习二十大　桑榆心向党"主题系列
　活动 …………………………………… 173

第七篇　隶属海关

中山海关 ………………………………… 177
- 概况 ……………………………………… 178
- 党的建设 ………………………………… 178
- 队伍管理 ………………………………… 178
- 属地管理 ………………………………… 179
- 实验室管理 ……………………………… 179
- 业务改革 ………………………………… 179
- 加工贸易边角废料网拍全覆盖 ………… 179
- 查缉走私 ………………………………… 180

| 优化口岸营商环境 ……………… 180
| 疫情防控 …………………………… 180
| 安全生产 …………………………… 180
| 医学专业保障 ……………………… 181
| 助力"中山造"月饼出口 ………… 181
| "春晖2022"惠企行动 …………… 181
| 跨境电商"网购保税进口+展示交易"
| …………………………………… 181
| 原产地证书自助打印进镇街 ……… 182
高栏海关 ………………………………… 183
| 概况 ………………………………… 183
| 党的建设 …………………………… 183
| 队伍管理 …………………………… 184
| 疫情防控 …………………………… 185
| 口岸监管 …………………………… 185
| 属地查检 …………………………… 186
| 筑牢国门生物安全屏障 …………… 186
| 税收征管 …………………………… 186
| 促进外贸保稳提质 ………………… 187
| 查缉走私 …………………………… 187
| 督察内控 …………………………… 187
| 政务服务 …………………………… 187
| 支持珠海高栏港综合保税区建设 … 188
| 重点能源和矿产品供应保障 ……… 189
| 口岸危险品综合治理常态化 ……… 189
| "十佳管理优化项目"评选 ……… 190
湾仔海关 ………………………………… 191
| 概况 ………………………………… 191
| 党的建设 …………………………… 191
| 队伍管理 …………………………… 192
| 促进外贸保稳提质 ………………… 193
| 口岸监管 …………………………… 193
| 征税统计 …………………………… 193

| 查缉走私 …………………………… 194
| 检验检疫 …………………………… 194
| 政务服务保障 ……………………… 195
| 督察内控 …………………………… 195
| 疫情防控 …………………………… 195
| 药品进口通关保障 ………………… 195
| 供港澳民生物资通关保障 ………… 195
九洲海关 ………………………………… 197
| 概况 ………………………………… 197
| 党的建设 …………………………… 197
| 队伍管理 …………………………… 198
| 集中审像 …………………………… 198
| 邮件、快件、跨境电商监管 ……… 198
| 寄递渠道涉毒涉精神药品查获 …… 199
| 检验检疫 …………………………… 199
| 筑牢国门生物安全屏障 …………… 199
| 疫情防控 …………………………… 200
| 促进外贸保稳提质 ………………… 200
| 查缉走私 …………………………… 200
| 政务服务保障 ……………………… 200
| 后勤保障 …………………………… 201
万山海关 ………………………………… 202
| 概况 ………………………………… 202
| 党的建设 …………………………… 202
| 促进外贸保稳提质 ………………… 203
| 海上供油保税监管业务改革 ……… 203
| 口岸监管 …………………………… 203
| 检验检疫 …………………………… 204
| 政务后勤保障 ……………………… 204
| 疫情防控 …………………………… 205
| 安全生产 …………………………… 206
闸口海关 ………………………………… 207
| 概况 ………………………………… 207

学习宣传贯彻党的二十大精神 ……… 208
党的建设 …………………………… 208
监管服务优化 ……………………… 209
食品农产品安全供澳门 …………… 209
筑牢国门生物安全屏障 …………… 210
卫生检疫 …………………………… 211
政务公开建设 ……………………… 212
政务服务保障 ……………………… 212
打击治理"水客"走私 …………… 213
珠澳口岸执法合作 ………………… 213
"澳车北上""一站式"海关备案 …… 214
"枫桥经验"实体工作室深化建设 … 214

港珠澳大桥海关 ……………………… 216
概况 ………………………………… 216
党的建设 …………………………… 217
基层党建 …………………………… 217
队伍管理 …………………………… 218
查缉走私 …………………………… 219
口岸监管 …………………………… 219
促进外贸保稳提质 ………………… 219
政务后勤保障 ……………………… 220
疫情防控 …………………………… 220
供港冰鲜冷冻禽肉新通道开通 …… 221
港珠澳大桥经贸新通道首票珠海—
  武汉转关运输货物通关入境 …… 221

青茂海关 ……………………………… 223
概况 ………………………………… 223
党的建设 …………………………… 223
队伍管理 …………………………… 224
口岸监管 …………………………… 224
查缉走私 …………………………… 225
促进外贸保稳提质 ………………… 225
综合服务保障 ……………………… 226

检验检疫 …………………………… 226
青茂口岸开通一周年 ……………… 227
智慧监控指挥体系构筑 …………… 227
助力澳门金饰珠宝行业发展 ……… 228

香洲海关 ……………………………… 229
概况 ………………………………… 229
党的建设 …………………………… 230
队伍管理 …………………………… 230
征税统计 …………………………… 231
企业管理 …………………………… 231
查缉走私 …………………………… 232
疫情防控 …………………………… 232
检验检疫 …………………………… 232
综合保障 …………………………… 232
督察内控 …………………………… 233
"护航2022"行动 ………………… 233
拱北海关首个属地型海关"枫桥经验"
  工作室成立 ……………………… 233
供澳门水果监管模式创新 ………… 234
"液化天然气"能源类商品快速审价
  模式实施 ………………………… 234

横琴海关 ……………………………… 236
概况 ………………………………… 236
党的建设 …………………………… 237
队伍管理 …………………………… 237
特色班前会做法获海关总署推广 … 237
支持和服务横琴粤澳深度合作区
  建设 ……………………………… 238
澳门单牌车便捷入出横琴 ………… 238
口岸监管 …………………………… 239
打击治理"水客"走私 …………… 239
疫情防控 …………………………… 239
检验检疫 …………………………… 240

促进外贸保稳提质 …………………… 240
　　珠海鹤洲跨境电商监管中心启用 …… 240
　　助力保税区航空维修 ………………… 241
　　政务服务保障 ………………………… 241
　　科技赋能 ……………………………… 241
斗门海关 ………………………………… 242
　　概况 …………………………………… 242
　　党的建设 ……………………………… 242
　　队伍管理 ……………………………… 243
　　法治建设 ……………………………… 244
　　税收征管 ……………………………… 244
　　检验检疫 ……………………………… 244
　　疫情防控 ……………………………… 245
　　援港抗疫 ……………………………… 245
　　监管业务 ……………………………… 246
　　快件、跨境电商监管 ………………… 246
　　企业管理和稽查 ……………………… 246
　　查缉走私 ……………………………… 247
　　政务管理 ……………………………… 247
　　后勤保障 ……………………………… 248
　　督察内控 ……………………………… 248
　　"三控"机制建立 …………………… 248
　　企业集团加工贸易监管模式推广 …… 249
　　"关园"联动合作机制 ……………… 249
　　助力地方特色农产品出口 …………… 250
　　助力大湾区生物医药企业发展 ……… 250
　　服务辖区预制菜企业发展 …………… 250
　　CT机智能审图试点工作推进 ……… 251
　　"粤港澳大湾区组合港"模式启动 … 251
中山港海关 ……………………………… 252
　　概况 …………………………………… 252
　　党的建设 ……………………………… 253
　　队伍管理 ……………………………… 253
　　口岸监管 ……………………………… 253
　　税收征管 ……………………………… 254
　　疫情防控 ……………………………… 254
　　促进外贸保稳提质 …………………… 254
　　督察内控 ……………………………… 255
　　法治建设 ……………………………… 255
　　政务服务保障 ………………………… 255
　　首推"组合港"系列改革 …………… 255
　　援港抗疫 ……………………………… 256
　　中山市药品进口口岸开通 …………… 256
　　筑牢国门生物安全屏障 ……………… 257
　　"青篱"国门生物安全教育基地建设 … 257

第八篇　直属事业单位

拱北海关后勤管理中心 ………………… 261
　　概况 …………………………………… 261
　　党的建设 ……………………………… 261
　　队伍管理 ……………………………… 262
　　后勤管理 ……………………………… 262
　　政府采购 ……………………………… 263
　　安全生产 ……………………………… 263
拱北海关技术中心 ……………………… 265
　　概况 …………………………………… 265
　　党的建设 ……………………………… 265
　　队伍管理 ……………………………… 265
　　技术鉴定 ……………………………… 266
　　科研能力提升 ………………………… 266
　　安全防控 ……………………………… 267
　　助企纾困解难 ………………………… 268
珠海国际旅行卫生保健中心（拱北海关口岸
　门诊部） ……………………………… 269
　　概况 …………………………………… 269

党的建设	269
队伍管理	269
实验室检测	270
首获猴痘检测机构资质	270
实验室能力提升	270
"口岸海关+实验室专家"现场联合监测模式建立	271
实验室机制优化	271
新冠病毒变异株不间断监测	271
院感控制	271
科研创新	272
技术支撑	272
新冠核酸检测结果互认	272
中国电子口岸数据中心拱北分中心	273
概况	273
党的建设	273
队伍管理	274
防风险保稳定	275
促进外贸保稳提质	275
技术保障	275
综合保障	275
重点时期电子口岸专网网络安全保障	276
"关银一KEY通"合作	276
95198电子口岸热线服务	276

第九篇　荣誉榜

2022年拱北海关荣获"光荣在党50年"纪念章名单	279
2022年拱北海关获国务院授二级关务监督及以上人员名单	280
2022年拱北海关获三等功及以上人员名单	281
2022年拱北海关获省部级及以上表彰荣誉表	282
2022年拱北海关群团线条获地市级表彰荣誉表	284

第十篇　海关统计资料

2022年珠海市对外贸易进出口统计表	289
2022年珠海市对外贸易经济类型统计表	290
2022年珠海市对外贸易贸易方式统计表	291
2022年中山市对外贸易进出口统计表	293
2022年中山市对外贸易经济类型统计表	294
2022年中山市对外贸易贸易方式统计表	295

附　录

中华人民共和国拱北海关公告	299
2022年度"拱北海关促进高水平开放高质量发展"十大举措	303
2022年度"拱北海关事业高质量发展"十大实事	304
名词解释	305

索　引

| 索　引 | 311 |

"中国海关史料丛书"编委会

| "中国海关史料丛书"编委会 | 321 |

拱北海关概况

中华人民共和国拱北海关（以下简称"拱北海关"）设于广东省珠海市，是受海关总署直接领导，负责指定口岸及相关区域范围内海关工作运行管理、监督监控的正厅级直属海关，领导隶属海关。管辖范围为广东省珠海市、中山市的各项海关管理工作。

拱北海关的前身是清政府于1887年4月2日在澳门设立的"拱北关"。1949年11月5日，中国共产党领导的中国人民解放军石岐军事管制委员会接管拱北关。1950年1月28日，海关总署将拱北关正式命名为"中华人民共和国拱北海关"。1984年6月9日，经国务院批准，升格为海关总署直属正厅局级海关。2018年4月20日，根据海关机构改革统一部署，原珠海出入境检验检疫局、原广东出入境检验检疫局所属中山出入境检验检疫局管理职责和队伍划入拱北海关。

一、主要职责

负责关区贯彻落实党中央、国务院关于海关工作的方针政策和决策部署，在履行职责过程中坚持和加强党对海关工作的集中统一领导，履行全面从严治党责任；负责贯彻执行与海关管理相关的法律、法规、规章、规范性文件和相关技术规范，负责关区征税、监管、缉私、出入境检验检疫、统计等工作；监控研判关区各类执法风险、管理风险和廉政风险并组织防范和化解，负责关区基层党组织建设、队伍建设和日常管理工作；完成海关总署交办的其他工作。

二、机构设置

2022年，拱北海关设20个内设部门和13个隶属海关单位，其中副厅级隶属海关1个（中山海关），正处级隶属海关单位12个（高栏海关、湾仔海关、九洲海关、万山海关、闸口海关、港珠澳大桥海关、青茂海关、香洲海关、横琴海关、斗门海关、中山港海关、拱北海关风险防控分局）。拱北海关党委设12个正处级派驻纪检组，对18个隶属海关、事业单位、内设机构实行派驻监督。设事业单位7个［拱北海关后勤管理中心、拱北海关技术中心、珠海国际旅行卫生保健中心（拱北海关口岸门诊部）、中国质量认证中心拱北海关评审中心；中山海关后勤管理中心、中山海关技术中心、中山国际旅行卫生保健中心（中山海关口岸门诊部）］，另有海关总署委托拱北海关管理的事业单位1个（中国电子口岸数据中心拱北分中心）。

三、口岸设置

拱北关区设一类口岸11个、二类口岸7个、中途监管站2个。港珠澳大桥珠海口岸是内地唯一陆桥连通香港、澳门两个特别行政区的口岸，拱北口岸为全国最大的单一陆路旅检口岸，单日进出境人员最高纪录为49.9万人次。

2022年，拱北海关以习近平新时代中国特色社会主义思想为指导，贯彻落实全国海关工作会议、全国海关全面从严治党工作会议、全国海关年中工作会议部署，践行"铸忠诚、担使命、守国门、促发展、齐奋斗"，坚持"第一议题"制度，巩固拓展口岸疫情防控和促进外贸稳增长成效。年内监管进出口货运量1.39亿吨，同比下降3.37%。验核进出境人员健康申报9760.2万人次，同比下降7.11%。监管进出境运输工具399.78万辆（艘）次，同比下降4.88%。申报进出口总值5499.77亿元，同比增长23.4%。税收入库153.24亿元，同比增长9.82%，创历史新高。检出新冠病毒核酸阳性病例多例，截获有害生物11462种次、外来物种134种次，检出不合格食品、化妆品554批次，检出不合格进出口商品388批。查获各类走私违法案件案值83.5亿元、涉税11亿元，同比分别下降0.8%、13.2%。

拱北海关机构设置一览表

	部门单位名称	简称
内设机构	办公室（党委办公室）	办公室（党委办）
	法规处	法规处
	综合业务处	综合处
	自贸区和特殊区域发展处	自贸处
	关税处	关税处
	卫生检疫处	卫检处
	动植物检疫处	动植检处
	进出口食品安全处	食安处
	商品检验处	商检处
	口岸监管处	监管处
	统计分析处	统计处
	企业管理和稽查处	稽查处
	财务处	财务处
	科技处	科技处
	督察内审处	督审处
	人事处（党委组织部）	人事处（组织部）
	教育处	教育处
	机关党委（思想政治工作办公室、党委宣传部、党委巡察工作办公室）	机关党委（政工办、宣传部、巡察办）
	监察室（党委纪检组）	监察室（纪检组）
	离退休干部办公室	离退办
隶属海关单位	中山海关	中山海关
	高栏海关	高栏海关
	湾仔海关	湾仔海关
	九洲海关	九洲海关
	万山海关	万山海关
	闸口海关	闸口海关
	港珠澳大桥海关	大桥海关
	青茂海关	青茂海关
	香洲海关	香洲海关
	横琴海关	横琴海关
	斗门海关	斗门海关
	中山港海关	中山港海关
	拱北海关风险防控分局	风控分局
事业单位	拱北海关后勤管理中心	拱北后勤中心
	拱北海关技术中心	拱北技术中心
	珠海国际旅行卫生保健中心（拱北海关口岸门诊部）	珠海保健中心
	中国质量认证中心拱北海关评审中心	
	中山海关后勤管理中心	中山后勤中心
	中山海关技术中心	中山技术中心
	中山国际旅行卫生保健中心（中山海关口岸门诊部）	中山保健中心
	中国电子口岸数据中心拱北分中心（总署委托管理）	数据分中心

拱北海关：
- 党委派驻纪检组（12个）
- 拱北海关缉私局

第一篇

特载

在2022年拱北海关工作会议上的讲话（摘编）

拱北海关关长、党委书记　刘晓辉

（2022年1月26日）

同志们：

这次会议的主要任务是：以习近平新时代中国特色社会主义思想为指导，深入贯彻落实党的十九大和十九届历次全会精神，认真落实中央经济工作会议、十九届中央纪委六次全会的部署，按照2022年全国海关工作会议、全国海关全面从严治党工作会议的安排，总结工作、分析形势，研究和布置2022年关区工作。

一、2021年关区工作

2021年是党和国家历史上具有里程碑意义的一年。这一年，我们坚定捍卫"两个确立"，坚决做到"两个维护"，始终牢记初心使命、心系"国之大者"，踔厉奋发、笃行不怠，全面落实党中央、国务院决策部署，在海关总署党委的正确领导下，深入推进"五关"建设，关区各项工作取得了新的成绩，为实现"十四五"良好开局作出了积极贡献。

（一）"两个维护"坚决有力

一是全面深化理论武装。深入学习贯彻习近平新时代中国特色社会主义思想，迅速掀起学习宣传贯彻党的十九届六中全会精神热潮，切实提高政治判断力、政治领悟力、政治执行力。

二是一以贯之狠抓落实。坚持例会"第一议题"制度。落实落细粤港澳大湾区建设任务。巩固拓展脱贫攻坚成果，扎实推进乡村振兴。守好意识形态安全"南大门"，筑牢人民防线。着眼常态长效，持续抓好中央巡视对照整改、海关总署党委巡视整改。

（二）重大部署全面落实

一是全力服务合作区建设。深入贯彻落实习近平总书记关于合作区建设重要论述，秉承中央所示、职责所在，关切澳门所需、地方所愿，紧扣一条主线、四大定位、三个阶段目标、四大任务，聚焦规则衔接、机制对接，扎实开展政策研究，深入参与立法研究，配合建设"二线"设施，积极探索跨部门合作，取得阶段性成果。

二是高压打击"水客"走私。坚决贯彻落实习近平总书记重要批示精神，聚焦打头断链挖根摧平台，着力打团伙、挖幕后、破大案，推动"打防管控"一体化，有效遏制珠澳口岸"水客"走私势头。健全治理长效机制，推动多元共治取得新进展。

三是持续用好管好大桥。紧扣"圆梦桥、同心桥、自信桥、复兴桥",用足用好海关便利化通关措施,细化落实三地海关合作安排,持续优化执法互助。积极支持"澳车北上""港车北上",配合港珠澳大桥旅游开发,助力"空港—陆路—海港"区域联动。

（三）检疫防线坚决筑牢

一是强化口岸疫情防控。坚持"外防输入、内防反弹"总策略,坚持"人、物、环境"同防、多病共防,一体防输入、防输出、戒拥堵,严防疫情叠加。100%落实疫情防控"规定动作",不断完善预案,推动通关分类分流,加强应急演练,保障口岸通关安全。加强进口冷链食品和高风险非冷链集装箱货物检疫。严密做好出入境食品农产品检验检疫和医疗物资、疫苗出口监管等工作。

二是强化关区内部防控。严格执行封闭管理等制度,加强一线工作人员个人防护,严格规范一线作业,杜绝职业暴露。妥善应对紧急划区封控,确保海关正常执法。强化疫情防控人力资源保障,关心关爱一线干部员工。

三是强化疫情防控监督。坚持"四不两直",实施常态化监督检查,举一反三开展整改。发挥"挑毛病"专家组作用,加强二、三级监控指挥中心联动。完善纪检监察协作机制,加强跟进监督、精准监督、全程监督。

（四）监管职能有效强化

一是提升风险防控效能。统筹发展和安全,全面落实总体国家安全观,完善防范化解重大风险制度机制,推进全领域、全渠道、全链条一体化风险防控。加强风险防控智能化建设,强化"大数据+情报"支撑作用,提升风险防控精准性。强化风险协调处置,与24个地方部门签订《拱北关区口岸安全风险联合防控工作方案》。扎实开展安全生产专项整治三年行动。坚决守好数据安全底线。

二是不断完善正面监管。健全监管制度,加强物流监控,提升查验能力,严格进出口贸易禁限管控。维护国门生物安全,强化口岸公共卫生核心能力建设,加强进出境动植物检疫。深入贯彻食品安全"四个最严",推进"国门守护"行动。强化危险化学品和进境旧机电检验监管,完善进出口商品质量安全监管体系。

三是持续强化后续监管。转变稽查工作理念,深入推进"多查合一",扎实开展重点领域专项稽核查。深化社会信用体系建设。全面实施报关单位备案制。加强知识产权海关保护。强化统计数据审核,加强不实贸易综合管控。

四是有效提升逆向监管。深入开展"国门利剑2021"专项行动。强化反走私综合治理,高压严打"洋垃圾"、濒危物种及其制品、冻品、成品油、武器弹药、毒品等走私,坚决防止跨口岸、跨渠道漂移走私。深化"两简"案件办案模式改革。加快智慧缉私建设。

（五）服务大局取得实效

一是全面落实改革部署。深化"放管服"改革,落实《"十四五"海关发展规划》。不断深化"双随机、一公开"监管。扎实推进全业务领域一体化。积极服务粤港澳大湾区建设。开展内外贸货物同船运输试点,推进"湾区一港通""大湾区组合港"业务改革。创新澳门食品检验检疫监管,探索供澳门食用水生动物"检疫前推,合作监管"模式。

二是持续优化营商环境。以"三智"合作理念为引领，推动构建"全方位、多层次、宽领域、立体式"合作格局。加强贸易管制与技贸措施工作，完成聚乳酸产品专项调研。推动海关特殊监管区域整合优化和规范发展，助力加快高栏港综合保税区建设。全面实施企业集团加工贸易监管改革，大力促进新业态健康有序发展。做好RCEP实施准备。助推青茂口岸正式开通，保障第十三届航展等重大活动顺利举办。

三是用心用情惠企纾困。做好"六稳""六保"工作，持续暖企稳企惠企。落实减税降费等国家税收政策。持续优化出口原产地签证服务，自助打印同比增长近八成。认真履行全球贸易监测中心成员职责。全力做好煤炭、天然气等能源进口通关保障。

（六）队伍建设持续加强

一是切实强化党的建设。加强党的全面领导，不断完善党委决策议事制度机制。组织庆祝建党100周年系列活动，扎实开展党史学习教育，深入推进"我为群众办实事"实践活动，教育引导广大党员干部学党史、悟思想、办实事、开新局。强化政治机关意识教育，积极创建模范机关。深化"强基提质工程"，持续创建党建品牌，打造党建教育实训中心，总结提炼工作法获评为第一批全国海关基层党建创新案例，直属机关党委"书记项目"入选署级试点。持续加强事业单位党建工作。

二是严管厚爱锤炼队伍。落实海关总署"三个规划"部署，持续优化领导班子结构，加强年轻干部育选管用，建强执法一线科长队伍。优化机构职能编制和事业单位内设机构设置，突出择优导向开展职级晋升，稳步推进专业技术类公务员职级套转。6人获扎根艰苦地区边关工作荣誉章。抓好干部教育培训，旅检业务全流程实训体系荣获海关总署评比一等奖。

三是纵深推进清廉海关建设。一体推进不敢腐、不能腐、不想腐，深入治理违反中央八项规定精神突出问题。加强对"一把手"和领导班子监督，深入推进"现场监管与外勤执法权力寻租"专项整治，扎实开展党风廉政形势教育，持续深化关区纪律作风专项整治。强化政治监督，对19个部门单位开展巡察。全力配合做好海关总署审计。深化打私反腐"一案双查"，加强监督执纪问责。

一年来，关区科技支撑引领作用持续增强；法治建设务实推进；政务服务、综合协调、参谋助手作用全面发挥；财务保障、后勤服务水平稳步提升；工青妇、离退休、学会等工作扎实推进；技术中心、保健中心、数据分中心等工作取得积极进展；关史研究工作机制逐步完善。

同志们，关区事业发展取得的每一点进步，根本原因在于以习近平同志为核心的党中央的坚强领导，在于习近平新时代中国特色社会主义思想的科学指引。是海关总署党委正确领导、地方党委政府大力支持、社会各界悉心帮助、港澳有关方面全力合作、全关上下共同努力的成果。在肯定成绩的同时，我们也清醒认识到，关区事业发展仍存在一些问题和挑战，必须高度重视，切实加以解决。

二、当前面临的形势任务

2022年是党的二十大召开之年，也是实施"十四五"规划的重要一年。全关上下要深入贯彻落实习近平总书记重要讲话和重要指示批示精神，全面落实党中央、国务院决策部署，按照海关总署党委要求，心无旁骛地抓好关区改革发展各项事业。

必须坚定捍卫"两个确立"，坚决做到"两个维护"。确立习近平同志党中央的核心、全党的核心地位，确立习近平新时代中国特色社会主义思想的指导地位，反映了全党全军全国各族人民共同心愿，对新时代党和国家事业发展、对推进中华民族伟大复兴历史进程具有决定性意义。海关作为中央国家机关，首先是政治机关，讲政治是第一要求。在新的赶考之路上做好关区工作，必须坚定捍卫"两个确立"，自觉维护党中央权威和集中统一领导，始终在政治立场、政治方向、政治原则、政治道路上同以习近平同志为核心的党中央保持高度一致，切实增强"四个意识"、坚定"四个自信"、做到"两个维护"。

必须胸怀"两个大局"，心系"国之大者"。习近平总书记强调，对"国之大者"要心中有数。在新的赶考之路上做好关区工作，必须坚持党的百年奋斗历史经验，以史为鉴、开创未来，时刻关注党中央在关心什么、强调什么，深刻领会什么是党和国家最重要的利益、什么是最需要坚定维护的立场。始终从讲政治的高度思考和谋划关区工作，经常开展对标对表，切实把讲政治从外部要求转化为内在主动，实现政治效果和业务效果相统一。必须坚持以人民为中心的发展思想，执法为民、执法利民，让改革发展成果更多惠及广大进出口企业，切实增强人民群众的获得感、幸福感、安全感。

必须坚持系统观念，做到统筹兼顾。习近平总书记指出，系统观念是具有基础性的思想和工作方法。在新的赶考之路上做好关区工作，必须从系统观念出发，紧紧围绕中央战略决策部署和重大工作安排，统筹发展和安全，统筹口岸疫情防控和促进外贸稳增长，全面协调推动关区各领域工作。要立足海关处于国内国际双循环的交汇枢纽，全面深化改革创新，持续完善监管、优化服务，切实推动实现管得住、放得开、效率高、成本低，不断加强海关制度创新和治理能力建设。

必须坚持底线思维，做到全面保全。当前，百年变局和世纪疫情交织叠加，关区处于"两个前沿"，政治风险、安全风险、业务风险、廉政风险等相互交织。在新的赶考之路上做好关区工作，必须进一步树牢底线思维，增强忧患意识，见微知著，未雨绸缪，着力防异常、防风险、防重点，不断提高防范化解重大风险的前瞻性、预见性，做到统筹兼顾、全面保全。

2022年将召开党的二十大，这是党和国家政治生活中的一件大事，需要保持平稳健康的经济环境、国泰民安的社会环境、风清气正的政治环境，做好海关工作意义尤为重大。面对新形势新任务，根据海关总署党委部署，关党委研究认为，2022年关区工作的总体要求是：以习近平新时代中国特色社会主义思想为指导，深入贯彻党的十九大和十九届历次全会精神，坚持党对海关工作的全面领导，弘扬伟大建党精神，深入学习领会"两个确立"的决定性意义，增强"四个意识"、坚定"四个自信"、做到"两个维护"；坚持稳中求进工作总基调，立足新发展阶段，完整、准确、全面贯彻新发展理念，加快构建新发展格局，推动高质量发展；坚持马上就办、真抓实干，落实"六稳""六保"部署，全面落实海关总署党委部署，完善监管优化服务，统筹发展和安全，统筹口岸疫情防控和促进外贸稳增长，锲而不舍、一以贯之推进政治建关、改革强关、依法把关、科技兴关、从严治关，提升制度创新和治理能力建设水平，推动社会主义现代化海关建设迈出新步伐，服务打造高水平、制度型对外开放格局，以优异成绩迎接党的二十大胜利召开。

三、2022 年工作重点

（一）旗帜鲜明，坚决做到"两个维护"

深入学习贯彻习近平新时代中国特色社会主义思想，不折不扣落实习近平总书记重要指示批示精神，扎实开展捍卫"两个确立"、做到"两个维护"、强化政治机关建设专项教育活动，不断增强政治机关意识，把党的绝对领导贯彻落实到各方面、全过程。推进党史学习教育常态化长效化，深入开展学习贯彻六中全会精神教育培训，做好迎接党的二十大宣传引导和二十大精神学习贯彻。坚持例会"第一议题"制度，加强对重大部署、重要任务、重点工作的组织领导，高质量完成党中央、国务院决策部署，不断提高服务"一带一路"建设、粤港澳大湾区建设、横琴粤澳深度合作区建设、用好管好大桥等重点工作成效。

（二）科学精准，守好国门检疫防线

严密口岸防控。慎终如始绷紧疫情防控这根弦，不断完善防控策略，科学精准、严密防控、全面保全，织密扎牢外防输入防线。加强口岸公共卫生核心能力建设，强化进口冷链食品疫情防控，扎实做好出入境食品农产品检验检疫工作，严格做好高风险货物风险监测和预防性消毒监督等工作，有效应对处置重大疫情和突发公共卫生事件。

严格内部防控。坚决扛起疫情防控的政治责任、工作责任、社会责任、家庭责任、个人责任，全面落实内部安全防护各项规定，加强免疫接种，从严就高做好人员安全防护，严格执行一线高风险岗位人员封闭管理。

严肃检查监督。抓紧抓实疫情防控监督工作，严格落实"培训考核、监督管理、健康监测"等制度，坚持"四不两直"，依托"挑毛病"专家组，发挥二、三级监控指挥中心作用，确保"规定动作"100%落实到位。

（三）完善监管，筑牢国家安全屏障

防范化解风险。坚持系统观念，突出业务风险协同管理和整体管控，完善重大风险防控工作机制，抓好重点领域风险防控，加强监测预警和前瞻研究，及时应对处置，做到全面保全。加快推进智慧风控建设，强化大数据支撑、风险信息情报和风险协调处置。加强口岸安全风险联合研判，深化与香港、澳门海关的风险防控合作。

提升监管效能。全面贯彻落实总体国家安全观，始终牢记监管是海关最基本、最重要的职责，持续强化监管、完善监管、优化监管，形成正面监管、后续监管、逆向监管闭合链条，不断提高开放监管能力。完善国门生物安全治理体系，落实食品安全"四个最严"要求，严把进出口商品质量安全关，提高税收征管水平，坚决维护国门安全。深入开展"国门利剑2022"联合专项行动，深化反走私综合治理，健全打击治理"水客"走私长效机制，着力构建"打防管控"立体化防控格局。

(四）开拓创新，服务改革发展大局

支持和服务合作区建设。从践行"两个维护"的政治高度，锲而不舍、一以贯之支持和服务合作区建设。坚守"一国"之本，善用"两制"之利，紧扣促进澳门经济适度多元发展，坚决扛起服务合作区建设的政治责任、安全责任、专业责任，持续深化规划对接、政策对接、工作对接，探索海关监管模式创新，忠诚履职尽责，发挥专业作用，绝不辜负习近平总书记的殷殷重托。

全面深化改革创新。深化"放管服"改革，落实《"十四五"海关发展规划》，持续推进资源整合、业务融合、队伍聚合。全面推进海关全业务领域一体化改革，不断深化"一国两制"下海关监管创新，持续推进"前推后移中优"。加强自贸试验区海关监管制度创新和复制推广，推动特殊监管区域健康发展。加快智慧海关建设，推动数字化转型，提升实验室技术能力，促进业务科技一体化。

支持外贸促稳提质。坚持人民海关为人民，继续做好"六稳""六保"工作，持续优化口岸营商环境，认真落实减税降费政策，不断巩固压缩整体通关时间成效。深入推进"智慧海关、智能边境、智享联通"建设，创新跨境合作模式。提高政策研究及统计工作水平，加强贸易管制和技贸措施工作，积极服务外贸决策。深化综合治税，确保应收尽收，扎实做好关区RCEP落地实施工作。

（五）党建引领，全面从严管党治党

加强党的建设。大力弘扬伟大建党精神，毫不动摇坚持和加强党的全面领导，严明政治纪律和政治规矩，充分发挥全面从严治党引领保障作用。压紧压实全面从严治党主体责任，巩固深化"强基提质工程"，持续加强"四强"党支部建设，大力培树党建品牌，积极创建模范机关。扎实开展关史研究，加强海关文化建设。改进思想政治工作，激发队伍士气，凝聚海关力量。

强化队伍建设。深化干部工作"五大体系"建设，细化落实海关总署规划部署。坚持正确选人用人导向，着力优化领导班子结构，抓好执法一线科长队伍建设，大力培养使用优秀年轻干部。全面加强关区人才队伍建设，统筹用好职级职数，深入推进公务员分类管理，健全事业单位人事管理体系。完善奖励表彰制度，强化干部监督管理，激励队伍担当作为。

打造清廉海关。认真落实十九届中央纪委六次全会精神，一体推进不敢腐、不能腐、不想腐。强化政治监督，加强对"一把手"和领导班子监督，深化巡视巡察上下联动，推动各类监督统筹衔接、贯通协同。依规依纪依法执纪问责，深化运用"四种形态"，推进打私反腐"一案双查"，做实做细以案促改。持之以恒落实中央八项规定精神，锲而不舍纠"四风"树新风，营造风清气正政治生态。

（六）夯实基础，稳步提升保障水平

加强法治建设。深入贯彻落实习近平法治思想，深化落实行政执法"三项制度"，完善权力运行和监督制约机制，推动执法矛盾纠纷多元化解、执法疑难问题协调解决，推进行政审批规范化、标准化建设。落实"八五"普法工作任务，加强法治队伍建设，提高依法把关能力水平。

提升政务服务。贯彻落实习近平总书记关于办公厅工作重要论述，紧扣"五个坚持"，提升"三办三服务"水平。深化精文简会，认

真做好人大建议和政协提案办理、人民防线建设、督促检查、值班应急、机要保密、档案管理、政务公开、热线服务、信访接待、信息编报、新闻舆情、外事等各方面工作。

落实"过紧日子"要求。紧扣中央财政"紧平衡"常态，切实将"过紧日子"上升到全面从严治党的政治高度来认识和把握，坚持全关一盘棋，提高预算执行效率和资金使用效益，量入为出、艰苦奋斗，厉行节约、反对浪费。

强化综合保障。提高财务保障水平，做好后勤服务。加大督察力度，强化审计监督，深化内控建设，优化执法评估。充分发挥工青妇桥梁纽带作用。关心关爱离退休老同志。深入推进海关学会等相关工作。

同志们，2022年工作的思路和任务已经明确，关键在于狠抓落实。让我们更加紧密地团结在以习近平同志为核心的党中央周围，忠诚履职、团结奋斗，坚定信心、勇毅前行，奋力推进社会主义现代化海关建设，以优异成绩迎接党的二十大胜利召开！

在2022年拱北海关全面从严治党工作会议上的讲话（摘编）

拱北海关党委书记、关长　刘晓辉

（2022年1月26日）

同志们：

这次会议的主要任务是，深入学习贯彻习近平总书记重要讲话精神和十九届中央纪委六次全会精神，认真落实2022年全国海关全面从严治党工作会议部署，总结回顾我关2021年全面从严治党、党风廉政建设和反腐败工作，部署2022年任务。下面，我代表关党委讲3点意见。

一、深入学习领会习近平总书记在十九届中央纪委六次全会上的重要讲话精神，准确把握2022年全国海关全面从严治党工作会议要求

略。

二、2021年工作回顾

2021年我们隆重庆祝建党100周年，踏上了向第二个百年奋斗目标迈进的新征程。一年来，我关各级党组织坚持以习近平新时代中国特色社会主义思想为指导，增强自我革命永远在路上的政治自觉，坚定不移推进全面从严治党，持续建设清廉海关，为落实党中央重大决策部署，推动关区各项工作发展提供了坚强保证。

（一）坚持政治统领，关区党的政治建设持续加强

把学习贯彻习近平新时代中国特色社会主义思想作为首要政治任务，结合学习宣传贯彻党的十九届六中全会精神，推动党员干部在学懂弄通做实上实现新提升。开展庆祝中国共产党成立100周年活动，营造"永远跟党走"浓厚氛围。把党史学习教育作为贯穿年内的重大政治任务，扎实推进"我为群众办实事"实践活动，两级党委统筹完成重点民生项目、解决问题，3个项目入选海关总署"百佳项目"。坚持每月例会"第一议题"制度。从政治层面强化业务工作，组织开展"基层党建视角下干部队伍政治能力建设实践路径研究"，直属机关党委"书记项目"入选海关总署试点。

（二）聚焦"关键少数"，管党治党责任不断压实

加强对"一把手"和领导班子监督，对12

个隶属海关和4个事业单位开展专项督导检查，并作为巡察、审计重点强化监督。召开述责述廉述党建现场会，选取7个党组织书记现场述职，各部门单位党组织书记书面述职并接受评议，压实"第一责任人"职责。对标海关总署修订完善"三重一大""党委议事清单"等制度，严格重大事项请示报告，认真执行民主集中制。切实落实主体责任清单，专题研究全面从严治党工作，部署落实重点任务。组织"基层书记组长谈责任"视频访谈，促进责任意识提升。

（三）坚持久久为功，纪律作风建设走深走实

锲而不舍纠治"四风"，细化治理违反中央八项规定精神突出问题，深化整治形式主义、官僚主义，推动精文简会、量减效增，确定2个基层减负监测点，切实为基层松绑减负。加强行风政风建设，有效发挥特约监督员作用，海关政务服务"好差评"系统好评率100%，严防"政府热线冷作为"，12360海关热线答复满意度超99%。严格落实"过紧日子"要求，推进节约型机关创建。持续整治纪律作风，深化内务规范强化月活动，加强水湾路、银桦路办公区轮值督察，各部门单位建设61个准军"样板间"。落实严管厚爱要求，从严加强关区考勤和休假管理，组织开展不担当不作为问题自查，注重在重大关头、关键时刻考察识别干部，关心关爱一线执法队伍和封闭管理人员。开展"党旗在基层一线高高飘扬"活动，7人获评市直机关优秀共产党员和优秀党务工作者，1073人次获地市级以上奖励。推进关区精神文明建设42项重点任务，2个集体获评"全国青年文明号"。

（四）运用系统思维，规范权力运行更加有效

推动行政执法"三项制度"实施见效，打造"一个窗口"审批标准模板，统筹推进对各领域权力运行的监督和制约。拓展"制度+科技"手段，内控领域探索引入机器人流程自动化技术，助力基层减负增效控权，实现警示数据移出率、审核率、复核率三个100%。深化内控机制建设，组织督察、执法项目评估，在党内监督主导下推动各类监督统筹衔接、贯通协同，形成常态长效的工作合力。大力推进"强基提质工程"，完善合格支部动态管理机制，组织"四强"党支部"回头看"自检，6个党支部获评全国海关党建品牌，2个党支部获评珠海市"全面进步全面过硬"示范点。建设党建教育实训中心，"寓无形于有形"工作法获评全国海关基层党建创新案例。

（五）"三不"一体推进，党风廉政建设和反腐败斗争持续用力

保持惩治腐败高压态势，深入开展"现场监管与外勤执法权力寻租"专项整治，防范廉政风险能力明显增强。加强对党委派驻纪检组的领导，有效发挥抵近优势和"探头"作用。持续深化中央巡视对照整改和海关总署党委巡视整改。高质量推进巡察全覆盖，健全完善巡察整改监督检查和整改评估机制，着力推动以巡促改、以巡促建、以巡促治。推进综合治理，对违纪党员所在的党支部给予"红牌警告"，深化警示教育月活动，通报典型违纪案例，加强受党纪处分党员回访教育。建设"正气阁"党风廉政教育阵地，盯紧关键节点加强廉政教育提醒，开展领导干部任前廉政考试。

三、2022年主要任务

围绕海关全面从严治党总体工作要求，结合我关实际，重点要做好以下六个方面工作：

（一）坚定捍卫"两个确立"，坚决做到"两个维护"

海关作为中央和国家机关，讲政治是第一要求。全关上下必须深入学习贯彻党的十九届六中全会精神，深刻领会"两个确立"的决定性意义，切实增强"四个意识"、坚定"四个自信"、做到"两个维护"。要全面强化政治建设。把"两个维护"作为政治建设的根本问题和首要任务，全面落实"第一议题"制度，坚决迅速贯彻落实习近平总书记重要指示批示精神和党中央重大决策部署，始终同以习近平同志为核心的党中央保持高度一致。坚持条块结合，领导带头宣讲线条业务蕴含的政治要求，职能部门牵头梳理评估风险隐患；各级党组织进一步完善"领学+研讨"的学习机制，政治理论学习必须联系业务实际研讨，研究业务工作必须联系政治要求，科领导班前会必谈政治要求、必谈风险排查、必谈廉政纪律，做到人人学、人人讲，教育引导党员干部不断增强政治判断力、政治领悟力、政治执行力，把讲政治从外部要求转化为内在主动、有力举措。要持续加强理论武装。坚持把思想建设作为党的基础性建设，淬炼自我革命锐利思想武器，将学懂弄通做实习近平新时代中国特色社会主义思想作为首要政治任务，推动党员干部在学思用贯通上下更大功夫。抓好宣传贯彻党的十九届六中全会精神处级以上领导干部全员轮训，线上线下相结合对党员干部进行系统培训。持之以恒推进党史学习、教育、宣传，巩固拓展党史学习教育成果，建立常态化长效化制度机制。做好海关年鉴编纂工作，继续挖掘用好红色海关历史资源。紧跟海关总署部署抓好对党忠诚教育、党性教育和海关职业操守教育，选树先进集体、先进工作者等先进典型。

（二）充分发挥"头雁效应"，压紧压实"两个责任"

全面从严治党成效好坏，关键在于责任是否落实到位。各级"一把手"和领导班子必须知责于心、担责于身、履责于行，层层压实管党治党政治责任。要拧紧责任链条。各级党组织要坚决扛起全面从严治党主体责任，聚焦关键少数，落实海关总署党委关于加强对"一把手"和领导班子监督的实施意见，持续推进任务落实落地，推动层层严负其责。"一把手"切实履行"第一责任人"职责，做到"四个亲自"，从严从实抓班子、带队伍、防风险。班子成员认真落实"一岗双责"，抓实分管领域的党风廉政建设工作。加强对纪检工作的领导，落实垂管单位纪检监察体制改革部署，强化纪检机构监督责任和协助职责。推动职能部门将业务与党建深度融合，加强对相关条线党风廉政风险防范工作的指导。要强化履责监督。严格执行民主集中制，严格落实"三重一大"等事项集体决策制度，自觉主动接受监督。推进纪律监督、干部监督、巡察监督、审计监督等贯通协同，推动监督成果共享，开展政治生态分析研判，认真查找领导班子自身存在的突出问题。开展各级党组织书记述责述廉述党建，将主体责任落实情况纳入党风廉政责任制考核指标，发挥队伍建设综合管理平台

"精准画像"作用，通过加强检查考核，全面强化监督力度。要用好问责利器。严格落实问责条例，提升问责工作的政治性、精准性、规范性，坚持有责必究、问责必严，倒逼全面从严治党责任落实，激励党员干部负责担当。坚持"三个区分开来"，落实容错纠错机制，旗帜鲜明为坚持原则、敢抓敢管的干部撑腰鼓劲。

（三）毫不松懈正风肃纪，全力打造清廉海关

反腐败斗争永远在路上。针对关区严峻复杂的反腐败斗争形势，我们必须保持清醒头脑，坚持"三不"一体推进，把严的主基调长期坚持下去。要保持高压态势，强化不敢腐的震慑。坚持靶向治疗、精确惩治，持续用力化减存量，以零容忍态度遏制增量，紧盯一线执法领域和重点岗位，紧盯"一把手"和领导班子，严肃惩治权力寻租、以权谋私等贪腐问题。充分发挥"一案双查"撒手锏作用，提升线索处置质效，强化打私反腐合力。巩固拓展"现场监管与外勤执法权力寻租"专项整治成果，推进常态化整治工作，按照海关总署统一部署在工程建设、信息化建设、实验室建设、装备购建、疫情防控保障等领域开展专项整治。推动打击"水客"走私综合治理，坚持行贿受贿一起查，提升反"围猎"综合治效。要做实以案促改，扎牢不能腐的笼子。推进以案促改制度化规范化，督促案发单位及相关条线以案促改、以案促治，补齐制度短板和管理漏洞，做到查处一案、警示一片、治理一域。将以案促改纳入巡视巡察、派驻监督等重要内容，加强受处分人员的回访教育，通过惩处、监督、教育贯通融合，推动从"有错"向"有为"转变。要加强教育引导，构筑不想腐的堤坝。常态化开展纪法教育，持续开展警示教育月活动，加强典型案例通报，以身边案件作为反面教材，提高警示教育的针对性、有效性，促使党员干部知敬畏、存戒惧、守底线。认真贯彻关于加强新时代廉洁文化建设的意见，打造廉洁文化品牌，多种形式加强廉政教育，营造崇俭尚廉的浓厚氛围。

（四）严明纪律整饬作风，锻造过硬纪律铁军

坚持在严明纪律、严格管理上必须锲而不舍、一以贯之。要持之以恒落实中央八项规定精神。严格贯彻落实海关总署相关措施及我关细化任务，党员领导干部要做到"五个一律不准"，执法一线科长和关员要做到"四个一律不准"。驰而不息纠治"四风"，对违规收受礼品礼金、违规接受吃请等问题露头就打、反复敲打，对风腐交织问题重拳惩治，典型案例一律通报曝光。要坚持不懈整治形式主义、官僚主义。健全基层减负常态化机制，保持对精文简会的刚性约束，减少基层报文报表，规范各类督查考核，杜绝政策执行"一刀切"、层层加码问题。巩固"我为群众办实事"实践活动成果，持续发挥"1+1"联动、机关直接服务基层工作两项机制作用。深化行风政风建设，推进海关政务服务"好差评"系统全事项、全渠道覆盖，发挥好特约监督员、12360海关热线作用，擦亮"党员志愿服务岗"服务品牌，不断增强企业群众获得感。坚持"过紧日子"，提高预算执行效率和资金使用效益，量入为出，勤俭节约，摒弃铺张浪费。要全面从严强化纪律作风。坚持党建引领，巩固拓展"强基提质工程"成效，深化"四强"党支部建设和党建品牌创建，推动基层党组织全面进步、全面过硬。全面严格管理，健全常态化疫情防控监督检查工作机制，增强号令意识，加强责任追究；加强事业单位监督管理，推动协管员管理更加严格规范。深入开展内务规范强化月活动，健全督察检查、通报整改、验收推动的闭环机制，持续整肃关容风纪，强化纪律日常养成。严管厚爱结合，推动队伍管理抓早抓小、防微杜渐；关心关爱干部职工，用情用力排忧解难，突出实干实绩考核任用干部，加强荣誉表彰激励，凝心聚力砥砺前行。

（五）发挥巡察利剑作用，推进高质量全覆盖

强化党内监督是全面从严治党的重要保障，巡视巡察是党内监督的战略性制度安排。要精准把握政治巡察定位。坚决捍卫"两个确立"，紧扣"两个维护"根本任务，紧盯"国之大者"，聚焦职能责任强化政治监督。突出加强对"一把手"和领导班子的监督，强化对贯彻落实习近平总书记重要指示批示精神、党中央决策部署的监督检查，将专项教育活动开展情况纳入巡察监督重点。要持续增强巡察监督效能。始终坚持把发现问题作为巡察工作生命线，推进有形覆盖和有效覆盖相统一，高质量实现巡察全覆盖目标任务。坚持系统观念，深化巡视巡察上下联动，发挥巡察综合监督作用，加强与其他监督的统筹衔接，形成监督合力。总结巡察工作开展情况和经验，推动巡察提质增效。要有效深化巡察成果运用。压紧压实巡察整改责任，强化日常监督和专责监督，加强指导督办。持续优化巡察整改检查评估机制，推动整改常态化、长效化。推动职能部门强化巡察成果运用，通过一体整改、联动整改，实现监督、整改、治理有机贯通。

（六）深化"制度+科技"运用，加强权力运行监督

有权必有责，用权受监督，必须进一步深化源头治理，切实加强廉政风险防控。要牢固树立"制度+科技"理念。继续拓展内控领域引入机器人流程自动化技术、为基层减负增效控权的成功经验，深化查验、稽查、缉私案管等领域"制度+科技"成果运用，发挥示范带动效应，推动形成靠"制度+科技"管权、管事、管人的长效机制。要强化制度管权。用法治给权力定规矩、划界限，及时完善相关制度规范，持续深化行政执法"三项制度"，推动编制权责清单，促进严格规范公正文明执法；继续深化"双随机、一公开"监管，完善不以人替的珠澳口岸海关点对点快捷联络机制，强化制度执行刚性约束；加大督察审计力度，落实审计整改长效机制，健全完善内控制度，切实从制度层面强化廉政风险防控。要推进科技控权。积极探索大数据、云计算、人工智能等信息技术应用，加快各类信息系统整合优化，推广应用属地查检业务管理系统、企管业务运行可视化监控平台等信息化系统，逐步实现权力行使标准统一、权力处置智能判定、权力运行流程可溯。以旅检现场为重点，进一步强化智慧监管、实时监控、综合治理的工作模式。紧跟改革步伐，全力配合做好横琴粤澳深度合作区"二线"基础设施及信息化建设规划，完善全国海关首个客车智能审图模式，同步运用

"制度+科技"管权限权。推进"智慧风控"建设,深化"风控+纪检"机制应用,不断探索运用科技手段精准有效治理"三大风险"。

同志们,让我们更加紧密地团结在以习近平同志为核心的党中央周围,继续推进新时代党的建设新的伟大工程,坚定信心、勇毅前行,锲而不舍推动全面从严治党、党风廉政建设和反腐败斗争向纵深发展,为建设社会主义现代化海关提供有力政治保障,以优异成绩迎接党的二十大胜利召开!

在贯彻落实全国海关年中工作会议精神重点工作推进会上的讲话（摘编）

拱北海关关长、党委书记　詹少彤

（2022年9月22日）

同志们：

今天，我们召开贯彻落实全国海关年中工作会议精神重点工作推进会，主题是深入学习贯彻习近平总书记重要讲话和重要指示批示精神，贯彻党的十九大和十九届历次全会精神，按照"疫情要防住、经济要稳住、发展要安全"的重要指示要求，落实2022年全国海关年中工作会议部署，认真总结我关2022年以来主要工作进展情况，分析当前面临的形势，围绕"守国门、促发展"，研究安排下一步工作。

一、2022年以来主要工作情况

2022年以来，我关坚持以习近平新时代中国特色社会主义思想为指导，认真学习贯彻习近平总书记重要指示批示精神和党中央决策部署，按照海关总署党委工作要求，高效统筹口岸疫情防控和促进外贸稳增长，强监管优服务，各项工作取得新进展。

（一）政治统领，坚决做到"两个维护"

深入学习贯彻党的十九大和十九届历次全会精神，加强政治机关建设，着力推动党史学习教育常态化长效化，深入开展"学查改"专项工作和政治机关专项教育活动。始终胸怀"国之大者"，督办落实习近平总书记重要指示批示精神等重点工作，确保党中央、国务院决策部署落地生效。

（二）统筹兼顾，抓好口岸疫情防控和促进外贸稳增长

坚持"外防输入、内防反弹"总策略和"动态清零"总方针，压实"四方责任"，扎紧防控闭环。全面做好援港抗疫、外防输入和内部防护，一体推进疫情防控监督、关心关爱等工作。落实"六稳""六保"部署，抓实抓细促进外贸保稳提质"10+16"条措施、跨境贸易便利化20项举措，深化海关技术性贸易措施工作，持续优化口岸营商环境。充分发挥"问题清零"机制作用，帮助企业用足用好《区域全面经济伙伴关系协定》等政策红利，积极推广企业集团加工贸易监管模式，扎实推进减税降费，助力企业减负增效。

(三）完善监管，筑牢国门安全屏障

全面落实总体国家安全观，严格进出口贸易禁限管控管理，截获有害生物、检出不合格进出口食品化妆品、检出不合格商品成效显著。巩固提升安全生产专项整治三年行动成效。持续提升口岸公共卫生核心能力，"青篱"国门生物安全科普暨爱国主义教育基地通过海关总署初审。统筹通关便利与依法科学征管，加强综合治税。积极参与高水平推进AEO国际互认合作，协助澳门海关建立AEO制度。提升企业管理和稽查工作效能，查发全国海关货值最大涉检验检疫稽查移交案件。加强知识产权海关保护。坚决打私，文明执法，深入开展"国门利剑"等系列专项行动。

（四）优化服务，严格落实决策部署

全面服务"一带一路"建设，认真落实《粤港澳大湾区发展规划纲要》，持续巩固拓展"三智"合作成效。支持和服务横琴粤澳深度合作区建设，细化落实海关总署重点工作安排，扎实推进相关专项工作；前瞻开展政策研究，在海关总署领导下研究起草并持续完善《海关对合作区监管办法（草稿）》；配合地方政府加快"一线""二线"基础设施及信息化建设，助力横琴打造具有中国特色、彰显"一国两制"优势的区域开发示范。坚持用好管好大桥，积极支持"澳车北上""港车北上"，助力港珠澳大桥旅游开发；支持供港鲜活水产品经大桥口岸出口；支持粤港澳物流园建设。

（五）全面从严，纵深推进管党治党

建立健全全面从严治党责任体系，加强党委班子建设，全面落实民主集中制。加强对"一把手"和领导班子的监督。实施"强基提质工程"，推动基层党建"双提升"。深化干部工作"五大体系"建设，着力优化干部队伍结构，加强执法一线科长队伍建设，大力发现培养使用优秀年轻干部。坚定不移反腐倡廉，一体推进"三不腐"。做实以案促改、以案促建、以案促治，深化"一案双查""一案双析"。深入开展专项整治工作。坚决纠治"四风"。

（六）夯实基础，强化综合服务保障

加强科技建设，强化网络安全保障，提升关区信息化应用水平。加强法治建设，推动严格规范公正文明执法，践行新时代"枫桥经验"，多元化解矛盾争议。深化督察审计自查，加强内控机制建设，推进内部审计、督察和执法评估工作，建立健全审计整改长效机制。统筹做好新闻宣传、机要保密、外事管理、公文处理、档案管理、建议提案办理、关史研究等，大力加强应急值班、信访维稳、舆情监测、便民服务等工作。落实"过紧日子"要求，财务保障、后勤保障水平稳步提升。工青妇、离退休、学会等工作扎实推进。技术中心、保健中心、数据分中心等工作取得积极进展。

这些成绩的取得，是以习近平新时代中国特色社会主义思想为指引，在海关总署党委的正确领导下，全关干部职工勠力同心、辛勤付出的结果。在肯定成绩的同时，我们也要清醒看到当前关区工作还存在短板，距离海关总署党委提出的更高要求仍有差距。必须高度重视，在下一步工作中有针对性地加以解决。

二、当前面临的形势任务

即将召开的党的二十大，是在进入全面建设社会主义现代化国家新征程的关键时刻召开

的一次十分重要的大会，是党和国家政治生活中的一件大事。全关上下务必深刻领悟"两个确立"的决定性意义，增强"四个意识"、坚定"四个自信"、做到"两个维护"，坚决贯彻落实习近平总书记关于"疫情要防住、经济要稳住、发展要安全"的重要指示，紧紧围绕迎接学习宣传贯彻党的二十大这条主线，落实海关总署党委工作部署，全面履职尽责，为营造平稳健康的经济环境、国泰民安的社会环境、风清气正的政治环境作出应有贡献。

（一）坚决落实"疫情要防住"的重要指示

习近平总书记高度重视疫情防控工作，多次作出重要指示批示，为海关做好口岸疫情防控工作指明了方向，提供了根本遵循。我关毗邻港澳，是唯一陆桥连通香港、澳门两个特别行政区的直属海关。疫情防控作业点多线长，叠加全球多种传染病流行影响，口岸疫情防控压力始终处于高位。我们要充分认识到外防输入任务的艰巨性、复杂性，把思想和行动统一到习近平总书记最新重要指示批示精神上来，深刻、完整、全面认识党中央确定的疫情防控方针政策，牢记"坚持就是胜利"，一体推进"人、物、环境"同防、多病同防、水陆（空）同防，清醒认识到"调整优化"不等于"放松要求"，必须毫不松懈、科学精准执行好口岸疫情防控各项措施，坚决做到"思想不放松、压力不递减、工作不降准、责任不推卸"。要加强内部安全防护，把规定动作100%执行到位，坚决杜绝有令不行、有禁不止。要积极为疫情防控一线党员干部职工办实事、解难题，确保要求到位、关心关爱也要到位。

（二）坚决落实"经济要稳住"的重要指示

习近平总书记强调，我国经济发展环境的复杂性、严峻性、不确定性上升，稳增长、稳就业、稳物价面临新的挑战。要坚持扩大高水平对外开放，稳住外贸外资基本盘。

我们要坚持海关为民，紧扣服务大局、敢于迎难而上，聚焦保市场主体、保跨境物流畅通、保产业链供应链稳定，充分发挥海关职能作用，坚决落实"六稳""六保"部署，落实海关总署促进外贸保稳提质系列措施和我关细化措施，加快落地见效释放红利。要主动对接落实"双区"和两个合作区建设，服务地方打造高水平开放平台，持续优化口岸营商环境，降低进出口企业制度性成本，全力助企纾困解难、促进外贸保稳提质。要加强与企业的沟通联系，强化政策宣讲，畅通诉求反映渠道，树立海关可亲、可敬、可靠的形象。

（三）坚决落实"发展要安全"的重要指示

习近平总书记强调，要全方位守住安全底线。

我关地处"两个前沿"，恐怖主义、极端势力等通过口岸输入的风险长期存在，特别是受疫情影响，珠澳口岸疫情传播、通关安全等风险不容小觑。安全生产专项整治三年行动以来，仍有少量问题在整改推进中，安全生产工作必须时时放心不下。我们要深刻认识到，在党的二十大即将召开之际，必须坚决扛起维护国门安全的重任，增强忧患意识，采取有力措施应对和化解各种风险挑战，用大概率思维防范小概率事件，强化制度执行的刚性约束，以高标准安全保障高质量发展。

同志们，面对新形势新任务新要求，全关上下要深刻领悟"两个确立"的决定性意义，坚决做到"两个维护"，立足新发展阶段、贯彻新发展理念、构建新发展格局，推动高质量发展，紧紧围绕迎接学习宣传贯彻党的二十大精神这条主线，把思想和认识统一到中央对当前形势的分析判断和决策部署上来。要深刻领会海关总署党委工作要求，加强贯彻落实，全力以赴当好"三个环境"的建设者、营造者、责任方。党的二十大召开后，要按照党中央统一部署，海关总署党委工作要求，第一时间开展学习宣传贯彻，迅速掀起学习热潮，切实把思想和行动统一到党的二十大精神上来，积极推进社会主义现代化海关建设，更好服务经济社会发展大局，为实现第二个百年奋斗目标贡献海关力量。

三、扎实做好下阶段重点工作

（一）着力强化政治机关建设

深入学习贯彻习近平新时代中国特色社会主义思想，通过党委中心组学习、专题培训、"三会一课"等多种方式加强学习，用党的创新理论武装头脑、指导实践、推动工作。重点做好党的二十大精神学习培训。全面加强党的领导，完善上下贯通、执行有力的抓落实工作机制，不折不扣贯彻习近平总书记重要指示批示精神。做好"学查改"专项工作成果转化，扎实推进政治机关专项教育活动。大力加强对党忠诚教育，推动党史学习教育常态化长效化，用好"我为群众办实事"实践活动形成的良好机制。严格落实意识形态工作责任制，加强思想动态调查和分析研判，做深做实思想政治工作。认真履行定点帮扶政治责任，助力推进乡村振兴。扎实推进党的建设，深化"强基提质工程"，巩固拓展基层党建"双提升"行动和党务岗位练兵阶段性成效，认真开展基层党建特色实训点试点工作，推动党建业务深度融合。

（二）着力严格规范实施口岸检疫

加强入境人员卫生检疫。严格落实"三查三排一转运"要求，持续巩固联防联控机制。强化传染病疫情监测，密切关注关区周边国家地区各类传染病疫情形势和防控策略，定期组织传染病风险评估，研判完善口岸防控措施，紧盯高风险检疫对象，严防疫情输入。落实"多病同防"，做好猴痘等其他传染病口岸防控。加强疫情防控监督检查，针对查发的问题及时整改，抓实抓细，举一反三，督促基层规范现场操作。

加强货物物品检疫。加大进口冷链食品、农产品源头管控力度，严格执行进口冷链食品口岸疫情防控优化完善措施，落实非冷链货物物品分级分类优化方案工作要求，加强培训和监督，防范疫情通过进口冷链食品、农产品等输入风险。严格做好消毒监督。稳妥推进寄递渠道疫情防控。

加强环境监测监督。科学精准分级分类监督各类高风险交通工具终末消毒工作，压紧压实企业责任。进一步规范海关监管作业现场、人员封闭管理场所、实验室环境监测，强化消毒及监督，确保消毒效果。

加强动植物检疫。严防动植物疫情疫病传入，坚持人病兽防、关口前移，严格检疫审批、口岸查验和隔离检疫监管。强化系统治理和全链条防控，优化动植物检疫作业监管模式，推进"智慧动植检"建设。深入开展"国门绿盾2022"行动，落实国门生物安全监测计划，强化外来入侵物种监测和防控工作，坚决打击非法引进行为。严防物种资源流失。做好动植物检疫除害处理监管。全力保障供港澳活动物、果蔬等农产品安全稳定供应。

加强内部防护。落实海关总署、属地各项防控要求，明确常态化疫情防控和属地突发本土疫情管理措施，严格高风险岗位人员封闭管理。坚持业务工作与安全防护工作"同研究、同部署、同督促"，确保防护机制有效运行、确保严格防护监督、确保操作严格规范。严格落实优化调整后的高风险岗位人员封闭管理措施，确保各项工作要求落实到位。综合运用各类检查督查手段，增强考核的针对性和有效性。

（三）着力防范重大、系统性风险

健全风险防控机制。成立关区风险管理委员会，完善决策议事协调机制，强化工作专班运行。优化布控规则，提高指令科学性和可执行性，形成指令下达、执行、反馈、评估、优化的闭环。以防促治，发挥口岸安全风险联合防控机制作用，强化跨渠道跨部门风险防控。组织精干力量，进一步强化与香港、澳门海关风险联合防控。

抓住风险防控重点。紧盯贯彻落实习近平总书记重要指示批示精神，紧盯安全生产、重大疫病疫情、生物安全、食品安全、商品质量安全、加工贸易监管、特殊区域监管、特大走私、新业态监管等领域，严防制度不健全、监管不到位、合成谬误等风险。进一步加强重点安全准入风险防控工作，采取针对性措施分类施管。严防税收风险，深化综合治税，"量质效"并举做好年内税收工作。紧盯突发舆情、队伍思想动态、信息系统运行、数据安全、党风廉政建设等领域，严防失常失控失效的风险和重大腐败案件发生。动态开展风险排查、排序、排除，避免小风险转化为大风险、业务风险转化为政治风险，坚决防止发生"黑天鹅""灰犀牛"事件。

提升风险防控能力。强化风险预判，以"时时放心不下"的责任感，加强信息收集和大数据运用，综合研判、有效防范未知风险。加强风险预警，发挥各类风险预警系统和机制作用，推广应用"吹哨人"制度，鼓励、激励干部职工提出合理化建议，及时拉响警报。加强关区协同，强化对异动情况的风险监控和处置。完善风险防控预案，突出管用实用并重，确保突发情况有章可循。抓好风险处置预演，提升化解风险的实战能力，做到应急处突稳妥严密、有条不紊。

（四）着力促进外贸保稳提质

保市场主体。加大已经出台的促进外贸保稳提质、助企纾困降成本等各项措施的落实和宣传力度，完善关领导联系企业机制，推广现场"一站式"办理、12360海关热线高效服务、通关政策深度解读等经验做法，切实为企业办实事、解难题。推动RCEP等自贸协定原产地规则和关税减让在关区落地见效。主动参与海关总署AEO国际互认，推动AEO互认合作取得新突破。加强重点国家（地区）、重点行业领域技术性贸易措施跟踪研究，推进关区三个技术性贸易措施研究评议基地建设，在进一步发挥基地服务功能与独特作用方面深入研究推进。强化知识产权海关保护，持续打击进出口侵权违法行为。继续推动"互联网+"稽核查工作，推广线上主动披露业务办理，提升办理效率。深化拓展国别、商品、企业等贸易数据的分析挖掘，深入组织开展调查研究，提高研究成果和政策建议的价值和水平。

保跨境物流畅通。不断提高服务"一带一

路"建设、粤港澳大湾区建设等重点工作成效。深化"船边直提""抵港直装"等便利措施。综合运用"甩挂""吊装""接驳"等新模式、新方法，持续有效发挥海关职能作用，助力优化口岸营商环境，促进跨境贸易便利化，持续巩固压缩整体通关时间成效。协助做好"单一窗口"深化应用及推广，提升电子口岸业务服务能力。全面落实海关全业务领域一体化改革，以检查异常处置信息化应用为切入点，推进跨系统集成优化和跨部门协同管理。推广多元化税收担保改革等纳税便利措施。深化"三智"建设，积极支持"澳车北上""港车北上"，支持加快建设港珠澳大桥贸易新通道，加强与海关总署司局沟通，周密研制对接落实方案，提升便利化水平，助力大桥更好发挥辐射带动作用。

保产业链供应链稳定。助力高新技术产业发展，平稳推进真空包装等高新技术货物布控查验协同试点，支持先进技术、重要设备、关键零部件等进口；支持优质食品进口，加快推进进口食品境外生产企业注册评审和葡语系国家食品准入评估。加强供港澳食品安全监督抽检和风险监测，保障供港澳食品安全。落实进出口商品检验监管模式改革，严格按照规程对进口煤炭、原油实施法定检验。深入推进邮件、快件、跨境电商集约化监管改革，支持跨境电商、市场采购等贸易新业态发展。落实促进加工贸易稳定发展指导意见，开展单耗管理等改革试点。落实综合保税区发展政策措施，深化自贸试验区海关监管制度集成创新和复制推广。加快推动珠海高栏港综合保税区封关运作，配合做好海关特殊监管区域整合优化及中山综合保税区申建，研究出台对特殊区域发展的支持措施。落实高级认证企业便利化措施，加强对"专精特新"中小企业信用培育工作。

（五）着力支持横琴粤澳深度合作区建设

全面准确领会中央政策精神，紧紧围绕促进澳门经济适度多元发展主线，全力以赴支持和服务横琴粤澳深度合作区建设。加强海关监管制度研究。全力支持"一线"横琴口岸二期工程建设，配合做好"二线"基础设施及信息化建设规划。深入开展粤澳海关"一线"执法合作、合作区检验检疫制度创新、"二线"物品监管模式创新等专题研究。切实增强工作的前瞻性和预见性，有效防范改革伴生风险。

（六）着力加强打击走私工作

强化重点打击。围绕"中央关注、社会关切、群众关心"的突出走私问题，聚焦重点区域、重点领域、重点商品，持续开展"国门利剑2022"联合专项行动。严厉打击象牙等濒危物种及其制品、"洋垃圾"、冻品、成品油、武器弹药、毒品、反宣品等各类走私。聚焦"打头断链挖根"，持续巩固珠澳打击"水客"走私整治成效。全面筑牢水上防线，严厉打击幕后走私团伙，坚决遏制珠江口水域走私势头。巩固打击海南离岛免税"套代购"走私成效，防范"套代购"走私漂移风险。

提升打私能力。持续加强对打私工作的领导，提升全员打私整体效能。加快推进"智慧缉私"建设，健全执法业务监管机制，把好"立案关""侦办关""结案关"，实现对执法办案的全程化、实时化、动态化监控。强化缉私综合保障，切实做好财务、科技、后勤等服务支撑。加大宣传力度，形成有效震慑。

深化综合治理。推动地方政府落实反走私综合治理主体责任，深化综合治理、源头治理，加强协作配合，发挥好各有关部门打私职能作用。强化与海警、边检、边防、渔政、市场监管、金融机构等执法部门的协同协作，加大市场流通领域综合整治力度，筑牢全方位"打、防、管、控"立体防线。加强跨境执法联动，切实加强对走私来源地、策源地的管控。

（七）着力深化改革融合构建"三应"运行机制

强化下对上的响应。增强垂直管理意识，严格落实向海关总署的请示报告制度，对海关总署工作部署要求及时响应、强化落实、跟踪反馈；同时，机关加强对下减负赋能，激发基层的主动性积极性，基层对上负责履职，切实履行好属于本级事权的各项职责。注重基层导向，加强职能部门对业务现场的专业指导，强化一线执法人员业务能力培训，完善基层干部系统化经常化实战化培训机制。坚持"立改废释"并举，深入落实行政执法"三项制度"，推进关区执法统一性建设。继续用好"'枫桥经验'实体工作室"，推动行政争议多元化解。发挥权责清单刚性约束作用，推动权力归属更加清晰、运行流程更加规范。严格规范公正文明执法。

强化左和右的呼应。健全落实业务协调机制，充分发挥业务统筹协调作用，促进业务职能部门之间沟通顺畅、配合默契、运作高效，切实提升管理效能。查找存在业务运行响应、呼应、反应失灵风险的堵点、断点、盲点，研究提出增强业务协同、强化支撑保障的改进措施。积极配合做好跨关区稽查工作。探索优化查检作业模式，推进属地查检与情核查等工作的执法联动，对关区重大稽查情事进行挂牌督办，不断提升稽查查发效能。推进涉检验检疫行政处罚案件管理职能调整工作，确保稳妥衔接、管理规范。

强化上对下的反应。坚持真抓实干，各级领导班子和领导干部模范带头，改进作风、文风、会风，提升两级想问题，下沉一级抓落实。严格落实各部门对隶属海关反映请示问题推诿扯皮情况记录报告制度，加强记录、评估和问责，加强下对上的监督，倒逼改进作风、解决问题、推动落实，力戒形式主义、官僚主义，切实为基层减负赋能。持续优化业务改革问题收集反馈机制，强化对基层上报问题的跨部门会审，提升业务改革问题质量和直报效率。

（八）着力提升海关科技应用能力和水平

强化科技引领支撑。围绕建设智慧海关，持续完善信息化系统应用。强化实验室技术能力，为疫情防控、禁止"洋垃圾"入境、外来有害生物监测等工作提供有力科技支撑。丰富海关大数据应用模型建设，推进海关业务与大数据融合的生态体系建设。进一步深化关务云政务数字化应用场景。

强化科技安全保障。高度重视网络安全工作，严格落实网络安全工作责任制，全面排查隐患，多措并举加强网络安全管控。全力以赴做好党的二十大期间关区网络安全保障，确保落实到位。加强关区海关业务数据安全防护体系建设，强化业务数据授权管理和数据访问控制。持续加强运行监控，全力保障信息系统安全稳定运行。

强化科技创新赋能。持续深化人工智能、大数据、云计算、物联网、5G等技术应用。充分发挥科技委等各专业技术委员会在科研项目研究中的作用,以科技项目为抓手,以业务需求为导向,不断提升科技创新工作的针对性和实效性。加强科技人才梯队建设,鼓励优秀青年科技人才承担科研项目。

(九)着力加强队伍建设

坚持正确用人导向。落实新时代好干部标准和忠诚干净担当要求,完善领导班子和领导干部常态化分析研判机制,树立重政治、重品行、重基层、重担当、重实绩的鲜明用人导向,选优配强处科级领导班子。坚持"一把尺""一张单""一盘棋",强化考察考核,完善政治素质考察工作机制,认真落实海关总署"三个考核办法",研究制定关区平时考核工作实施细则,推进落实防范化解重大、系统性风险等专项考核,持续优化领导班子年度客观指标考核,加强考核结果转化运用,让想干事、肯干事、能干事、干成事的干部脱颖而出、有用武之地。

加强关心爱护。继续开展"关长走进口岸封管区",落实好海关总署关心爱护疫情防控一线人员16条措施,解决急难愁盼问题。突出职级晋升择优导向,加大职数使用力度,探索构建更成体系、更趋稳定、更可持续的晋级机制。修订完善关区奖励实施细则,及时对在急难险重任务中表现突出的干部实施奖励。持续加大对疫情防控一线人员关心关爱力度,加强对一线工作人员的心理疏导,合理安排工作时间和封闭轮次。持之以恒落实"过紧日子"要求,严格预算资金管理,提高资金使用效益。坚持精心精细精准,对口服务、分类施策,切实做好离退休干部服务管理工作。把离退休干部党建工作纳入党建工作总体布局同部署、同落实,充分发挥离退休老干部优势和作用。

大力加强人才队伍建设。深入落实海关总署党委关于人才工作部署要求,健全关区党管人才领导体制和运行机制,构建党委统一领导、人事部门牵头抓总、各职能部门齐抓共管的人才工作格局,持续推动关区人才队伍建设15条措施落实落地。加强关区各条线人才库建设,探索打造专家品牌工作室。研究建立关区智库,挖掘培养政研人才。深化专业技术人才培养,加强急需紧缺人才引进。加强事业单位人才队伍建设,强化事业单位收入分配激励导向,增强技术机构人员力量。

大力培养选拔使用优秀年轻干部。加强优秀年轻干部储备培养,既在急难险重任务中发现培养年轻干部,又注重平时一贯表现,健全日常发现机制,严格政治把关、深入考察了解,确保把好苗子选出来,分级分类建立优秀年轻干部培养储备库,对入库人选加强跟踪了解。加强"墩苗育苗",在干部成长阶段加强组织干预,突出政治标准开展年轻干部培训,安排新入职干部到基层锻炼;通过交流调整、集中工作等形式,有计划地把年轻干部放到重大任务重大斗争最前沿、艰苦复杂地方和关键吃劲岗位磨炼。加强跟踪培养,实行优进绌退、动态管理。大胆解放思想,破除论资排辈,打破隐性台阶,及时提拔使用政治过硬、历练扎实、实绩突出、廉洁自律的年轻干部。坚持用好各年龄段优秀干部,特别是用好长期在一线苦干实干的"老黄牛"式干部。

抓好作风建设。发挥垂直管理体制优势,高度重视、坚决杜绝"五个有之",雷厉风行、令行禁止,树正气、遏邪气、易俗气。落实"三个区分开来"要求,用好容错纠错机制,为改革创新、担当干事的干部撑腰鼓劲。严格落实中央八项规定及其实施细则精神，严肃整治形式主义、官僚主义，驰而不息纠治"四风"，从严整治酒驾醉驾。努力营造风清气正政治生态，各级领导干部带好头、尽好责，管好自身、管好家人亲友、管好身边人身边事、管好主管分管领域风气，形成清清爽爽的同志关系、规规矩矩的上下级关系。

（十）着力深化"三不腐"一体推进

强化不敢腐的震慑。坚持严的主基调不动摇，保持零容忍的警醒、零容忍的力度，落实查办案件"以上为主"，强化打私反腐"一案双查"，深化"组地关"协同办案机制，深入开展专项整治，围绕贯彻落实打击治理"水客"走私等决策部署强化监督执纪，坚持执法领域和非执法领域廉政风险两手抓、同步防，严肃查处各类违纪违法行为。深化运用监督执纪"四种形态"，抓早抓小、防微杜渐、层层设防。推进精准规范问责，提高问题线索处置效率。

扎紧不能腐的笼子。抓好压力传导，压紧压实"两个责任"，突出强化对"关键少数"的监督，发挥好"一把手"和领导班子重点事项监督自查报告制度作用。做好配合国家审计工作，提升督察审计质效，深入推进问题整改。推进关级内控节点建设，建设内控示范科室，强化对权力运行制约和监督。巩固巡视整改成果，持续加强巡察成果运用，探索巡察与监察、督察联动，形成合力，建设长效机制。着力解决准军事化纪律部队建设中的突出问题，做好规律总结，不断提升关区巡察监督质效。

增强不想腐的自觉。常态化学习党章党规党纪和法律法规，深入开展警示教育月活动。积极推进以案促改试点工作。加强以案示警、以案为戒、以案促改，加大典型案例通报曝光力度，用身边案件教育身边人，使党员干部知敬畏、存戒惧、守底线，注重对年轻干部的教育引导。抓好廉洁文化建设，打造清廉海关。

（十一）着力强化安全生产工作

牢牢把握"围绕二十大、服务二十大、迎接二十大"这条主线，把安全生产贯穿关区工作的各环节全过程，宁可前进一步形成重叠，也不可后退一步造成缝隙。压紧压实安全生产监管职责，聚焦重点领域，深入开展安全生产大检查，加强突发事件应急演练，健全安全生产风险隐患排查长效机制，及时发现和消除事故隐患，坚决守住安全底线。深入开展"口岸危险品综合治理"百日专项行动，在梳理前期工作的基础上，进一步提高站位，突出"四个导向"，研提下一步加强措施。紧扣危险品原始舱单电子数据传输这一治"瞒"、治"滞"的基础，结合规范危险品申报的工作整治强力推进，确保关区危险品专项整治"加强版"切实取得实效。坚持系统观念，强化"一盘棋"思想，建立完善口岸危险品综合治理长效机制。

同志们，路虽远，行则将至。工作任务已经明确，让我们更加紧密地团结在以习近平同志为核心的党中央周围，认真贯彻"疫情要防住、经济要稳住、发展要安全"重要指示要求，全面落实2022年全国海关年中工作会议精神，以"七个坚持"为导向，围绕海关总署"十个着力"工作部署，以更加饱满的政治热情、更加昂扬的精神斗志、更加务实的工作作风守国门、促发展，踔厉奋发、笃行不怠，以优异成绩迎接党的二十大胜利召开！

在拱北海关党委理论学习中心组（扩大）学习会上的讲话（摘编）

拱北海关党委书记、关长　詹少彤

（2022年10月17日）

同志们：

10月16日上午，中国共产党第二十次全国代表大会在北京召开，习近平总书记代表第十九届中央委员会向大会作了题为《高举中国特色社会主义伟大旗帜　为全面建设社会主义现代化国家而团结奋斗》的报告。习近平总书记指出，中国共产党第二十次全国代表大会，是在全党全国各族人民迈上全面建设社会主义现代化国家新征程、向第二个百年奋斗目标进军的关键时刻召开的一次十分重要的大会。大会的主题是：高举中国特色社会主义伟大旗帜，全面贯彻新时代中国特色社会主义思想，弘扬伟大建党精神，自信自强、守正创新，踔厉奋发、勇毅前行，为全面建设社会主义现代化国家、全面推进中华民族伟大复兴而团结奋斗。

昨天，我们组织关党委班子成员，总工程师、总检验师，各职能部门负责人集中收看了大会开幕会现场直播，各隶属海关、缉私局、事业单位也都组织了集中收看，并组织全关党员干部通过多种形式收听收看，认真聆听了习近平总书记代表第十九届中央委员会向大会所作的报告，大家都非常振奋、备受鼓舞。今天，我们召开中心组（扩大）学习会，目的就是要第一时间学习习近平总书记在大会所作的报告，在关区迅速掀起学习宣传贯彻党的二十大精神的热潮。接下来，我们将按照党中央工作部署，对标海关总署党委工作安排，细化工作方案，组织开展多形式、多层级的专题学习，切实把党员干部的思想和行动统一到党的二十大精神上来，把智慧和力量凝聚到贯彻落实党的二十大确立的目标任务上来。下面就由我传达学习习近平总书记在大会上所作的报告，并就我关学习宣传贯彻工作提出意见。

一、深入学习领会习近平总书记代表第十九届中央委员会向大会所作报告

略。

二、迅速掀起学习宣传贯彻党的二十大精神的热潮

习近平总书记所作的报告，高瞻远瞩、大气磅礴、鼓舞人心、催人奋进，是闪耀着马克

思主义真理光芒的纲领性文献。我们要深刻认识党的二十大胜利召开的重要意义，将学习宣传贯彻党的二十大精神作为当前工作的重中之重，迅速掀起学习宣传贯彻热潮。

（一）认真学习领会，及时跟进学习党的二十大精神

根据大会安排，未来一周还有多项会议议程，各单位部门要为广大党员干部开展学习创造条件，合理安排工作，及时引导广大党员干部关注会议进程，收听收看大会直播、相关新闻和中央媒体报道，第一时间了解会议情况、领会会议精神，谋划组织好学习宣传贯彻工作。要加强组织领导。党的二十大胜利闭幕后，海关总署党委将在第一时间制订下发学习宣传贯彻工作方案，召开全国海关学习宣传贯彻党的二十大精神视频会议，组织党委理论学习中心组（扩大）学习，部署开展党员干部轮训、培训等工作。我关将跟进海关总署部署及时细化工作安排。各单位部门要提前谋划、早做准备，一方面要确保学习培训做到人员落实、时间落实、内容落实、质量落实；另一方面要从现在开始就迅速营造浓厚氛围，利用党委理论学习中心组学习、基层支部"三会一课"、主题党日活动等形式，分章节、分主题、分步骤学习会议精神。特别要统筹用好我关特有的理论学习条线牵引、"领学+研讨"等学习机制，发挥各类学习品牌、学习载体作用，开展大学习大讨论；针对一些基层单位党员相对分散、倒班作业的实际，务实设计安排灵活多样的学习形式；着力抓好青年干部学习，把学习贯彻会议精神作为推进青年理论提升工程的重要任务；工会、妇委等群团组织也要发挥自身优势，在各自联系的群众中开展形式多样的学习教育活动，确保学习传达全覆盖。要紧扣学习宣传贯彻党的二十大工作主线，加强内外宣传。我关管理网主页、微信公众号、政工简报都开辟了专栏，多角度跟进宣传党的二十大召开盛况和大会精神，各单位部门要围绕主线突出重点，结合实际深挖特色，紧跟节奏培树典型，展现我关学习、宣传、贯彻会议精神的进展成效。要注重学习方法。习近平总书记的报告内容丰富，内涵深邃，我们要反复研读，认真领会，学习报告"说了什么"，感悟其思想观点；学习报告是"怎么说的"，感悟其思想方法；学习报告"为什么这样说"，感悟其蕴含的世界观、方法论，在国际与国内、历史与现实的对比中进一步深化理解。要引导形成学习的内生动力，通过丰富学习形式，充分发挥支部微信群、钉钉学习平台和"学习强国"App等平台载体作用，结合疫情防控要求开展"云端"学习，学习时间"零存整取"，构建"线上+线下"学习联动机制，持续激发党员干部主动学、深入学的热情。机关党委要及时做好学习书籍、资料发放，用好《政治理论学习提示单》为大家提供丰富的学习资源。要坚持上下贯通。做到以上率下，层层压实责任，各级领导班子要切实扛起学习宣传贯彻大会精神的政治责任，各级领导干部努力做到先学一步、学深一层，以身作则、率先垂范，为广大党员作出表率。发挥好"规范开展班前会"这一制度机制在政治理论学习方面的作用，强化基层科室党支部执行力，推动学习大会精神进基层、到支部，落实到每一位关员。

（二）把握学习重点，深刻感悟习近平总书记所作报告的丰富内涵和实践要求

习近平总书记向大会所作的报告，充分体

现着中国共产党人的传承与创新，有许多新提法新观点引人关注。三个务必、三件大事、十年伟大变革、第二个答案、中国化时代化的马克思主义行、中国共产党的中心任务、中国式现代化、反腐败斗争必须永远吹冲锋号、五个必由之路，等等，这些内容都需要我们反复深入学习体会。接下来，按照中央的部署，海关总署的要求，我们还会开展一系列的党员干部学习、轮训、培训等工作，组织大家把握学习重点，深刻感悟习近平总书记所作报告的丰富内涵和实践要求。在这里，我与大家分享个人学习的几点感悟。一是要把握大会主题。党在新征程上举什么旗、走什么路、以什么样的精神状态、朝着什么样的目标继续前进，对团结和激励全国各族人民为夺取中国特色社会主义新胜利而奋斗具有十分重大的意义。大会的主题向世人郑重宣示了我们党始终高举中国特色社会主义伟大旗帜，坚定中国特色社会主义道路自信、理论自信、制度自信、文化自信，坚定不移推进中华民族伟大复兴历史进程；宣示了我们要全面贯彻习近平新时代中国特色社会主义思想，在全面建设社会主义现代化国家、向第二个百年奋斗目标进军的新征程上，用习近平新时代中国特色社会主义思想指导我们整个事业和各项工作，这是从历史和现实中得出的不可动摇的结论；宣示了我们要弘扬伟大建党精神，这为我们走好新的赶考之路提供了强大的精神动力和丰厚的精神滋养；宣示了我们以什么样的精神状态迎接新的更大挑战，就是要做到自信自强、守正创新、踔厉奋发、勇毅前行，为全面建设社会主义现代化国家、全面推进中华民族伟大复兴而团结奋斗。我们要深刻理解党的二十大的鲜明主题，坚定信心、同心同德，埋头苦干、奋勇前进。二是要明确中心任务。报告明确指出："从现在起，中国共产党的中心任务就是团结带领全国各族人民全面建成社会主义现代化强国、实现第二个百年奋斗目标，以中国式现代化全面推进中华民族伟大复兴。"擘画出宏伟蓝图，吹响了奋进号角。并指出："未来五年是全面建设社会主义现代化国家开局起步的关键时期"。我们要齐心协力、乘势而上，"坚持和加强党的全面领导，坚持中国特色社会主义道路，坚持以人民为中心的发展思想，坚持深化改革开放，坚持发扬斗争精神。"这些重大原则是成功经验的总结，也是夺取新的更大胜利的有力保障，我们必须将其全面落实到各项工作之中，开好局起好步，为全面建成社会主义现代化强国提供坚实的支撑。三是要结合实际思考。报告对当前中国发展水平的定位展现了对中国理念和道路的坚定信心，对中心任务的确立折射出从国情、世情出发的务实精神，对新形势新任务实践路径的明确凸显了开放包容的态度，并为现代化"总目标"进一步设置了众多关键"路标"，将深远而宏阔的总战略细化为"可拆解、可落地"的各领域具体实践。这其中，有许多与我们海关工作息息相关，比如"增强国内大循环内生动力和可靠性，提升国际循环质量和水平"；比如"全面推进国家各方面工作法治化"；比如"防治外来物种侵害""健全国家安全体系"，等等。我们要在学习的过程中，结合工作实际深入思考，结合职能职责主动作为，为全面建设社会主义现代化国家、全面推进中华民族伟大复兴贡献海关力量。

（三）弘扬优良学风，不断提高学习的针对性和实效性

习近平总书记强调，党员干部一定要加强理论学习、厚实理论功底，自觉用新时代党的创新理论观察新形势、研究新情况、解决新问题，使各项工作朝着正确方向、按照客观规律推进。我们要大力弘扬马克思主义学风，坚持理论联系实际，把学习会议精神与当前海关事业发展面临的形势、任务结合起来，及时转化学习成果。要坚持调查研究。学习的过程是一个不断深入、层层递进的过程，也是一个发现问题、研究问题的过程。各单位部门要更加坚定自觉地把党的二十大提出的一系列新观点、新论断、新思想、新战略、新要求学习好、领会好、贯彻好，把深入开展调查研究作为学习宣传贯彻党的二十大精神的重要思想方法和工作方法，自觉把海关工作置于全面建设社会主义现代化国家、全面推进中华民族伟大复兴的大局中去谋划、去推进，结合俞建华署长在年中工作会议上布置的6个重点课题和关区业务的热点、难点、重点问题，坚持高处站位、大处着眼、实处着手，积极研究新情况、拓展新视野、提出新举措。要坚持问题导向。习近平总书记在报告中指出，全面建设社会主义现代化国家，是一项伟大而艰巨的事业，前途光明，任重道远。我们必须增强忧患意识，坚持底线思维，做到居安思危、未雨绸缪，准备经受风高浪急甚至惊涛骇浪的重大考验。在这个变乱交织的时代，海关处在对外开放最前沿、维护国门安全第一线，各种可以预见和难以预见的风险挑战错综复杂。我们要带着问题学，从学习报告中汲取智慧和力量，增强志气、骨气、底气，不信邪、不怕鬼、不怕压，知难而进、迎难而上，全力战胜前进道路上的各种困难和挑战，依靠顽强斗争打开事业发展新天地。要坚持学以致用。防止形式主义，坚持一切从实际出发，把对报告的学习成果贯穿于海关各项工作中，转化为谋划工作的思路、促进发展的举措和改进工作的方法本领，和提升专业能力、增强业务素质结合起来，引导党员干部把学习宣传贯彻党的二十大精神真正落实落地落细。

三、毫不松懈全力以赴持续抓好近期工作

今天是党的二十大召开的第二天，大会仍在进行，我们要继续坚持将防风险、保稳定作为重大政治任务，以"时时放心不下"的责任感扎实做好近期工作，确保"绝无一失"，以实际行动体现学习成效。

（一）从严从紧防风险，压实责任抓好疫情防控

习近平总书记在总结过去五年的工作时深刻指出，面对突如其来的新冠疫情，我们坚持人民至上、生命至上，坚持动态清零不动摇，开展抗击疫情人民战争、总体战、阻击战，最大限度保护了人民生命安全和身体健康，统筹疫情防控和经济社会发展取得重大积极成果。当前，全球疫情仍在高位流行，国内疫情存在多点散发态势，我国仍然持续面临境外疫情输入和本土疫情传播的风险。自10月以来，随着人员流动性和聚集性增加，国内日增本土感染人数连续多日大幅上涨，呈现出"点多、面广"等特点。我们要增强忧患意识。深入学习领会、坚决贯彻落实习近平总书记关于疫情防控工作的重要讲话和重要指示批示精神，充分

认识到"动态清零"可持续而且必须坚持,深刻理解"躺平"不可取、"躺赢"不可能,深刻认识做好党的二十大期间口岸疫情防控工作的特殊重要性、紧迫性和严峻性,切实增强对当前疫情防控政策的信心和耐心,坚持严的主基调不动摇,做到守土有责、守土负责、守土尽责。强化口岸疫情防控。严格落实海关总署最新版口岸防控技术方案和有关工作方案要求,进一步增强疫情防控的责任感、紧迫感,确保指挥体系24小时处于激活状态,规定动作要100%做到位,做好入境人员和交通工具卫生检疫、进口冷链食品和非冷链物品疫情防控、人员安全防护、封闭管理和内部防控等各项重点工作;抓好猴痘等其他传染病口岸防控,严防疫情输入叠加;做好现场关员个人防护,落实高风险岗位工作人员封闭管理措施,确保操作规范。严格落实内部防控措施。

(二)千方百计保安全,瞪大眼睛抓牢安全生产

习近平总书记在报告中指出,要"推进国家安全体系和能力现代化,坚决维护国家安全和社会稳定",对"提高公共安全治理水平"提出了"坚持安全第一、预防为主"的要求。各单位部门要深入学习领会,从讲政治和维护国家安全的高度,以最高标准、最严要求全力以赴坚守安全底线。要时刻绷紧安全生产这根弦,时刻保持战斗状态,扎实抓好安全生产各项工作,谨记安全底线不能碰、安全红线不能踩的明确要求,以"咬定青山不放松"的韧劲,紧盯不报、未放、不提三个"滞"点,打造"加强版"危险品安全监管体系,关注重点场所、关注重点商品和重点人群,坚持目标导向、问题导向和效果导向,进一步推动"口岸

危险品综合治理"百日专项行动走深走实。关党委一再强调加强危险化学品的管理,不管是"危险化学品"还是"危险品",只要涉危,我们就要坚决整治。要纠正思想准备不充分、工作准备不充分的隐患,避免盲目乐观、认为风险可控、问题不大而疏于整治的情况发生。要严格规范内部安全管理。强化网络安全防护,切实做好信息化系统运行及机房安全管理,提高信息风险监测、预警、处置能力。把保障新闻安全、防范舆情风险放在突出位置,严格落实新闻宣传工作流程,严格审核把关,全链条加强舆情管控。要从严从紧做好人员、实验室、办公及住宿建筑物安全管理,看好门、管好人、守好阵地。要进一步强化值班应急处置,严格落实三级值班带班制度和"第一时间"报告制度,全体关员特别是值班人员要熟悉各类预案,掌握需"第一时间"报告的危急事件和重大敏感情事要求,决不能瞒报、迟报、误报,安全生产风险隐患要及时通报地方主管部门。各单位部门主要负责人要继续严格落实海关总署要求,在党的二十大结束前,坚守岗位、原地待命,确保联系畅通。

(三)一心一意促发展,全力以赴促进外贸保稳提质

习近平总书记强调,必须完整、准确、全面贯彻新发展理念,坚持社会主义市场经济改革方向,坚持高水平对外开放,加快构建以国内大循环为主体、国内国际双循环相互促进的新发展格局。我们要积极发挥海关在维护国门安全、服务地方经济社会发展方面的职能作用,主动服务新发展格局,促进内需和外需、进口和出口协调发展。按照俞署长指示要求,前期关党委深入重点行业、重点企业开展深度

调研，与地方政府部门、进出口有关行业协会开展座谈交流，摸清关区外贸底数，找准企业诉求，在此基础上出台了拱北海关关于进一步促进外贸保稳提质的31条措施，下一步，要多措并举抓政策落地见效。近日，俞署长在我关向海关总署上报的调研报告上批示"调研有质量"，说明我们前期工作是有成效的，为接下来找准服务外贸保稳提质的方向和措施打下了基础。要引导企业用足用好政策。各单位部门结合自身职能职责加大政策宣讲力度，进一步强化关地企互动，加快推动各项措施落地，用心用情用力解决企业"急难愁盼"问题，更好服务市场主体，有效释放政策红利为企业减负增效，增强企业内生动力和活力，提升企业获得感。要注重协同配合。加强上下级、部门间对复杂问题的综合研判、协同解决，注重支持举措的综合运用，避免在通关监管、关税政策、特殊区域、检验检疫、企业管理、技贸措施等领域单打独斗，力争释放出"1+1>2"的综合政策效应。珠海市黄志豪市长将带队来我关拜访交流，商讨进一步加大海关支持外贸发展系列措施，各相关部门要针对政策需求加强研究，共同交流探讨下一步工作做法。要密切跟踪形势变化。措施推出之后效果如何？我们的帮扶措施能否更精准、更有效？这些都需要我们在执行过程中密切跟踪，及时找准企业的"痛点、难点、堵点"，因时因事因势动态调整有关措施，让政策效应走在市场预期前面，想方设法稳定外贸企业生产经营，帮助企业保住订单和市场，让求实、扎实、朴实的海关文化在促进外贸稳增长中有具体体现。

同志们，习近平总书记教导我们，唯有矢志不渝、笃行不息，方能不负时代、不负人民。面对时代的呼唤，人民的期待，拱北海关全体干部员工要高举中国特色社会主义伟大旗帜，更加紧密地团结在以习近平同志为核心的党中央周围，深刻领会"两个确立"的决定性意义，增强"四个意识"、坚定"四个自信"、做到"两个维护"，为全面建设社会主义现代化国家、全面推进中华民族伟大复兴而团结奋斗。

第二篇 专记

抓实抓细口岸疫情防控工作

2022年，拱北海关深入学习领会习近平总书记关于疫情防控的重要指示批示精神，在海关总署党委领导下，坚持"口岸疫情防控海关必坚守"，坚决筑牢外防输入第一道防线。年内检疫出入境人员9760.2万人次，超过全国检疫出入境人员总数8成，检出新冠病毒核酸阳性人员多例、其他各类传染病158例，在全国疫情防控大局中发挥应有作用。

一是提高政治站位。坚持"第一议题"制度，传达学习习近平总书记关于疫情防控的重要指示批示精神，坚决贯彻落实党中央国务院重大决策部署。保持指挥体系有效运转，坚持"关键节点必有关键举措"，统筹口岸疫情防控和促进外贸稳增长。指挥部召开专题会议7次、专题研判调度会议15次，切实发挥研判形势、解决问题、跟踪问效作用。关党委委员坚持常态化靠前指挥，深入口岸一线，督导检查重点工作落实情况，带头走进口岸封管区，全面及时了解情况、解决问题，隶属海关关领导6人到一线参加封闭管理，亲身体验封闭管理工作及生活，持续加强对一线员工的关心关爱。

二是落实防控措施。强化疫情监测预警，动态监测分析港澳、属地疫情形势和防控政策，每日汇总上报全关工作数据信息，编辑防控工作周报53期、20余万字，为关指挥部决策提供参考。坚持"人、物、环境"同防、多病同防、水陆空同防，强化精准防控，紧盯香港入境人员、粤港跨境货车司机、国际航行船舶、来往港澳小型船舶等高风险对象，强化检疫措施，确保"三查三排一转运"等检疫措施落实到位；强化进口冷链食品和非冷链物品防控，规范开展新冠病毒核酸检测和预防性消毒监督，切实保障进口商品安全。在做好疫情防控同时强化猴痘、疟疾等其他传染病口岸排查处置，严防疫情输入叠加风险。探索实践珠澳口岸常态化防控模式，优化卫生检疫流程和健康申报闸机功能，积极推进珠澳两地实施限次分流政策，最大限度缓解珠澳口岸疫情防控和通关压力。抓好阶段性重点工作落实，结合珠澳口岸实际积极争取海关总署政策支持，扎实做好海关总署"关长走进口岸封关区""百名科长百日督查""国庆交叉派驻督查"等工作。妥善应对珠澳两地多起本土疫情，确保各项常态化防控措施落实到位；科学精准抓好国务院联防联控机制"二十条""新十条"，落实海关总署相关口岸防控优化调整措施。

三是健全工作机制。坚持科技信息化赋

能，不断提升实验室检测支撑水平，建立靶向测序技术，切实保障测序、溯源和变异分析需要。抓好经费物资及后勤保障，加强防疫物资管理，严格审核验收把好质量关。做好用餐、交通、安保、安全等后勤保障服务，严格高风险岗位人员封闭管理场所建设、管理。优化人力资源保障，强化一线、预备、应急"三个梯队"动态管理，坚持"理论+实操"落实常态化培训，组织开展全场景、全链条、全要素应急处置演练，持续提升一线人员专业能力水平。落实关心关爱措施，出台细化措施，加强检查指导，督促落实"最后1公里"。坚持在防控一线选用干部，强化考核奖励激励。用心用情做好心理健康援助，开展心理健康评估专项普查，帮助关员了解心理健康状况并指导做好调节。深化联防联控机制，积极参与省、市疫情防控指挥部工作专班，做到信息互通、措施共商、应急协同处置，年内参加省市各类会议150余次，参与口岸防控措施调整10余轮，形成关地协作强大合力。

（苏海波）

拱北海关创新实施普法责任清单"三化"管理

2022年,拱北海关认真贯彻落实《关于实行国家机关"谁执法谁普法"普法责任制的意见》,建立普法责任清单工作机制,在全国海关系统率先研究制定直属海关和所属12个隶属海关两级普法责任清单,针对普法供给与需求不匹配的矛盾,创新运用普法责任清单"三化"(项目化、信息化、指标化)管理。事前畅通基层一线和社会公众普法需求反馈渠道,法制部门和业务部门有针对性地会商制定普法项目;事中通过信息化手段全过程监控各个普法项目推进进度和完成情况;事后制定指标及时科学评估各个普法项目实施效果,实现普法需求"反馈、收集、识别、处理"闭环管理,普法工作质效得到显著提升。2022年9月,"拱北海关实施普法责任清单'三化'管理"被司法部确定为全国法治宣传教育典型案例,收录至司法行政(法律服务)案例库。2022年11月,获评广东省国家机关"谁执法谁普法"创新创先优秀普法项目。

一、项目化

准确把握法治工作背后的政治要求和政治考量,统筹兼顾、整体谋划,发挥普法工作"承上启下"的桥梁作用。坚持"承上",深入理解、准确把握习近平法治思想的政治性、人民性、系统性和实践性,自觉融入关区普法工作,注重围绕人民群众关心的热点、难点问题,统筹谋划践行新时代"枫桥经验"、打击治理珠澳口岸"水客"走私、促进外贸保稳提质、保障口岸疫情防控、重大时间节点特色活动以及重点法律法规学习宣传等7大普法任务模块,实现普法工作政治效果、法律效果和社会效果的统一。注重"启下",坚持项目需求导向,及时回应和有效满足基层一线及社会公众反映较为集中的普法需求,按照问题导向、需求导向,在7大普法任务模块项下,梳理形成26个普法项目和40个普法子项,逐项细化明确普法对象、宣传内容、预期成效、完成时限以及主协办部门。通过"模块—项目—子项"三级项目管理,使任务更清晰、责任更明确、操作更规范、过程更可控、评估更易量化。

二、信息化

突出科技赋能,将"信息化"管理贯穿于普法责任清单实施的"前、中、后"全过程,依托各类信息化平台广泛收集普法需求,对内用好关区法律事务统一管理平台"执法疑难问题协调"模块以及综合业务管理系统"综合业务协调"模块,对外畅通关区12360海关热线、互联网新媒体平台等普法需求收集渠道,建立普法需求收集处置工作机制,动态收集、分类研判和及时处理普法需求。年内收集涉及现行法律法规修改建议、政策法规咨询、执法改进意见、内部执法疑难问题、行政相对人权益保护等方面信息1291条,梳理归纳普法需求57项,动态调整普法责任清单中10个普法项目。落实普法任务完成即时填报要求,各单位部门通过"在线表格"共享平台实时推进任务落实,及时更新普法责任清单"完成进度"和"具体落实情况"。组建由42名"在线表格"监督员组成的专门监督队伍,实现普法任务开展情况"实时查询、实时统计、实时监控",改变了普法工作"讲起来重要,忙起来次要"现象,助推2022年度各项普法工作任务按时按质按量完成。年内普法责任清单各项工作任务100%完成。引导数字化集中展示经验成效,注重发挥"普法宣传再宣传"正向引导和正面激励作用,鼓励支持各单位部门通过新闻媒体宣传推介普法工作经验成效,在关区法律事务统一管理平台"法治文化展示"模块集中展示,有效促进普法工作交流,提升"比学赶超"积极性。年内,65份普法作品和宣传报道在《人民日报》《法治日报》等国家级媒体及海关总署媒体平台发布,普法相关工作做法被新华社、"海关发布"微信公众号等媒体平台转发9次。

三、指标化

设立务实管用的考核指标,将科学公正的考核评估作为提升普法工作质效的重要抓手。分类设定考核指标,设立"基础分项+加分项"评分规则,以普法责任清单各项任务完成情况等"必要动作"为基础分项评分依据,以亮点突出、成效显著的"自选动作"为加分项评分依据,进一步提升考核指标设定的科学性和全面性,实现普法工作由"软任务"向"硬指标"转变。客观公正开展评分,参照普法责任清单"在线表格"中各项普法任务完成情况,结合社会公众和行政相对人满意度调查结果综合打分,确保考核评分客观、公正、权威。科学运用评估结果,将内部指标打分结果、外部满意度调查结果与年度考核、法治类专项奖励挂钩,促进各部门领导班子认真履行普法领导责任,培育各单位部门普法主体意识和积极性,实现考核评估与普法责任制落实的良性循环。关区普法责任清单实施近2年,各单位部门开展专题普法活动1285次,设立法治宣传专栏190个,服务企业4.8万余家次,接受法律咨询3100余次。

通过普法责任清单"三化"管理,进一步压紧压实各单位部门的普法主体责任,充分调动普法工作积极性和主动性,有效激发关区普法合力,实现普法工作与立法、执法、法治监督、守法各环节有机融合、全面贯通。

(孙紫薇)

促进企业守法便利，AEO 扩容提质创新高

2022 年，拱北海关按照海关总署党委"共建'一带一路'海关必贡献""多双边合作海关必促进""建设贸易强国海关必要强"等工作部署，主动承担并推动"经认证的经营者"（AEO）互认工作，细化落实 AEO 便利措施，发挥信用管理基础作用，推进 AEO 扩容提质，助力高水平开放、高质量发展，取得较好成效。

一、落实海关总署安排的 AEO 互认合作

（一）抓好工作统筹

强化对上响应，充分认识 AEO 互认对促进中外双方政治互信和经贸合作的纽带作用，成立拱北海关 AEO 工作专班，分管关领导全程指导推进，将协助推动 AEO 互认工作摆在突出位置，夯实组织基础。强化左右呼应，相关职能部门密切协作、互补短板弱项，协助海关总署对接中国澳门海关以及菲律宾、乌干达使领馆，做到同向发力。强化对下呼应，结合基层认证一线反映的问题建议，针对性开展外语、外事工作等学习和 AEO 认证观摩实地演练，提升信用管理、认证能力水平，强化队伍整体能力。

（二）抓好任务推进

援助澳门特别行政区海关建立 AEO 制度，发挥属地资源和人才优势，通过粤澳联络员机制、工作组视频会议等多种渠道，与澳门特别行政区海关开展制度研究、分享合作经验、完成互认磋商。主动回应菲律宾海关建议要求，系统全面制作交流 PPT，全方位展示中国海关 AEO 建设工作成效、比对双方 AEO 制度，高效高质完成线上认证观摩。顺畅与乌干达海关沟通机制，克服时差影响，24 小时响应乌干达海关沟通需求，以工作邮件方式及时掌握乌干达海关工作动态，就交换 AEO 互认企业名单、落实互认措施试运行、推动信息交换自动化等事宜达成共识。

（三）加强人才培育

选派高级认证专家参与世界海关组织（WCO）主持的《全球贸易安全与便利标准框架》修订工作，提供中国经验和建议，推动拓展国际视野和能力。立足对外提供 AEO 能力建设援助，培养 AEO 国际事务后备人才，主动选送 1 人参加 WCO 法语 AEO 预认证专家选拔，通过在线全方位多形式考核，选送人员成功获取法语预认证专家资格。积极参与 WCO 多边研讨会议，积累多边沟通交流经验，提升

认证人员业务能力，强化能力基础建设。

（四）助力中国海关AEO"朋友圈"再扩大

与菲律宾海关开展多轮高质量磋商，奠定中菲签署互认安排基础。援助澳门特别行政区海关形成较为成熟的AEO制度，并推动内地—澳门海关AEO互认进程。与乌干达海关就AEO企业数据交换等事项达成共识，完成海关总署在2022年中乌建交60周年的时间节点实施AEO互认安排的前期工作，在AEO互认工作中积极贡献拱北海关智慧。

二、实施"3项工程"助力外贸保稳提质

（一）实施"千百十一"培育工程，为优质企业增数量

围绕地方产业特色，聚焦中小企业发展，加大信用培育力度。通过"全面宣讲+重点培育+精准辅导"3个梯度、叠加"线上+实地"2种模式增强培育成效，开展各类政策宣讲和培育辅导企业1100余家次。以地方重点行业企业和专精特新中小企业为重点，建立百家重点培育企业库，指导百余家存量AEO企业持续保持AEO资质。经过培育和认证，截至2022年年底，拱北海关实有AEO企业126家，同比增长超10%，其中2022年AEO资质企业新增20家，增幅66.7%。成立4个高级认证企业协调员工作室，指定协调员30余人，"一对一"持续引导存量AEO企业持续符合管理要求。

（二）实施"五个一"质量工程，为认证工作提质量

制定1份落实清单，以"海关信用管理高质量发展指导意见"为指引，围绕信用培育、认证提质、信用修复、措施评估等方面细化27项落实措施。出台1个管理办法，制定企业认证工作管理办法，嵌入认证工作关键节点，确保程序完善、过程合规、结果准确、档案规范。形成1套标准流程，以质量为核心，优化对象评估、随机选人、实地认证、集体讨论等认证工作流程，使用执法记录仪等记录认证作业开展情况。建立1支人才队伍，积极培养选拔高、中级信用管理专家型人才，拥有高级专家2人、中级人才7人、WCO法语AEO预认证专家1人，通过"传帮带"提高认证人员整体认证能力。印发1本工具手册，编撰700余页的海关企业管理法规制度选编，为基层一线提供依据准确全面、与关区工作结合紧密的工具手册。

（三）实施"关地联合"激励工程，为企业发展聚能量

实施品牌激励，举办珠海、中山两市高级认证企业颁证仪式，邀请两地市领导共同颁证，勉励AEO企业珍惜荣誉、用好红利、维护好AEO"金字招牌"。召开"强优信用培育，助力产业第一"新闻发布会，向社会各界介绍关区信用培育亮点成果，获海关总署"海关发布"微信公众号及粤港澳等10多家电视、报纸媒体宣传报道，进一步扩大AEO品牌影响力。强化政策宣传，密切关地合作，联同商务、工信部门，实现海关政策"下区镇、进园区、入企业"；借助"南方+""政策直播间"等直播平台开展AEO政策线上直播，在线观看人数3.8万人次。推动地方政府加大对AEO企业扶持力度，专项奖励等激励措施连续落地，对新获AEO资质企业，珠海、中山市商

务部门分别给予10万元、15万元的奖励金,截至2022年年底有10家新获AEO资质企业获得地方商务部门给予资金奖励150万元。

据统计,拱北关区126家AEO企业中,有专精特新企业7家、中小微企业78家,其中部分企业逐步发展至全球领先地位。实施"3项工程",通过专属窗口、快速通道等方式为AEO企业优先办理进出口货物通关手续1.9万票。引导企业申请加工贸易全工序外发免担保,节约资金6000万元。为AEO企业优先办理海关业务手续4.1万票,优先检查1555批次,"先放后检"233票。用好4个高级认证企业协调员工作室,协调解决在进出口遇到的疑难问题100余个。拱北关区AEO企业以0.52%的数量占比贡献50.77%的进出口额,稳外贸作用显著。

(姚雷)

探索"智慧稽查"强化后续监管

2022年，拱北海关面对疫情防控新形势、稽查改革新要求，按照海关总署关于开展稽查改革工作的统一部署，转观念、聚重点、求实效，加快智慧稽查建设探索，推进改革深入开展，年内办结稽查作业294起。

一、主要做法

（一）聚焦查发重点

聚焦习近平总书记重要指示批示精神，全面落实习近平生态文明思想和总体国家安全观，以进口再生金属、再生塑料等再生资源企业、从事保税维修和再制造企业为重点，严厉打击伪瞒报、夹藏走私入境"洋垃圾"等行为，组织开展濒危动植物及其制品、进出口危险化学品和危险货物行业专项稽查，查发问题作业8起。聚焦意识形态领域，会同风控部门开展联合研判，集结优势力量，综合运用"大兵团作战""以快制快"等战术，协调联动地方宣传、文体等部门开展联合执法，迅速完成证据固定、物品控制，串点连线，形成完整的证据链，实现重点突破。按照"边执法边宣传、边惩戒边教育"的理念，向涉及企业宣传相关知识和法律法规，实现法律效果、社会效果、政治效果的统一。聚焦中央关注、社会关切、群众关心的重大事项，从税收安全和检验检疫准入安全双向发力，发挥集成作战优势，增强稽查打击威慑力，开展一般贸易、加工贸易、减免税、检验检疫、跨境电商领域专项稽查。

（二）坚持科技赋能

按照由企及物、风险管理理念，深化大数据应用，探索建设"自动预警、自动分析、自动处置、自动反馈""智慧稽查"信息化、数字化平台。开展调查研究，组织专题论证，提出功能需求和应用绩效目标，制订系统建设方案，确定智慧稽查系统业务功能和技术实现路径。按照"整体规划、分步实施、急用先建"的原则，借助先进技术和数据赋能，建成自动分析、企业画像、处置反馈3大功能模块，建立企业经营异动、业务规范等指标模型，精准描绘风险点位分布图，实现风险精准预警、自动选取稽核查对象。以企业为单元，全面客观反映企业生产运作情况，建立企业精准画像，助力查前"靶向定位"。自动分配、发起稽核查指令衔接稽核查管理系统，构建选、查、处全链条监督控制体系。破解资源分散配置与监管链条延伸的结构性矛盾，提升稽查精准查发能力。

（三）优化查发模式

建立"三联合"机动稽查模式，进一步完善拱北关区机动稽查工作模式，对拱北关区范围内实施的重大、有影响力的、典型稽查事项进行挂牌督办，采取机关基层联合稽查、跨辖区联合稽查、专项工作组联合稽查等方式统筹组织开展机动稽查。探索"三提前"行动实施模式，加强协作配合，前置联合分析研判环节，视需要由缉私、审核及其他专业技术部门提前参与稽查作业，预防化解风险、精准指向查发重点，增强查发实效、提升查发合力。积极发挥外脑作用，遴选47家中介机构进入全国海关中介机构备选库，借助中介机构专业力量，协助对转让定价稽查中可比企业筛选和利润率计算、大型企业加工贸易数据核算等难题进行攻坚，提升查发能力。

（四）健全查发机制

完善稽查与缉私"四重四力"联动机制，从重组织、重联合、重内控、重培训4方面着手，分层、分级交互信息，开展联合研判，完善执法协作，提升联动统筹力、执行力、聚合力、续航力。健全稽查与风控"数据+分析"协作机制，强化"大数据+贸易调查"精准制导作用，建立行业、商品、企业维度风险分析模型，实现多维度、广覆盖数据监控，通过贸易调查，印证数据分析监控结果，推动风险模型迭代升级。优化属地监管风险联控机制，强化"双特"台账、联合贸易调查工作管理，密切业务职能部门风险联防联控，构建稽查建议提起、即时处置、技术支持、限时反馈的风险信息处置闭环，提升查发综合效能。

（五）强化查发保障

强化法制基础支撑，制定拱北关区机动稽查、挂牌督办、贸易调查等工作办法，修订稽核查引入社会中介提供服务操作指引，优化绩效考评、稽查指令研判流转机制，夯实稽查法制基础、强化制度支撑。建立关区稽查人员"画像库"，建设立体化专家库，夯实队伍人才基础建设，提升队伍能力。

二、取得成效

（一）大要案查发亮点突出

从税收安全和检验检疫准入安全双向发力，组织开展进出口石油化工产品、进口两用物项许可、进出口商品逃漏检验检疫、"金钥2022"、内销保税货物价格、进出口货物规范申报6个专项稽查行动。年内查发符合海关总署大要案标准案件9宗，其中查发涉检验检疫行政管理职能调整以来全国最大1宗涉检验检疫行政处罚案、货值近亿元，多次查发违反"一个中国"原则情事。

（二）主动披露政策红利持续释放

以海关总署2022年第54号公告发布为契机，在《人民日报（海外版）》等媒介平台发布宣传稿，扩大主动披露制度宣传范围和影响。大力推行"互联网+海关"主动披露线上办理模式，引导企业通过"互联网+海关"平台提交主动披露报告及相关资料，实现企业"少跑路"、办理"再提速"，拱北海关网上办理主动披露占比60.5%，办理时长同比缩短33.14%。2022年办结主动披露作业122起，同比增长177.27%。

（侯佳淼）

筑牢国门安全屏障，守牢安全生产底线

2022年，拱北海关深入贯彻落实习近平总书记关于安全生产的重要指示批示精神，落实党中央、国务院关于安全生产工作有关部署，深刻认识安全生产工作的重要性和紧迫性，压实安全生产责任，扎实做好关区安全生产工作，坚决防范遏制各类安全生产事故发生。

一、统一思想认识，坚决扛起安全生产政治责任

按照党中央、国务院决策部署，统筹发展和安全，坚持人民至上、生命至上，以坚决捍卫"两个确立"、做到"两个维护"的政治自觉，全力抓好安全生产工作。将习近平总书记关于安全生产的重要指示批示纳入拱北海关党委理论学习中心组学习内容，年内召开9次党委会、专题会、安全生产工作领导小组会议等部署关区安全生产工作，关领导对隐患排查、问题整改、专项工作等作出批示28次。始终坚持管行业必须管安全、管业务必须管安全、管生产经营必须管安全，紧紧围绕海关在安全生产方面的4项职责，坚持党政同责、一岗双责、齐抓共管、失职追责，层层压紧压实安全生产责任。加大宣传力度，组织逾5000名干部职工观看《生命重于泰山》电视专题片，在"安全生产月"、全民国家安全教育日等重要时间节点，向全关员工发送提醒短信；制发安全生产提示单，制作安全生产主题展板；利用微信公众号等线上资源，推出落实总体国家安全观、筑牢国门生物安全防线及维护国家安全等系列新媒体作品，推动形成人人关心安全生产、人人参与安全生产工作的氛围。

二、健全工作机制，进一步夯实基础

进一步完善安全生产责任制和"一把手"任组长的安全生产工作领导小组，细化、分工安全生产工作任务，制定2022年拱北海关安全生产工作要点，涵盖22个方面、65项内容，形成全链条、全领域安全生产责任体系。建立健全安全生产监督检查工作机制，制发安全生产监督检查工作制度，构建"业务职能监督—各单位日常监督—纪检监察专责监督"的监督检查体系，推动监督检查制度化、日常化，形成安全生产管理闭环，确保各项措施落实落细落到位，及时发现并消除安全生产隐患，防范化解重大风险。建立安全生产风险隐患信息"吹哨人"预警机制，制定预警办法，明确"吹哨人"提供相关预警信息及处置方式等工作机制，提高全体干部职工对安全生产工作的

敏感性、自觉性，及时发现和消除安全隐患。

三、全面排查各类风险隐患

持续开展安全生产风险隐患排查，聚焦重点领域发现的最突出问题、最薄弱环节、最明显短板，从风险分析研判、进出口危险品检验、口岸卫生检疫、进出境动植物检疫、进出口食品安全、海关监管区及执法作业安全、涉案财物仓库安全、海关实验室安全、网络安全和系统安全、办公及生活场所安全等多方面，有针对性地开展"回头看"。动态更新问题隐患和制度措施"两个清单"，定期跟进整改进度，确保立行立改，对账销号。充分发挥监督检查机制作用，对学习领会习近平总书记关于安全生产重要指示批示精神、落实各业务条线安全生产部署、专项排查、危险品进出境监管等情况开展实地或远程检查。年内各层级和业务条线开展327次监督检查，发现问题均纳入台账管理，逐项整改到位。

四、以专项工作促进整治效果提升

开展"安全生产月"主题活动，组织党支部书记安全生产主题党课。开展应急演练，提高全员安全意识和应急处突能力，"安全生产月"期间开展应急演练39场次，参加演练人员902人次。开展"口岸危险品综合治理"百日专项行动，专项行动期间，关区危险品平均堆存时间由2021年同期的3.5天缩减为1.9天，下降45%，查获危险品伪瞒报及在无资质口岸进出口情事45宗，完成对在库84.14%的涉案成品油的处置，危险特性分类鉴别平均检验周期由5个工作日压缩至3个工作日。

五、坚持齐抓共管，强化监管协作

与珠海市政府相关部门召开座谈会，明确经营单位为海关监管作业场所（场地）安全生产责任主体，地方政府有关部门承担相应的安全生产监督管理职责。同时，积极建立同应急管理、交通运输、生态环境等部门的联系配合机制，推动地方政府在海关监管区外建设危险品检查场地。

下一步，拱北海关按照海关总署党委"长短结合"的工作方针，"以严治乱、以快防患、依规履职、综合治理"的工作原则，将"口岸危险品综合治理"百日专项行动的有效举措、经验成果转化为长效化制度措施，督促企业履行安全生产主体责任，推动地方政府履行安全生产监督管理责任，进一步加强与地方政府有关部门的沟通联系，建立健全全方位立体合作机制。巩固安全生产风险隐患排查长效机制，持续开展各领域风险隐患排查整治，坚持开展常态化监督检查工作，确保安全生产责任和措施落实落地。

（祝超漾）

全力促进外贸保稳提质

2022年，拱北海关认真贯彻党中央决策部署，落实海关总署工作要求，紧贴关区外贸发展实际，结合关区实际和地方政府、进出口企业反映的有关问题，多轮次研究出台促外贸工作举措，全力以赴促进外贸保稳提质。

一、着力提升帮扶企业质效

落实海关总署助企纾困"10+6+7"条工作措施，开展促外贸专项调研，覆盖关区239家重点企业，推动解决相关诉求68项，出台"20+16+31"条工作举措。推动以企业为单元的税款担保改革，备案总担保176份，涉及担保额度10.02亿元。推广多元化税款担保改革，关区企业集团财务公司全部参与改革。开展税政调研，年内报送建议8项。开展RCEP政策宣讲8次，参加人次超6.7万，验放RCEP项下进口货物货值7.9亿元，优惠税款2331.9万元，签发RCEP原产地证书3625份，涉及金额12.6亿元。实施"千百十一"信用工程，对1100余家次企业开展信用培育，宣讲培育超千次。聚焦重点企业、专精特新中小企业，建立百家培育企业库，指导112家存量AEO企业保持AEO资质。开展"一企一策"辅导，新获得AEO资格企业20家，累计126家，同比分别增长66.7%、10.5%。推进高级认证企业"自查结果认可模式"改革，核查作业时间平均缩短40%。开展预制菜和市场采购出口预包装食品等新业态调研，出台5条措施支持预制菜企业扩大出口，年内出口水产制品、熟制禽肉等预制菜产品631吨。

二、帮助企业降低进出口环节成本

服务"放管服"改革大局，推进核查领域部门间联合抽查，整合执法项目40%，做到"进一次门，办多项事"。加强"十四五"税收优惠政策宣传，引导企业用足用好减免税政策，协调解决企业政策应用疑难问题。加快办理"十四五"期间天然气进口增值税、石脑油消费税先征后返。年内办理先征后返税款超16亿元，同比增长127%。加快进境动植物及其产品检疫审批，审批时长从20个工作日压缩到5个工作日以内。支持企业参与企业集团加工贸易监管模式改革，为企业节约保税货物运营成本408万元。实施AEO企业全工序外发加工贸易免担保措施，为企业节约风险担保金6056.48万元。推行主动披露政策，年内办结主动披露作业122起,同比增长177.27%,依法兑现从轻、减轻或不予行政处罚、减免滞纳金等政策。

三、保障产业链供应链稳定

集成创新和复制推广海关监管制度,年内"进口预包装食品标签技术整改移动远程监管""报关单位海关备案新模式"2项创新措施获海关总署备案为自由贸易试验区海关监管创新举措。支持地方生物医药产业发展,高级认证企业特殊物品卫生检疫审批时间从20个工作日压缩至5个工作日,下放横琴粤澳深度合作区内注册的企业申报特殊物品的审批权限至横琴海关。开展葡语系国家食品体系研究及准入评估,参与完成408家进口食品境外生产企业注册审核、10家企业远程视频检查和泰国输华蜂产品议定书视频磋商,支持扩大优质食品进口。发挥珠海进出口公共技术服务平台作用,推出"提质增效""专精特新"补贴政策,减免723家企业11923批次检测费用,累计795万元。联合实施产学研协同创新计划,对接企业新产品研发、工艺改进项目41个,协助破解企业创新发展难题。联系港澳和地方部门,开通绿色通道,增加供港食品海运方式,推动冰鲜冷冻禽肉经港珠澳大桥供港,年内监管供港澳食品19.6万吨。

四、提高进出境物流效率

推进粤澳"跨境一锁"模式应用,应用该模式连通广州、中山、惠州、茂名等城市与港珠澳大桥之间的物流通道,打造"跨境一锁+新业态"模式,年内验放粤澳"跨境一锁"车次同比增长190%。采取分级分类管理原则,实行"7×24小时"应急值班机制,强化业务协调处置。推行进口铁矿"先放后检"和依企业申请实施品质检验监管模式,促进关区进口大宗资源产品量升价优,年内关区进口铁矿1179万吨,同比增长26.82%,平均验放时长2.72天,同比下降20%,为企业节省费用3050.39万元。创新供澳门水果"企业集中申报+海关安全风险监测+属地、口岸海关协同监管"模式,属地查检由每天逐票申报变为按月集中申报,推进属地与口岸的协同配合,在口岸环节实施布控查验,属地原则上不再实施查验,企业无须在属地等待查验。自2022年10月改革以来,新模式下企业在属地申报批次下降94.8%,节约等待检测时间3个工作日以上,属地海关监管批次下降96.7%。落实进境暂存中转澳门食品检验检疫监管合作,监管肉类、水产品、乳制品等六大类1632.08吨食品进境暂存并分批输入澳门。加快新冠疫苗和检测试剂检疫审批,办理供澳门抗疫特殊物品检疫审批,协助设置"绿色通道"快速验放疫苗出境。

五、发挥海关技术性贸易措施和数据统计优势

会同地方政府和共建单位完善关区3个技术性贸易措施评议基地建设机制和经费保障机制。建立完善技术性贸易措施服务重点企业清单和数据库,筛选33家中小企业跟踪服务。密切跟踪国外技术性贸易措施最新动态,研提4项通报评议意见和9项特别贸易关注获海关总署采纳,其中1项被列入世界

贸易组织技术性贸易壁垒协定（WTO/TBT）例会议题，成功推动法国明确矿物油管控限值和欧盟调整对高精制复合产品管理措施。组织4场技术性贸易措施解读会，扩大对中小微企业的技术性贸易措施信息供给，提升企业应对能力。加大对地方外贸进出口研判支持力度，在原有外贸分析信息服务基础上，在海关总署月度统计数据公布后，向地方商务部门提供上月外贸进出口统计快报。

（陈宇彤）

探索"智慧商检"建设提升进出口商品检验"三应"运行质效

为贯彻落实习近平总书记提出的"智慧海关、智能边境、智享联通"合作理念，推进智慧海关建设和进出口商品质量安全智慧化监管，高效发挥商品检验（简称"商检"）职能作用、防范化解进出口商品质量安全风险，2022年，拱北海关贯彻海关总署"着力深化改革融合构建'三应'运行机制"工作部署，调研分析关区商品检验工作实际，在"智慧海关"建设框架下发挥"制度+科技"作用，在海关系统内首先提出建设"智慧商检"的理念，研究"智慧商检"建设，创新提出"智慧商检"体系建设的思路、路径，探索将商品检验职能有机、深度融入海关现代化监管体系、建立高效运行的商品检验"三应"机制并取得良好成效，为推动全国海关系统推进"智慧商检"建设贡献拱北海关的智慧和方案。"探索'智慧商检'建设，保障进出口商品质量安全"获评2022年度"拱北海关促进高水平开放高质量发展"十大举措之一。

一、深入调查研究，逐步完善直属海关"智慧商检"建设理论研究

（一）初步探索阶段

2022年2月，拱北海关成立由商品检验、风险防控、科技等领域专家骨干14人组成的工作专班，在分管关领导的指导下，开展调查研究，于3月底提出直属海关"智慧商检"建设的主要构想。

一是研究建设"智慧商检"对海关落实总体国家安全观、促进贸易便利化、提升治理能力现代化三方面的重要意义。

二是调研拱北海关进出口商品质量安全智慧监管手段应用的现状，分析关区在建设高水平进出口商品检验监管业务信息化、建设智能化风险预警并提出风险布控建议决策支持、智慧反馈和评估商品检验监管工作成效三方面的现实需求。

三是结合调研成果，提出直属海关层面"智慧商检"建设构想：以提升进出口商品检验监管效能为目标，以有效管控进出口商品安全准入风险为重点方向，综合利用现有信息化软硬件基础设施，提升业务信息管理、风险预警和处置反馈的智慧化水平，形成进出口商品质量安全智慧监管的闭环。

（二）逐步完善阶段

2022年9月27日，拱北海关新一届党委将"智慧商检"建设纳入关区重点课题。在关

领导指导下，工作专班围绕贯彻党的二十大精神和"着力深化改革融合构建'三应'运行机制"再次开展调研，提出直属海关层面"智慧商检"体系的设计思路和智慧商检平台的具体建设方案。

一是分析检视问题。分析研究68份涉商检业务问题联系单、213起涉商品检验布控查验及查获情况、15份商品检验数据报表及405个数据项目，总结海关通关流程中商品检验业务存在的4方面（查检管理机制运行、业务管理决策支撑、商品检验风险防控、执法专业能力建设）现实问题。

二是提出"智慧商检"体系设计思路。在海关通关一体化整体框架下，厘清涉及商品检验的作业职责边界，强化现场查检管理的分工协作、左右呼应，优化指令流转模式，发挥"制度+科技"效用，以建设"智慧商检"平台为抓手，提高反馈、风险防控、业务管理的智慧水平，建立上下快速反应响应、左右紧密呼应、有效发挥商检职能作用的作业智慧化运行体系。

三是提出直属海关层面"智慧商检"平台的具体方案。以增强职能管理"反应"能力为目标，建设反馈模块，实时统计分析检验监管业务数据，畅通业务问题快速反馈通道；以增强风险防控"呼应"能力为目标，建设风险管理模块，实现商品风险智能分析、自动预警和自动处置，精准提出指令需求；以增强基层执法"响应"能力为目标，建设业务管理模块，精准快速提供执法信息参考，同时监控分析基层执法弱项短板和业务廉政风险，建立从"人找知识"到"知识找人"的执法能力提升闭环机制。

二、强化实干探索，推进直属海关"智慧商检"建设取得实效

拱北海关"智慧商检"平台初步完成建设反馈模块下商品检验业务报表统计模型20个、风险管理模块下进出口商品伪瞒报风险甄别模型3个、业务管理模块下业务廉政风险分析模型1个，梳理形成"三库"（危险品制度文件、典型案例、业务联系单）共享内容和动态业务数据库，增强关区商品检验"三应"运行效能。

（一）提升商品检验职能管理反应能力

围绕商品检验部门难以及时准确掌握数据、现场海关人工统计报送工作量大的痛点、堵点问题，挖掘现有业务系统功能，经筛选、分析、比对10万余条数据项目，在数据库中锁定数据点，建立对应关系，运用数据模型编程精准提取商品检验结果信息，依托大数据平台建立实时汇总儿童用品、矿产品等重点敏感商品业务的报表统计模型20个。取消基层报送报表9份、数据项目250个，同比分别压缩60%和59%，大幅减少基层业务数据统计工作量，避免人为因素造成的错登记、漏登记，保障业务数据获取的全面性、准确性和时效性，强化商品检验职能管理决策支撑。

（二）增强商品风险防控呼应能力

锁定数据库中参数，利用少量关键参数建模分析筛选，建立、完善并运行"进出口危险品伪瞒报风险甄别""进出口旧机电产品逃漏检风险监控""进口医疗器械风险监控"3个重点商品风险智能分析模型。运用模型对2022年报关数据进行分析，筛选涉嫌伪瞒报报关单1719份，研判43条伪瞒报中高风险线索，提

出风险布控需求4个、稽核查需求2个、申报问题风险5个。经风险布控查获进口旧机电产品以旧充新和逃避强制性产品入境验证等情事6宗、涉案货值92.04万元。经稽查查获进口危险品伪瞒报和进口旧机电产品逃避装运前检验情事3宗、涉案货值143.31万元。职能部门指导现场海关开展重点查验并查获进口危险品伪瞒报情事1宗，涉案货值0.12万元。发现因HS编码无对应检验检疫编码造成的漏检风险问题，及时提出风险布控需求堵住漏洞，及时向海关总署商品检验司反映情况并提出完善建议。

（三）强化基层执法响应能力

整理汇编商品检验法规制度文件及危险品标准157个，收集汇总危险品检验监管典型案例39个，业务疑难问题与解答11个，为基层提供快速全面的执法信息参考。动态更新危险化学品检验监管业务数据清单，覆盖83家企业、117种产品。分析"三库"与业务数据清单中的问题、风险，研判提炼重点产品和重点问题，针对性开展培训指导，精准提高现场海关执法能力。开展业务廉政风险监控，建立危险化学品检验资质人员风险监控模型，结合报表统计模型中的异常数据，借助业务系统追溯申报信息和查验记录，及时发现现场海关查检工作中存在的问题8个，提出监控核查联系单8单，强化商品检验职能部门监督防范业务廉政风险的实践能力。

三、强化联系沟通，着力推动"智慧商检"建设成果应用

（一）深度参与"智慧商检"顶层设计

2022年8月，向海关总署商品检验司汇报拱北海关"智慧商检"建设构想和初步探索情况。11月，书面向海关总署报送《拱北海关关于推进智慧商检建设探索构建直属海关商品检验'三应'运行机制的调研报告》。12月，海关总署成立智慧海关建设领导小组，"智慧商检"被定为智慧海关试点示范项目之一。商品检验司启动"智慧商检"顶层设计和项目建设，拱北海关担当作为参与海关总署"智慧商检"建设的顶层设计工作，重点提供直属海关层面实践经验。

（二）"智慧商检"成果转化应用

2022年12月，拱北海关制定印发"拱北海关稽查、商检、风控联动工作机制"，强化商品检验、稽查、风控部门间的密切联动配合，保障商品检验职能在关区风险防控、稽核查、属地查检等监管环节的有效衔接落地，提升进口商品稽核查、属地查检等后续监管执法作业效能。

（李新宝）

第三篇

大事记

2022年拱北海关大事记

1月

1日 中山海关为中山立中制衣有限公司签发拱北关区首份RCEP原产地证书。

香洲海关为珠海松下马达有限公司出口日本的货物签发珠海首份RCEP原产地证书。

4日 闸口海关旅检八科"青春之我"先锋组、中山港海关"青篱"国门生物安全研究小组被共青团珠海市委员会命名为"2021年度珠海市青年文明号"。

5日 拱北海关破获1宗"水客"团伙走私普通货物进境案，案值1.4亿元，涉嫌偷逃税款0.32亿元。

拱北海关和广州海关共同核准，以广东格兰仕微波生活电器制造有限公司牵头的企业集团加工贸易监管模式正式落地。这是中山关区第3家获得此项资质的加工贸易企业。

拱北海关党委纪检组组长沈善庚与新提任处级领导干部进行廉政谈话。

7日 拱北海关在开展打击治理粤港澳海上跨境走私"清湾2022-1"统一行动中查扣走私成品油200吨。

拱北海关认证关区首个RCEP项下经核准出口商珠海藤仓电装有限公司。

10日 横琴海关助力鹤洲跨境电商监管中心正式启用，鹤洲跨境电商监管中心首票"跨境贸易电子商务"（海关监管方式代码9610）出口货物正式通关。

拱北海关安排专人提前对接"2022美高梅澳门国际帆船赛"，量身定制通关方案，采取外出监管、预约通关等方式，对赴澳门参赛的22艘运动帆船完成登临检查并办结海关手续，40名参赛运动员及参赛帆船顺利通关。

11日 拱北海关成立拱北海关海关史研究工作领导小组，负责对拱北海关海关史研究工作进行统筹规划、协调推进。下设办公室（简称"关史办"），承担拱北海关海关史研究工作领导小组日常工作，挂靠在关办公室，日常工作相对独立，向拱北海关海关史研究工作领导小组负责。成立拱北海关年鉴编纂委员会，部署做好《中国海关年鉴（2022）》拱北海关部分和《拱北海关年鉴（2022）》的编纂工作。

中山港海关验放RCEP生效后拱北关区首票进口享惠货物。进口铝粉颜料等7项商品经海关验放后入境。凭借RCEP项下关税优惠政策，企业各项商品进口关税税率最高可从5%下降至0。

12日 拱北海关联合中山市公安局、中山市烟草专卖局，破获1宗团伙走私雪茄等高价值货物进境案，案值1.1亿元，涉税0.4亿元。

珠海保健中心下设的国家医学媒介生物监测重点实验室（广东）鉴定确认，中山港海关1月3日在中山港装载木材集装箱中截获并送检的一批蝇类中检出1头匈牙利粉蝇 Pollenia hungarica，为广东口岸首次截获。

13日 拱北海关党委书记、关长刘晓辉主持召开拱北海关2021年度党组织书记述责述廉述党建现场会。会议以电视电话会议形式召开。

珠海保健中心国家医学媒介生物监测重点实验室（广东）鉴定，报海关总署国境口岸病媒生物监测与控制专家组确认，中山港海关在始发港为尼日利亚的入境船舶上截获并送检的蜚蠊中检出2头国内未见分布的小异甲蠊 Diplopterina parva（Borg, 1902），为国内口岸首次截获。

18日 海关总署党委决定：彭伟鹏任拱北海关党委委员，免去南京海关党委委员职务；赖伟忠任拱北海关党委委员、党委纪检组组长，免去重庆海关党委委员、党委纪检组组长职务；免去李峰拱北海关党委委员职务；沈善庚任天津海关党委委员、党委纪检组组长，免去拱北海关党委委员、党委纪检组组长职务。

海关总署决定：彭伟鹏任拱北海关副关长，免去南京海关副关长职务；李峰任拱北海关一级总监，免去拱北海关副关长职务。

24日 拱北海关党委委员在拱北海关参加2022年全国海关工作会议、全国海关全面从严治党工作会议。

拱北海关召开关务（扩大）会议，第一时间传达贯彻2022年全国海关工作会议、全国海关全面从严治党工作会议精神。会议要求各部门单位以2022年海关工作总体要求为主线，全力推进海关总署两个会议工作部署落实。

25日 拱北海关组织参加2022年全国海关纪检监察工作会议。

26日 拱北海关召开2022年关区工作会议及关区全面从严治党工作会议。关长、党委书记刘晓辉做工作报告。会议以习近平新时代中国特色社会主义思想为指导，总结2021年工作，研究布置2022年关区工作。

27日 拱北海关召开2022年关区纪检监察工作会议。组织学习习近平总书记重要讲话精神和十九届中央纪委六次全会精神，贯彻落实全国海关纪检监察工作会议部署。总结回顾2021年关区纪检监察工作，部署安排2022年关区纪检监察工作。

28日 拱北海关组织参加全国海关安全生产电视电话会议。

拱北海关召开2022年关区安全生产电视电话会议。

2月

8日 拱北海关组织参加2022年全国海关缉私工作会议暨全国打私办主任会议。

拱北海关派员在珠海参加广东省推进横琴粤澳深度合作区建设工作会议。会议专题研究横琴粤澳深度合作区提请中央和省级层面协调解决的27项工作事项，部署下一步工作。

10日 拱北海关组织参加2022年全国海关动植物检疫工作会议。

11日 拱北海关召开关区加强知识产权海关保护工作会议。肯定2021年知识产权海关保护工作成效，要求将知识产权海关保护工作与专项教育活动紧密结合，进一步增强使命感和责任感，提高站位，全力以赴做好关区2022年知识产权海关保护工作。

15日 拱北海关关长刘晓辉会见珠海市市长黄志豪一行。双方就深化关地合作、高质量建设新时代中国特色社会主义现代化国际化经济特区进行座谈交流。

中山港海关立案调查1宗违规进口国家禁止进口固体废物案，涉及再生铝块98吨。

16日 拱北海关组织参加驻署纪检监察组召开的"海关重点项目和财物管理以权谋私"专项整治工作动员部署视频会议。

17日 拱北海关郗鑫、伍秋琳获评2021年度全国海关"百名优秀执法一线科长"。

港珠澳大桥海关首次在进境货运渠道截获固体废物毛发120千克并立案处置。

22日 拱北海关组织参加"中国海关史"项目启动会暨"上海海关学院海关史研究院"揭牌仪式视频会议。

23日 拱北海关组织参加2022年全国海关政策研究和统计工作视频会议。

拱北海关组织参加2022年全国海关商品检验工作视频会议。

中山港海关在自克罗地亚进口、装有欧洲水青冈木材的集装箱内截获并送检的样品中检出1头显赫蕈菌蝇 *Suillia notata*（Meigen, 1830），为国内首次截获。

24日 拱北海关关长刘晓辉参加珠海市加快建设横琴粤澳深度合作区工作领导小组会议。会议专题研究横琴粤澳深度合作区执委会、省委横琴工委、省政府横琴办与珠海市协调支持事项情况。

25日 拱北海关组织参加2022年全国海关政治部主任视频会议。

拱北海关袁文立获共青团珠海市委员会、珠海市青年志愿者协会授予的"2021年度珠海市青年志愿者优秀个人"荣誉称号。

港珠澳大桥海关团总支获共青团珠海市委员会授予的2020—2021年度"珠海市五四红旗团支部"称号。拱北海关徐海强获共青团珠海市委员会授予的2020—2021年度"珠海市优秀共青团员"称号。

3月

1日 中山技术中心李蓉获第十二届南粤巾帼十杰（广东省三八红旗手标兵）称号。

拱北海关保税仓库出仓征税货物"分送集报"模式正式启动。珠海港达供应链管理有限公司56票共计141.3万元的一般贸易进口货物顺利配送，成为首家享受红利的企业。

2日 拱北海关组织参加2022年全国海关进出口食品安全工作会议暨海关总署进出口食品安全工作领导小组全体视频会议。

3日 拱北海关印发工作方案，部署自2022年2月至7月组织开展"海关重点项目和财物管理以权谋私"专项整治工作。

拱北海关召开"海关重点项目和财物管理以权谋私"专项整治工作动员部署会视频会议。会议落实海关总署"海关重点项目和财物管理以权谋私"专项整治动员部署会要求，对拱北海关"海关重点项目和财物管理以权谋私"专项整治和学习教育工作进行动员部署。要求提高政治站位，统一思想认识；突出整治重点，坚持系统思维；强化责任担当，忠诚履职尽责，推动专项整治工作取得实实在在的成效。

8日 拱北海关关长刘晓辉在拱北海关参加广东省内海关支持香港抗疫视频连线督导会议。

拱北海关表彰优秀妇工组织16个、优秀妇工干部33名、优秀女员工58名。

11日 拱北海关组织参加全国海关疫情防控工作专题视频会议。

拱北海关印发实施拱北海关关于做好第八个五年（2021—2025年）时期法治宣传教育工作的意见。

12日 拱北海关关长刘晓辉在珠海分会场参加广东省传达贯彻习近平总书记重要讲话精神暨全国两会精神干部大会、广东省疫情防控工作电视电话会议。

拱北海关派员在珠海分会场参加全国新冠疫情防控工作电视电话会议。

15日 拱北海关破获1宗利用邮递渠道、"水客"夹藏等方式走私普通货物进境案，案值2200万元，涉税410万元。

17日 拱北海关组织参加2022年全国海关卫生检疫工作视频会议。

21日 九洲海关在出境邮件中查获涉嫌侵犯奥林匹克标志专有权"冰墩墩"12个。

23日 中国科学院华南植物鉴定中心鉴定确认，闸口海关查获并送检的19株疑似濒危植物鉴定为岩牡丹，属《濒危野生动植物种国际贸易公约》（CITES）附录Ⅰ保护物种。

24日 拱北海关组织参加全国海关持续推进审计问题整改工作视频会议。

拱北海关组织参加2022年全国海关企业管理和稽查工作视频会议。

25日 拱北海关缉私局曹巍松家庭、斗门海关陈兰家庭获公安部直属机关"最美家庭"称号。

4月

1日 拱北海关制定实施2022年优化口岸营商环境促进跨境贸易便利化工作措施20条，以促进口岸营商环境持续优化和整体提升。

7日 拱北海关党委印发"拱北海关关于开展以机关党建推动落实习近平总书记重要指示和党中央经济工作决策部署专项工作的推进措施"，深入推进"学习研讨、查摆问题、改进提高"专项工作（即"'学查改'专项工作"）。

拱北海关党委召开2022年拱北海关党委第一轮巡察工作暨巡察干部培训动员部署会。会议要求各巡察组围绕巡察监督重点，紧盯被巡察党组织职能责任，紧盯全面从严治党要求，紧盯"一把手"和关键少数，紧盯群众反映强烈的突出问题，实现高质量全覆盖目标任务。强化巡察干部队伍建设，突出政治建设，严守纪律规矩，提高履职能力。要求被巡察单位充分认识巡视巡察工作的重要意义，全力配合支持巡察组开展工作。

拱北海关召开"百名科长百日督查"海关总署督查组见面会暨工作动员部署会议。会议要求各部门单位高度重视，全力支持配合海关总署督查组开展工作。

13日 拱北海关组织参加全国海关风险防控专项行动推进视频会议。

14日 拱北海关组织参加2022年全国海关口岸监管工作视频会议。

横琴海关联合广东省委横琴工委国安委办公室举行共建横琴粤澳深度合作区"国家安全

（生物安全）教育基地"挂牌仪式。

15日 拱北海关关长刘晓辉在拱北海关参加海关总署安全生产工作领导小组会议暨全国海关安全生产电视电话会议。

拱北海关开展"4·15"全民国家安全教育日国门生物安全宣传活动，开展纪念《中华人民共和国进出境动植物检疫法》颁布实施30周年、《中华人民共和国生物安全法》颁布实施一周年暨"国门生物安全"主题图片展。

17日 拱北海关制订实施"百名科长百日督查"工作方案，明确相关工作责任，做好督查配合及问题整改等工作，确保海关总署督查顺利开展，切实发挥好专项督查对疫情防控工作的促进作用。

19日 拱北海关派员参加珠海市推进粤港澳大湾区建设领导小组暨市委台港澳工作领导小组全体会议。会议传达广东省推进粤港澳大湾区建设领导小组第七次全体会议精神，研究审议2022年珠海市推进粤港澳大湾区建设主要工作安排以及对台工作、珠港澳合作工作要点。

20日 拱北海关派员参加横琴粤澳深度合作区海关信息化建设专题视频会议。海关总署科技发展司组织召开会议，听取拱北海关关于横琴粤澳深度合作区海关监管信息化建设工作情况的汇报，就做好下一步工作提出指导意见。

22日 拱北海关部署开展海关工作人员违规投资企业及在企业兼（任）职问题自查工作。

拱北海关与江门海关联合依申请保护饼干生产线专利权案入选2021年中国海关知识产权保护十大典型案例，这是拱北海关查获的案例连续第6年入选中国海关知识产权保护典型案例。

25日 拱北海关署管干部在拱北海关参加全国海关学习贯彻党的十九届六中全会精神集中轮训开班式。

拱北海关破获1宗"水客"团伙以行李藏匿方式从拱北口岸走私高档化妆品入境案，案值0.48亿元，涉税0.12亿元。

26日 拱北海关依法将1011件侵犯知识产权货物运往珠海市固体废物处置机构进行无害化销毁。包括自行车配件、麦克风、首饰等，涉及侵犯多个国内外知名品牌知识产权。

28日 海关总署对2021年度考核优秀的海关总署机关司局级干部和直属海关单位署管干部予以奖励，拱北海关于彬获2021年度考核优秀嘉奖。

拱北海关破获1宗"水客"团伙以行李藏匿方式从拱北口岸走私普通货物案，案值1.05亿元，涉税0.3亿元。

拱北海关组织参加海关总署口岸监管司组织召开的打击治理珠澳口岸"水客"走私视频座谈会。

中山海关、中山港海关与中山市商务局联合召开RCEP政策线上宣讲会，揭开"春晖2022"惠企政策系列宣讲会的序幕，为企业解读有关RCEP、税收、外汇等的最新政策，讲解业务办理流程，即时为企业答疑解惑，406人参加宣讲会。

29日 拱北海关召开关区口岸监管环节反恐怖工作会议暨"五一"假期安全生产、疫情防控工作部署会议。传达学习习近平总书记关于反恐怖工作的重要指示批示精神，学习全国、地方反恐怖工作会议精神，强调要履职担当，狠抓口岸监管环节反恐怖工作；要紧绷口岸安全这根弦，严格落实"三个必须"责任，持之以恒做好安全生产工作；要按照"外防输入、内防反弹"总策略、"动态清零"总方针，坚持"人、物、环境"同防，多病共防，从严从实、科学精准，不打折扣落实疫情防控工作要求；要强化"五一"劳动节期间值班值守，规范应对处置各类突发情况，确保平稳安全。

拱北海关组织参加海关总署青年政治理论学习交流视频会。

中山海关、中山港海关联合制订"中山片区海关打造一流口岸营商环境2022行动方案"，出台21条便利化措施促外贸保稳提质。

5月

5日 拱北海关团委对6个团组织、29名团员、23名优秀团干和20名青年岗位标兵进行表彰，对2022年获得省内团组织最高荣誉"广东省五四红旗团（总）支部标兵"称号的机关团总支、获得2022年度"珠海好青年"荣誉的张程予以表扬。

拱北海关制订"拱北海关安全生产大检查方案"，部署开展拱北海关安全生产大检查工作。

7日 拱北海关联合珠海市公安局破获1宗"水客"团伙经拱北口岸走私手机、红酒等货物进境案，案值2200万元，涉嫌偷逃税款250万元。

9日 海关总署署长俞建华与拱北海关关长刘晓辉进行视频谈话。

拱北海关认真学习贯彻5月5日中共中央政治局常务委员会会议精神。

10日 香洲海关联合珠海高新区管委会举办稳外贸稳外资"护航2022"海关政策宣讲，围绕拱北海关2022年促进跨境贸易便利化工作措施、RCEP原产地政策、非政策性退税、加工贸易便利举措等内容为高新区20余家重点外贸企业进行针对性讲解，并就企业问题进行交流答疑。

11日 拱北海关破获1宗"水客"团伙以行李藏匿方式、将酒瓶与包装盒分拆携带走私高档品牌白酒、洋酒等普通货物进境案，案值1.35亿元，涉税0.45亿元。

12日 拱北海关印发实施促进外贸保稳提质十六条措施，突出"保畅通、稳主体、提效率、优服务"四个方面为外贸护航。

拱北海关召开2022年关区税收工作会议，对2021年税收工作予以充分肯定，要求立足关区实际，开源挖潜补漏，依法征管、应收尽收、应退尽退，打好打赢综合治税攻坚战。

15日 港珠澳大桥海关在跨境电商出口渠道查获941件涉嫌侵犯知识产权商品。

16日 拱北海关派员参加中山市药品进口口岸启动暨首批药品进口通关仪式。

拱北技术中心鉴定确认，闸口海关于5月3日在拱北口岸查获的5只龟为濒危物种四爪陆龟，被列入《濒危野生动植物种国际贸易公约》（CITES）附录II，属《国家重点保护野生动物名录》（2021年版）国家一级保护野生动物。

20日 拱北海关组织参加全国海关综合治税工作电视电话会议。

拱北海关组织参加全国海关2022年度考试录用公务员面试体检考察工作部署视频会议。

23日 拱北海关召开"海关重点项目和财

物管理以权谋私"专项整治工作推进会。党委书记、关长刘晓辉充分肯定各部门单位不断巩固专项整治前期工作成果，同时指出存在的问题，要求提高政治站位，思想认识更进一步；坚持问题导向，全面自查更进一步；主动担当作为，责任落实更进一步；注重统筹兼顾，源头治理更进一步。

拱北海关制定实施关于"坚决打私　文明执法"十一条措施，持续深入推进关区打击治理"水客"走私工作，确保政治效果、法律效果和社会效果有机统一。

24日　拱北海关与澳门海关开展跨境合作侦破"水客"团伙走私燕窝、海参等高档食材进境案，案值4.2亿元，涉嫌偷逃税款0.92亿元。

拱北海关召开房产安全专项整治工作部署推进会，要求各部门单位认真学习贯彻习近平总书记重要指示精神和国务院专项整治会议部署，以及海关总署具体工作安排，从快从严从紧开展安全隐患排查整治专项工作。

26日　拱北海关组织参加2022年全国海关科技工作视频会议。

31日　拱北海关对在2021年度海关工作中作出突出贡献的集体和个人给予奖励；对在关区疫情防控工作中作出较大贡献的"口岸防控措施协调工作组"等4个集体和张晨曦等26人记三等功，对表现突出的"新冠疫情防控政务协调工作组"等23个集体和张建林等134人给予嘉奖；对在2021年度关区专项工作中作出较大贡献的"庆祝建党100周年专项工作组"等18个集体和何洪斌等22人记三等功（记功），对表现突出的"网络安全保障专项工作组"等27个集体和俞海敏等75人给予嘉奖；对在2021年度本职工作中表现突出的石红霞等33人记三等功，温书星等7人记功，张炜等210人给予嘉奖，麦伟文等72人给予嘉奖。

拱北海关组织参加全国海关网络安全保障工作电视电话会议。

6月

1日　拱北海关副关长彭伟鹏、中山市副市长周作德分别代表拱北海关与中山市就加快中山综合保税区申建、推动跨境电商发展等有关工作进行座谈。

拱北海关对在疫情防控工作中表现突出的李露等12名个人予以通报表扬。

横琴海关查获1宗跨境司机藏匿走私手机进境案件，查获手机775台，为拱北海关1—6月查获的最大宗跨境客车走私手机进境案。

2日　广东省委书记李希、省长王伟中在海关总署广东分署调研，拱北海关关长刘晓辉参加。

5日　拱北海关破获1宗"水客"团伙利用粤澳跨境客车走私化妆品以及手机、CPU等电子产品进境案，案值约2100万元，涉税约270万元。

拱北海关关员赵希璇获得WCO"经认证的经营者"（AEO）预认证专家资格（法语）。

10日　关党委书记、关长刘晓辉主持召开关党委会议，研究讨论"拱北海关党委关于深入汲取熊振国严重违纪违法案件教训深化以案促改工作方案"。

17日　拱北海关召开警示教育暨以案促改工作动员大会。党委书记、关长刘晓辉在讲话中要求深刻认识以案促改工作的重要性和紧迫性，一丝不苟推进以案促改工作，驰而不息推进清廉海关建设。会议通报熊振国严重违纪违法案件情况，对抓好以案促改工作提出具体要求。

21日 拱北海关召开深入开展安全生产大检查坚决防范遏制重特大事故工作部署会。会议要求深刻汲取近期国内发生的安全生产事故教训，坚决扛起安全生产的重大政治责任，全面排查各监管作业现场尤其是危险化学品现场，实验室、涉案财物仓库及办公生活区等的安全隐患，切实担负起全面保全的政治责任。

22日 港珠澳大桥海关监管首批19.5吨、货值47万元的冰鲜禽肉经港珠澳大桥珠海公路口岸顺利通关供港。

23日 拱北海关关长刘晓辉参加广东分署安全生产督查督办视频连线会议。

24日 拱北海关联合珠海市公安局侦办的货运渠道走私枪支散件出境案成功扩案，涉案枪支散件总数达4020件。

29日 拱北海关、珠海市公安局、粤澳深度合作区公安局、澳门海关、澳门治安警察局、澳门司法警察局等珠澳执法部门跨境联动，同步在珠海、澳门开展统一查缉行动，破获1宗走私团伙利用无人机在濠江水道架设逾1000米长"飞线"走私平板电脑、手机等电子产品进境案，案值1.1亿元，涉税0.13亿元。

拱北海关组织参加全国海关疫情防控工作专题视频会议。

7月

1—2日 拱北海关组织参加2022年全国海关年中工作视频会议。

4日 珠海保健中心病媒实验室鉴定并报海关总署全国口岸病媒生物监测与控制专家组确认，中山港海关6月7日自圭亚那进口的原木中截获并送检的1头蜚蠊为篦齿拉丁蠊（*Latindia Pectinata Rehn*，1937），为全国口岸首次截获国内未见分布的蜚蠊种。

5日 拱北海关组织参加海关总署专项整治工作第二、三批视频督导检查培训会暨第二批第七督导检查组工作部署会。

7日 拱北海关组织参加全国海关政策研究工作线上线下专题会议。

11日 海关总署党委决定，免去何宏恺拱北海关党委委员职务。海关总署决定，何宏恺任拱北海关一级总监，免去拱北海关副关长职务。

华南野生动物物种鉴定中心鉴定认为，港珠澳大桥海关7月3日查获并送检的2件疑似砗磲贝壳（重0.71千克）为双壳纲帘蛤目砗磲科砗蚝的贝壳。砗磲被列为国家一级保护海洋动物，并被列入《濒危野生动植物种国际贸易公约》附录Ⅱ加以保护。

20日 拱北海关组织参加海关总署"口岸危险品综合治理"百日专项行动部署动员视频会。

22日 拱北海关组织参加全国海关疫情防控工作专题视频会议。

26日 拱北海关组织参加全国离退休干部工作电视电话会议。

29日 拱北海关破获1宗团伙利用粤澳跨境客车走私电子产品进境案，案值约4068万元，涉税约580万元。

8月

3日 拱北海关对2021年度考核优秀人员

予以奖励，为2019年至2021年年度考核连续3年优秀的周坡盛等77名公务员记三等功，给予2021年度考核优秀的张洁等591名公务员嘉奖。

4日 拱北海关对2021年度考核优秀的部门单位领导班子予以奖励，综合业务处、卫生检疫处、进出口食品安全处、口岸监管处、督察内审处、人事处（党委组织部）、机关党委（思想政治工作办公室、党委宣传部、党委巡察工作办公室）、港珠澳大桥海关、斗门海关、中山港海关、拱北海关风险防控分局、珠海国际旅行卫生保健中心（拱北海关口岸门诊部）12个部门单位领导班子2021年年度考核结果为优秀等次，予以嘉奖。

8日 中山海关、中山港海关联合中山市南头镇举办海关知识产权保护工作室揭牌仪式暨促进外贸保稳提质座谈会。

12日 海关总署署长俞建华在广东分署主持召开座谈会，听取广东关区工作情况汇报。拱北海关关长刘晓辉参加座谈会。

14日 港珠澳大桥海关在对一个进境空集装箱进行检查时，在集装箱底部暗格内查获藏匿的燕窝289.5千克、香水869盒、唇膏1008支，初估案值约430万元。该案已移交拱北海关缉私局处置。

15日 海关总署国际检验检疫标准与技术法规研究中心通报，拱北关区办公设备及耗材技术性贸易措施研究评议基地、光电产品技术性贸易措施研究评议基地以及珠海制冷设备技术性贸易措施研究评议基地通过海关总署考核，成为全国第一批通过考核的国家级技术性贸易措施研究评议基地。

15—16日 海关总署海关史研究工作领导小组组长胡伟到拱北海关调研指导。听取拱北海关海关史研究工作专题汇报，听取"中国海关史"研究相关子课题进展情况、东澳岛海关遗址研究等工作汇报，参观拱北海关党建教育实训中心，并赴拱北关陆路缉私总站拉塔石炮台旧址、苏兆征故居陈列馆、白石街抗英炮台等珠海重要史迹点实地调研。

16日 拱北海关联合珠海市公安局、澳门海关、澳门司法警察局，对1宗过境出口邮件夹藏国家管制精神药品案件开展联合行动并成功收网。拱北海关缉私局已对该案刑事立案。

18日 海关总署税管局（广州）在拱北海关开展税收工作调研，就加强直属海关与海关总署税收征管局（广州）联系配合、深化综合治税、协同防控税收风险等开展研讨交流。

22日 拱北海关组织参加全国海关加强新时代廉洁文化建设暨警示教育大会视频会议。

23日 拱北海关召开推进"澳车北上"政策实施专题会议。会议通报地方政府政策推进情况及海关监管政策进展，对有关问题开展研讨并就下一步工作提出建议。会议强调要进一步提高思想认识，将推进"澳车北上"政策落地实施作为海关支持大湾区建设、用好管好大桥的重要举措；细化任务清单，高效推进各项具体工作任务落实；形成工作合力，强化与地方政府部门协调协作。

23—25日 广东分署党委纪检组在拱北海关调研，听取拱北海关党风廉政建设和反腐败工作情况汇报，就强化政治监督、推进专项整治、一体推进"三不腐"和化解廉政风险开展座谈交流。

25日 拱北海关侦办1宗邮包走私毒品案件，缴获"莫达菲尼"200粒，计53.99克。

26日 拱北海关联合横琴粤澳深度合作区公安局破获1宗"水客"团伙走私高档酒类进境案，案值1660万元，涉嫌偷逃税款1220万元。

26—27日 海关总署自贸区和特殊区域发展司调研组在拱北海关开展综合保税区综合改革及课题研究调研，听取拱北海关对新时期推动海关特殊监管区域高质量发展的意见建议；与珠海市副市长李翀一行座谈，听取地方政府推动海关特殊监管区域整合优化工作的意见。

28—29日 第十三届全国政协常委、经济委员会副主任于广洲，第十三届全国政协外事委员会委员孙毅彪，海关总署党委委员、广东分署主任张广志等一行到拱北海关调研。

30日 拱北海关牵头联合预验收组对珠海高栏港综合保税区开展预验收工作，经联合预验收组评审，一致同意珠海高栏港综合保税区通过预验收，联合预验收组与珠海市人民政府签署预验收纪要。

拱北技术中心鉴定确认，青茂海关8月3日和8月9日在旅客行李中查获的两批12.7千克鱼翅为含颗粒蓝吻犁头鳐制品、路氏双髻鲨制品及澳洲尖犁头鳐制品，其中颗粒蓝吻犁头鳐、路氏双髻鲨这两类物种2022年均被列为《濒危野生动植物种国际贸易公约》附录II保护物种。

31日 海关总署党委决定，詹少彤任拱北海关党委书记，免去江门海关党委书记职务；免去刘晓辉拱北海关党委书记职务。海关总署决定，詹少彤任拱北海关关长，免去江门海关关长职务；免去刘晓辉拱北海关关长职务，办理退休手续。

拱北海关联合珠海市公安局破获"水客"团伙走私濒危野生动物及其制品进境案，涉案海马干约600千克，案值约1800万元。

拱北关区企业出具首份RCEP原产地声明。

湾仔海关在珠海西域码头监管净重44.57吨的"洋垃圾"退运出境，经广州海关技术中心鉴定确认，该批货物属于国家禁止进口固体废物。

拱北海关组织参加海关总署举办的"人民满意的公务员"宣讲报告会。

9月

2日 拱北海关破获1宗货运渠道伪报品名走私高档食材进境案，案值5000万元，涉税700万元。

5—7日 海关总署政治部主任、党委委员许大纯在拱北海关调研，听取拱北海关落实打击治理"水客"走私长效机制情况汇报，与珠澳各口岸视频连线了解旅检现场监管工作情况。调研期间，许大纯会见珠海市委、市政府主要负责人，通过视频连线方式出席江门海关关长任职仪式。

6日 海关总署政治部主任、党委委员许大纯出席拱北海关党委班子见面会，出席拱北海关关长任职仪式，受署长俞建华委托向拱北海关新任关长、党委书记詹少彤颁发任命书。

海关总署党委委员、广东分署主任张广志参加基层党支部联系点横琴海关综合业务四科党支部开展的"迎接二十大奋进新时代"主题党日活动。

7日 海关总署政治部主任、党委委员许大纯在拱北海关主持召开华南片区直属海关单位政治部主任座谈会。

9 日 拱北海关组织参加全国海关疫情防控工作视频会议。

关长詹少彤主持召开拱北海关疫情防控和安全生产工作会议。传达海关总署相关文件要求和广东省有关会议精神，分析当前关区疫情防控和安全生产工作面临的严峻复杂形势，部署进一步做好关区疫情防控和安全生产工作。

13 日 拱北海关派员参加粤港澳物流园项目开工仪式。

拱北海关妇工委表彰聂麟惠等 20 户家庭为 2022 年拱北海关"最美家庭"。

14 日 拱北海关召开加强新时代廉洁文化建设暨警示教育大会。

15 日 横琴粤澳深度合作区管理委员会第四次会议及横琴粤澳深度合作区"二线"海关监管作业现场落成仪式举行，拱北海关关长詹少彤参加。

拱北海关党委纪检组一行走访中山市纪委、监委。党委纪检组组长赖伟忠会见中山市委常委、市纪委书记、市监委主任刘志民。双方就深化"组地关"协作机制、移交案件线索、提供办案支持、加强专业培训和选派干部以干代训等事宜进行沟通交流。

17 日 拱北海关制定实施外贸形势分析会议制度。

19 日 拱北海关破获 1 宗"水客"团伙走私医美针、高档护肤品进境案，案值 5.8 亿，涉税 0.8 亿元。

拱北海关破获 1 宗"水客"团伙走私高档化妆品、燕窝等进境案，案值 1.6 亿元，涉税 0.32 亿元。

20 日 海关总署党委决定，李伟丰任拱北海关党委委员。海关总署决定，李伟丰任拱北海关副关长，任职试用期一年。

22 日 拱北海关召开贯彻落实全国海关年中工作会议精神重点工作推进会。落实全国海关年中工作会议部署，总结该关主要工作进展情况，分析当前面临的形势，围绕"守国门、促发展"，研究安排下一步工作。

关党委书记、关长詹少彤围绕"走好第一方阵　我为二十大作贡献"主题为全关党员干部讲党课。

23 日 拱北海关组织参加全国海关"防风险、保稳定、迎二十大"专题电视电话会议。

拱北海关组织参加海关总署《中国海关年鉴（2022）》编纂总结暨（2023）年鉴编纂启动部署视频会议，拱北海关作为 6 个发言单位之一在视频会议上做交流发言。

27 日 拱北海关侦办的 1 宗旅检渠道团伙走私枪支进境案不断扩案，缴获疑似枪支数量增加至 93 支。

28 日 数据分中心与中国建设银行股份有限公司横琴粤澳深度合作区分行合作，正式揭牌启用横琴粤澳深度合作区首家"关银一KEY通"合作制卡代理点，首笔代理口岸卡业务成功办理。"关银一KEY通"项目是海关总署中国电子口岸数据中心和中国建设银行贯彻国家"稳外贸"工作部署、深化"放管服"改革和优化营商环境的重要举措。

29 日 拱北海关举办"弘扬廉洁家风　共建清风国门"故事分享会。

拱北海关组织召开 2022 年国庆节期间新冠疫情防控应急处置综合汇演暨防控工作调度会。通过二级监控指挥中心对 10 个隶属海关和珠海保健中心以及拱北后勤中心应急演练视频进行总结点评，就进一步完善相关应急处置工作提出要求。

斗门海关验放1000只经检验检疫合格的熟制石岐乳鸽运抵澳门。这是珠海首批供澳门的石岐乳鸽预制菜。

30日 拱北海关关长詹少彤会见珠海市委书记吕玉印、市长黄志豪，通报拱北海关工作情况。吕玉印、黄志豪表示珠海市委、市政府希望与海关一道，共同推动珠海开放型经济高质量发展取得新突破；继续为海关履职尽责提供大力支持、创造有利条件。

拱北海关组织2022年口岸监管环节反恐怖汇演。港珠澳大桥海关、高栏海关、横琴海关、青茂海关、湾仔海关、九洲海关围绕演练主题在线汇报演练内容，珠海市反恐办专家进行点评，拱北海关反恐怖应急处置专家组成员予以考核评分。

拱北海关成立由关长、党委书记任主任，分管相关工作的党委委员任副主任，总工程师、总检验师、相关职能部门、缉私局、风控分局等主要负责人为成员的风险管理委员会，在风控分局设办公室，办公室主任由风控分局主要负责人担任。

珠江西岸首个"跨境电商网购保税进口+展示交易"项目正式落地中山。

是月，拱北海关组织开展围绕"共创食安新发展 共享美好新生活"为主题的"食品安全宣传周"活动。面向关区100余家进出口食品企业宣传《中华人民共和国进出口食品安全管理办法》等进出口食品安全法律法规、冷链食品疫情防控等知识；做好12360海关热线、业务邮箱、公共技术服务平台咨询答复，向公众开展食品安全检测、实验室比对等活动；在旅检口岸循环播放食品安全主题宣传视频，设置宣传展架，现场解答旅客咨询500余次。

10月

3日 拱北海关实施的"企业集中申报+海关安全风险监测+属地、口岸海关协同监管"供澳门水果监管新模式下，首票32个品种3200多箱水果经拱北口岸供澳门。

13日 拱北海关制定实施进一步促进外贸保稳提质措施31条。

16日 全关党员干部通过多种形式收听收看中国共产党第二十次全国代表大会开幕会。

18日 斗门海关对60只实验用SPF级小鼠进行检验检疫，确认全部合格后，珠海某生物科技有限公司装车启运，经港珠澳大桥运抵澳门科技大学。该批小鼠是珠海首批供澳门的实验用SPF级小鼠。

19日 关长詹少彤会见珠海市市长黄志豪。双方就深化关地合作、落实"产业第一"进行座谈交流。拱北海关依托"外贸形势分析联席会议机制"向珠海市政府书面提交珠海外贸总体情况、产业外贸情况分析及相关建议。

20日 珠海保健中心国家医学媒介生物监测重点实验室和中山技术中心共同鉴定确认，中山港海关在一批来自法属圭亚那的原木中截获并送检的1头蠹蠊为未被描述过的拉丁蠊属蠹蠊物种（*Latindia sp. nov.*），为全球首次报道新物种，由《中国媒介生物学及控制杂志》刊发。

21日 "珠海斗门—深圳蛇口"组合港正式启用。60个集装箱的货物在珠海斗门港码头启运，以"粤港澳大湾区组合港"模式运抵深圳蛇口港后，换装国际航行船舶出口。

22日 拱北技术中心鉴定确认，港珠澳大桥海关10月21日在进境客车查获藏匿活体龟2017只，分别为巴西红耳龟2015只、刀背麝香龟2只，均为外来物种。其中，巴西红耳龟是世界公认的生态杀手，被世界环境保护组织列为100多个最具破坏性的物种之一，被列入《中国外来入侵物种名单》第三批名单。已移交拱北海关缉私局处置，为拱北关区首宗涉嫌非法引进外来入侵物种案。

24日 拱北海关组织参加全国海关学习宣传贯彻党的二十大精神视频会议。

26日 拱北海关在珠海会场参加内地—澳门海关"经认证的经营者"（AEO）互认工作组会议。海关总署企业管理和稽查司与澳门海关按照既定议程以视频形式成功签署AEO互认行动计划，达成内地—澳门海关AEO合作又一重要成果。会议完成AEO制度比对和AEO互认文本磋商，并商定后续工作计划。

拱北海关立案侦办1宗"水客"团伙走私医美产品进境案，案值1000万元，涉税150万元。

27日 九洲海关在一批进境邮件中发现1件寄自日本、申报品名为"保健食品"的邮件内有2瓶各10毫升的液体，瓶身印有"HUCB、脐带血干细胞"等字样。HUCB为Human umbilical cord blood的缩写，表示脐带血制品，此类产品属于海关卫生检疫监管的特殊物品。由于寄件人无法提供《入/出境特殊物品卫生检疫审批单》等有效证明，该邮件已按规定做进一步处置。

28日 拱北海关立案侦办1宗内贸船舶走私保税燃料油进境案，涉案燃料油2800吨，案值1960万元。

29日 拱北海关关长詹少彤与横琴粤澳深度合作区执行委员会主任李伟农就深入贯彻落实《横琴粤澳深度合作区建设总体方案》、进一步深化沟通合作等进行座谈交流。

31日 海关总署党委决定，杨海任拱北海关党委委员，免去银川海关党委委员职务。海关总署决定，杨海任拱北海关副关长，免去银川海关副关长职务。

31日—11月5日 拱北海关组织参加海关总署党委理论学习中心组（扩大）学习暨司局级主要负责同志学习贯彻党的二十大精神培训班，以视频会议形式学习、培训。

11月

2日 拱北海关联合地方公安在横门水道保利长大货运码头查获1宗涉嫌利用来往港澳小型船舶走私冻品案，查扣冻品近700吨。

3日 拱北海关关长詹少彤参加支持和服务横琴粤澳深度合作区建设专题工作会议。会议听取支持和服务横琴粤澳深度合作区建设专题调研工作情况汇报，审议综合性工作报告、横琴粤澳深度合作区监管设计思路、20项支持措施建议以及优化人力保障建议，部署下一阶段工作。

拱北海关组织参加海关总署"口岸危险品综合治理"百日专项行动总结暨常态化工作部署电视电话会议。

4日 拱北海关对工作中表现突出的集体和个人予以奖励：对在疫情防控一线封闭管理工作中作出较大贡献的刘英杰等2人记三等功，对表现突出的戴悦昕等12人给予嘉奖；对在关区重点工作中作出较大贡献的"'反宣品'专项稽查行动工作组"等2个集体和张炜等5人记三等功，对表现突出的"机关事业单位养老保险缴费清算专项工作组"等3个集体和田禾等14人给予嘉奖。

7日 拱北海关组织参加亚欧会议"智慧海关、智能边境、智享联通"国际研讨会开幕式视频会议。

拱北海关立案侦办1宗"水客"团伙走私普通货物进境案，案值0.5亿元，涉税0.1亿元。

8日 拱北海关派员参加在上海举行的第五届中国国际进口博览会"非关税贸易措施高质量发展论坛"及研究评议基地签约仪式。

拱北海关查发珠海某企业以一般贸易方式进口"牙科用烤瓷合金""瓷牙粉"等商品，涉嫌逃避验核《进口医疗器械注册证》用于加工生产，涉及货值0.39亿元。

9日 中山港海关关员监管装载出口货物的"仕泰329"号船舶驶离中山神湾港码头，驶往深圳盐田港，标志着"神湾港—盐田港"水运快线正式开通。

11日 拱北海关立案侦办1宗"水客"团伙走私高档食材进境案，初估案值2800万元，涉税811万元。

12日 拱北海关组织参加全国海关疫情防控工作专题视频会议。

15日 湾仔海关依法对一批申报出口至香港的涉嫌侵权碳粉盒实施立案扣留并展开调查。经权利人确认，该批货物1308个碳粉盒涉嫌侵犯其商标专用权。

15—17日 横琴海关在一批跨境电商出口包裹中发现827件绣着国际足球联合会和卡塔尔世界杯图案标识的球衣和足球。经权利人书面确认，该批货物涉嫌侵犯知识产权。

17日 拱北海关印发实施关于强化关区制度建设服务构建"三应"运行机制的工作方案。成立拱北海关强化关区制度建设服务构建"三应"运行机制领导小组和强化关区制度建设服务构建"三应"运行机制工作专班，进一步强化关区制度建设，着力在制度建设层面解决权力边界不清、业务关系不顺、制度执行刚性不足的现实问题，推动建立权责清晰、系统完备、科学规范、运行高效的关区制度文件体系，以"良规善治"服务关区构建快速"响应、呼应、反应"运行机制，为关区各项工作高质量发展提供坚强法治保障。

拱北海关首个进境植物种苗指定监管场地洪湾港进境种苗指定监管场地正式获海关总署验收通过。

拱北技术中心鉴定确认，闸口海关在10月27日查获的旅客携带进境的3283只"异宠"活体龟为巴西红耳龟86只、刀背麝香龟3197只。

21日 拱北海关召开支持和服务横琴粤澳深度合作区建设专题工作会议暨政策研究骨干团队工作会议。传达海关总署领导对"拱北海关工作专报〔2022〕1号"的批示精神及关领导有关工作要求，研究部署下一阶段工作；听取骨干团队成员代表对政策研究工作设想，明确骨干团队主要任务、运作机制及工作要求。

拱北海关关长詹少彤会见珠海边检总站政委袁斌、总站长陈宏军一行。

22日 拱北海关派员参加珠海市加大"水客"走私打击力度专题研究会议。

23日 拱北海关组织参加全国海关政治部门学习宣传贯彻党的二十大精神学习宣讲视频会。

拱北海关派员在拱北口岸参加珠海市进一

步落实打击"水客"走私工作会议。会议由珠海市副市长李翀主持,研究细化落实11月22日上午珠海市加大"水客"走私打击力度专题研究会议精神,听取相关单位的意见建议。

24日 海关总署、国家邮政总局进境邮件税款信息联网项目在拱北海关试点运行。系统自动生成行邮税税款缴纳证54份,征收税款5596.97元。

25日 拱北海关召开关区打击治理"水客"走私工作部署会。会议传达海关总署领导对拱北海关打击治理"水客"走私工作的最新批示,通报珠海市政府相关会议精神,听取最近一段时间珠澳口岸通关态势和打击治理"水客"走私工作情况汇报,并就下一步工作进行部署。

拱北海关派员在拱北口岸参加珠海市进一步规范珠澳口岸通关秩序工作会议。

28日 拱北技术中心鉴定确认,闸口海关11月17日查获的17只活体龟均为"豹纹陆龟",为《濒危野生动植物种国际贸易公约》附录Ⅱ所列濒危物种。

30日 高栏海关监管同时装载内贸、外贸出口集装箱的"鸣航008"轮从珠海(高栏)国际货柜码头启航驶向深圳盐田港,"高栏港—盐田港"直航航线顺利开通后,标志着内外贸集装箱同船运输首航启运。

12月

1日 拱北海关联合珠海市公安局跨境联动破获1宗利用国际邮包走私毒品案,查获冰毒300克。九洲海关11月29日在一批过境出口邮件中发现寄往澳门的邮件中3个钢笔礼盒夹层中均藏有白色晶体状物品。经鉴定,上述白色晶体状物品为冰毒,共300克。拱北海关缉私局当即对该案刑事立案,同时联合珠海市公安局、澳门海关、澳门司法警察局,于12月1日成功对该案收网。

9日 拱北海关召开关区2022年打私反腐"一案双查"工作会议。听取监察室、缉私局开展打私反腐"一案双查"工作情况汇报,研究部署下一步工作。关长詹少彤强调,要发挥好"一案双查"撒手锏作用,加强对制度执行和权力运行的刚性约束,坚决打私、文明执法;密切协作、同向发力,切实加强防范化解系统腐败风险工作,加强警示教育,强化震慑效应,切实推动"树正气、遏邪气、易俗气"。

16日 拱北海关部署开展2022年度"拱北海关事业高质量发展"十大实事与"拱北海关促进高水平开放高质量发展"十大举措评选活动。

19日 广东省文物局指定拱北海关向珠海博物馆移交一批涉案文物,共219件。该批文物是近几年拱北海关在旅客行李物品、邮件中查获并依法没收的,包括瓷器45件及历代钱币174枚。

20日 "拱北海关行邮物品资料库"系统在闸口、港珠澳大桥、青茂、横琴4个环澳旅检口岸现场试运行。

21日 闸口海关完成首单"澳车北上"申请事项海关备案。

28日 拱北海关组织参加全国海关新冠病毒感染疫情防控工作专题视频会议。

30日 拱北海关最终对某公司涉嫌伪造出口食用植物产品、食用植物源性产品、植物产品、药用植物源性药材等产品相关贸易合同等单证的行为作出行政处罚决定,涉及货值7555

万元,没收违法所得 11.44 万元,罚款 300 万元;对共同当事人某报关代理公司作出行政处罚决定,没收违法所得 0.81 万元,罚款 1.01 万元。该案件为检验检疫行政处罚职能移交稽查部门之后全国海关最大宗检验检疫违法案件。

拱北海关组织参加全国海关全面加强审计问题整改工作专题视频会议。

31 日 拱北海关 2022 年税收入库 153.24 亿元,同比增长 9.82%,创关区 1980 年恢复关税计征以来税收历史新高。

第四篇

党的建设

党建工作

【概况】2022年,拱北海关全面贯彻习近平新时代中国特色社会主义思想,坚持不懈用党的创新理论凝心铸魂,推动理论武装和政治能力融合提升,深刻领悟"两个确立"的决定意义,持续加强政治机关建设,巩固专项教育活动和"学查改"专项工作成果。学习贯彻党的二十大关于全面从严治党的新部署新任务,落实全面从严治党主体责任清单,深化党委主体责任、纪检机构监督责任、党委书记第一责任、班子成员"一岗双责""四责协同"机制,健全各负其责、统一协调的关区管党治党责任体系。开展党建制度评估清理,推动建立权责清晰、系统完备、科学规范、运行高效的党建制度体系,聚焦强化基层党组织政治功能和党员干部政治能力这条主线,深化拓展"强基提质工程"成果,以党组织书记和党务干部两支队伍能力"双提升",推动强化党组织政治功能和组织功能"双促进",党建引领"同题共答",展现海关准军事化纪律部队政治担当。坚持党性党纪党风一起抓,统筹开展政治教育、纪法教育、警示教育,加强新时代廉洁文化建设,严明政治纪律和政治规矩,增强党员干部清廉自守的政治定力。

(伍梦惠)

【政治理论学习】2022年,拱北海关把学深悟透习近平新时代中国特色社会主义思想摆在最突出位置,深入学习贯彻习近平总书记系列重要讲话和重要指示批示精神,发挥"关键少数"示范带动作用,以党委中心组学习为龙头,固化"领学+研讨"学习机制,开展集中学习研讨8次,交流研讨31人次,示范带动各隶属海关党委开展中心组学习121次。组织召开党委理论学习中心组(扩大)学习会专题学习党的二十大精神2次,围绕党的二十大精神开展大学习、广宣讲、深研讨。统筹推进"学查改"专项工作和政治机关专项教育活动,依托"思想理论学用讲坛"举办4期"政治机关建设大家谈"活动,党委委员走上讲台,结合分管工作进行专题授课,部门单位"一把手"围绕条线工作讲清政治考量和政治要求11次,并与基层关员现场连线互动研讨;邀请海关总署"百名科长百日督查"驻拱北海关督查组成员共同参与学习研讨;活动视频入选海关总署"双提升"示范课程,政研成果在拱北海关相关刊物刊发8期。推动党支部日常学习,制发党建和思想政治工作指引、政治理论学习提示单59期，发放《习近平谈治国理政》第四卷等学习资料5000余册，指导基层党组织用好"三会一课"、主题党日等落实"领学+研讨"学习机制，提升学习及时性、针对性、实效性，推动党的创新理论入脑入心。严格落实意识形态工作责任制，推动两级党委专题研究意识形态和队伍思想动态工作2次，以迎接党的二十大胜利召开为主线，统筹政治机关专项教育活动，加强对干部职工的思想政治教育。

（陈馥）

【精神文明建设】2022年，拱北海关依托"关务云"平台设立关区线上荣誉展示模块，健全完善关区荣誉体系建设。做好氛围营造和先进典型宣传培树，结合党的二十大精神、全国海关年中工作会议等主题更新宣传板报258块；"拱关青年"公众号发布新媒体作品197条，其中22条作品被"金钥匙杂志"微信公众号采用，筹拍制作视频42部，"关色""国门色彩"等8条宣传视频获"学习强国"App等媒体推送，清廉家风宣传视频"关色"获海关总署推荐至中央网络安全和信息化委员会办公室，并获评珠海市第三届弘扬社会主义核心价值观"五个一批"网络正能量传播精品。细化精神文明建设14个方面42项具体措施，推动关区精神文明创建各项工作落实落细。实施文明单位创建升级计划，按照"全面创建、重点培育、持续提升"的思路加强分类指导，指导已获评省级、市级文明单位的基层单位，聚焦提档升级，在严格管理、巩固深化、探索创新、打造品牌上用力。推动未获评的8个基层单位争创"珠海市文明单位"，通过座谈交流、实景展示、现场教学、"一对一"帮扶等加强指导的有效性，8个单位均通过珠海市检查组实地测评。规范志愿服务管理，梳理关区志愿服务队伍和项目，搭建"两横六纵"志愿服务团队，成立41支志愿服务队，注册志愿者达到在职党员人数的90%。推动各业务线条志愿服务队结合职能职责开展各类志愿服务活动344次，整合国门生物安全主题实践、"12·4"宪法宣传等志愿服务项目，围绕"3·5"学雷锋日、"12·5"国际志愿者日等时间节点，探索打造具有海关行业特色、满足干部群众需求、符合志愿服务特点的品牌项目。

（陈馥）

【基层党组织建设】2022年，拱北海关选优配强各级基层党组织班子，指导6个隶属海关规范开展"两委"委员任免和补选，完成208个基层党组织换届选举工作。开展企事业单位党的建设调研摸底，推动所属企业将党建工作写入公司章程，指导1家所属企业成立党支部，实现组织建设触角最大延伸。出台强化基层党支部政治功能工作指引，明确党支部强化政治功能27项任务，完善4大类、30余项作业清单，将党内体检、谈心谈话等作为严肃党内政治生活的机制固定下来，发挥组织生活熔炉作用。结合"学查改"专项工作开展岗位政治体检，组织251个党支部开展主题党日活动，全面梳理770个岗位、1990条政治要求，把讲政治落实到关区工作各领域、全过程。组织269名党务干部参加海关系统党务干部岗位练兵，组织各条线开展党建教育实训2900余人次，项目入选全国海关基层党建特色实训点试点，2人获评为全国海关"党务之星"。强化典型经验复制推广，形成优秀学习成果28篇、精品培训课程48个、基层党建案例43个，其中15篇获海关总署及地方宣传媒介刊载。开展"四强"党支部和党建品牌创建，健全党建品牌梯次培育机制，完成新评复核"四强"党支部66个，选树培育全国海关党建品牌7个、拱北海关基层党建品牌26个。2个基层党组织通过珠海市直机关"全面进步全面过硬"示范点复核验收，党建热源辐射效应明显。

（郁涛）

【党风廉政建设】2022年，拱北海关党委专题研究全面从严治党、基层党建工作、党风廉政建设和反腐败工作10余次，部署落实18项重点任务、65条细化措施，统筹全面从严治党任务落实。制定完善党委制度10个，推进完善各级党组织责任清单，健全各负其责、统一协调的管党治党责任格局。统筹开展抓党建述职评议考核，通报各单位部门全面从严治党主体责任落实情况，发挥党风廉政建设责任制考核作用，组织"书记组长谈责任"视频访谈，督促推动主体责任落实到"最后1公里"。严格执行政治纪律和政治规矩，用好"四种形态"特别是"第一种形态"，对履责不力的10个党组织、15名领导干部严肃问责，各单位部门运用"第一种形态"88人次。自觉接受监督，每季度规范填报直属海关"一把手"和领导班子其他成员重点事项监督自查报告。持续落实"一把手"和领导班子监督69项措施，加强领导干部配偶、子女及其配偶经商办企业管理，严格选人用人监督检查、干部个人事项报告核查和信访举报查核，完成选人用人专项检查"5年全覆盖"。全面严格管理，巩固不占编合同工、协管员廉政形势教育成果，推进完成海关工作人员违规投资企业及在企业兼（任）职问题自查整改工作。召开加强新时代廉洁文化建设暨警示教育大会，用好"正气阁"廉政教育基地，开展纪法送教下基层进机关、"清风国门"线上线下作品展、年轻干部谈廉洁、清廉家风故事会等系列特色活动，树正气、易俗气、遏邪气。部署开展警示教育月5方面12项重点工作，通报查办典型案例13宗，编发《2021年以来海关工作人员违纪违法典型案例通报汇编》，以身边事警醒身边人。发动干部职工参加海关总署举办的"清风国门"廉洁文化作品征集活动，获组织奖，19件作品分获特别奖、一等奖等各级奖项。加强关区制度文件体系建设，以"良规善治"服务构建"三应"运行机制。摸清权力底数，推进关区两级权责清单编制前期工作。以钉钉子精神持续纠治"四风"，紧盯元旦、春节、中秋等关键节点，加强教育提醒和监督检查，严防隐形变异、反弹回潮。对照海关总署党委指出的"五个有之"问题认真排查整改，坚决纠治形式主义、官僚主义，落实为基层减负常态化工作机制，制定基层海关单位周期性报送数据表格材料正面清单，固化报送事项120条，查办数据造假形式主义案件5宗、处分5人。开展整治违规接受宴请娱乐活动、违规送收礼品礼金、构建亲清政商关系专项治理,从严查处涉嫌违反中央八项规定精神问题线索10条。开展窗口作风提升行动,聘任新一届特约监督员29名,"好差评"系统好评率100%,29个党员志愿服务岗获地方挂星表彰。

(李泽华)

【准军事化纪律部队建设】2022年,拱北海关加强准军事化纪律部队建设,开展内务规范强化月活动,锻造忠诚干净担当的准军事化纪律部队队伍。开展专题学习,结合"三会一课"、主题党日、班前会等开展内务规范专题学习,重点学习内务规范等制度规定,宣传宣讲各项纪律要求。广泛深入研讨,开展"准军建设 从我做起"大讨论,对照准军事化纪律部队建设要求,检视查摆自身差距,改进提高。抓好队列训练,结合疫情防控形势要求,按照队列训练动作要领,灵活多样组织队列动作训练,并确保年内每人累计参加队列训练时间不少于16小时。深化岗位练兵,各业务条线、各部门单位积极开展常态化岗位练兵,稽查岗位练兵获个人比武全国第一、团体决赛一等奖。落实海关内务管理各项规定,发挥三级内务督察员队伍力量,对报关大厅、旅检货检现场、办公区等场所常态化开展内务督察和视频检查,确保全覆盖、无盲区。

(李泽华)

【群团组织建设】2022年,拱北海关完善群团组织建设,指导9个基层工会、共青团、妇女组织及时开展换届改选和增替补选,做好工会新旧会计制度衔接和系统升级工作,履行珠海市总工会委员会委员、珠海市妇联执委会委员职责。持续推动青年文明号、巾帼文明岗创建,开展寻找"最美家庭"活动,3个集体获"一星级全国青年文明号",1个集体、3名个人获得省部级荣誉,7个集体、11名个人获得地市级荣誉,2个青年文明号集体服务事项入选全省50项"优质服务事项",3名优秀团员推优入党,团委、妇工委评选表彰先进基层组织22个、优秀个人163名、"最美家庭"20户。围绕学习党的二十大、纪念中国共产主义青年团成立100周年、专项教育、反腐倡廉等主题大力开展群众性文化活动,征集制作"清风国门"廉洁文化创意作品参加海关总署活动,获19个奖项,其中一等奖4个、二等奖5个、三等奖7个、特别奖3个,拱北海关获优秀组织奖。制作"领航"音乐视频,获"金钥匙杂志"微信公众号和全国、省、市总工会精选发布。37件书画摄影作品

▲2022年4月20日,闸口海关科级以上领导干部进行队列训练 (刘文 摄)

在广东分署和广东省、珠海市入展、获奖。参加"全国职工线上运动会",关工会获珠海赛区"单位排名奖"及"优秀组织奖",1名个人获"优秀管理员"称号,6名个人进入"个人排名奖"前10名。开展各类慰问、送温暖3万人次,购买职工医疗互助保障13507份。持续关心关爱疫情防控一线员工,开展专项"送温暖"、"青春情暖"、"写一封家书"、线上文体活动、心理服务等工作。举办线上书画兴趣班、文体集训特色活动,4000余人次参加。

(林妍燕)

【心理健康服务】2022年,拱北海关加强对干部职工的心理健康疏导,以调查问卷、个别访谈、网络调研等形式,对全关干部职工开展思想动态调研2次,首次与珠海市香洲区心理健康服务中心合作,引入专业心理健康量表,为1100余名干部职工开展心理健康评估专项普查,设立心理热线、线下咨询,提供心理疏导健康咨询服务,对干部职工存在的心理健康隐患做到早发现、早预警、早干预、早疏导。建设"心灵驿站"实体平台,构建完善"香洲区心理健康服务中心—总关心理工作室—基层心理志愿服务者"三级工作网络,挖掘关区26名心理咨询资质人员、整合各单位心理健康联络员,组建66人"心灵驿站"服务团队,提升团队专业素养,加强对干部职工心理危机干预和心理疏导。

(陈馥)

【海关史研究】2022年,拱北海关成立海关史研究工作领导小组,加强红色海关史和新中国海关史研究。组织开展海关史料抢救征集工作,接收口述史料图文信息49份,形成"以往已制作(收集)的海关口述史料情况表"1份,甄选7位口述者口述或访谈史料和3份重大历史事件材料,填写"口述史料采集信息表"10份。挖掘利用红色海关历史资源,收集"华南海关第一个党支部革命斗争故事""'2·28'拱北旅检现场爆炸案纪实"等书籍、史料。参与国家社科基金重大项目"中国海关史"研究项目3人,承担《中国海关史》(第三卷)大纲"检验检疫"部分内容编撰工作。年内组织征集《浅析华南地区海关第一个党支部的成立及其历史意义》等海关史研究论文11篇,其中5篇在广东分署和海关学会广州代表处联合开展的广东省内海关海关史研究征文活动中获奖(一等奖1篇、二等奖1篇、三等奖3篇)。设立拱北海关年鉴编纂委员会,启动拱北海关首部年鉴编纂工作。整理拱北海关1949—2021年大事记上报海关总署。

(陈进利)

【"组团帮扶"激发乡村振兴新动能】2022年,拱北海关继续作为成员单位派员参与珠海市对口阳江、茂名市乡村振兴驻镇帮镇扶村组团结对帮扶工作队,大力推动包括产业振兴、人才振兴、文化振兴、生态振兴、组织振兴在内的乡村全面振兴,并充分发挥海关职能优势和技术优势,为当地农业企业提供技术检测7批次、农技培训4期,助力提升经济效益近千万元。结合员工节日慰问、食堂采购落实消费帮扶直接采购农特产品285.12万元。组织爱心捐款24.15万元,向镇文化站捐赠图书3300册、举办"国门生物安全主题图片展""分界镇革命历史展",助力申报省特级文化站。为帮扶当地小学捐赠图书、配置午休床,开展图书整理、历史文化绘本小课堂系列志愿活动。发挥帮扶干部专业优势,协助帮扶企业研发的新产品"柠檬桂圆肉"收获良好市场反响,上市一个季度销售额近30万元。派驻干部袁文立因工作表现突出,被共青团珠海市委员会评为青年志愿者优秀个人,入展"新时代百名珠海青年奋斗者群像展"。

(林妍燕)

▲2022年9月7日,拱北海关消费帮扶采购专车从乡村振兴对口帮扶的茂名市高州市分界镇发车,助力该镇农户稳收增收　　(朱海铃　摄)

政治巡察

【概况】2022年，拱北海关贯彻落实党中央关于巡视巡察的有关部署和海关总署党委工作要求，深化整改长效机制，集中清查关区巡视整改措施推进情况。落实政治巡察要求，对7个职能部门开展政治机关建设专项巡察，发现并推动整改问题83个，完成"5年巡察全覆盖"目标任务。检视巡察整改成效，清查党的十九大以来关区开展的45个巡察项目的整改情况，整改率100%。强化监督贯通融合，印发"三察联动"工作机制，党委巡察、纪检监察、督察审计联动配合，强化监督合力。

（熊英）

【巡视整改和成果运用】2022年，拱北海关贯彻落实党中央关于加强巡视整改和成果运用的意见，巩固整改成效，推动一体化整改。汇总通报巡视整改工作进展和成效5次。贯彻落实巡视巡察上下联动精神，把巡视发现问题和整改情况作为巡察监督重点，依托巡察对7个被巡察部门牵头负责的46项巡视整改事项开展"接力式"监督。开展中央巡视整改落实情况自查评估和海关总署党委巡视整改集中清查，中央巡视对照整改72项措施、海关总署党委巡视整改60项措施均按进度完成并常态化持续推进。汇总梳理关区围绕巡视整改制修订的150项制度机制，开展关区干部群众对巡视整改工作满意度测评，满意度99.03%。开展巡视发现共性问题自查自改，制定整改措施和预防举措98项。拱北海关巡视整改经验交流材料获广东分署采用。

（熊英）

【巡察全覆盖】2022年，拱北

▲2022年4月7日，拱北海关召开2022年拱北海关党委第一轮巡察工作暨巡察干部培训动员部署会　　　　　　　　（张建林　摄）

海关坚守政治巡察定位，聚焦"一把手"和领导班子开展政治巡察。结合"学查改"专项工作和政治机关专项教育活动，梳理制定3个不同层级巡察监督清单3套、文件索引800份，结合关区实际围绕"十四五"规划实施、常态化疫情防控、落实总体国家安全观等14项党中央重大决策部署和20项海关总署党委工作要求的贯彻落实情况开展巡察监督。组建2个巡察组，对包含党委工作部门在内的7个职能部门开展政治机关建设专项巡察，开展个别谈话105人次、调阅资料3500余份、实地走访19次，发现问题83个。党的十九大以来，10轮次对关区37个单位部门开展巡察，发现并推动解决问题747个，截至2022年5月，完成"5年巡察全覆盖"目标任务。总结党的十九大以来巡察工作经验，提炼规律性认识，获海关总署采用巡察工作经验信息2篇。

（熊英）

▲2022年5月25日，拱北海关召开党委第一巡察组巡察反馈会

（张建林　摄）

【巡察整改】2022年，拱北海关强化巡察整改和成果运用，坚持以巡促改、以巡促建、以巡促治。固化巡察整改检查评估机制，审定整改情况报告17篇，审核整改措施602项。成立巡察整改检查评估小组，实地检查评估2021年第二轮和2022年巡察的17个单位部门的巡察整改成效，开展个别谈话13人次，走访各单位部门整改办、责任科室和业务现场实地了解情况64次，向被巡察单位部门党员群众发放内部测评问卷425份，提出意见建议65条，领导小组审定巡察整改情况2次。清查党的十九大以来关区开展的45个巡察项目的整改情况，分类审核37个被巡察党组织上报的巡察整改集中清查报告和12个党委派驻纪检组上报的专责监督情况报告，"一对一"提出深化整改意见建议93条。开展巡视巡察发现共性问题自查自改，分类汇总分析党的十九大以来关区巡察发现的747个问题，通报共性问题、典型问题31项。拱北海关巡察整改和成果运用经验信息2篇获海关总署巡视办采用刊发。

（熊英）

【强化监督贯通融合】2022年，拱北海关健全完善党统一领导、全面覆盖、权威高效的监督体系，强化各监督贯通融合。建立"三察联动"工作机制，党委巡察、纪检监察、督察审计联动配合，明确3种联合监督模式，共享9类监督资料，形成监督协同体系。深化巡察机构与人事、政工部门的协作配合机制。压实巡察整改责任,分解巡察整改工作任务、明确责任部门,制定细化措施43条,形成巡察整改监督合力。

(熊英)

纪检监察

【概况】2022年，拱北海关坚持以习近平新时代中国特色社会主义思想为指导，坚决贯彻自我革命战略部署和全面从严治党战略方针，推动政治监督具体化、精准化、常态化，做深做细日常监督；抓住"关键少数"，增强对"一把手"和领导班子监督实效，统筹开展落实全面从严治党主体责任清单情况和关区运用监督执纪"第一种形态"谈话提醒情况专项监督；保持惩治腐败高压态势，精准运用"四种形态"，依规依纪依法执纪审查，深化"组地关"（即驻署纪检监察组、地方纪委监委、直属海关单位纪检机构）联合办案机制，巩固打私反腐"一案双查"，扎实做好以案促改试点工作；紧盯关键节点纠治"四风"，坚持党性党风党纪一起抓，探索数据赋能，开发"智慧纪检"系统；坚持打铁必须自身硬，开展关区纪检监察干部纪律作风整顿活动；抓实"海关重点项目和财物管理以权谋私"专项整治，开展"清源·补网"专项行动。年内开展专项监督6项，通报问题风险39项，给予党政纪处分12人，运用"四种形态"处理66人次。

（许磊）

【监督检查】2022年，拱北海关围绕"国之大者"开展政治监督。围绕习近平总书记重要指示批示精神和党中央重大决策部署的贯彻落实，持续推进政治监督具体化、精准化、常态化。因时因势调整监督重点，制发工作提示单28期。围绕海关办公场所和生活区疫情防控、关区防疫物资管理、高风险岗位人员封闭管理、涉案财物仓库管理巡察审计发现问题整改、外贸保稳提质措施情况、关区落实全面从严治党主体责任清单情况开展专项监督6项，通报问题风险39项，转化关领导批示要求，跟进整改重点16项，制发纪律检查建议书2份。筑牢中央八项规定精神堤坝，紧盯元旦、春节、五一、端午、中秋、国庆等重要时间节点，组织各级纪检机构对全关重点场所和关键部位开展监督检查435次，督促提醒454次，对各级"一把手"和重点岗位人员提醒谈话470人次。强化对"一把手"和领导班子监督，重点监督统筹口岸疫情防控和促进外贸稳增长、支持和服务横琴粤澳深度合作区建设、用好管好大桥、优化口岸营商环境和打击治理珠澳"水客"走私、粤港澳海上跨境走私等工作。组织开展"一把手"和领导班子专项监督，党委纪检组组长开展廉政工作谈话2批次，面对面听取各单位部门全面从严治党汇报28人次。统筹开展党委班子成员履职尽责和廉洁自律情况分析、关区落实全面从严治党主体责任清单情况专项监督和关区运用监督执纪"第一种形态"谈话提醒情况专项监督，推动12个隶属海关党委班子成员对照梳理落实，及时发现提醒苗头性、倾向性问题，进一步落实落细"四责协同"机制。

（吴梦楠）

【审查审理】2022年，拱北海关立案4宗，给予党政纪处分12人，贯通运用"四种形态"处理66人次。通报近年查办典型案例13宗，开展"纪法送教下基层、进机关"活动18期和"身边事、警示谈"宣讲活动12次。回访教育受党纪处分党员7人次，促进干部从"有错"向"有为"转变。

（郑妍婷）

【问责调查】2022年，拱北海关坚持有责必问、问责必严，围绕落实全面从严治党主体责任不到位以及严重违纪违法案件强化问责，倒逼各级党组织和党员领导干部管党治党政治责任落实。坚持惩前毖后、治病救人原则，把思想政治工作贯穿问责工作全程。加大对问责执行情况的督促检查力度，拧紧明责、履责、考责、问责的责任链，做到严肃问责、规范问责、精准问责、慎重问责，真正起到问责一个、警醒一片的作用。年内依规依纪依法对10个党组织、15名党员领导干部进行问责，实现政治效果、纪法效果、社会效果有机统一。

（王博）

【党委派驻监督】2022年，拱北海关党委的12个派驻纪检组，对18个隶属海关、事业单位、内设机构实行派驻监督。党委派驻纪检组通过用好接触一线、面对基层的特殊优势，及时了解掌握驻在单位运作的真实情况和政治生态状况，围绕严明政治纪律和政治规矩、严肃党内政治生活等方面持续加强监督。聚焦"三重一大"事项集体决策、民主集中制等落实情况，与驻在单位召开专题会议共同研究全面从严治党工作，对驻在单位领导班子成员进行政治生态"画像"，排查党风廉政风险情况12批次234项具体问题，进一步压实各级"一把手"和领导班子成员管党治党政治责任。年内，出（列）席各类会议1134次，开展督促提醒1899次，赴一线监督检查1142次，开展视频监督1109次，调阅相关资料3233份，开展个别谈话1708人次，开展数据监督295次，发现并推动问题整改405个，制发监督建议书42份，提出意见建议532条。

（吴梦楠）

【"海关重点项目和财物管理以权谋私"专项整治】2022年，拱北海关推动全面从严治党向纵深发展，聚焦有效治理关区非执法领域廉政隐患，开展"海关重点项目和财物管理以权谋私"专项整治，组织全关842名工作人员参与，分析排查项目1019个，排查资金管理、国有资产管理、经营活动管理、涉案财物管理方面项目850个，研判确定风险问题43个、高风险项目7个、重点关注人员12名，防范和化解非执法领域风险。处置相关问题线索11条，建立规章制度17个，修订规章制度29个，制定操作指引12个，推进建章立制、长效治理、源头治理。

（吴梦楠）

队伍管理

【概况】2022年，拱北海关深入践行新时代党的组织路线，认真贯彻习近平总书记对干部人事工作和人才工作的重要指示批示精神，扎实推进"建设堪当民族复兴重任的高素质干部队伍海关必力推""青年工作海关必远谋"等重点任务，坚持正确选人用人导向，持续加强领导班子建设，健全优秀年轻干部选育管用常态化工作机制，加强关区人才队伍建设，优化机构编制设置，强化疫情防控人力保障，深化公务员队伍管理，规范事业单位人事管理，从严从实抓好干部管理监督，关心关爱员工，为推动关区事业发展提供坚强组织保障，拱北海关党委2022年度选人用人工作总体评价好评率100%。

（徐海强）

【领导班子建设】2022年，拱北海关落实新时代好干部标准，坚持"一把尺、一张单、一盘棋"，选拔忠诚干净担当的海关干部。将政治标准放在首位，落实关区领导干部选拔任用政治表现评价规范。完善领导班子和领导干部常态化分析研判机制，连续4年开展领导班子调查研究和领导干部综合分析。牢固树立"重政治、重品行、重基层、重担当、重实绩"的正确用人导向，选优配强领导班子成员。发挥考核指挥棒作用，不断完善"三位一体"干部考核体系，注重优化领导班子年度考核客观指标体系，推动考核任务落实落细。

（宋杰青）

【优秀年轻干部培养选拔】2022年，拱北海关承办首次以年轻干部培养使用为主题的华南片区直属海关单位政治部主任座谈会。出台加强优秀年轻干部培养措施12条，获海关总署人事教育司转发海关系统参阅。实施百名年轻干部政治能力提升、专业素养涵育、岗位实践锻炼"三百工程"，健全重点工作识别机制，分级分类建立优秀年轻干部储备库。加大年轻干部选任力度，配有年轻干部的处、科级班子占比均达到一定比例。严格落实海关总署党委关于进一步加强执法一线科长队伍建设22条措施，持续加强关区执法一线科长队伍建设。

（宋杰青）

【人力资源配置】2022年，拱北海关持续强化疫情防控人力梯次储备，合理测算保障业务运行必要人力配置，优化专业人力统筹调配，不断完善"一线、应急、预备"三个梯队建设。科学统筹一线人力配置，聚焦横琴粤澳深度合作区建设，加快推进相关机构编制和人力配置事项研究，形成专题研究成果2份。加强一线人力保障，2022年新招录公务员全部安排在基层一线工作。结合疫情防控和打击"水客"走私任务形势变化，密切跟进粤澳口岸"分流限次"等通关政策调整，依托健康排查动态掌握隶属海关人力空缺，妥善应对关区本土突发疫情风险。持续完善人力保障方案预案，制定机关轮班工作机制和口岸疫情防控人力资源保障应急工作预案，通过优化作业安排、人员轮班轮岗、抽调应急保障等方式，集约优势人力保障口岸业务运行和封闭管理工作需要。

(李康怡)

【公务员队伍管理】2022年，拱北海关持续推进海关专业技术类公务员改革实施，组织专业技术类公务员初级、中级任职资格考核，向海关总署申报评定高级任职资格。完成611名公务员关衔调整。统筹开展疫情防控及时奖励、专项奖励、综合奖励和年度考核奖励，重点向基层一线特别是疫情防控一线员工倾斜，奖励表扬集体89个、个人1292名，其中在封闭管理工作中表现突出的1个集体、4名个人获海关总署通报表扬。

(吴宇)

【事业单位人事管理】2022年，拱北海关制订事业单位技术机构优化调整方案，加强属地化管理，提高实验室技术保障能力。贯彻《事业单位领导人员管理规定》，开展领导班子建设配备情况分析，规范做好领导职数管理，创新实施领导班子客观指标量化考核。健全管理机制，指导建立事业单位章程；建立事业单位年度法人报告审核机制，指导完成2021年度法人报告工作。加强社团兼职管理，完成社团兼职年度报告审核19人和社团兼职审批3人。

(罗河斌)

【干部监督管理】2022年，拱北海关加强选人用人监督，迎接海关总署人事教育司开展的选人用人离任检查，制定整改措施并抓好落实。加强关区选人用人检查，实现对隶属海关、事业单位选人用人专项检查"全覆盖"。定期组织各单位开展自查，通报检查情况督促整改落实。细化完善坚决防范和纠正干部选拔任用工作中说情打招呼问题的记录报告机制。加

▲2022年5月27日，拱北海关设立分会场参加海关总署授予三级关务监督关衔仪式

(徐海强 摄)

强对干部的全方位管理和经常性监督，加强对"一把手"和领导班子的监督，严格执行个人有关事项报告制度，完善"凡填四必"（即报告个人有关事项时，凡填报必学、必核、必训、必查）工作机制，严格开展随机抽查和重点查核，年内查核结果均为如实报告。开展违规投资企业及在企业兼（任）职问题自查，推动落实整改。加强干部人事档案日常管理，开展档案专项审核及自查工作。

（许建君）

【激励关爱队伍】2022年，拱北海关结合疫情形势更新完善50项激励关爱疫情防控一线员工具体措施，制定46个评估项目，开展隶属海关关心关爱疫情防控一线人员落实情况自查和专项检查。强化职级晋升正向激励作用，树牢择优晋级政策导向，研究优化梯次晋级条件，用足用好职级职数资源，分类做好政策宣讲，引导干部树立合理稳定职业预期。年度考核向参加疫情防控一线实施封闭管理的公务员、执法一线科长倾斜。为驻守桂山岛工作累计时间满20年的1人颁发银质荣誉章。落实广东省育儿假、独生子女护理假政策，开展困难伤病员工慰问267人次。

（池奕霖　刘苾）

【人才队伍建设】2022年，拱北海关学习习近平总书记关于新时代人才工作的重要论述和中央人才工作会议精神，贯彻海关总署党委关于加强海关人才队伍建设的意见，成立拱北海关党委人才工作领导小组，研究制定进一步加强关区人才队伍建设15条具体举措，构建党委统一领导，人事部门牵头抓总，职能部门各司其职、密切配合的关区人才工作格局。科学制订公务员考录计划，首次实地前往中山大学、北京师范大学等大学校区开展线下宣讲，加大智能审图、大数据分析、人工智能、跨境电商、植物检疫、食品安全、小语种等急需紧缺专业招录力度。争取地方政策支持，将本关纳入"珠海英才计划"（即2018年珠海市出台的《关于实施"珠海英才计划"加快集聚新时代创新创业人才的若干措施》）实施范围，为全日制博士研究生争取生活补贴。分级分类建设15个业务条线人才库累计700余人，加强入库人员专业训练和岗位锻炼，推荐安排参与重大项目推进、重点课题研究。开展2021年度职称评审工作，推荐9人参加海关总署高级职称评审，5人获通过，评定、备案中级职称8

▲2022年8月18日，拱北海关组织召开2021年度职称评审工作会议

（徐海强　摄）

人。推荐1人参加国家留学基金管理委员会公派留学项目、1人参加中共中央组织部博士服务团服务锻炼。推动与地方政府、高等院校开展人才交流合作,鼓励科研技术创新。

(罗河斌 吴宇)

教育培训

【概况】2022年，拱北海关教育培训坚持以习近平新时代中国特色社会主义思想为指导，深入学习宣传贯彻党的二十大精神，紧密围绕海关总署党委"铸忠诚、担使命、守国门、促发展、齐奋斗"工作要求，突出党的理论教育和党性教育主课地位和课程比重，分层级组织全关3167人完成学习贯彻党的十九届六中全会精神网上专题班，204名处级领导完成集中轮训，参训率、通过率均为100%；组织2815名党员开展专项教育知识竞赛，创新开展"双随机"述学、"红黑案例"撰写、互动式开放式研讨，2部政治与业务双融双促专题课程入选海关总署课程库，逾10.25万人次选学。围绕服务横琴粤澳深度合作区建设、打击治理"水客"走私等党中央重大决策部署，组织培训89项，学时学分完成率100%；分级分类开展多轮次防控政策及专业技能实战实训1203期、参训12493人次；统筹开展各类专业资质考试，207人通过海关执法资格考试及企业稽查执法岗前考试，430人次取得专业岗位资质，16人获稽查岗位练兵技能比武全国百强。优化教育培训保障体系，持续推动领导干部、先进模范、专家骨干上讲台；以旅检业务全流程实训体系辐射带动国门生物安全、关税业务、机检审像等实训点建设，上线、更新实操微课程71部；完善需求调研、计划制订、组织实施、教学管理、质量评估全链条管理，年内专题调研6次、覆盖1700余人，需求导向设计重点工作、重点人群、全员覆盖3类培训项目，形成的理论文章3篇、课题报告1篇，政研文章1篇、政工简报1篇、信息快报多篇获海关总署采用，2篇理论文章获关区征文一等奖。

(杨婧如)

【党的理论教育和党性教育】2022年，拱北海关坚持把学习贯彻习近平新时代中国特色社会主义思想作为干部教育培训的"第一课程"，围绕学习宣传贯彻党的十九届六中全会精神、党的二十大精神开展党的理论教育和党性教育。分3批组织全关204名处级领导干部开展学习贯彻党的十九届六中全会精神集中培训，联合中山大学首次在线举办专题班，创新开展"课前回顾、课后点评"双随机模式述学、政治与业务"红黑"案例撰写等教学形式。首次组织新录用公务员82人参加中央组织部全国新录用公务员初任培训班，以

▲2022年5月11日，拱北海关举办2022年处级领导干部学习贯彻党的十九届六中全会精神专题培训开班式

（徐雪楷 摄）

"小组领学+分岗位研讨""视频领学+分思路研讨""案例分析+开放式研讨""榜样示范+无领导发言"4种形式交流研讨。组织全关干部参加海关总署"学习贯彻党的十九届六中全会精神网上专题班"、学习贯彻习近平新时代中国特色社会主义思想、习近平总书记重要讲话精神、党史学习教育等"海关e课堂"6期，组织开展"坚决捍卫'两个确立'、做到'两个维护'、强化政治机关建设专项教育活动"知识竞赛，250个党支部、2815名党员参赛。

（黄靖）

【分级分类培训】2022年，拱北海关对照"十四五"海关干部教育培训规划要求，准确把握不同层级、不同领域、不同岗位干部培训需求精准实施培训。举办处、科两级领导干部任职培训2期，组织关衔晋升培训4期。组织82名新录用公务员参加海关系统初任培训，3人获评"优秀学员干部"，16人获评"优秀学员"。组织风险防控、综合业务、动植物检疫、稽查、统计5个领域98人参加海关总署海关执法一线科长（基层党支部书记）网上专题班。举办纪检监察业务能力提升班和基层党组织纪检委员能力提升班，400余人参训。举办企业稽核查线条法治研修班和保税线条业务政策及执法能力培训班，80人参训。围绕服务横琴粤澳深度合作区建设、打击治理"水客"走私等党中央重大决策部署，组织培训89项，1.42万人次参训。培育关区专业资质人才队伍，开展各类岗位资格资质考试，24人通过企业稽查执法岗前考试、182人通过海关行政执法资格考试，346人通过动植物检疫岗位资质考试，31人通过进出口危险货物及其包装检验岗位资质考试，新增加工食品签证官50人、国境口岸卫生监督员35人。组织参加稽查岗位练兵技能比武，设立"掌上练习"题库8个，推送模拟考、阶段考、分批考等在线考试43轮、覆盖2650人次，取得个人技能比武单人全国海关第一名、16人进入全国海关"百强"、团体决赛一等奖。就疫情防控政策宣传、重点岗位业务实操等内容举办拱北海关"e课堂"2期。创新开展"一起来纠错"云课堂，通过实景模拟、实操演示在线培训个人防护技能。对2支疫情防控梯队273名人员开展强化实训，组织17名医学专业新录用公务员进行专业技能培训，开展高风险岗位工作人员封闭培训，常态化开展疫情防控重点岗位岗前培训及业务实训1509期，梳理更新新冠疫情防控课程课件34个。

（黄靖）

【教培资源建设】2022年，拱北海关持续教育培训工作者队伍管理与建设，有计划、多渠道加强师资队伍培养和锻炼，创办"师资队伍能力提升训练营"，聚焦课堂呈现技巧、教容教态等短板对症下药，组织关区48名兼职教师、实训教员参加集中培训，以"匠心荐读""名师沙龙"促各线条强素质拓视野，3人入选海关总署师资库。组织关区教育培训联络员参加海关总署"2022年教育培训基层联络员网上脱产培训班"直播课程学习，开展"一对一"上门送教12场，进一步畅顺教育培训联络机制。制发拱北海关实训教学点管理办法，以"四库一指引"（课程教材库、案例素材和专项习题库、政策法规库、教具库、岗位操作指引）为抓手推进国门生物安全、关税业务、机检审像3个实训点建设，编制进阶式课程164部、操作指引86项、经典案例172个，形成党建+业务"1+8"的实训格局。

（杨婧如）

【特色课程建设】2022年，拱北海关根据海关特色课程建设的要求，对照"没有离开政治的业务，也没有离开业务的政治"，以拱北口岸旅检现场岗位为切入点，自主拍摄特色课程"胸怀大局　踔厉奋发　在为国把关中践行政治担当"，全面梳理旅检岗位政治要求，分享闸口海关落实习近平总书记关于打击治理"水客"走私的重要批示精神，切实加强口岸监管、保持打击走私高压态势的经验做法与成效，该课程获海关总署首批选用，逾4.52万人次选学。根据海关总署开展学习贯彻习近平新时代中国特色社会主义思想海关特色课程征集工作的要求，立足中山港海关打造"青篱"国门生物安全业务实训暨科普基地的实际，自主拍摄特色课程"坚持政治统领　强化履职尽责　共筑'青篱'守护国门生物安全"，从坚持政治统领、守土尽责、协同共治3方面介绍加强国门生物安全建设相关工作情况。该课程获海关总署首批选用并面向全国海关教培线条介绍经验，逾5.73万人次选学。

（杨婧如）

【"教学练战"一体化实训体系优化完善】2022年，拱北海关持续推进行政执法类公务员岗位实训体系建设。围绕维护国门生物安全、助力高水平对外开放，聚焦动植物检疫、货运监管、关税征

▲2022年5月9日，拱北海关制作的《胸怀大局　踔厉奋发　在为国把关中践行政治担当》专项教育活动专题特色课程在"钉钉"平台上线

（拱北海关教育处　供图）

管3个业务领域,在中山港海关建设"青篱"国门生物安全业务实训暨科普基地,在九洲海关建设机检审像业务实训教学点,在关税处和香洲海关建设关税业务实训教学点。立足现有岗位设置和业务开展情况,以"六个一"要素(聚焦一个业务领域、打造一组实训教学场所、编写一系列教材课程、培养一支师资队伍、设计一套实训机制、设置一套考核标准)实施建设,全程覆盖相关作业流程、全景还原现场作业场所,为实务讲解、案例剖析、装备实操、现场演练、跟班作业等提供教学阵地。制发拱北海关实训教学点管理办法,规范运行机制,逐步形成"基层点单、职能派单、实训点接单"的成熟运营模式。编撰岗位操作指引、典型案例库、政策法规库、习题库等12部,上线、更新实操微课程71部,不断优化培训资源供给。

(黄靖)

第五篇

业务建设

法治建设

【概况】2022年,拱北海关深入学习宣传贯彻习近平法治思想,落实服务粤港澳大湾区建设、用好管好港珠澳大桥等重大政治任务,开展横琴粤澳深度合作区立法研究,围绕"水客"走私冻品处置等提出法律意见38条。参与海关法律、法规、规章研究修订,规范关区规范性文件与业务制度文件管理。开展强化关区制度建设专项工作,围绕关区制度建设管理中的薄弱环节开展内外部调研,梳理评估和清理执法类、内部事务类(含财务、人事)、党建类制度文件668份。更新调整行政执法"三项制度"5张清单,完善直属、隶属两级海关案件审理委员会工作制度,解决基层海关执法疑难问题15个,启动关区行政权力对应各层次执法依据体系建立工作,规范统一执法。开展"规范执法行为强化权力运行法治监督"专项治理,围绕10个重点全面查摆、抓好整改。丰富和发展新时代"枫桥经验",完善关区执法矛盾纠纷多元预防调处化解机制,设立的2间"枫桥经验"实体工作室,年内调处执法纠纷190余宗。办理行政复议案件16宗、行政诉讼案件7宗,办理的海关系统首宗海关总署督办行政诉讼案件取得终审胜诉。落实"谁执法谁普法"普法责任制,围绕推动文明理性执法和促进外贸保稳提质,开展专题普法活动612次,提供普法服务3100余次,"普法责任清单'三化'管理"获评为广东省"谁执法谁普法"创新创先优秀普法项目、全国法治宣传教育典型案例。服务促进外贸保稳提质工作,落实第十次全国深化"放管服"改革电视电话会议精神,细化措施31项。推进行政许可规范化、标准化建设,动态调整行政许可事项清单2次。定向调研企业7家,完善"证照分离"改革推进思路。联合地方司法部门开展"法治体检"系列活动,帮助56家企业梳理法律风险点76个,提出应对措施84条。

(谢俏霞)

【法规管理】2022年,拱北海关参与《中华人民共和国海关法》修订,研究提出立法建议40条。参与海关总署《中华人民共和国海关法》修订专题研究,形成专题研究报告1份。落实海关总署规章制修订征求意见工作,报送立法建议41条。配合海关总署2022年度海关立法后评估,评估规章43部,反馈评估意见60条,完成评估报告7篇。

组织开展横琴粤澳深度

合作区立法研究工作，配合地方制定《横琴粤澳深度合作区发展促进条例》，提出立法建议14条，书面报请海关总署关注海关在横琴粤澳合作区的执法依据，特别是在"二线"的监管区域和对象等问题，争取海关总署支持指导。参与《中华人民共和国海关对横琴粤澳深度合作区监管办法》起草，研提法律意见建议13条。完成"检验检疫后移至'二线'""动植物检疫法律问题"专题研究，形成横琴粤澳合作区建设"法治及制度对接"专题调研报告。开展《横琴粤澳深度合作区反走私综合治理条例（草案）》论证分析，向地方政府反馈立法建议22条。

做好规范性文件"立改废"，完成规范性文件合法性审查2份，废止4份，通过海关总署备案审查。对13份业务制度文件提出合法性审查意见63条。审核"三重一大"事项、事业单位监委会事项27个，研提法律意见45条。审核人大代表建议及政协委员提案答复意见30份，研提法律意见建议8条。为自由贸易试验区创新举措提供法律审查意见13条，针对"澳车北上""港车北上"等提供法律意见8条。

（毛雁莹）

【复议应诉】2022年，拱北海关审理行政复议案件15宗，同比下降17%，其中复议维持10宗，撤销1宗，当事人自愿撤回复议申请4宗；拱北海关作为被申请人答复复议案件1宗，海关总署复议维持（详见表5-1）。办理行政诉讼案件7宗，4宗为新增一审案件，3宗为上年度结转二审案件，已办结案件海关均终审胜诉（详见表5-2）。

表5-1　2022年拱北海关行政复议案件办理情况

	作为复议机关			作为被申请人
数量	审结15宗			1宗
审理情况	维持	自愿撤回	撤销	维持
	10宗	4宗	1宗	

表5-2　2022年拱北海关行政诉讼案件办理情况

	一审案件			二审案件
数量	新增4宗			转结3宗
审理情况	胜诉	撤诉	在审	胜诉
	2宗	0	2宗	

年内，拱北海关复议诉讼案件呈现涉案海关分布更广和涉案业务领域更多的新变化。相较往年案件集中于拱北口岸的情况，2022年复议诉讼案件涉及7个隶属海关，闸口海关新增复议诉讼案件数量占比降至30%。复议诉讼案件仍集中于行政处罚领域，占比63%，新增业务领域案件包括政府信息公开、行政检查、税收征管、

▲2022年5月31日，拱北海关组织开展"实战模拟法庭" （彭琨惠 摄）

行政扣留。

拱北海关坚持复议全程释法，经复议机构工作人员释法明理，14名案件当事人主动放弃复议申请，4名案件当事人在复议审理过程中自愿撤回复议申请。引入业务条线15名公职律师参与复议审理，对2宗案件开展线上听证，召开复议协调会6次。强化复议决定书论证说理，年内审结的复议案件，当事人经复议后均未提起诉讼。提升应诉能力，组织"庭前实战模拟法庭"5次，组织现场旁听庭审3次，覆盖全关各单位部门50余人次。制发行政执法指导性案例2期。畅通执法疑难问题收集反映渠道，研究解决基层海关执法疑难问题15个。与珠海市中级人民法院建立行政争议联动化解机制，确立强化立案庭诉前联调、坚持诉讼中全程调解等14项措施。

（王子韵）

【法制协调与法治宣传】2022年，拱北海关将习近平法治思想纳入各级党委理论学习中心组学习计划，组织专题学习20余次，举办"法治大讲堂"解读《习近平法治思想学习纲要》，220余人次参与。举办专题普法新媒体作品创作比赛。完善"谁执法谁普法"落实机制，制定直属、隶属海关两级普法责任清单。深化法治文化建设，培育"'枫桥经验'在拱关"特色普法品牌，设计发布原创普法IP形象——"蒲普"，打造法治"微角落"建设示范点，开展普法创先创新案例及创新创先项目编制工作。服务口岸疫情防控和打击治理"水客"走私工作，联合珠海市检察院制作"带货带出'祸'"系列作品，向在澳门劳务人员开展普法宣传逾1.3万人次。推广"嵌入式"普法宣传，编制旅检渠

▲2022年5月17日，青茂海关关员对跨境学童开展普法宣传 （刘莹 摄）

道典型案例10个，针对16个普法场景建立旅检渠道普法语言库。联合地方商务部门开展重点政策法规解读活动10余场次。开展"海关最新立法成果"普法讲师团系列巡讲活动5次，为320余家企业精准释法。组织做好重要时间节点海关系列普法宣传活动，开展"3·15"国际消费者权益保护日法治宣传活动。组织"4·15"全民国家安全教育日法治宣传活动，举办主题图片展及有奖竞答，参与专题培训900余人次。开展民法典特色宣传活动，面向30余家企业、跨境学童及其家长普法。开展"12·4"国家宪法日和宪法宣传周活动，对内开展《中华人民共和国宪法》等法律法规学习宣传及互动问答，对外联合珠海市司法部门举办"服务港澳普法行"宪法宣传周专场活动。

（孙紫薇）

【公职律师管理】2022年，拱北海关通过"培训上岗、统筹用岗、考核到岗"等方式，加强公职律师队伍建设。截至年底，有公职律师70人，当选广东省律师协会专业委员会委员2人，获评全国海关优秀公职律师2人。优化公职律师任务分配机制，依托信息化平台，下发公职律师任务单72份，发挥公职律师在海关立法、执法、普法工作中的专业作用。强化公职律师使用管理，结合公职律师岗位业务特点和法律专长领域，统筹安排公职律师参与《中华人民共和国海关法》修订立法研究、海关规章立法后评估、制度文件集中清理、执法疑难问题研究、复议诉讼案件办理等重点工作，为关区制度建设、改革措施落地等工作提供法治支撑。结合推进落实行政执法"三项制度"，实现公职律师隶属海关基本全覆盖，优先安排公职律师至法制审核岗位。加强公职律师队伍人才培养，通过旁听庭审、参与"庭前实战模拟法庭"、落实轮训制度、组织跟班学习等方式，为公职律师创造锻炼机会。开展公职律师入驻"枫桥经验"工作室调处业务培训，组织34名公职律师参与拱北口岸"枫桥经验"实体工作室轮岗，化解旅检渠道矛盾纠纷190余宗。选派3名公职律师赴珠海市中级人民法院跟班作业，提升公职律师应诉能力水平。

（王子韵）

【执法依据体系建立】2022年，拱北海关结合权责清单编制，开展执法依据梳理及体系建立工作。梳理执法类制度文件，广泛征求执法类制度文件制定、管理、运行方面存在问题和建议，研究制定9大类25项评估清理标准化作业表单，以"自我评估+审核小组集中验核"方式逐一评估清理执法类制度文件272份，理清关区制度底数；确认涉及拱北海关行政权力事项，明确权力归属部门，延伸梳理上位执法依据，初步建立拱北海关行政权力对应5个层次、7个类别的执法依据体系，服务保障基层依法履职。

（孙紫薇）

【普法案例获评全国法治宣传教育典型案例】2022年9月，"拱北海关实施普法责任清单'三化'管理"获评司法部全国法治宣传教育典型案例，被收录至司法行政（法律服务）案例库，为海关系统首个入选"法治创建案例"库的案例。近年来，拱北海关率先研究制定直属海关和所属12个隶属海关两级普法责任清单，创新运用普法责任清单"项目化""信息化""指标化"管理。事前畅通基层一线和社会公众普法需求反馈渠道，法制部门和业务部门针对性会商制定普法项目；事中依托信息化手段对普法项目推进进度和完成情况实施全过程监控；事后制定指标科学评估普法项目实施效果，实现普法需求"反馈、收集、识别、处理"闭环管理，显著提升普法工作质效。

（孙紫薇）

【新时代"枫桥经验"丰富和发展】2022年，拱北海关立足关区业务特点，区分不同业务领域，选择重点海关先行试点，以点带面、统筹推进，推广运用"四多"（多措施运用、多环节调处、多维度发力、多主体共建）工作机制，构建关区行政争议多元化解机制。拱北口岸"枫桥经验"实体工作室建立调处工作制度和流程，统筹安排34名公职律师及14名兼职调解员入驻实体工作室，应用"一看二听三问四讲"（一看，即针对超量携带及携带禁限物、货币等具体纠纷事由，先让旅客观看相应的微动漫视频宣传片，初步了解法律规定要求；二听，即听明白事情经过、听清楚旅客诉求；三问，即问清楚旅客疑惑所在；四讲，即讲明海关执法行为的合法性依据、正当性理由）工作法，成功调处矛盾纠纷190余宗。在属地业务领域，香洲海关将践行新时代"枫桥经验"与促进外贸保稳提质工作紧密结合，应用"三早"（矛盾早预防、困难早解决、风险早化解）工作法，通过"送法上

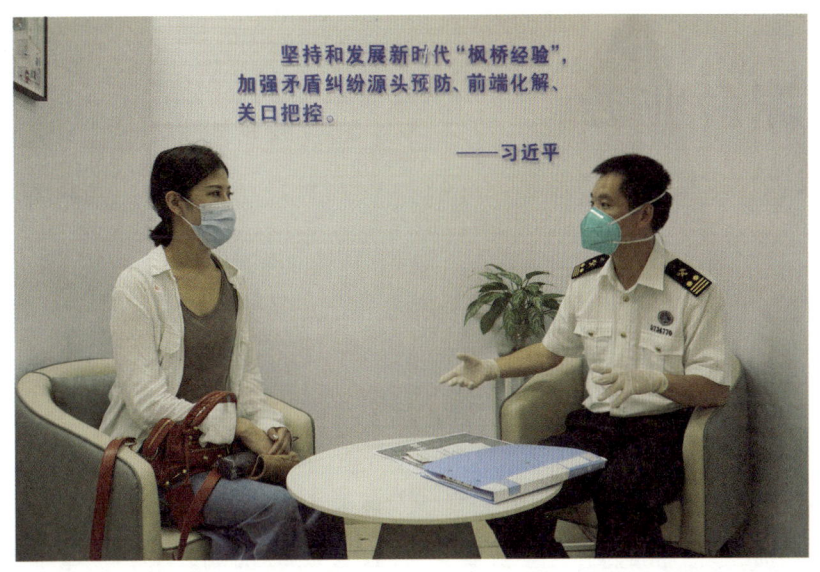

▲2022年5月7日，拱北海关公职律师在拱北口岸"枫桥经验"工作室为旅客解答问题
（刘文　摄）

门""合规指导""问题清零台账"等方式，预防企业因困难累积而引发的矛盾纠纷。强化多元共建，与珠海市中级人民法院建立行政争议联动化解机制，联合珠海市人民检察院制作、发布打击治理"水客"走私系列宣传作品，共同推动行政争议化解。相关工作经验获《羊城晚报》、《中国国门时报》、《广州日报》、"学习强国"App、"金钥匙杂志"微信公众号等媒体和平台报道，并被海关总署采用。

（王子韵）

综合业务

【概况】2022年,拱北海关紧扣海关总署党委"铸忠诚、担使命、守国门、促发展、齐奋斗"总体要求和"12个必"重点工作,服务区域协调发展,推动落实服务粤港澳大湾区建设具体任务46项。开展内地澳门禁限管制制度差异对比研究,提出横琴粤澳深度合作区禁止、限制进出口货物管理意见建议。保障援港抗疫物资和供澳门生活物资高效安全畅顺通关。持续开展促进外贸稳增长工作,落实海关总署促进外贸保稳提质10条、帮扶中小企业纾困解难6条以及进一步助企纾困降成本7条工作措施,制定关区促进外贸保稳提质16条以及进一步促进外贸保稳提质31条举措。推进改革融合,分步推广应用检查异常处置功能模块,细化关区"双随机、一公开"管理要求,优化业务改革问题收集反馈机制。关区进、出口"提前申报"应用率分别稳定在70%、80%以上,"两步申报"应用率稳定在42%以上,均处于较高水平。推动中山港药品进口口岸投入运作。推进关区技术性贸易措施研究评议基地规范化建设,制冷设备评议基地协议在第五届国际进口博览会"非关税贸易措施高质量发展论坛"上现场签约。开展"龙腾行动2022"等知识产权保护专项行动6次,查扣侵权嫌疑商品3840批次、100.68万件,同比分别增长2.49倍、2.67倍。

(张扬)

【政策研究】2022年,拱北海关结合关区实际深入调研,围绕关区外贸形势、进一步用好管好港珠澳大桥、推进"智慧商检"建设、进一步深

▲2022年11月16日,拱北海关召开"进一步深化改革融合"课题研讨会

(张建林 摄)

化改革融合，组织向海关总署报送调研报告4篇，获署领导批示6次。组织参与3项署级课题研究，推进8个重点课题、32项关级政研课题研究。完成海关总署统计分析司宏观经济研究任务，报送"澳门地区宏观经济形势分析及政策分析报告"12篇。促进政研成果转化，获海关总署政研刊物采用12篇，署领导批示9次；获广东海关相关刊物采用5篇。编发政研刊物24期。

（黎典）

【业务改革发展】2022年，拱北海关推进海关全业务领域一体化改革，围绕检查异常处置信息化应用，先后在斗门海关、湾仔海关、横琴海关、万山海关4个隶属海关分批次开展试点，应用海关总署新增功能模块办理检查异常事件108票。统筹推进行政执法检查事项"双随机、一公开"监管，细化关区执行管理制度，建立落实情况通报机制，通过自主开发的辅助应用程序实施随机10443次，在门户网站公开检查结果420轮次，行政执法检查事项"双随机、一公开"实现全覆盖。参与海关总署"两段准入"改革专项工作，配合修订陆运监管信息化系统开发任务书，关区进口货物"两段准入"信息化监管持续推进，涉及报关单4672票，同比增长20.9%，惠及企业391家。强化关区业务改革问题收集与解决反馈，组织14名业务骨干参与海关总署专家组研判，同步建立基层上报"问题单"跨部门会审机制，审核上报"问题单"11份，"两步申报""两段准入"等7个问题被海关总署综合业务司采编为典型案例。

（丰鹏）

【业务运行管理】2022年，拱北海关持续强化业务运行管控工作。梳理形成关区报关单修改和撤销、滞报金、特殊通道等9大类业务18个监控节点，针对报关单超期未完整申报、超期未结关、滞报金减免、是否适用特殊通道等异常情况，下发监控异常情况处置联系单38份，及时督促纠正执法偏差。参与海关总署综合业务司货物通关运行监控等集中工作，参与制订货物通关运行监控工作方案，针对重点监控内容及环节提出的优化建议被采纳。组织开展年度业务执法检查，及时纠正报关单单证审核、修改和撤销报关单、滞报金、直接退运等业务存在的问题，保障业务规范有序。

（屈美琳）

【贸易管制】2022年，拱北海关进一步完善关区进出口货物禁限管理证件事后核查监控机制，组织开展140余批涉证货物风险隐患排查处置。做好贸易管制职能监督管理，开展监管证件核查执法检查，编发进出口货物禁限管理证件核查监控1期。开展横琴粤澳深度合作区贸易管制监管模式研究，提出适应横琴粤澳深度合作区发展需求的禁限管理政策建议4条。争取海关总署支持中山港药品进口口岸建设，推动中山港药品进口口岸投入运作。面向企业开展贸易管制与通关便利政策宣讲活动3期，提升企业合规意识。

（朱林林）

【技术性贸易措施】2022年，拱北海关密切跟踪国外技术性贸易措施最新动态，研提4项通报评议意见和9项特别贸易关注获海关总署采纳，其中1项被列入世界贸易组织技术性贸易壁垒协定

（WTO/TBT）例会议题，成功推动法国消除矿物油管控限值不明确的技术性贸易措施、欧盟调整对高精制复合产品管理措施实施。会同地方政府和共建单位完善关区3个评议基地建设机制和经费保障机制。建立完善技术性贸易措施服务重点企业清单和数据库，筛选33家中小企业跟踪服务。组织4场技术性贸易措施解读宣讲会，扩大中小微企业技术性贸易措施信息供给，提升企业应对能力。

（朱林林）

【知识产权海关保护】2022年，拱北海关完善知识产权海关保护工作机制，开展关区知识产权行政执法检查及经验交流1次，联合风控部门开展专项切片行动2次。举办关区执法能力培训12场，联合宁波海关开展知识产权执法能力网上培训，参训人员近500人次。开展"龙腾行动2022""蓝网行动2022""净网行动2022""粤港澳海关联合行动"等专项执法行动6次，查扣侵权嫌疑商品3840批次、100.68万件，同比分别增长2.49倍、2.67倍，其中跨境电商渠道查扣侵犯2022年卡塔尔世界杯相关知识产权案例入选2022年中国海关知识产权保护典型案例。深化执法协作，联合珠海市9个部门签署《知识产权纠纷快速处理试点工作方案》，与公安、检察院、市场监管等部门开展执法交流协作6次，协助地方法院办理司法协助执行1宗，向公安机关通报涉嫌犯罪线索1条。与深圳、南昌、青岛、成都、贵阳等海关开展案件信息及线索通报、执法经验交流等跨关区协作10次。开展企业知识产权情况摸底调研7次，培育知识产权优势企业12家，新增自主知识产权备案130余项。在珠海市高新区、中山市家电知识产权快速维权服务中心等开展宣传活动14场，覆盖珠海、中山市高新技术企业、外贸综合服务企业、跨境电商平台企业代表等1000余人次。《中国国门时报》《南方日报》《澳门日报》《香港商报》以及"学习强国"App、中山电视台等媒体刊发知识产权海关保护专题报道73条次。

（卢路遥）

【支持粤港澳大湾区建设】2022年，拱北海关落实海关总署工作部署，推动落实海关支持粤港澳大湾区建设工作任务及中央湾区办重点任务2项海关牵头事项，与深圳、广州海关协作完成的支持粤港澳大湾区建设三周年

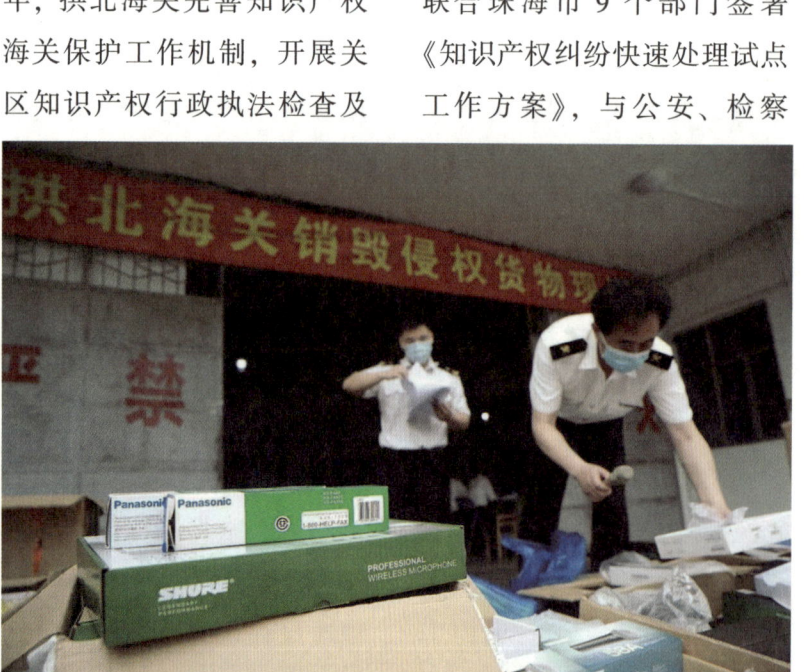

▲2022年4月26日，拱北海关依法对1011件侵犯知识产权货物进行集中无害化销毁，图为拱北海关关员正在清点核对应销毁货物　　（俞波　摄）

工作要情被海关总署采用。对接地方，逐项推动落实涉及拱北海关的46项具体事项；配合广东分署、珠海市做好广东省粤港澳大湾区评估工作，报送拱北海关亮点工作11项。落实重点工作，推动粤港澳大湾区监管规则衔接、跨境要素便捷流动、口岸互联互通、支持和服务横琴粤澳深度合作区建设等重点工作落实落细。

（张扬）

【援港抗疫物资通关保障】2022年，拱北海关贯彻落实中央援港抗疫工作决策部署，落实海关总署四个"第一时间"（第一时间处置、第一时间报告、第一时间研究、第一时间解决）要求，建立全天候"24小时通关协调"工作机制，港珠澳大桥海关、中山港海关、斗门海关、湾仔海关等现场海关开通专门通道，保障援港抗疫物资顺畅通关。某中央支援香港抗疫工作建设单位向拱北海关赠送感谢牌匾和"中央援港抗疫项目参建荣誉奖章"。

（屈美琳）

【卡塔尔世界杯知识产权保护】2022年，拱北海关针对世界杯期间不法商家"蹭热度"生产销售侵权货物的风险，在保持货运渠道高压打击态势的同时，重点关注寄递渠道侵权商品风险，落实"综合—风控—查验"联合防控模式，联合海关总署风险防控局（上海）加强专项分析研判，2022年11月15—16日，拱北海关所属横琴海关在对某公司以跨境电商零售出口方式申报的582个包裹查验时，发现大量绣有国际足球联合会和卡塔尔世界杯图案标识的球衣和足球，经联系权利人确认，该批915件商品侵犯2022年卡塔尔世界杯"QATAR 2022""FIFA""大力神杯图形"等知识产权。上述侵犯知识产权商品按规定做销毁处理。

（朱利军）

自由贸易试验区和特殊监管区域管理

【概况】2022年，拱北海关贯彻落实党中央、国务院关于自由贸易试验区、特殊区域发展战略部署，开展自由贸易试验区海关监管制度创新和复制推广，持续推动发挥好自由贸易试验区"试验田"作用；推动地方政府加快整合优化海关特殊监管区域，推动珠海高栏港综合保税区建设，支持中山综合保税区区建设和中山保税物流中心（B型）发展。强化事中、事后监督管理，推动特殊区域规范运行，不断优化完善海关对海关特殊监管区域、保税物流中心（B型）以及横琴保税监管。年内关区海关特殊监管区域、保税物流中心（B型）一线进出口货值288.56亿元，同比增长18.32%；二线进出口货值469.05亿元，同比增长0.76%。

（李贞颖）

【关区自由贸易试验区和特殊区域概况】中国（广东）自由贸易试验区珠海横琴新区片区（以下简称"横琴新区片区"）。2022年一线进出口货值326.72亿元、同比增长6.49%，其中进口货值132.54亿元、同比下降24.47%，出口货值194.18亿元、同比增长47.85%。保（免）税货物进出口货值0.56亿元，主要为供澳门民生物资物流配送。

珠海保税区。2022年一线进出口货值194.43亿元、同比增长14.6%，其中出口货值93.84亿元、同比增长14.5%，进口货值100.59亿元、同比增长14.6%；二线进出口货值32.93亿元、同比增长47.25%，其中出口货值2.92亿元、同比下降2.35%，进口货值30.01亿元、同比增长54.92%。

珠澳跨境工业区珠海园区。2022年一线进出口货值59.69亿元、同比增长34.9%，其中出口货值41.06亿元、同比增长39%，进口货值18.63亿元、同比增长26.6%；二线进出口货值120.84亿元、同比下降12.53%，其中出口货值58.92亿元、同比增长5.79%，进口货值61.92亿元、同比增长19.79%。

珠海高栏港综合保税区。2022年6月正式向海关总署提请验收，2022年8月30日通过拱北海关牵头的预验收。

中山保税物流中心。2022年一线进出口货值34.44亿元、同比增长14.9%，其中出口货值15.23亿元、同比增长8.1%，进口货值19.21亿元、同比增长21%；二线进出口货值315.28亿元、同比下降6.1%，其中出口货值

151.31亿元、同比下降9.62%，进口货值163.97亿元、同比下降2.59%。

（李贞颖）

【自由贸易试验区制度创新】2022年，拱北海关深化自由贸易试验区海关监管制度集成创新和复制推广，支持和服务横琴新区片区高质量发展。落实国务院、海关总署和广东省复制推广自由贸易试验区改革试点经验部署，制定任务分工表，完善配套制度和措施，加强政策解读和培训宣讲，强化跟踪评估，推动试点经验和创新制度落地实施。配合落实中国（广东）自由贸易试验区2022年制度创新事项、贸易投资便利化改革创新措施，支持珠海联动发展区、中山联动发展区建设。深入开展监管制度集成创新和协同创新，年内，"预包装食品标签技术整改远程监管""报关单位海关备案新模式"2项创新举措获得海关总署备案，累计7项自主创新措施获海关总署备案。加强与中国（广东）自由贸易试验区深圳前海、广州南沙两个片区主管海关创新联动，提升创新整体合力。截至年底，累计复制推广各层级改革试点经验99项，在横琴新区片区推出68项创新制度。

（孙斌）

【横琴粤澳深度合作区建设】2022年，拱北海关支持和服务横琴粤澳深度合作区建设，落实《横琴粤澳深度合作区建设近期重点工作安排》涉及海关工作的12项任务。向海关总署提出20项支持措施建议，先后形成"左、中、右"监管方案和1套监管模式设计思路，在海关总署指导下起草横琴粤澳合作区海关监管办法并完成2轮修订完善。支持横琴粤澳合作区实体产业发展，参与属地政府引入生物医药、集成电路、钻宝石产业园项目研究。配合完成横琴大桥等5条"二线"通道7个海关作业现场主体工程建设，推进海关监管信息化系统及公共服务平台建设。联合澳门海关研究"一线"横琴口岸（二期）"粤澳联合一站式"查验模式创新等3项跨境执法协作项目。持续优化供澳门暂存物资保税监管，保障疫情影响下澳门民生。参与属地政府引入生物医药、集成电路、钻宝石产业园项目研究，助力澳门经济适度多元发展。

（孙斌）

【特殊区域发展和管理】2022年，拱北海关履行海关对特殊区域管理职责，规范特殊区域管理，完善特殊区域保税监管，提高特殊区域发展

▲2022年9月15日，拱北海关关领导到横琴粤澳深度合作区调研

（张建林 摄）

质量。配合地方政府加强推动海关特殊监管区域整合优化研究，协助完善整合优化工作方案，开展整合优化后保税业务衔接调研。全程参与完成珠海高栏港综合保税区建设，积极参与信息化系统开发。配合做好中山综合保税区区申建和中山保税物流中心（B型）面积调整研究，协助广东分署完成中山综合保税区区申请设立评估。向珠海市通报2022年度综合保税区发展绩效评估情况，提出优化海关特殊监管区域发展意见建议。落实落细海关总署和拱北海关促进外贸保稳提质各项措施。在珠海保税区试点实施"进出区货物分类管理、快速放行""涉及安全生产货物协同共管""不同状态进出区货物同车运输""简化外发加工货物进出区手续"4项创新监管措施；在珠澳跨境工业区珠海园区试点实施"进出区货物分类管理、快速放行""涉及安全生产货物协同共管""不同状态进出区货物同车运输""简化专用口岸进出货物核放单管理"4项创新监管措施。针对性出台加力帮扶中小微企业5方面措施，会同主管海关解决企业问题80余个。支持企业一体化开展保税物流、保税展示、跨境电商等业务，创新开展跨境电商网购保税叠加保税展示交易业务。支持航空保税维修、黄金饰品中转分拨等业务做大做强。细化安全生产工作3方面25项要求，定期分析高风险商品情况，组织开展9轮安全生产大排查，与地方政府建立危险化学品进出区信息共享渠道。推进加工贸易等6个专项治理，组织开展全线条全领域全过程执法检查，提示重点关注问题60余项。配合开展禁止"洋垃圾"进境等2个专项审计。通过视频会议、集中工作等形式参与《综合保税区管理条例（征求意见稿）》《保税区检验检疫监督管理办法》立法及实施评估工作。开展《中华人民共和国海关综合保税区管理办法》内外宣讲会2次，参与人数110人。

（许伯然）

【珠海高栏港综合保税区建设及预验收】珠海高栏港综合保税区位于珠海市金湾区西南角，紧邻高栏港，与珠海机场直线距离16千米，是关区唯一的综合保税区。2018年2月5日经国务院批准设立，2019年8月27日全面动工建设，2022年6月向海关总署提出验收申请，2022年8月30日通过拱北海关牵头广东省发展改革委、财政厅、自然资源厅、商务厅、国家税务总局广东省税务局和国家外汇管理局广东省分局的预验收。根据地方政府发展规划，珠海高栏港综合保税

▲2022年9月21日，拱北海关与横琴粤澳深度合作区执行委员会座谈

（徐梦超　摄）

区重点发展保税物流、保税加工、保税维修等业态，突出发展电子信息、海空装备、跨境电商等重点产业，着力打造"一个中心、两大基地、四大平台"（即国际物流集散中心，高端维修服务基地和保税智造集聚基地，跨境电商示范平台、保税融资租赁交易平台、期货保税交割平台和保税研发创新平台）。

（许伯然）

【海关特殊监管区域改革】2022年，拱北海关开展"如何推动新时期海关特殊监管区域高质量发展"研究工作，通过实地调研、走访座谈、论文研究等多种方式，聚焦制约关区特殊区域发展的突出问题，制订拱北海关海关特殊监管区域监管改革方案，围绕升级基础设施、简化卡口管理模式、优化调整海关监管环节、完善配套制度等方面进行综合性改革，研究提出货物快速放行、卡口电子分道、优化特定货物进出区监管手续、不同状态货物同仓监管等12项改革措施，促进特殊监管区域政策制度优势更好地转化为产业发展动能，实现持续健康发展。

（许伯然）

【海关特殊监管区域新兴业态发展】2022年，拱北海关结合关区特色，聚焦中小企业发展，深入开展数据分析和实地调研，大力支持保税维修、跨境电商网购保税等新业态发展。综合运用保税功能和入区退税政策，支持企业通过珠澳跨境工业区流转的通关方式开展境外航空器材包修服务，打通疫情下跨境送返修堵点，通关时效提高50%以上。推动民用航空维修用航空器材进口税收政策落地，创新实行保税料件集中内销、减免税单证汇总申报模式，为企业减免税款。理顺跨直属海关区间流转通关作业流程，支持企业充分发挥技术优势，承接其他综合保税区保税维修外发加工业务，促进高端维修业产业链协同发展。关区飞机发动机保税维修业务规模位居全国前列。

（许伯然）

风险管理

【概况】2022年，拱北海关全面落实总体国家安全观，统筹发展和安全，巩固"共同防控、共同担当、共享成果"机制，建立健全"一会两机制"，畅顺风险防控业务的"反应、呼应、响应"机制。优化"风控+"模式，提高风险防控整体效能。发挥风险管理业务运行中枢作用，推进一体化、精准化、智能化建设，推动风险管理高质量发展。支持和服务横琴粤澳深度合作区（简称"合作区"）建设，研究构建合作区风险防控体系，推进完善合作区监管办法和风险管理信息化建设等事项。货运渠道首次布控查发走私高价值物品进境案，首次布控截获外来入侵生物全球新物种。后续渠道首次通过下达稽查指令查发骗取检验检疫证单情事。拱北海关风险防控分局风险分析一科获评一星级"全国青年文明号"。4人次立个人三等功，20人次获嘉奖，11人次获海关总署风险管理司通报表扬。

（孟明）

【风险信息预警】2022年，拱北海关围绕中央重大决策部署、重要专项工作、关区重点业务开展风险分析，实施风险预警，发布关区自主风险预警33条、风险信息387篇，编发风险信息快讯24期。聚焦物流链等风险业务指标，关注关区及周边地区风险动态、业务数据异动情况，多维度开展关区外贸风险分析、风险态势分析和专项评估，辅助领导决策，撰写外贸形势分析例会材料4份、关区月度风险态势报告12份、专题分析报告3份。建设完成覆盖货运、寄递、旅检、运输工具等渠道3类39个风险业务监测指标，推进"口岸画像"建设，量化评估风险指数。推进口岸安全风险联合防控工作机制的落地落实，与珠海市、中山市24个部门开展沟通联系117次，相互走访27次；密切与澳门海关合作，落实珠澳口岸"水客"风险防控联系人工作制度，定期互换风险信息，相互支持个案协查工作。落实署领导关于加强与澳门中联办在打击治理"水客"走私方面深化风险管理合作的批示要求，定期向该办相关部门通报违法违规劳工"水客"名单。

（徐尚菲　高丹）

【货运渠道风险防控】2022年，拱北海关统筹开展货运渠道风险分析防控和处置工作。推进"风雷1号""海豚"等专项行动，打击"洋垃圾"、象牙等濒危动植物及其制品等走私行为，开展口岸危险品综合治理，推进重点领域风险防控。开展运输工具风险分析和布控，协调统筹开展进境空集装箱风险布控，推动防范化解进境空箱夹藏等风险。拓展大数据应用场景，组织各单位部门开展联合研判，排查处置布控指令执行问题，形成指令下达、执行、反馈、评估、优化的闭环，畅顺"三应"机制运行。在湾仔海关、中山港海关开展现场即决布控试点工作。货运渠道布控查获行政案件129宗，其中固体废物、含濒危动植物成分保健品和化妆品4票，一次性退运不符合食品安全准入标准糖果2.1吨，首次布控截获的外来入侵生物拉丁蠊属蜚蠊种为全球新物种。跨境货车渠道布控查获司机违规携带、车体藏匿等情事，行政立案15宗，在港珠澳大桥珠海公路口岸首次查发走私高价值物品进境案，在跨境工业区口岸查发利用供澳门鲜活产品回空车藏匿走私高价值物品进境案；跨境船舶渠道布控登临查获轻燃料油申报不实，擅自装卸货物、物品情事，行政立案6宗。

（邵惠子　蔡畅）

【非贸渠道风险防控】2022年，拱北海关在寄递渠道统筹推进打击治理海南离岛免税"套代购"、"跨境电商寄递'异宠'综合治理"、"清邮"等专项行动，精准分析防控涉枪爆、涉毒、涉濒危等走私风险，深化重点领域风险防控。布控查发安全准入风险情事3516宗，查获象牙、红珊瑚及涉濒危动植物制品168件，管制刀具281件，冰毒360.38克，国家管制类精神药品3443粒、地西泮注射针剂45支、γ-羟丁酸10毫升，侵权物品2730批次，危险品89件，"异宠"南洋大兜虫16只等。布控移交刑事立案11宗，行政立案88宗。查发"水客"走私案、海南离岛免税"套代购"案、枪支散件案、冰毒走私案等。与海关总署风险防控局（上海）协同防控，查发冰毒、含大麻或国家管制类精神药品等成分制品12.15千克，毒品原植物大麻种子70粒，国家管制类精神药品4004粒等。旅检渠道组织开展跨部门联合研判21次，打造风控部门和现场海关优势结合、错位互补的旅检正面监管风险防控格局。综合开展精准布控，查获"水客"3次走私入刑案件231宗。防范"水客"走私风险跨渠道漂移，建立完善"风控+缉私+现场"联动机制，组织参与"海鹰"

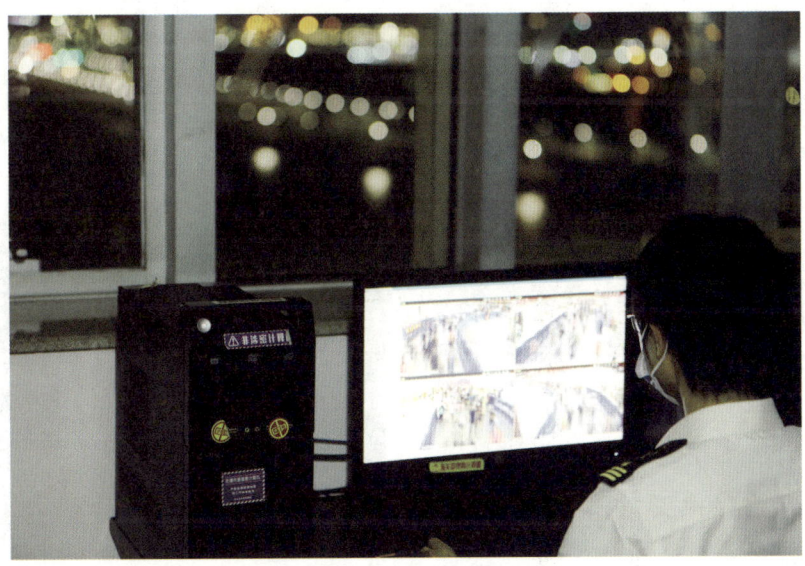

▲2022年9月22日，拱北海关风险防控分局夜班关员通过视频监控系统查看现场通关情况

（陈君　摄）

"海豚"等关区专项"切片"行动。客车渠道布控查获行政立案422宗,同比增长86%。

完善非贸渠道安全准入查发快速响应机制,分类建立高风险人员库,做好重点时期旅检渠道涉安全准入类风险防控工作。下达安全准入风险布控指令565条,开展专项分析深挖团伙线索,破获1宗"水客"团伙走私国家二级保护野生动物制品海马干刑事案件。打击旅检渠道"蚂蚁搬家"式走私违规携带"洋垃圾",布控查获违规携带旧衣物、旧电池情事673宗。

(杨敬　邓璐)

【后续管理风险防控】2022年,拱北海关聚焦重点领域、重点企业、重点商品开展专项风险防控。首次查发不如实提供出口商品真实情况骗取检验检疫证单情事,涉及货值7555万元,该案为2022年度全国海关涉检验检疫验检疫罚没金额最大宗案件。开展油墨等产品伪报税号逃避检验检疫专项分析,筛选高风险企业20家,下达稽查指令7条,查发逃避检验检疫情事4宗、案值209万元。开展关区进口旧机电商品、再生金属、镍钴锰氢氧化物等专项分析。开展进口食品进口商、出口备案食品生产企业专项核查行动,对45家企业下达稽核查指令,查发报检不实、税号申报有误、质量安全管理体系不完善、进口食品进口记录和销售记录的项目不完整等情事28宗。

(汪剑廷)

【大数据应用】2022年,拱北海关拓展关区大数据资源,推动内外部重点数据源落地入池。关区数据池数据源维度涵盖内外部数据13项。开展入池数据整合和治理,完成核心业务数据中台和主题数据集建设。推进智慧海关建设,完成宏桥跨境客车大数据项目建设及验收,推进海关总署非贸一体化系统、合作区信息化系统风险防控子系统、"智慧商检"平台等关级项目建设。推广海关总署及关区大数据分析平台,推进关区业务分析数字化转型及大数据应用。应用海关总署"云擎"大数据平台发布平台级重点大数据模型4个。开展风险分析及监控预警大数据应用模型建设,完善跨境客货车、打击"水客"、健康申报、集装箱、报关单舱单、跨境电商等专项风险防控模型建设,建设风险大数据应用模型167个,应用场景覆盖风险防控全渠道。

(陈庭)

▲2022年12月19日,拱北海关风险防控人员在进行数据模型分析

(俞波　摄)

【风险防控"三应"体系建设】2022年，拱北海关开展风险防控"响应、呼应、反应"体系建设，推动业务风险防控"一会两机制"运作，初步构建动态排查防范重大业务风险的运行架构和信息化运作平台。组建关区风险管理委员会，印发运行机制实施细则，整合关区业务风险协同防控机制和联系配合办法；组织召开业务风险跨部门联合研判会商会5次，协商处置风险事项13个。

（龙含卉）

【大数据赋能打击"水客"走私】2022年，拱北海关落实"坚决打私文明执法"要求，完善"进出境旅客数据库"，与边检部门共享合作旅客通关数据，围绕疫情防控、高风险"水客"和客车筛查、旅客通关态势，建立各类模型82个，提升打击"水客"走私分析和布控效能。推进系统布控和指令评估功能优化改造，推动跨境车辆新旧"一站式"系统布控功能修复完善。牵头推进海关总署新一代系统非贸模块升级，实现健康申报分口岸布控、查发个案向打击团伙拓展，联合缉私局破获"水客"团伙走私CPU、内存条刑事案件2宗，案值近2亿元。

（金宁　杨敬）

【进出口危险品伪瞒报专项整治】2022年，拱北海关推进"口岸危险品综合治理"百日专项行动，落实常态化综合治理方案，开展高风险企业和商品排查，比对提炼口岸、企业、商品、走私渠道等特征的风险要素，提高人工分析布控效能，打击危险品伪报瞒报行为。发挥"风控+"机制作用，开展多部门风险联合研判，实现查发快速联动。密切粤港澳大湾区一体化风险防控，与深圳海关交换查发企业信息，防止风险跨关区漂移。建立"危险品伪瞒报风险监控""在港危险品监控"等4个模型，设置危险品规则39条，口岸人工分析布控及后续稽查查发危险品伪瞒报情事35宗，查获制鞋用树脂、锌粉、二氟一氯甲烷等125吨。

（邵惠子）

【"风刃2022-916"联合行动】2022年，拱北海关落实海关总署统一部署，组织各环澳口岸海关召开专项推进会，成立联合行动专班，密切与澳门海关及内地海关的联系配合。依托珠澳口岸"点对点"快捷协作机制、"水客"风险防控联系人机制和口岸安全风险联合防控机制，分别接收信息情报2377条、移送6条，向澳门海关移交高风险客车20辆次。行动期间，查发刑事案件16宗、行政案件1462宗，涉及案值2061.23万元，查获旅客入境走私携带"异宠"活体龟1300只，跨境客车入境夹藏走私"异宠"巴西红耳龟2015只、刀背麝香龟2只、计算机内存条4790条，跨境运营中巴入境夹藏走私红酒140瓶，跨境客车入境藏匿走私燕窝30千克。

（陈伟）

税收征管

【概况】2022年，拱北海关深化综合治税，制定统筹通关便利与依法科学征管十六条措施，完善综合治税领导小组工作机制，组织召开关区税收工作会议、关区综合治税会议，加强税收情况调研，分析研判关区税收形势，坚持开源挖潜补漏，依法计征、应收尽收、应退尽退，推动综合治税工作实现"量质效"并举。年内税收入库153.24亿元，同比增长9.82%，创历史新高；其中关税16.3亿元、同比下降8.12%，进口环节税136.94亿元、同比增长12.43%。支持和服务横琴粤澳深度合作区建设，配合海关总署开展税收政策及相关征管模式研究。高质量推动RCEP等优惠贸易协定原产地规则及关税减让措施落地见效。

（亭艳芬）

【税收征管】2022年，拱北海关继续推进以企业为单元的税款担保改革，关区集团财务公司全部参与改革，办理备案总担保176份，涉及担保额度10.02亿元。举办税收征管方式改革线上宣讲会，引导企业用好汇总征税、自报自缴、电子支付等便利措施，应用比例进一步提升。年内关区新一代电子支付票数比例99.04%，汇总征税比例35.42%，自报自缴比例92.88%。加强"十四五"期间税收优惠政策宣传，引导企业用足用好减免税政策。加快办理"十四五"期间天然气进口增值税、石脑油消费税先征后返，加大对美加征关税排除政策宣传。办理先征后返税款16.33亿元，同比增长127%。深化属地纳税人管理，优化完善涉税申报

▲2022年3月3日，拱北海关派员到珠海市斗门区企业开展税收调研，解读税收优惠政策

（徐榛 摄）

差错合规引导，进一步扩大试点范围，完成83家属地企业及报关企业底账及纳税遵从度评估，建立22家属地企业差别化合规管理方案。牵头全国海关旅检陆路渠道专家组相关工作，完成"行邮税征管应用系统操作指引（旅客通关）"撰写上报。启动进境邮件税款信息联网项目试点改革，丰富税款缴纳方式，实现实时对账汇缴，保证税款及时入库。年内旅检渠道实征税款2032.66万元，寄递渠道B类快件实征税款6277.11万元，邮递物品实征税款296.21万元。

（梁凯）

【估价管理】2022年，拱北海关夯实审价基础性工作，建立15家企业台账并向海关总署税收征管局报送征补税方案，接收海关总署税收征管局1家企业转交台账，开展账外26家特许权使用费支付企业核查。加大特许权使用费、协助费、航运附加费、滞期费等价外费核实力度，继续对价外协助费、广告推广费以及进口煤炭、润滑油基础油涉及的运费、滞期费等实施估价补税。制发现场海关价格监控指引（2022年版），对成品油、再生塑料、再生金属、阴极铜、化妆品、聚氯乙烯、水果、坚果等重点商品和进口企业开展专题分析。支持打击"水客"专项行动，向缉私局、拱北技术中心提供技术支持。更新完善案件计税系统，新增稽查"快办案件"计税模块，完善贸易救济措施提示、操作日志记录、分析审计等12项新功能。制发进一步加强集中验估岗和综合验估岗联系配合工作的通知，理顺各部门工作职责分工。强化事中事后验估指令执行反馈，每日监控事后验估执行情况，督促及时核实处置超3个月未办结指令，验估现场严格落实重大税收风险报关单报备机制，年内事后验估及时率保持100%，有效率78.05%。

（杨骐宁）

【税则税政】2022年，拱北海关围绕年度税政建议工作重点，收集关区企业、行业协会、现场海关对暂定税率、消费税率、税号设置、监管条件等方面的修订意见，收集各方税政调整需求19份，报送税政调整建议表8份，撰写专项商品调研报告5份，主要涉及纯电动公交车、继电器、系泊轴承、聚醚砜中空纤维束、银首饰等商品。接收归类认定申请59宗，签发归类专业认定书32份，主要涉及塞孔油墨、光学镜头毛坯、振动子等商品。引导鼓励企业运用预裁定政策，指定专人"一对一"做好全流程跟踪服务，提高办理时效，接收企业提交归类预裁定申请107宗，对符合受理条件的申请签发归类预裁定决定书28份，主要涉及射频电源、激光二极管组件、推力架等商品。落实《中华人民共和国海关进出口商品规范申报目录及释义（2022年版）》要求，开展规范申报要素审核，加强属地企业规范申报管理。用好"制度+科技"手段，探索规范申报审核智能化，开展"拱北海关进出口商品规范申报智能审核系统"开发工作。审核规范申报基础数据45.01万条，筛查处置不规范数据3599条。

（郑云程）

【原产地管理】2022年，拱北海关提升对企业原产地服务水平，强化进出口享惠的全过程技术支持，验放优惠贸易协定项下进口货物货值129.19亿元，实征税款18.86

亿元，优惠税款6.97亿元。持续推广出口原产地证书自助打印，发挥"秒取证、少跑腿、零接触"优势，签发自助打印证书7.42万份，涉及签证金额292.14亿元，同比分别增长61.98%和68.58%。解决签证现场反映的业务和技术难题，年内签发各类出口原产地证书11.74万份，涉及签证金额467.48亿元。通过数据分析、摸底调研和实地走访，确定关区经核准出口商重点培育对象23家，深入开展"一对一"政策辅导，认定经核准出口商12家。RCEP生效首周完成对关区首家RCEP项下经核准出口商珠海藤仓电装有限公司的认证工作。指导珠海松下马达有限公司出具拱北海关首份RCEP原产地声明，指导辖区内经核准出口商共出具RCEP原产地声明7份。完成关级科研项目"自贸区提升战略下RCEP实施对优化海关原产地管理的研究"并通过专家组验收。撰写理论文章《RCEP实施对海关原产地管理的挑战与破局》和《从RCEP实施看自贸区提升战略下海关原产地管理的挑战与破局》，分别在《海关研究》等刊物发表。完成关级政研课题"原产地规则视角下RCEP与CPTPP的比较研究"，在广东海关相关刊物发表。撰写的《拱北海关推动RCEP在珠海高质量实施的实践与探索》入选《法治蓝皮书：珠海法治发展报告（2023）》。

（田禾）

【税收风险防控】2022年，拱北海关压紧压实税收风险防控职责，建立关税部门职能监控、隶属海关自查自控的"双轮驱动"税收风险防控新模式。以"两清单、两台账"为抓手，强化风险"闭环管理"，对号销账，见底清零。建立税收风险防控例会制度，组织税收风险工作例会7次，排查解决重大风险16条。密切同海关总署税收征管局的联系配合，强化税收风险防控建议报送、风险预警信息核查反馈，加强关税与稽查、缉私、风控部门的呼应协同，开展4项联合风险研究，对16家企业提交稽核查建议，向风控部门提交预定式布控71条。提升现场涉税风险查处能力，制定下发税收征管监控指引，分解78项监控重点，每月通报关区税收工作情况和涉税风险。加强非贸税收征管风险监控分析，健全非贸各渠道涉税风险研判

▲2022年8月5日，拱北海关派员到企业开展调研，"一对一"引导企业用好用足RCEP政策"红利"　　　　　　　　　　（田禾　摄）

机制，建立归类、审价疑难咨询途径，规范风险参数、指令提交处置。审核旅检征税数据5万余条，下发风险提示单4期，提交布控指令44条。

（杨骐宁）

【RCEP政策红利持续释放】2022年，拱北海关聚焦"三个强化"推动RCEP关税减让政策红利释放。强化政策宣传，拍摄制作4集《RCEP"红利"话你知》宣传短片，拓宽RCEP政策权威解读渠道，实现海关、地方政府、企业商协会三方良性互动，开展RCEP政策宣讲8次，惠及企业701家次，在线用户超6.7万人。强化氛围营造，对RCEP项下主要进出口产品开展跟踪研究，挖掘企业享惠典型案例，开展汽配、化工、灯具、新材料等行业宣传，引导企业关注RCEP比较优势，发布新闻稿件100多条次。通过"12360+业务咨询热线"受理企业咨询，"一对一"帮扶经核准出口商等重点培育对象，对疑难问题构建"收集—研究—反馈—回访"闭环、做到动态清零，协助解决企业享惠难题100余项，向地方政府提出意见建议11条。验放RCEP项下进口货物货值7.9亿元，优惠税款超2300万元；签发RCEP原产地证书3600余份，涉及金额12.6亿元。

（田禾）

【出具关区首份RCEP原产地声明】2022年8月31日，珠海松下马达有限公司为其即将出口韩国的价值22.3万元的伺服马达和伺服驱动器出具首份RCEP原产地声明，这是拱北关区首份RCEP原产地声明。

（田禾）

【新能源电池出口原产地签证】2022年，拱北海关持续优化出口原产地签证服务，推广原产地证书自助打印，为关区新能源电池企业签发原产地证书260份，涉及金额超6.2亿元，同比增长4.2倍，减少企业人员跑动成本，提升新能源电池出口产品优势，支持新能源电池企业开拓海外市场。

（田禾）

【航空器材减免税快审模式试点】2022年，拱北海关持续推广"两步申报""汇总征税"便利模式，落实"十四五"期间航空器材减免税政策，试点航空器材减免税快审模式，支持珠海航空产业集群高质量发展。

（梁凯）

【进境邮件税款信息联网项目试点启动】2022年11月24日，拱北海关试点运行海关总署、国家邮政总局进境邮件税款信息联网项目。收件人可通过海关端、银行端、邮政企业进行线上缴税，海关、邮政企业之间邮递物品行邮税款信息实现互联互通、对账汇缴智能化功能，提升税款入库时效、邮件通关效率和缴税便利化水平。试点运行首日，生成行邮税税款缴纳证54份，汇总税款缴款书8份，其中5份由收件人自行通过"财关库银"电子缴税方式直缴入库，征收税款5596.97元。

（丁冰）

【行邮物品资料库试运行】2022年12月20日，"拱北海关行邮物品资料库"系统在闸口、港珠澳大桥、青茂、横琴4个环澳旅检口岸现场开展试运行。该资料库收录包含旅检渠道常见物品，如烟、酒、护肤美容品等商品的类别、品名、品牌、规格、价格以及图片等要素信息22784条。该系统可辅助旅检现场关员在进境物品申报、查验、征税等处置环节，实现物品信息扫码快速录入以及价格信息的便捷查询。商品条码信息一经扫描，系统自动调取资料库信息，辅助填写"旅客通关管理系统"，录入时间由原来每项3分钟缩短至6秒内，实现物品信息快速录入、要素规范填报、价格比对参考，提升现场征管处置时效和执法规范性、准确性。系统自动采集物品信息，经审核后入库获不断丰富补充。该系统的试运行有效提升了旅客的通关效率，在助力打击治理"水客"走私和支持和服务横琴粤澳深度合作区建设等关区重点工作方面持续发挥作用。

（丁冰）

【关税业务实训点建设】2022年，拱北海关夯实业务基础，综合考虑关税业务培训需求和培训能力，着眼优化关税业务流程、岗位布局和标准化管理，在关税处和香洲海关建设关税业务实训点，按照税收征管和估价、归类、原产地3大关税技术线条，配套设计9大业务模块18门课程，完成10万字的课程教材库、案例素材库、政策法规库、专项习题库和操作指引"四库一指引"的教材编写工作，选配兼职教师、实训教员、带班师傅"三级师资"21人。通过课堂讲授、案例研讨、送教下基层等方式，分级分类开展关税业务培训20次，组织报名参加海关总署、海关总署税收征管局组织的关税业务培训6期，培训关税线条干部1500余人次。

（李艳芬）

卫生检疫

【概况】2022年，拱北海关坚决落实"口岸疫情防控海关必坚守"，执行海关总署和地方联防联控机制疫情防控措施。检疫出入境人员9760.2万人次；检出流感等其他传染病158例，同比增长12倍；捕获病媒生物1806只，截获国内未见分布篦齿拉丁螨和全球首次描述物种拉丁螨属蜇螨。完成海关总署疫情监测任务，上报疫情信息525条，审核疫情信息432条。完成法定监测体检13552人次，检出各类传染病280例。完善海上伤病员救治协调机制，实施紧急入境救治检疫32人次。科学规范开展入境非冷链物品疫情防控措施，完成非冷链物品核酸监测采样1206份。加快新冠疫苗和检测试剂检疫审批，协助设置"绿色通道"快速验放疫苗出境，支持澳门疫情防控。

（吴启欣）

【传染病疫情监测】2022年，拱北海关依托关区疫情风险监测工作小组，高质量完成海关总署传染病疫情监测任务，建立关区"日、周、月、季"疫情风险分析研判机制，每日监测港澳、属地及周边地市疫情形势和防控政策调整情况，加强对疫情发展趋势研判，统计分析当日关区疫情防控数据信息，一旦发现需要关注的风险信息，第一时间上报关指挥部，重大信息及时上报海关总署；汇总每周疫情形势和关区防控工作动态，编辑周报53期20余万字；每月召开疫情研判调度会议，传达贯彻上级防控政策要求，分析疫情形势和任务，评估关区防控措施成效并及时优化调整；每季度对各类重点传染病疫情风险开展综合性分析，针对高风险传染病开展专题研判，发布关区传染病疫情风险季度评估报告4期、猴痘疫情专题评估报告1期，为科学精准做好口岸疫情防控和卫生检疫工作提供专业支撑。

（苏海波）

【口岸卫生检疫】2022年，拱北海关及时更新疫情防控制度、指引16份，梳理发布工作要素表和风险点2次，组织按照"一口岸一方案"原则更新方案2轮，持续优化口岸疫情防控措施。从严落实对港疫情防控口岸卫生检疫措施，与地方联合采样、联合检测、结果互认，密切关注珠澳疫情形势，动态调整防控措施和人员防护等级6次，关区口岸检疫出入境人员9760.2万人次，发现有发热等传染病症状906人次。加强国际航行船舶、来往港澳小型船舶检疫查验和卫生监督，检出新冠病毒核酸阳性多例。坚持"多病同防"，强化猴痘、疟疾等传染病口岸防控，检出流行性感冒、水痘等各类传染病158例。严格落实一线高风险岗位人员封闭管理措施，持续优化封闭管理模式，更新工作指引3次，邀请疾控专家开展封闭管理工作人员培训，抓好日常管理和监督检查。开展季度安全防护实地督导检查3次，组织疫情防控、集中居住酒店专项检查2次，配合海关总署"百名科长百日督查""派驻实地督查"工作，通报整改问题92项。"挑毛病"专家组发布专题通报3期，通报问题40个，逐一落实整改。开展"全国疟疾日""世界艾滋病日"主题宣传活动。

（朱伟铭）

【公共卫生事件应急处置】2022年，拱北海关修订口岸突发公共卫生事件处置预案，更新突发公共卫生事件应急处置专家组和现场工作组成员名单，建立处、科两级应急处置联络机制。组织开展国庆节期间疫情防控应急处置综合汇演，设计疫情防控应急场景12个，现场进行考核点评，提升疫情防控风险意识和应急处置能力。组织开展急救知识技能培训，邀请珠海市紧急医疗救援中心专业团队，开展理论讲解和现场实操，提升海关工作人员应急避险和自救互救能力。

（朱伟铭）

【进出境特殊物品卫生检疫监管】2022年，拱北海关做好出入境特殊物品口岸查验、检疫审批和后续监管，实现100%新版海关出入境特殊物品卫生检疫审批与分析系统线上审批，平均审批时长压缩至5个工作日，审批特殊物品887件，查发不合格案例48件。协调广州海关开展企业首次出入境特殊物品跨关区联合现场核查。协调上海海关紧急协同办理，实现24小时完成新冠疫苗和检测试剂检疫审批，设置"绿色通道"快速验放供澳门疫苗出境。组织系统内、外专家开展高风险特殊物品风险评估2次，开展入境特殊物品后续监管9次。

（梁志宽）

【口岸卫生监督】2022年，拱北海关严格按照年度口岸卫生监督工作方案开展口岸卫生监督。开展口岸食品、公共场所、饮用水、储存场地、废弃物卫生监督423次。开展公共场所室内空气质量及微小气候监测37次，发现不符合项2次，抽检中央空调冷凝水、冷却水29份，未检出

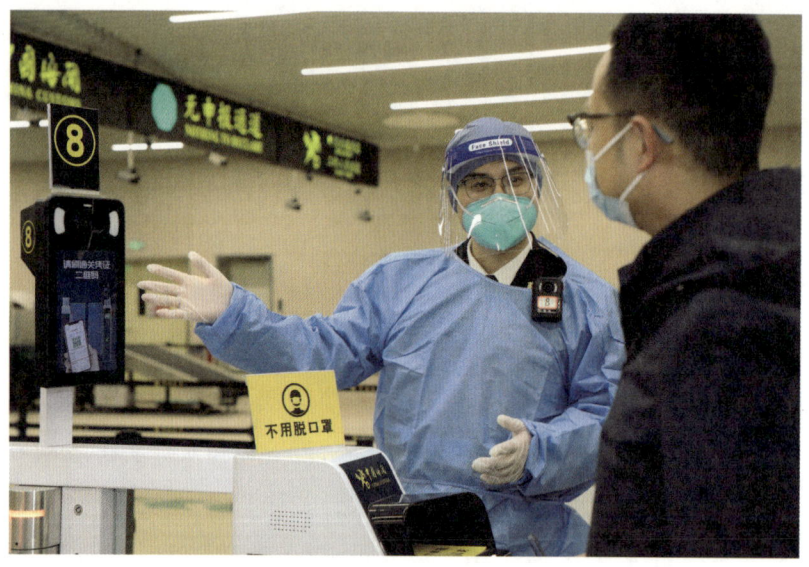

▲2022年1月3日，青茂海关关员引导旅客使用自助验核闸机进行健康申报

（刘莹 摄）

阳性样本。抽检口岸生活饮用水样本258份、口岸食品样本382份，检出不合格样本28份。规范口岸卫生许可审批，审批新办、延续、变更、注销许可证27份。实施进出境船舶检疫查验及卫生监督1643艘次，发现问题85次，签发船舶免予卫生控制措施证书501份，签发船舶卫生控制措施证书1份。采集非冷链物品核酸监测样品1206份，未检出阳性，实施预防性消毒监督9次。

（周涛）

▲2022年12月13日，高栏海关关员开展入境国际船舶登临检疫

（冯校胜　摄）

【口岸病媒生物监测】2022年，拱北海关严格按照年度病媒生物监测方案开展口岸区域及输入性病媒生物监测。捕获病媒生物1806只，其中捕获口岸区域病媒生物鼠类4种82只，检出鼠类体表寄生虫26只，蚊类5种948只；截获输入性病媒生物49批次163只，首次截获国内未见分布篦齿拉丁蠓、拉丁蠓属蜢蠓；持续推进港珠澳大桥三地口岸病媒生物联合监测，港珠澳大桥珠海公路口岸（以下简称"大桥口岸"）捕获鼠类2种27只，蚊类2种560只。

（周涛）

【口岸公共卫生核心能力建设】2022年，拱北海关持续巩固提升口岸公共卫生核心能力，制发口岸公共卫生核心能力动态管理工作方案，开展新建、改建口岸核心能力建设达标验收及已达标口岸核心能力自查考核，参与珠海金湾机场国际副楼、九洲港永久口岸、中山港新客运口岸、横琴新口岸二期工程、斗门客运口岸改造的规划设计，做好新口岸卫生检疫业务用房、区域的布局设计。

（周涛）

动植物检疫

【概况】2022年,拱北海关贯彻落实习近平总书记关于"筑牢口岸检疫防线"等重要讲话和重要指示批示精神,落实总体国家安全观,维护国门生物安全。严防重大动植物疫情疫病传入传出,强化外来物种管控。推进动植物检疫信息化建设,完成海关总署授权国际动物卫生信息工作。强化业务职能管理,优化服务。深化"一国两制"下检疫监管模式创新,保障供港澳鲜活农产品安全稳定供应,开展国门生物安全宣传,支持横琴粤澳深度合作区加快建设。年内检验检疫内地供澳门活猪10.2万头,供港澳食用水生动物5.7万吨;监管供澳门水果2.9万吨,供港澳种苗花卉973批次;截获禁止进境携带物1.5万批次,检出有害生物11457种次。

(蔡杉 龙佳胤)

【进出境动物检疫】2022年,拱北海关监管出口食用水生动物2.2万批、6.3万吨,主要出口至中国香港、中国澳门、日本等地区和国家。检验检疫内地供澳活猪10.2万头。协助海关总署做好进境大中动物隔离检疫场远程审核验收工作,遴选审核验收专家组18批。办理进境动物及其产品检疫审批163宗。强化全链条管控,严防动物疫情疫病传入传出,落实非洲猪瘟、高致病性禽流感等重大动物疫情防控措施。做好活动物等高风险动物及其产品检疫查验和处置,加强携带入境宠物查验。加强进境旅客携带物的动物疫病监测。规范关区动物检疫工作,修订行政审批事项服务指南1个。

(吴松林 范满昌)

【进出口食用农产品和饲料安全风险监控】2022年,拱北海关抽取进出口食用农产品和饲料样品957份,监测结果22448条。其中出口水生动物样本849个,监测结果11657条;活猪样本17个,监测结果175个;进出口饲料和饲料添加剂样品24个,监测结果141条;供港澳蔬菜专项检查计划样品42个,监测结果10038项次;出境水果企业样品25个,监测结果437个。检出不合格样品12个,不合格结果14条,不合格样品是出口水生动物样品,不合格项目主要是镉、恩诺沙星等重金属、药残超标。

(吴松林 石振)

【进出境动物疫病监测】2022年,拱北海关采集水生动物样品154个,检测结果386条。其中进口水生动物样品4个,检测结果24条,结果均为阴性;出口水生动物样品150个,检测结果362

条，阳性结果4条。采集供港澳活猪、活禽样品3690个，检测结果2514条，结果均为阴性。采集进境马匹样品288个，检测结果681条，结果均为阴性。加强非贸渠道动物疫病监测，采集样品1470个。

（吴松林　范满昌）

【供港澳鲜活农产品监管】2022年，拱北海关保障供港澳鲜活农产品安全稳定供应，新增供港澳鲜活农产品注册企业14家，检验检疫内地供澳门活猪10.2万头，其中近七成通过活猪过驳站供澳门。供港澳食用水生动物5.7万吨。加强供港澳鲜活农产品注册场监管，强化供澳门活猪隔离检疫、监装、过驳监管、离境查验等全链条管控，开展政策宣传，做好对申请供港澳农产品企业的咨询指导。加强动物检疫监管合作，与澳门市政署、香港食物环境卫生署、香港渔农自然护理署、珠海市农业农村局、中山市农业农村局建立信息通报工作机制。

（吴松林　范满昌）

【进出境植物检疫】2022年，拱北海关截获禁止进境携带物1.5万批次，检出有害生物

▲2022年7月1日，中山海关关员在广东省中山市小榄镇对供港活鱼进行现场查验　　　　　　　　　　　　　　（黄妙双　摄）

11457种次，其中检疫性有害生物162种次。推进"国门绿盾2022"、"跨境电商寄递'异宠'综合治理"专项行动，截获外来入侵物种55种134次，其中截获动物12种12次，截获种子2种2次，截获苗木等繁殖材料41种120次。开展横琴粤澳深度合作区检验检疫模式创新研究，开展全球部分特别区域内动植物检疫政策比对研究，探索横琴粤澳深度合作区动植物检疫创新细化路径，提出允许澳门居民携带进入横琴粤澳深度合作区的动植物产

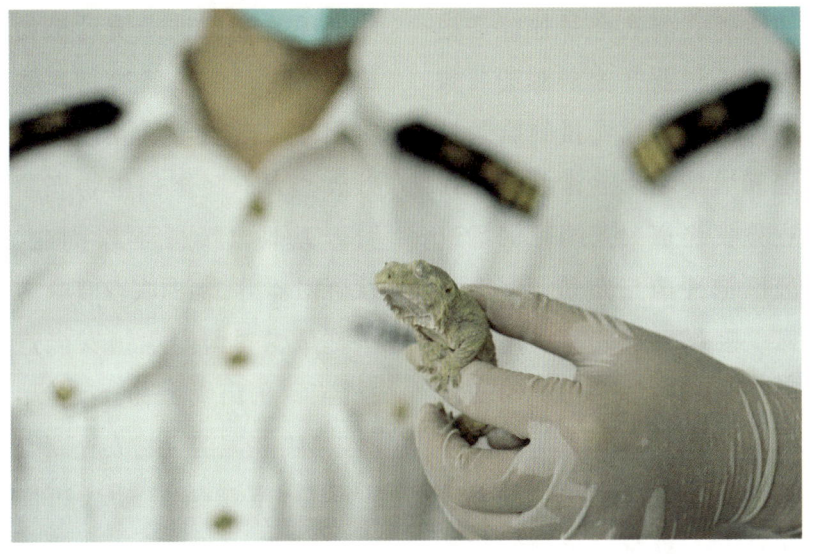

▲2022年10月30日，港珠澳大桥海关截获守宫类"异宠"　（雷涌铎　摄）

品清单建议。

（石振）

【口岸植物疫情监测】2022年，拱北海关重点监测检疫性实蝇、外来有害杂草、林木害虫和红火蚁等外来有害生物及外来物种，布置监测点420个，诱捕实蝇13种次、20.64万只。监测检疫性杂草18次，发现87种检疫性杂草。诱捕林木害虫124种次、436头，其中检疫性有害生物1种40头。踏查红火蚁370次，发现并销毁蚁巢215个。

（石振）

【进出境植物产品监管】2022年，拱北海关保障供港澳鲜活农产品安全稳定供应，监管供澳门水果2.9万吨，供港澳种苗花卉973批次，未发生因不合格被通报情况。新增注册供港澳农产品种植基地和加工企业3家。通过视频完成海关总署安排的监管场地和输华水果企业检查：远程验收北京大兴国际机场进境植物种苗指定监管场地1家、检查验收菲律宾输华水果企业48家。

（石振）

【国际动物疫情信息分析】2022年，拱北海关做好海关总署授权的国际动植物疫情信息工作，编辑世界动物疫情简讯251期，海关总署据此对23个国家（地区）的动植物产品发布禁令公告、通知18份，解禁令公告、通知2份，警示通报2份。编报新冠疫情信息每日汇总、动物感染新冠疫情每周动态358份、15万余字，更新新冠病毒动物感染总体情况72份，持续开展动物感染新冠病毒评估。配合海关总署与相关国家相关部门的技术磋商，编译有关外文报告资料64篇，服务应对国外技术性贸易壁垒对中国出口贸易影响。

（鲍斐）

【国门生物安全宣传】2022年，拱北海关开展"4·15"全民国家安全教育日国门生物安全宣传，举办纪念《中华人民共和国进出境动植物检疫法》颁布实施30周年暨国门生物安全主题图片展。开放"青篱"国门生物安全科普基地，接待学校师生、社会团体等24批次600余人次。开展"国门生物安全进社区""国门生物安全宣传单页发放""国门生物安全新媒宣传"等宣传活动。开展"国门生物安全知识，你了解多少"有奖知识竞答活动，近2000人参加活动。发布国门生物安全新媒体主题推文，发放中华人民共和国禁止携带、寄递进境的动植物及其产品和其他检疫物名录宣传册8000份。

（石振）

【进出境动植物检疫队伍建设】2022年，拱北海关组织动植物检疫查验岗位和签证官资质考试，考核认定动植物检疫现场查验人员340名，其中动物检疫专家查验岗位47名、动物检疫普通查验岗位137名、植物检疫专家查验岗位38名、植物检疫普通查验岗位118名；核准签证植物检疫官1名。组织开展新修订应急处置预案、外来物种普查、跨境电商寄递"异宠"综合治理能力提升等专项培训，参训115人次，提升基层执法能力。修订关区进出境重大动物疫情应急处置预案，提升队伍应急处置能力。

（吴松林　范满昌）

【供澳门水果检验检疫监管模式创新】2022年，拱北海关创新供澳门水果"企业集中申报+海关安全风险监测+属地、口岸海关协同监管"模式，提升通关效率，节约企业通关成本。优化申报模式，属地查检由每天逐票申报转变为按月集中申报。优化风险监测计划，不再以出口申报批次为单位进行抽检，结合企业实际，科学制订监测计划，监管方式由单一检验调整为综合合格评定。优化属地与口岸海关的协同配合，在口岸环节实施布控查验，属地原则上不再实施查验。新模式下企业在属地申报批次同比下降94.8%，节约等待检测时间3个工作日以上。

（石振）

【智慧动植检建设】2022年，拱北海关参与海关总署智慧动植检信息化建设工作，牵头上线"生态环境保护信息化系统"子模块，承担运维任务，做好全国动物疫情信息终审工作。完成署级科研项目"动植物疫情信息精准筛选技术研究"并通过验收，于9月25日首次发表，以拱北海关为申报主体首次获得软件著作权。

（鲍斐）

进出口食品安全监管

【概况】2022年，拱北海关按照海关总署工作部署以及关区工作安排，以"四个最严"为根本遵循，抗疫情、防风险、守底线、促发展，持续提升关区进出口食品安全工作水平，全力守稳守牢关区进出口食品安全防线。年内检验检疫进出口食品化妆品68.2万吨，货值131.3亿元，同比分别增长9.1%、31.5%。检出不合格进出口食品化妆品554货物批，不合格批次均按要求做进一步处理。

（刘舰）

【进口食品检验检疫】2022年，拱北海关严格落实《中华人民共和国进出口食品安全管理办法》《中华人民共和国进口食品境外生产企业注册管理规定》监管要求，修订完善关区进出口食品化妆品检验检疫操作指引20项，开展业务培训和"送教下基层"7期，参训530人次，新增备案加工食品签证官46人，夯实业务基础。严格执行海关总署年度进出口食品化妆品安全监督抽检和风险监测计划，检测1857份样本、22911项次。加强进口食品准入管理，完成进境动植物源性食品检疫审批12单，严格进口食品境外生产企业注册信息审核和现场查验，稳步推进进口食品"国门守护"行动。建立"日清周查月结"监督检查机制，排查进口食品报关单信息3000余条，发现问题23个并指导完成整改。

（马玲）

【进口冷链食品风险监测】2022年，拱北海关坚持"外防输入、内防反弹"，加强进口冷链食品检疫，100%落实进口冷链食品疫情防控各项工作要求，动态更新重点措施41项。开展新冠病毒核酸抽采样95份，检测结果均为阴性。监督实施预防性消毒货物3.5万件，报送监测信息2281份。开展常态和专项监督检查16次，发现并整改问题4个。积极参与地方政府联防联控，协助推动广东省"冷库通"（广东省冷链食品追溯平台，已接入"国务院客户端"小程序上的"冷链食品追溯服务专区"及"广东市场监管"微信公众号，方便社会公众使用）、集中监管仓等重点措施落实，织牢进口冷链食品疫情防线。

（陈胜相）

【食品安全体系研究】2022年，拱北海关受海关总署委托，牵头负责葡语系国家（地区）食品安全管理体系研究比对工作，开展相关食品安全管理体系、法律法规及食品安全标准跟踪研究。年内,编写巴西、葡萄牙等葡语系国家食品安全管理体系研究报告2份和蜂蜜、大米、碧根果输华食品风险分析报告3份,草拟检验检疫要求议定书和蜂产品输华兽医卫生证书5份,参与完成508家进口食品境外生产企业注册审核、10家企业远程视频检查和泰国输华蜂产品议定书视频磋商,支持澳门葡语国家商贸合作服务平台建设,融入"一带一路"建设和服务外交外贸大局。

(马玲 宁向超)

【出口食品检验检疫】2022年,拱北海关按照"防输入也要防输出"要求,严格执行海关总署出口食品安全监督抽检和风险监测计划,100%完成海关总署监测任务,制订5个风险监测计划,开展434个样品、817项次的监测,确保出口食品安全。强化源头监管,核查供港澳食品生产企业和种养殖基地46家,发现并整改问题34个,采取企业核查、监督抽检和风险监测系列措施强化海关监管,开展非洲猪瘟、禽流感等动物疫病、农兽药残留、重金属污染物及生物毒素等检测2万多项次,检出诸如病毒5批、非洲猪瘟病毒核酸阳性2批,均按要求处理,从源头上严防不合格食品输往港澳地区。用好内地与港澳地区的食品安全合作机制,双方指定联系人定期反馈供港澳食品安全信息,及时沟通处置突发食品安全问题,对不符合要求的食品采取暂停业务、溯源调查、整改评估等措施,不断提升供港澳食品安全水平。年内监管供港澳食品19万吨。

(黄云君 宁向超)

【食品安全宣传周活动】2022年9月,拱北海关围绕"共创食安新发展 共享美好新生活"主题,以"食品安全口岸行""进口食品'国门守护'行动"为重点,通过线上线下两种宣传模式,多形式、多途径、有针对性地开展食品安全宣传周活动。制作宣传视频,在出入境大厅、随车验放厅、报关大厅等区域的60余块大型电子显示屏上循环播放,分发"进口食品消费指南"等宣传资料2300余册,接受现场旅客食品安全咨询400余人次。先后向关区100余家进出口食品企业宣传《中华人民共和国进出口食品安全管理办法》等法律法规,宣传冷链食品疫情防控措施;发挥12360海关热线、公共技术服务平台作用,以向公众开放实验室食品安全检测公益活动等形式,向广大消费者普及进口食品安全常识和相关法规,营造食品安全共治共享的良

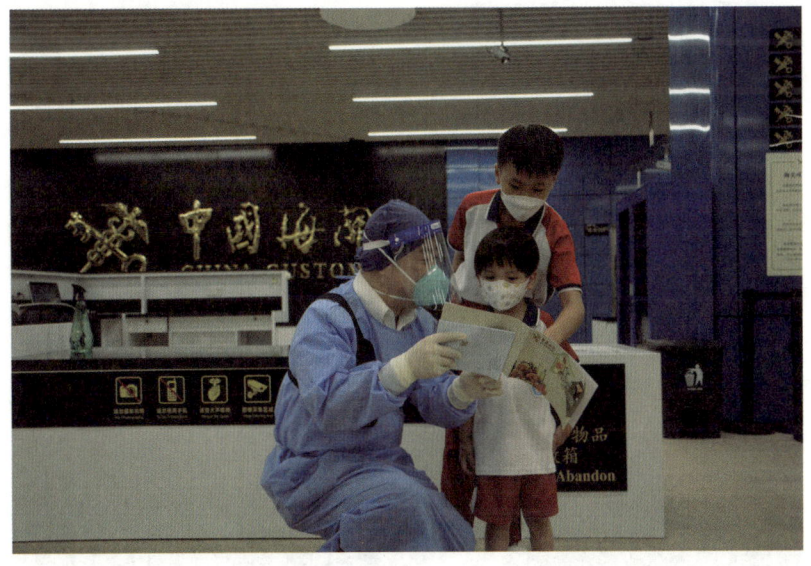

▲2022年9月16日,拱北海关开展食品安全宣传周活动,图为关员向参与活动的小朋友讲解食品安全知识

(刘晓萍 摄)

好氛围。举办"食品安全大讲堂——一桌好菜是怎样炼成的"系列讲座，分享交流挑选食材的技巧，同步开展进口食品安全监管知识宣传，传递以食品安全促进身心健康的理念。

(刘舰)

【关区特色食品进入港澳市场】2022年，拱北海关立足毗邻港澳、地处"两个前沿"的特殊区位特点，积极与港澳地区建立沟通联系机制，持续优化供港澳食品农产品监管模式，保障港澳地区"菜篮子"安全稳定。密切跟踪香港市场需求，开展关区供港食品企业调研，掌握供港产品种类、供应量及企业经港珠澳大桥供港的强烈诉求，同时与香港食物环境卫生署建立沟通联系机制，就供港鲜活食品农产品的种类范围、通关时间、保障等事宜进行多次磋商。经持续推动，成功实现鲜活水产品、冰鲜冷冻禽产品经港珠澳大桥快速输港。6月22日，首批19.5吨、货值47万的冰鲜禽肉经大桥口岸出境供港，有效拓宽珠江西岸地区鲜活食品农产品供港快车道。年内，经大桥公路口岸供港禽肉6613吨、货值1.47亿元，鲜活水产品5.5万吨、货值26.6亿元。促成鹧鸪、藏鸡等特色产品首次供应港澳地区，扩大酸菜鱼、熟制乳鸽等高品质预制菜供应港澳地区，不断丰富港澳地区居民餐桌。

(黄云君 刘舰)

【进口预包装食品标签技术整改移动远程监管】2022年，拱北海关以企业信用管理为基础，压实企业食品安全主体责任，在风险可控的前提下，利用科技信息化手段，探索实施"进口预包装食品标签技术整改移动远程监管"新模式。该模式以视频监控远程接入进口预包装食品标签技术整改后续监管作业，实现在线视频、即时指令、同步传输、音视频在后台同步存储，全程可追溯。该模式作为现场监管的有效补充，便利企业仓储及监管时间安排，节约监管预约排期3个工作日，满足产品快速入市的需求，提高企业获得感。该举措获海关总署备案并在横琴粤澳深度合作区实施，首批6家进口商纳入试点。

(曾晓俊)

【供澳门冰鲜水产品"三联三同"监管模式创新】2022年，拱北海关研究提出出口食品"三联三同"监管模式改革，通过属地与口岸联动、与企业联通、与地方联合，强化源头管控，严密监管链条，以"同企、同料、同线"的生产批为监管单元，综合全过程多项要素实施合格评定，

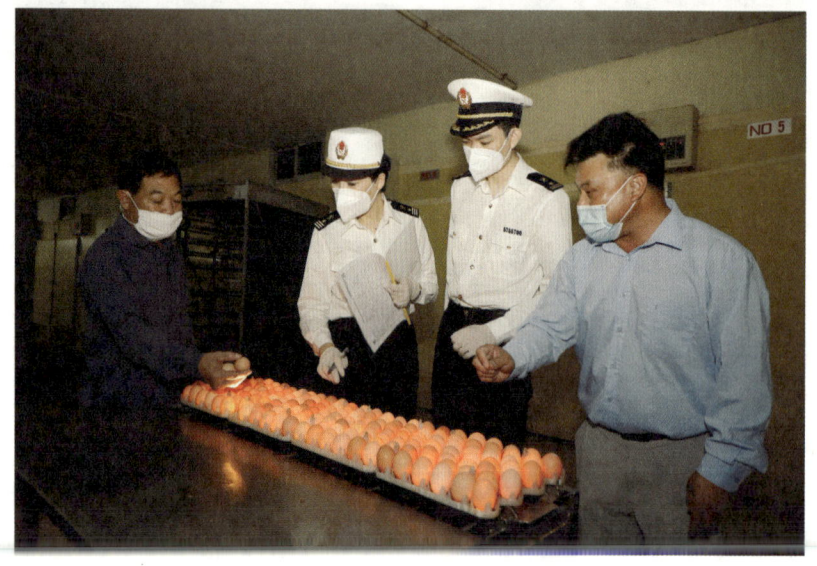

▲2023年3月14日，中山海关关员对供港澳禽蛋实施现场查验 (黄妙双 摄)

实现风险可控下的"随产随检、随检随放"。经海关总署批准，先行开展供澳门冰鲜水产品"三联三同"监管模式改革试点，优化通关流程，强化科学监管，解决重复检验、命中抽检不等结果放行等问题，改变现行出口食品监管条块分割并行作业的局面，收到良好效果。新监管模式实施后，企业现场办理次数同比下降97%，申领证书份数同比下降99%，企业通关时间同比缩减50%。

（马玲　刘舰）

【与澳门食品安全监管合作】2022年，拱北海关在进境暂存中转澳门食品、供澳门冰鲜水产品、供澳门鲜肉以及输内地澳门制造食品4方面开展监管合作。简化澳门食品入境暂存仓储检验检疫业务流程，整合珠澳两地冷链物流、食品存储等资源，促进珠澳两地食品跨境贸易便利化。与澳门市政署成立联合技术小组，共同制订实施供澳门冰鲜水产品风险监测计划，不定期检视关区供澳门冰鲜水产品生产企业、备案养殖场安全卫生状况等，强化供澳门冰鲜水产品过程监管，实现口岸快速通关。开展供澳门鲜肉检验检疫要求技术磋商和实地考察，研究制定内地供澳门鲜肉检验检疫要求和供澳门鲜肉检验检疫监管方案，完成供澳门鲜肉检验检疫技术研究储备工作，为下一步实现内地新鲜猪肉、牛肉供澳门奠定基础。与澳门市政署开展澳门输内地肉制品准入评估工作，形成"扩大澳门输内地肉制品准入风险分析报告"报海关总署，为扩大澳门输内地肉制品准入提供技术支持。按照海关总署与澳门行政法务司签署的《关于输内地澳门制造食品安全监管合作安排》，密切与澳门市政署的监管合作，将输内地澳门制造食品的监管前移至澳门企业生产环节，由澳门市政署按照内地的卫生要求对食品生产企业和产品进行监管，出具证书，产品通关时海关直接认可澳门出具的官方证书，给予"优先查验、直通放行"的便利措施，实现"源头防控、快速通关"的目标，从根本上带动澳门食品生产行业整体水平的提升。截至年底，152吨、货值2102万元的澳门传统食品经拱北关区口岸"秒速"通关输往内地，未发现不合格产品。

（陈胜相　黄云君）

商品检验

【概况】2022年，拱北海关持续完善进出口商品质量安全风险预警和快速反应监管体系建设，聚焦"安全、卫生、环保、反欺诈"，强化进出口重点敏感商品检验监管，全面落实业务改革部署，守牢质量安全底线、服务国家战略安排、维护消费者合法权益。始终把危险品检验作为安全生产工作重中之重一抓到底，完善业务制度、开展业务培训、优化资质人员结构、针对性常态化开展监督指导，积极开展"口岸危险品综合治理"百日专项行动，打造"加强版"危险品检验监管体系。全力维护产业链供应链安全稳定，持续落实"先放后检""依企业申请"等5项大宗商品检验监管改革措施，为企业节省费用3050万元。加强分析研究和培训宣讲，支持企业拓展进口优质再生金属原料多元化来源，进口再生金属同比增长7倍。严格执行水运进口铁矿固体废物排查，重点关注旧机电、再生金属原料等产品，针对性开展固体废物属性鉴别。积极探索"制度+科技""智慧商检"研究建设，初步建立商品检验"三应"运行机制，发挥职能管理和业务监督作用，形成稽查商品检验风控联动机制。定期分析评估不合格检出情况，检出不合格商品388批。提升履职能力，开展调查研究12次，解答企业急难愁盼问题81个，制修订制度文件6份，梳理商品检验业务相关执法文件依据200余份，针对重点业务开展"送教下基层"、联合培训、跟班实训、实操培训105场，覆盖1513人次。强化监督检查，开展业务检查和风险排查13次，对40处风险隐患整改销账，及时问效纠偏，提升业务执法的规范性和统一性。

（郭文静）

【进出口危险品检验监管】2022年，拱北海关检验监管进出口危险化学品5149批、869.64万吨、537.30亿元，同比分别增长5.53%、下降8.39%、增长25.82%，检出不合格49批。组织开展危险品检验监管监督检查4次、参与相关安全生产大检查3次，压紧压实责任，坚决守住安全底线。针对南方夏季高温炎热，对低沸点、易聚合或热分解等高温天气下容易引发安全风险的危险化学品开展专项排查，筛查9种重点产品，指导隶属海关规范实施危险化学品检验监管作业、做好个人防护，提醒相关企业关注高风险危险化学品，防范化解安全生产和口岸安全风险。开展和参与"口岸危险品综合治理"百日专项行动,成立关区进出口危险品检验监管业务指导专家组,指导隶属海关综合应用各种合格评定方式对危险品实施检验,保障口岸危险品依法依规快速检验放行。针对海关总署进口危险化学品检验监管要求调整,修订完善操作指引3份,为隶属海关执法提供指导。动态更新覆盖83家企业、117种产品的危险化学品检验监管业务数据库,精准分析重点产品,针对性加强检验监管及安全防护。加强科技赋能,建立运行危险品伪瞒报风险甄别模型,排查涉危险品问题线索33条,涉及问题风险12个,其中转稽查查获危险品伪瞒报情事1宗、涉案货值79.45万元。推行出口危险化学品以"报检批"代替"报关批",将出口产地检验合格评定活动融入海关通关流程,缩减现场检验工作量,实现"即报、即审、即放"。组织开展进出口危险品企业宣传15场、96家次,详细解读相关政策,引导企业如实、准确申报,强化企业主体责任,提高货物通关效率。

(蔡俊)

【编发进出口商品检验监管典型案例】2022年,拱北海关在进出口商品检验监管典型案例收集编写过程中,持续强化风险信息收集、跟踪梳理相关法律责任、整理海关总署及本关相关典型案例,组织执法一线学习研究及交流研讨,提升执法一线从申报审单、现场查验、业务监控等环节查发不合格进出口商品的能力及执法水平,编发进出口商品检验监管典型案例63宗,报海关总署商品检验司46宗,获采纳发海关系统交流借鉴11宗。

(张春华 蔡俊)

【进出口危险品检验监管业务培训】2022年,拱北海关加强进出口危险品资质人员管理,优化资质人员结构,组织93人次参加海关总署进出口危险货物及其包装检验监管人员岗位资质培训考核,通过率90%,提升36个百分点。收集整理关区危险品检验监管典型案例39宗,开展重点讲解及实操交流培训,指导一线提升自主查发实战能力。开展业务培训,举办5期关区集中培训及"送教下基层",点对点开展"浸入式""场景式"现场培训交流,隶属海关开展跟班实训和现场实操培训,确保关区业务依法依规开展。

(蔡俊)

▲2022年11月24日,高栏海关关员对出口危险化学品实施产地检验

(张方小雪 摄)

【进口资源性商品检验监管】2022年，拱北海关推进落实进口铁矿"先放后检"和依企业申请实施品质检验，持续释放改革红利。对不申请海关出具品质证书的进口铁矿企业，实施现场检验检疫合格后直接放行；对申请海关出具品质证书的进口铁矿企业，经现场检验检疫符合要求即可提离海关监管作业场所，货物提离后再实施实验室检测，相关产品在海关完成合格评定并签发证书后可以销售、使用，从卸货完成到允许提离最快仅需1小时。实行"先放后检"，优化人力资源配置，提升铁矿巡检初判精度和速度，检测周期同比缩短50%。年内，检验进口铁矿220批、1179.07万吨，同比分别增长27.17%、26.82%；平均验放时长2.72天，同比下降20%，有效降低企业仓储成本，为企业节省费用3050.39万元。截至年底，拱北关区进口煤炭92批、490.41万吨、40.22亿元。自6月28日起，落实海关总署降低进口煤炭取样送检比例监管措施的要求。

（蔡俊）

【进出口机电轻纺类商品检验监管】2022年，拱北海关加强进出口机电轻纺类商品检验监管，查获机电轻纺类消费品不合格23批，同比增长53.33%，均依法实施退运、销毁和不予出口等后续处置，切实保护消费者安全健康。服务珠海高端打印设备及耗材千亿产业集群发展战略，组织与地方政府、企业开展专题调研和研讨8次，撰写专题报告5份，指导隶属海关完成1家企业业务承接主体变更。在"3·15"消费者权益保护日和"6·1"国际儿童节等重要节点，回应社会公众关切，制作儿童消费品相关新媒体宣传材料2份，在12360海关热线、"拱关发布"微信公众号等新媒体平台发布，被新华社等主流媒体转载，反映海关保护消费者安全健康的监管成效。

（杨娜）

【进出口商品质量安全风险监测】2022年，拱北海关发挥进出口商品质量安全风险监测点（电光源及灯具产品）作用，服务中山市特色支柱产业发展，指导企业提升质量、规避风险，联合地方政府、行业协会举办培训宣讲会2场，参会出口企业200余家。持续开展进出口电光源及灯具产品质量安全风险信息采集、研判、分析等工作，截至2022年累计收集国内外标准和技术性贸易信息500余条，实施各类灯具和电光

▲2022年5月25日，横琴海关关员对进口消费品实施现场检验　（王钰　摄）

源质量安全风险监测62批，发现EMC、安规检测、光学检测不合格等质量安全风险76项/次。综合分析各类风险信息，积极开展结果应用，举办照明电器产品出口技术性贸易措施宣讲会，服务行业应对国外技术性贸易措施，参训出口企业300余家。拱北海关进出口商品质量安全风险监测点（进口大宗资源商品）人工甄别、筛选、收集媒体公开发布及海关内部通报的风险监测信息42条，完成55批次进口货物质量安全风险监测，其中煤炭19批次、112.9万吨，铁矿36批次、300.5万吨，出具实验室检验数据572个，采集货物原产国（地区）、消费单位、装货港检验报告等数据846个，监测覆盖关区25%的进口铁矿和23%的进口煤炭。基于风险监测信息数据，对来自澳大利亚、巴西、南非的铁矿石，以及来自印度尼西亚和俄罗斯的煤炭进行产品特征的梳理和归纳，与隶属海关开展专题培训交流，为铁矿固体废物监管提供技术支撑，为优化进口煤炭取样送检布控比例提供信息支持。

（张春华　蔡俊）

【优质再生金属原料进口监管】2022年，拱北海关规范进口再生金属原料检验，建立进口再生金属原料检验工作机制，明确工作要求，组建关区进口再生金属原料检验专家组，快速解决检验监管实际中的疑难问题。梳理归纳进口再生金属原料培训重点，推动现场统一执法，依法依规处理不合格及鉴定为固体废物的进口再生金属原料，组织开展培训及实操交流3期，155人次参加。指导口岸海关提前介入，根据进口再生金属原料申报到港情况，合理安排现场检验作业任务，按照海关总署的指令要求和有关标准、规程对进口再生金属原料实施检验，经检验符合相关国家标准的实现当日检毕、当日放行。开展不同产地品质差异比对，为企业选择高品质进口再生金属原料提供参考，支持企业拓展多元化、高品质进口来源，服务国内能源资源产品保供稳价。年内，检验进口再生金属原料447批、2.98万吨、4.77亿元，同比分别增长4.88倍、7.32倍、8.3倍；检出不合格32批、1511.4吨、4153.74万元，同比分别增长9.67倍、23.56倍和72.71倍；检出固体废物6批、211.93吨、523.12万元（2021年未检出固体废物）。

（蔡俊）

口岸监管

【概况】2022年,拱北海关坚决贯彻海关总署党委决策部署,认真落实关党委工作要求,保持高压态势打击治理"水客"走私,毫不放松抓好口岸疫情防控,牢守底线紧抓安全生产,支持服务横琴粤澳深度合作区建设,坚持不懈用好管好港珠澳大桥,多措并举促进外贸保稳提质,推进口岸基础能力建设,狠抓监控检查,推进智慧监管,持续"强监管、优服务",稳步推动各项工作取得成效。

(孙文静)

【口岸建设与发展】2022年,拱北海关关区有一类口岸11个,二类口岸3个。拱北海关重点做好指导横琴口岸"二期"项目建设相关工作,支持和服务横琴粤澳深度合作区建设,推动"智慧监管"等海关信息化项目在横琴粤澳深度合作区布局落地。加强与珠海市交通局、商务局的沟通协调,研究提出珠海机场口岸项目设计方案意见,指导珠海机场国际区旅检及货运区建设。指导做好大桥口岸扩大开放以及跨境工业区专用口岸扩大开放延期有关工作。指导做好中山港新客运码头建设相关工作。

(王叶龙)

【运输工具监管】2022年,拱北海关监管进出境运输工具399.78万辆(艘)次,同比下降4.88%。持续推广"一港通"、"组合港"、"船边直提"、"抵港直装"、内外贸货物"同船运输"、"水运公共巴士"、7×24小时"提吉还重"等业务模式,节约企业运输成本。年内通过"一港通""组合港"模式验放集装箱2万余标箱,监管"同船运输"船舶700余艘次、集装箱近4万标箱,货物物流成本同比平均降低20%。加强进出境船舶监管,加强船舶单证审核、人工审核结关、落实外贸转内贸运输("外转内")船员核酸检测及信息推送等措施。支持建设港珠澳大桥经贸新通道,综合运用多种装备,对车辆及司机行李物品进行非侵入查验,防范绑藏、夹藏风险。支持配合开展粤港、粤澳跨境运输全接驳模式,实施途中监控、轨迹回放,防范途中换货风险,确保跨境运输畅顺。验放粤澳"跨境一锁"货物批次同比增长190%,验放入境粤港货车同比增长47%。完成首单"澳车北上"车辆海关备案手续,全程无纸化、网上办理。

(胡焱)

【货物监管】2022年，拱北海关监管进出口货运量1.39亿吨，同比下降3.37%。加强货物口岸检查，打击进出境货物夹藏夹带和伪瞒报等走私违规行为，严格落实各类专项行动要求。持续优化口岸货运监管查验设备联网集中审像工作机制，强化集中审像中心与业务现场联系配合，年内大型集装箱/车辆检查设备检查量78222箱/车（次），同比下降3.6%。严格口岸疫情防控，持续开展进口冷链食品及进口非冷链货物新冠病毒检测和预防性消毒监督工作。深入推进粤港、粤澳海关货物查验结果参考互认工作，年内实施粤港货物查验结果参考互认35票（其中进境29票、出境6票），实施粤澳货物查验结果参考互认212票（其中进境204票、出境8票），有效缩短企业通关时间。

（张杰）

【邮件、快件、跨境电商监管】2022年，拱北海关支持跨境电商新业态规范发展，优化跨境电商一般出口企业分级分类管理，深入开展促进跨境电商新业态健康规范持续发展课题研究，支持传统外贸企业转型跨境电商，年内监管进出境邮件138.4万件，同比增长66%，进出境快件231.84万件，同比增长9.86%；跨境电商零售出口货值同比增长64%。抓好"事前"企业资质管理，加强"事中"海关正面监管，强化"事后"核查打私，巩固完善打击跨境电商进口走私"断链刨根"专项整治行动成果，健全专项工作长效机制。专项整治行动期间，查发刑事案件1宗，案值250万元，涉税100万元；查发行政案件2宗；清退"网购保税进口+分销"等不合规经营模式。抓好寄递渠道疫情防控，严格执行寄递渠道监管工作人员个人安全防护措施要求，落实寄递渠道高风险非冷链物品核酸采样监测作业要求，年内开展寄递物品核酸采样224票。继续落实进出境快件相关监管制度，实施C类快件全部纳入货物全国通关一体化作业。

（潘肇仪）

【行李物品监管】2022年，拱北海关查验旅客行李物品83.6万票，同比下降6.3%。推进打击治理"水客"走私，强化文明执法，巩固打击治理"水客"走私长效机制建设成果，一体推进落实"十一条措施"和应对"水客"走私新特点工作方案。准确分析"水客"走私态势，强化口岸正面监管。开展"虎跃""虎威"等专项行动，立案侦办各类"水客"走私犯罪案件330宗，案值14.93亿元，涉税3.25亿元。查办各类"水客"走私行政案件8128宗，案值1.42亿元，涉税2572.30万元。严密管控国家禁止类、限制类物品进出境，推进"扫黄打非"工作，打击旅检渠道违禁印刷品和音像制品进境行为，严厉查堵象牙等濒危物种及其制品进出境，加大枪支、爆炸物品、毒品、筹码、货币现金查缉力度，持续打击治理跨境赌博和电信网络诈骗工作。支持地方政府落实反走私综合治理和口岸通关安全主体责任，推动实施珠澳口岸限次通行措施，与澳门海关、中资（澳门）职业介绍所协会、珠海出入境边防检查总站、出入境证件管理部门等单位密切合作，发挥综合治理合力。

（刘佳苑）

【场所（场地）建设】2022年，拱北海关落实行政执法检查事项"双随机、一公开"监管实施细则,建立和维护场所巡查的检查对象名录库和执法检查人员名录库,细化明确巡查频次、结果录入及公示等要求,开展监管作业场所(场地)巡查"双随机、一公开"工作,年内开展场所(场地)巡查1366次。指导相关经营单位完成中山中外运码头进境粮食、斗门新环码头进境水果、高栏国际货柜码头进境水果、洪湾港进境种苗指定监管场地整改工作,支持推动高栏港综合保税区进境水果指定监管场地配套冷链查验与储存一体化设施顺利通过验收,推动拱北海关首个进境种苗指定监管场地正式获批。配合珠海市做好港珠澳大桥旅游开发,配合制订海关监管方案。截至年底,拱北关区有监管作业场所(场地)52个,其中监管作业场所38个,水路运输类监管作业场所27个,公路运输类监管作业场所5个,快递类监管作业场所6个,集中作业场地14个。

(祝超漾)

【智能审图】2022年,拱北海关成立智能审图算法分类部署试点工作组,完成快件CT机智能审图算法试点工作,智能审图总体准确率由试点前的95.39%提升到99.66%,审图时间由原来的6秒调整为4秒,通关效率同比提升30%。深入开展顶照式小客车检查智能审图攻关,探索实现目标物检测功能和异物识别功能,首次提出增设人工标注移动端App,实现在检查现场直接开展图、车对照检查。在横琴口岸进境旅检通道开展为期51天的新型AI5000静态CT机使用及智能审图测试工作,探索解决CT机与旅检现场使用适配问题。

(陈震宇 张杰)

【口岸监管环节反恐】2022年,拱北海关落实总体国家安全观,围绕北京冬奥会、冬残奥会、香港回归祖国25周年、国庆节以及党的二十大等重要时间节点,积极推进关区口岸监管环节反恐怖各项工作。部署开展"护卫2022"专项行动,查获涉嫌危害国家安全货物9批次、20.3吨,物品52批次、2744宗。完善监控指挥体系和进出口商品质量安全监管体系,查获涉嫌危害国家安全货物9批次、物品52批次。校验手持式核辐射探测设备,推动完成关区门户式辐射探测设备的维修工作,细化关区核辐射探测设备配置标准,提高口岸监管环节反恐怖装备保障能力。组织开展关区口岸监管环节反恐怖联合会演,巩固完善口岸反恐联防联控联动机制,进一步增强反恐怖合力。强化二、三级监控指挥中心纵向联动,优化口岸运行监控指挥体系,规范监管作业场所(场地)监控摄像头管理运维,在线率保持在97%以上,年内考核位居全国海关前列。

(吴登云)

【进出境人员健康申报】2022年,拱北海关有序开展进出境人员健康申报验核和体温监测工作,常态化开展通关人员数据监控,验核进出境人员健康申报9760.2万人次,同比下降7.11%,旅客电子申报率99.9%。建立健全海关卫生检疫工作责任制,切实加强口岸疫情防控,确保各现场有序、规范地开展进出境人员健康申报验核和体温监测等工作,严厉打击健康申报不实行为。多渠道全方位加强宣传,口岸现场利用显示屏、张贴海报等方式指引旅客进行电子申报,设专岗指导填报,发挥健康申报闸机自助验核作用,配置扫码枪提升验核效率,充分便利旅客通关。

(刘佳苑)

【"口岸危险品综合治理"百日专项行动】2022年,拱北海关鼓励企业提前申报,建立存量日报制度,依托综合监管信息平台,整合内外部数据,实时掌控海关监管作业场所危险品状态,建立全流程信息化监管链条,最大限度化解危险品在海关监管作业场所的风险。持续优化保税仓库和出口监管仓库(以下简称"两仓")监管,加强危险品属地查检工作,每月初对60天内到期的保税仓储货物进行预警,对专项行动之前1年来进入特殊监管区域、保税物流中心(B型)的商品逐一排查。运用危险品模型开展风险分析,加强后续稽查,动态更新危险品数据库。密切沟通协调,明确企业、地方政府、海关安全生产责任划分,明确口岸查发伪瞒报危险品的处置分工。年内,开展专项行动期间,检验监管出口危险化学品4909批,报送典型案例5个,查获危险品伪瞒报及在无资质口岸进出口情事45宗,关区危险品平均堆存时间由2021年同期的3.5天缩减为1.9天,同比下降45%,危险特性分类鉴别平均检验周期由5个工作日压缩至3个工作日。推动供澳门危险化学品查验场正式启用。

(祝超漾)

【疫情防控专项视频监控检查】2022年,拱北海关围绕疫情防控工作要求,二、三级监控指挥中心协同联动,持续开展疫情防控口岸一线执法作业专项视频监控检查和运行监控值班保障工作。做好珠澳口岸疫情防控措施调整专项值守,制定更新35版口岸疫情防控监控表单,牵头组织"挑毛病"专家组开展安全防护远程视频监控检查,开展对港疫情防控"再检查、再提升"专项行动、口岸疫情防控监控检查强化提升专项行动,每周按时参加海关总署疫情防控视频连线会商,制订常态化疫情防控"挑毛病"专家组远程检查工作方案,建立健全考核惩戒机制,积极探索丰富监控检查手段,从严就高加强视频抽查力度,发现问题坚决督促整改,推动现场落实落细疫情防控各项措施,保障口岸业务平稳运行。年内二级监控指挥中心开展视频检查3338轮次,发现问题583个,报送工作日志334期,制发联系单55份,以电话等方式提醒整改332次,开展视频连线会商36轮次。

(杨凯帆)

【第十四届中国国际航空航天博览会监管】2022年,拱北海关强化组织保障,成立拱北海关航展监管工作领导小组和航展监管工作组,细化各相关单位部门工作职责。制发航展监管工作方案,明确工作任务和进度安排。开辟航展物资通关专用通道,确保进口参展物资抵达口岸后快速通关。安排关员驻场监管,免予航展公司就暂时进境展品向海关提供担保,降低航展公司、参展单位的通关成本。验放参展飞机模型、发动机等参展货物285.6万元。

(何人敬)

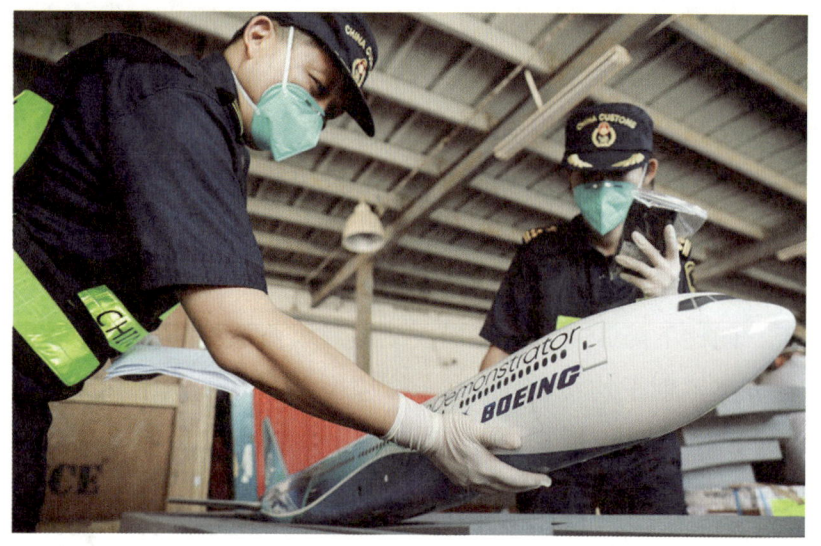

▲2022年10月27日,湾仔海关关员监管第十四届中国国际航空航天博览会首批进境参展物资 （俞波 摄）

【跨境电商零售出口企业分类分级管理】2022年,拱北海关持续推进落实关区跨境电商零售出口企业分级分类管理制度。落实"由企及物"的管理理念,以"守法便利、违法惩戒、精准防控"为目标导向,提炼跨境电商零售出口电商企业和申报企业的分级分类的7大主要评分项目,研究细化28项具体评分标准,涵盖企业溯源能力、内控建设、查验情况、装箱状态、快递面单、规范申报和运抵等方面,突出企业溯源能力方面的占比权重;设立4个安全等级分级管理档次,安全等级为"高"和"较高"的企业分别有1家和8家,占关区活跃企业的2.7%和21.6%,安全等级为"一般"的企业27家,占关区活跃企业的73%,安全等级为"低"的企业1家,占比2.7%。4个安全等级设定不同的风险防控措施,将分类监管、精准防控的措施贯穿海关监管全过程。通过以上措施,年内关区跨境电商零售出口经营企业分级架构清晰,零售出口商品来源整体可控。海关监管重点更加突出,风险防控更加精准,有效实现关企互惠共赢的良好通关氛围,进一步净化口岸通关环境,提高便利化水平。

（龙鑫）

【港珠澳大桥经贸新通道建设】2022年,拱北海关支持充分发挥港珠澳大桥作用,加快建设港珠澳大桥经贸新通道。配合粤港、粤澳跨境运输全接驳模式,实行"甩挂""吊装""接驳"等非接触式货物交接模式,优化跨境快速通关及转关运输模式

▲2022年12月22日,港珠澳大桥海关关员为港珠澳大桥经贸新通道珠海至武汉首票进口转关货物施加海关封志 （唐泽铭 摄）

主管地海关验放流程，采取"轨迹监控+人工验放+应急施解封"3项措施，确保全接驳模式下转关运输正常运行。打造"跨境一锁+新业态"模式，应用该模式连通澳门机场、澳门邮局经港珠澳大桥与广州、中山、惠州、茂名等地之间的物流通道。与武汉海关加强"呼应"，建立协同监管机制，依托港珠澳大桥经贸新通道，打造便捷高效物流通道，支持开通"香港机场—港珠澳大桥—武汉"空陆联运快速物流通道，助力武汉"光芯屏端网"供应链安全稳定。与长沙海关开展"跨境一锁"业务测试，打通香港经港珠澳大桥至湖南郴州的快速物流通道。年内验放粤澳"跨境一锁"货物批次同比增长190%，经大桥口岸入境粤港跨境货车同比增长47%，单日最高值为2021年的2.5倍、2019年的4.4倍。

（胡焱）

【"组合港""一港通"计划实施】2022年，拱北海关针对进出口企业及港口经营单位的需求，实地探访调研南沙港、蛇口港，在充分评估的基础上，支持关区沿江支线港口加入粤港澳大湾区"组合港"及湾区"一港通"计划，通过优化海关监管流程，实现国际出口货物在拱北关区支线港一次性办理货物通关及交还集装箱手续，出口货物在启运港"一次申报、一次查验、一次放行"，实现城际港口间物流协调及高效衔接，推动粤港澳大湾区港口资源互补和要素合理分配，进一步促进粤港澳大湾区港口联动发展。年内，拱北关区开通"组合港"航线7条及"一港通"航线2条，涉及中山市中山港、小榄港、黄圃港及珠海市洪湾港、西域码头，2万余标箱货物选择该模式出口。据企业反馈，"组合港""一港通"模式下出口货物物流成本同比平均降低20%，出口国际货物中转耗时同比减少2~3天。2022年7月2—3日，中央电视台《新闻联播》《朝闻天下》等栏目报道拱北海关推广应用"粤港澳大湾区组合港"模式。

（胡焱）

统计分析

【概况】2022年，拱北海关坚持依法统计、科学统计，不断提升数据"首报、首发、首用"能力，"加强、加密、加深"进出口分析和政策研究，维护统计数据真实准确，服务好"一带一路"建设、粤港澳大湾区建设、横琴粤澳深度合作区建设、用好管好港珠澳大桥等重大政治任务，推动统计分析工作高质量发展。服务中央宏观决策，完成海关总署各类分析研究任务63次。做好海关统计新闻宣传工作，参与"海关发布"微信公众号首次外贸数据专家解读，为外贸保稳提质提供相关数据分析。牵头开展全国直属海关月度货运量和集装箱业务运行情况监测分析、中国—乌克兰物流监测分析、海关总署统计分析司货物监管业务研究组和业务统计编辑工作组工作，撰写分析材料43篇。参与搭建海关总署中俄、中欧等业务统计物流数据模型。开展中国海关贸易景气（进口）试点调查、跨境电商统计试点调查等工作，聚焦外贸企业生产经营等情况开展关区专项调研。持续强化关区统计数据质量综合管控，保持打击不实贸易高压态势，编发各类统计监督信息28期，纠正差错记录2130条，移交处置海关统计项目申报不实案件1宗。加强业务数据日常安全保护，严格内部流程控制。开展关区统计业务培训6期，以干代训14人次。派员参加海关总署专项工作22人次，获统计分析司来函表扬12次。

（张红峰）

【统计调查】2022年，拱北海关紧扣外贸保稳提质重点，围绕疫情冲击、出口订单外流、专精特新企业发展等专题开展调研和外贸形势分析，服务外贸稳增长工作，为广东省政府、珠海和中山两市政府预判外贸动态、精准帮扶企业贡献海关智慧。参与完成海关总署跨境电商统计资料审核及编制、2022年度中国外贸出口先导指数调查样本企业轮换工作。做好中国海关贸易景气（进口）试点调查、跨境电商统计试点调查等工作，聚焦外贸企业生产经营等情况开展关区专项调研，调查调研企业逾1400家次，向海关总署报送《拱北关区重点外贸企业调研报告》等调查调研报告17篇，编发统计工作信息专刊4期。

（詹畅）

【业务统计】2022年，拱北海关持续强化关区业务统计指标数据审核，审核关区业务统计指标记录3.4万条，更正差错数据23条。履行海关总署业务统计第二审核组成员单位职责，审核上海海关等6个直属海关第二季度业务统计指标记录14.4万条。参与海关业务统计现代化改革，牵头完成34项卫生检疫业务统计指标设计，参与完成76个检验检疫业务项目优化工作。履行"统计业务改革"项目系统组组长职责，完成系统软件需求规格说明书编制和基础数据参数表设计。牵头开展全国直属海关月度货运量和集装箱业务运行情况监测分析、中国—乌克兰物流监测分析、海关总署统计分析司货物监管业务研究组和业务统计编辑工作组工作，撰写分析材料43篇。参与搭建海关总署中俄、中欧等业务统计物流数据模型5个，完成相关署级研究课题。

（曾海）

【贸易统计数据质量控制】2022年，拱北海关履行全国海关统计数据质量控制中心参数分中心副组长单位、报关单异常数据监控机制成员单位工作职责，做好全国海关疫情防控物资统计数据审核工作。持续强化关区统计数据质量综合管控，发挥专业化、集约化审核机制作用，着重"宏观、中观、微观"三级管控，持续保持打击虚假贸易高压态势。开展关区统计督察反馈意见整改工作、关区贸易统计数据质量等专项调研，针对工作存在的短板弱项，及时整改优化。年内优化全国统计系统检控参数70条，纠正全国统计数据差错80条，撰写相关报告83篇，编发各类统计监督信息28期，纠正关区统计数据差错2130条。

（宋怡）

【贸易统计监测分析】2022年，拱北海关服务国家宏观决策，紧扣国际国内形势热点，聚焦建设贸易强国、保障产业链供应链安全，加强、加密、加深外贸运行监测研究，深入开展数据融合分析，参与农产品进口、产业链转移、大宗商品生产和储运基地建设、重点外贸企业进出口情况等专项调研任务，年内编发统计监测分析专刊180期。围绕党中央、国务院各项重大决策部署，紧盯国内外经贸形势变化，参与海关总署各项课题研究工作，牵头完成署级研究课题1个，参与完成署级研究课题1个，围绕产业结构升级、贸易新业态特点、汇率波动、物流运输情况等积极开展跟踪研究，完成"外贸企业对当前形势研判"等专题研究报告19篇。围绕疫情冲击、出口订单外流、专精特新企业发展等专题开展深入调研，扎实开展外贸形势分析，以客观、专业的外贸分析报告服

▲2022年9月21日，拱北海关召开2022年9月外贸形势分析会（张建林 摄）

务外贸稳增长工作，年内外贸监测分析报告获地方政府部门采用51篇次，获省市领导批示17篇次。紧扣服务中心工作和辅助决策着力点，健全完善外贸形势多方会商研判机制。召开关区外贸形势分析会议4次，多层次、多维度、多视角分析研判外贸形势，强化分析成果转化运用，及时反馈海关总署、广东分署关于外贸形势研判情况，为促进外贸保稳提质提供海关的对策与建议。发挥海关统计对外宣传优势，持续强化新闻素材积累和分析研究，参与海关总署统计新闻发布保障工作任务4次，编报各类稿件21篇次，获海关总署通报表扬。《经港珠澳大桥进出口总值突破4800亿》《今年前11个月内地对澳门地区进出口值同比增41.4%》等拱北关区统计类新闻宣传稿获中央电视台《新闻联播》播出。

（王鹏）

【数据安全管理】2022年，拱北海关加强业务数据日常安全保护，严格数据安全内部流程控制，积极推进关区业务数据安全分类分级，做好安全检查督导。参与完成海关总署《海关数据分类分级标准规范》编制，对8个关级涉及数据应用系统开展安全前置审核、立项评审、验收等工作，牵头完成关区"桥见未来"综合管理项目、智慧旅检人脸识别系统等5个"三智"申报项目数据安全审核工作。

（詹畅）

【统计数据服务】2022年，拱北海关每月在门户网站上发布珠海、中山两市外贸进出口相关统计数据，合规、安全、高效向地方商务等部门和社会公众等提供统计数据服务。年内，发布珠海、中山两市外贸统计数据报表72份，向珠海、中山两市地方商务等部门提供各类统计数据报表1065份，向社会公众提供服务29次。

（宋怡）

【中国外贸出口先导指数调查样本企业轮换】2022年，拱北海关关区有81家企业入选中国外贸出口先导指数调查样本企业，其中，16家为原样本企业，65家为新增企业。5月，海关总署统计分析司调整中国外贸出口先导指数调查样本企业，收录新一轮样本企业3118家。

（詹畅）

▲2022年5月18日，拱北海关统计分析处宣讲人员在关区中国外贸出口先导指数调查样本企业线上宣讲会发言

（廖月顺　摄）

【中国海关贸易景气（进口）试点调查】2022年，拱北海关关区有30家企业入选中国海关贸易景气（进口）试点调查样本企业。8月，海关总署统计分析司启动中国海关贸易景气（进口）试点调查，通过收集进口企业订单、信心、成本的变动情况，从企业经营实际反映全国货物贸易进口现状和发展趋势，为中国海关贸易景气指数编制提供资料。

（詹畅）

【群众性理论研究】2022年，拱北海关组织开展"服务新发展格局，更好发挥海关在国内国际双循环交汇枢纽作用""全面深化改革，推进海关制度创新""红色海关记忆——人物篇"以及海关史研究等年度征文活动。通过线上、线下方式组织开展辅导讲座、培训和集中研讨，全关参与网上年度征文培训近4000人次。年内征集各类论文153篇，其中1篇入围中国海关学会主题征文，1篇获中国海关学会广州分会征文二等奖，4篇获中国海关学会广州分会征文三等奖。评出拱北海关2022年度领导干部优秀论文1篇、特等奖1篇、一等奖25篇、二等奖40篇、三等奖60篇、优胜奖26篇，中山海关、缉私局、风控分局和湾仔海关获优秀组织单位奖。

（黄孝永）

企业管理和稽查

【概况】2022年,拱北海关落实稽查改革部署,树立查发主导理念,优模式、建机制、防风险、强保障,制定26条落实措施,打造"自动预警、自动分析、自动处置、自动反馈"智慧稽查平台,精准设定指标模型,推动稽查选查向数据化、信息化转变。截至年底,在拱北关区备案的报关单位有24101家,同比增长15.13%;高级认证企业126家,同比增长10.53%。海关特殊监管区域外加工贸易企业856家,加工贸易实际进出口1919.51亿元,同比增长6.18%;在运作"两仓"18个,一线进出口总值212.45亿元,同比下降31.99%。加工贸易货物内销货值59.93亿元,同比增长8.33%。办结稽查作业294起,核查作业901起;开展进出口货物属地查检44560批;办理涉检验检疫行政处罚案件2101宗。

2022年8月,拱北海关企业管理和稽查处增加"对违反检验检疫法律法规行为的行政处罚相关工作"职能管理职责。

(何洪磊)

【企业管理】2022年,拱北海关加强中小企业信用培育,实施"千百十一"信用工程为关区企业发展赋动能,该工程入选"促进高水平开放高质量发展"十大举措。宣讲培育企业1000余次,通过"全面宣讲+重点培育+精准辅导"叠加"线上+实地"开展信用培育,涉及企业1100家次。重点培育企业100余家,以地方重点行业企业和专精特新中小企业为重点,建立100家重点培育企业库,指导110家存量AEO企业持续保持AEO资质。AEO资格企业新增20家、累计126家,同比分别增长66.7%、10.53%。中小企业78家,占比61.9%,同比提高5.52%。成立4个高级认证企业协调员工作室,指定协调员30余人"一对一"精准辅导,引导存量AEO企业持续符合管理要求。定期分析外贸市场主体,报送报告4篇。引导329家企业参与"多证合一"改革,备案数占同期备案企业总数的12.96%。提升报关单位备案效率,抓好报关单位备案管理规定及操作规程执行,严格时限要求,落实首问责任,报关单位数量大幅增长。做好特定资质企业备案,压缩出口食品生产企业备案时间,编发备案指引,加强新闻宣传,食品类特定资质企业1142家,同比增长4.67%,累计14家生产企业获得境外注册。

(姚雷)

【保税监管】2022年，拱北海关深化海关特殊监管区域外保税业务创新，全面实施企业集团加工贸易监管模式改革，深化"直属关+隶属关"两级协同，推动7家企业参与6个企业集团，成员企业拓展至27家，分属4个直属海关。支持油气石化仓储企业灵活调配保税仓库库容，大宗保税石化产品进出口货值152.84亿元，同比增长3.28%。完善保税油供船业务流程，供船保税油20.91万吨，货值9.89亿元，同比分别增长22.1%和95.3%。指导59家企业办理集中内销纳税，内销货值59.93亿元，同比增长8.33%。推进边角料网上拍卖管理机制，完成网上拍卖统一版信息化系统切换，年内公开拍卖成交992票，交易金额8151.47万元。实施风险评估机制，免收AEO企业全工序外发加工风险保证金6056.48万元，年内减免加工贸易业务风险担保金23.67亿元。梳理行政许可、行政检查、海关事务担保等规范性文件和内部制度性文件154份，开展保税业务培训2期，解答12360海关热线转办疑难问题12个，落实核查建议书6份。对应加工贸易和"两仓"33个内控节点，制发提示单12期，提示监控数据7206条，提交监控核查处置单17份，发现问题14个。应用"双随机"辅助程序，抽取企业50家次，提出核查需求334次，重点核查27次。执行安全生产和"口岸危险品综合治理"百日专项行动工作要求，严格排查"两仓"审批安全隐患，强化与地方安全主管部门联动机制，开展执法检查4次，向地方安全主管部门通报安全风险隐患1处，确保安全生产。

（刘菲菲）

【稽查核查】2022年，拱北海关以进口再生金属、再生塑料等再生资源企业、从事保税维修和再制造企业为重点，严厉打击伪瞒报、夹藏走私入境"洋垃圾"等行为，组织开展濒危动植物及其制品、进出口危险化学品和危险货物行业专项稽查，查发问题作业8起。参与横琴粤澳深度合作区建设，探索提出"企业自管、第三方协管、海关监管"三位一体多元共治后续监管模式。推进稽查改革，制定拱北关区机动稽查、挂牌督办、贸易调查等工作办法，修订稽核查引入社会中介提供服务操作指引，优

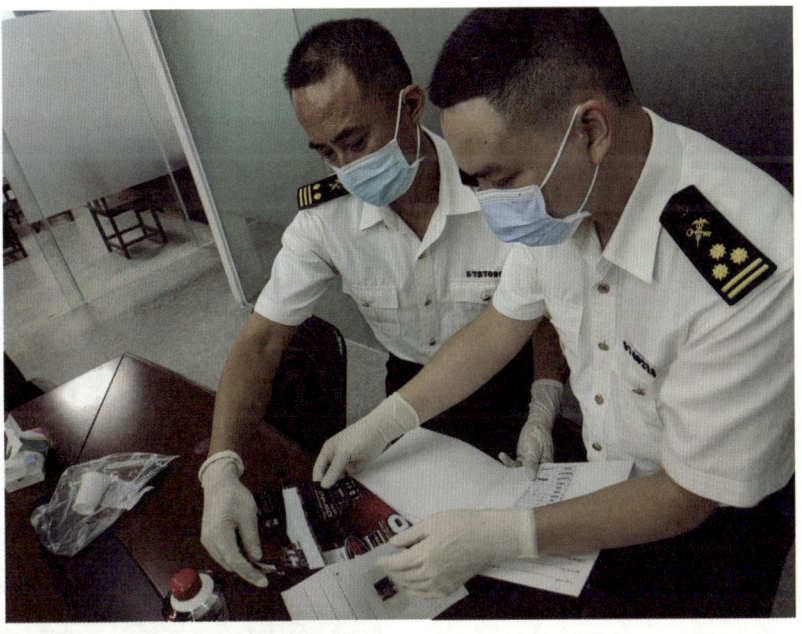

▲2022年6月10日，中山海关开展"反宣品"稽查专项行动，图为关员在核实中山某企业相关产品说明书表达是否符合"一个中国"原则

（梁伟雄　摄）

化绩效考评、稽查指令研判流转机制。聚焦意识形态领域，多次查发违反"一个中国"原则情事。组织开展税收安全和检验检疫准入安全稽查专项行动6次，查发符合海关总署大要案标准案件9宗。优化风险联防联控机制，密切稽查与关税、统计、加工贸易、动植物检疫、食品安全、商品检验等业务部门协同配合，构建稽查建议提起、即时处置、技术支持、限时反馈的风险处置闭环。推行"互联网+海关"主动披露线上办理模式，释放主动披露政策红利，办结企业主动披露作业122起，依法依规兑现从轻、减轻或不予行政处罚、减免滞纳金等政策。建立多部门长效配合和季度研讨机制，加大对生物安全、食品安全、商品质量安全、加工贸易监管、特殊区域监管、不实贸易等重点领域的核查力度。深化核查分类改革，构造以管理类核查为基本面、风险类核查为打击点的架构体系，核查有效率提高33.46个百分点。持续推进核查领域"双随机、一公开"联合抽查执法，推动建立联合抽查企业库。推动"企业自查结果认可模式"改革，21家企业以自查结果认可模式实施核查作业，平均作业时长同比缩短50%，推动高资信企业自律自主管理，降低运营成本，提升企业改革获得感。

（侯佳森　王婧）

【属地查检】2022年，拱北海关制定属地查检领域部门间联系配合办法实施细则，明确职责分工，加强联系配合和执法联动。依托拱北海关"智慧商检平台"，加强执法联动机制研究，提升协同监管效能。推进属地查检业务改革，推荐业务骨干入选海关总署属地查检专家型人才库，组织参与海关总署执法装备应用、执法联动以及执法作业安全规范等专题研究。加强执法能力建设，全面梳理选编属地查检相关法律法规289份，开展专业知识和作业规范培训，规范统一关区作业，提升执法水平和查发问题能力。落实海关总署安全生产和属地查检工作督导检查要求，确定35项排查重点，开展执法作业安全、危险品检验、食品查检等风险隐患排查，建立问题台账，按期完成整改。动态修订外勤作业疫情防护工作指引，优化分级分类措施，严密防范职业暴露感染风险。落实海关总署及拱北海关促进外贸保稳提质"10+16"条措施，设立进出口鲜活易腐农食产品属地查检绿色通道，

▲2022年5月1日，香洲海关关员查验供港澳蔬菜　　（李霖　摄）

实施优先查检和"5+2"预约查检措施，76家企业2.8万批次货值20.9亿元的农食产品通过该绿色通道实现快速验放。优先安排21家海关AEO企业和1268批次急于出口或投入生产使用的货物属地查检作业。

（邓健明）

【检验检疫行政处罚】2022年8月1日起，拱北海关检验检疫行政处罚职能管理工作由企业管理和稽查处承接。截至12月31日，办理检验检疫行政处罚案件1169宗，货值1.55亿元，处罚金额364.1万元。参与海关总署企业管理和稽查司组织的检验检疫规范性文件制定、办案系统升级、案件执法检查等专项工作。参与推进海关总署组织开展的"口岸危险品综合治理""打击寄递渠道'异宠'非法进境"等专项工作。梳理原有检验检疫行政处罚工作制度，清理废止相关文件，规范法律适用、办案、文书制发等程序，保障办案质量。开展"口岸危险品综合治理""异宠"案件、旅检渠道违法携带冻肉等政策研究，为海关总署相关工作建言献策，获海关总署采用政研分析1篇。运用"线上+线下"模式开展专家授课，多渠道多维度开展办案能力培训，提升办案人员执法水平。

（赵希璇）

【稽查岗位练兵取得优良成绩】2022年，拱北海关参加全国海关稽查岗位练兵，制订实施方案，成立比武领导小组，召开动员会，开展针对性、系统性培训，搭建"个人学"网络平台，汇总学习资料169份，建立"学测练"小程序，1.1万余人次参与练习。在全国海关稽查岗位练兵技能比武中，拱北海关取得单人全国海关第一名、16人进入全国海关"百强"（进入"百强"数全国第二）、团体决赛全国海关一等奖的成绩。

（侯佳森）

【参与AEO国际合作】2022年，拱北海关落实海关总署"共建'一带一路'""多双边合作"工作部署，推进AEO扩容提质，促进高水平开放。成立拱北海关AEO工作专班，落实海关总署安排的对接澳门海关、乌干达以及菲律宾使领馆和海关的工作任务，针对性开展AEO认证观摩实地演练和外语、外事工作等学习。参与海关总署与菲律宾海关开展的多轮高质量磋商，夯实中菲两国AEO互认安排签署基础。用好粤澳联络员机制和属地资源，协助澳门海关建立AEO制度，加快内地海关与澳门海关AEO互认安排签署进程。落实海关总署安排的与乌干达海关就AEO企业数据交换、互认安排实施等事项。参与WCO主持的《全球贸易安全与便利标准框架》修订工作，辅导认证人员获WCO法语AEO预认证专家资格，参与WCO多边研讨会议，积累多边沟通交流经验。

（姚雷）

【拱北海关关员获法语AEO预认证专家资格】2022年6月，拱北海关企业管理和稽查处赵希璇作为中国海关首次派员参与WCO法语AEO预认证专家考核并通过，成为AEO预认证专家。来自中国、阿尔及利亚、贝宁、墨西哥、土耳其等12个国家海关的候选人参加WCO法语AEO预认证专家在线研讨考核会，该会议包括主题演讲、模拟宣讲会、交叉主持圆桌会议等，WCO秘书处代表根据候选人的表现，决定其是否通过考核并授予预认证专家资格。

（姚雷）

【企业集团加工贸易改革全面实施】2022年，拱北海关顺应加工贸易企业发展需求，引导和支持关区企业参与企业集团加工贸易监管改革。大力宣传企业集团加工贸易改革"五自一免"等保税监管便利化举措，对有需求的10多家企业开展"一对一"政策解读和业务调研。深化"直属关+隶属关"两级协同，企业集团和成员企业数同比增长近2倍。年内，优化集团内物料等要素共用管理，精简业务环节4项，办理时间同比缩减75%；跨企业、跨区域调拨物料5.1亿元，同比增长2.5倍。年内，推进实施集团内企业整体监管，允许企业共用保税存储场所，提升仓储存放场地使用率，共用仓库面积3.3万平方米，跨企业存放保税货物31.3亿元。关区7家实施企业集团监管模式的企业进出口总值385.7亿元，同比增长6.2%，在关区加工贸易进出口总值的占比超过20%，企业享惠覆盖面进一步扩大。

（刘菲菲）

【企业备案优化】2022年，拱北海关落实"放管服"改革要求，推行企业备案便民措施，压缩出口食品生产企业备案时限40%，修订备案工作指引，实施全程网办，提供预约办理，落实首问责任，新增进出口企业3077家、出口食品生产企业79家，同比分别增长14.56%、51.92%。推动"多证合一"改革，通过案例分析、走访调研等方式解决堵点问题，协同地方相关部门建立联系机制，引导329家企业参与改革，备案数占同期备案企业总数的12.96%，是2021年的72倍。开展外贸市场主体数据分析，关区外贸市场主体总数突破2.4万家，同比增长15.13%，食品类特定资质企业1142家，同比增长4.67%。

（姚雷）

【跨部门联合执法】2022年，拱北海关协同地方市场监管部门对关区23家企业开展联合执法，涉及食品、蛋品、酒业、饮品、家居、化妆品等多个行业，抽查有效率86.96%。通过"进一次门，查多项事"，节约行政资源，减轻企业负担，保障监管效能，取得执法效果、社会效果"双丰收"，多次获媒体报道宣传。对企业开展全方位"体检"，集中研究、统一反馈发现问题，指导企业立行立改，"一次抽查、全面体检、综合会诊、精准施策"，关注企业痛点、难点，发挥部门联合优势"问诊把脉"，整合检查事项40%，执法效率同比提升50%，压缩下厂频次50%以上，单个企业平均检查时间缩短50%，最大限度降低对企业生产经营活动的影响。

（王婧）

【主动披露政策实施】2022年，拱北海关落实海关总署2022年第54号公告要求，推行"互联网+海关"主动披露线上办理模式，引导企业线上办理主动披露相关手续，实现企业"少跑路"、办理"再提速"，拱北关区网上办理主动披露占比60.5%，办理时长同比缩短33.14%。制作主动披露海关答疑宣传稿、"用好'主动披露'尽享守法红利"等新媒体宣传作品，在《人民日报（海外版）》等媒体平台发布，扩大主动披露影响。通过拱北海关"关企E线通"、门户网站公开主动披露事项办事指南、流程图、常见违规情形及救济渠道等信息,方便企业对照自查。年内,办结主动披露作业122起,同比增长177.27%,均依法兑现从轻、减轻或不予行政处罚等政策红利。

(侯佳森)

查缉走私

【概况】2022年，拱北海关推动地方政府发挥打击走私基础性作用，巩固反走私多元共治、群防群治良好局面。密切与属地打私、海防、海警等部门单位联系配合，及时协调解决工作问题15个，与中国人民银行珠海市中心支行签订反走私反洗钱合作备忘录。在粤澳执法合作框架下，完善与珠海市公安局、澳门海关、澳门司法警察局珠澳跨境执法联动机制。年内，查办各类走私违法案件11209宗，案值83.5亿元，涉税11亿元。其中，刑事立案400宗，案值69.2亿元，涉嫌偷逃税款10.6亿元，在全国海关缉私系统中分别位列第3位、第5位、第3位。侦办千万元以上大要案38宗；查办行政案件10809宗，案值14.3亿元，涉税3970.5万元。

（孟庆雨）

【智慧缉私】2022年，拱北海关依托海关总署缉私局涉澳（门）情报中心，查获走私违法案件549宗，案值64.18亿元，涉嫌偷逃税12.65亿元。完善指挥中心可视化监控和扁平化指挥通道，提升联网指挥、协调作战的实战能力，保障大要案开案20余次，为战时决策、紧急处置提供保障。推进执法办案中心建设运行，完成集中开案、查缉行动等专项执法管理工作93次，为外单位协查工作提供办案场所10余次，管理涉案人员1604人。依托案件管理系统实现动态监督，开展跨区域案件互查互评、行政案件执法检查、刑事积案挂案等专项工作，提升工作效能。完善司法鉴定中心实验室运行体系和管理体系，通过中国合格评定国家认可委员会（CNAS）复评评审工作，参加"智慧公安我先行"全国缉私基层技术革新专项活动线下比武，"粤港澳直通车走私风险预警防控模型"获三等奖。

（孟庆雨）

【"国门利剑2022"联合专项行动】2022年，拱北海关落实关区全员打私要求，修订拱北海关缉私局与各业务部门案件线索移交工作联系配合办法，完善缉私局与风控、动植、食安、监管、关税等部门单位的线索移交机制，开展线索分析研判和案件经营，健全完善全链条协同打私工作体系。年内，各部门单位查发移交刑事案件242宗，在缉私局办理刑事案件中占比60.5%。现场海关部门查办"简快"案件8999宗。

（孟庆雨）

【打击治理"水客"走私】2022年，拱北海关常态化推进打击治理"水客"走私"滚雷2022"专项行动,将"打现行、查现货、捣窝点"与"破大案、打团伙、摧网络"相结合,持续开展专项查缉行动180次,对口岸周边的"水客"窝点开展"短平快"式打击,不断压缩走私分子活动空间,强化社会面管控。立案侦办各类"水客"走私犯罪案件330宗,案值14.93亿元,涉税3.25亿元。立案查办各类"水客"走私行政案件8128宗,案值1.42亿元,涉税2572.30万元,打掉"水客"藏匿、交货窝点274个。推进源头治理,与澳门海关开展跨境合作"春燕行动",侦破"水客"团伙走私高档食材进境案,案值4.2亿元,涉嫌偷逃税款9200万元。

(孟庆雨)

【打击粤港澳海上跨境走私】2022年,拱北海关以"反走私、反偷渡"行动为抓手,统一调配水上警力、船艇,开展巡航封堵和岸地管控,密切与海警等部门的执法联动,筑牢水上防线,查获水上渠道案件17宗,抓获嫌疑人46人,查获冻品664.71吨,查证涉案燃料油2800吨。

(孟庆雨)

【打击重点涉税商品走私】2022年,拱北海关开展"G2022"系列重大查缉行动15次,严打成品油、电子产品等重点涉税商品走私,维护国家财税安全。其中,2021年12月立案侦办的低报价格走私液晶显示屏案在2022年成功扩案,案值由立案时的1亿元扩至51.1亿元,涉嫌偷逃税款由1000万元扩至7.1亿元,抓获犯罪嫌疑人数量增至30人,是拱北海关自2009年以来侦办的最大一宗团伙走私案。

(孟庆雨)

【打击"洋垃圾"走私】2022年,拱北海关查办"洋垃圾"案件25宗,涉案国家禁止进境固体废物1804.7吨,其中1宗案件查获涉案国家禁止进境的固体废物1460吨。

(孟庆雨)

【打击象牙等濒危物种及其制品走私】2022年,拱北海关查办濒危动植物及其制品案件23宗,立案侦办关区首宗涉嫌非法引进外来入侵物种案,查证巴西红耳龟2015只、刀背麝香龟2只。

(孟庆雨)

【打击毒品走私】2022年,拱北海关缉私局与现场海关协同联动,持续深化珠澳跨境联络处置机制,破获走私运输贩卖毒品出境案2宗,缴获大麻1098.37克。参与公安部目标"2021-427"毒品案件集中收网行动,协助珠海市公安局缴获大麻184株、500千克,获评公安部"百日

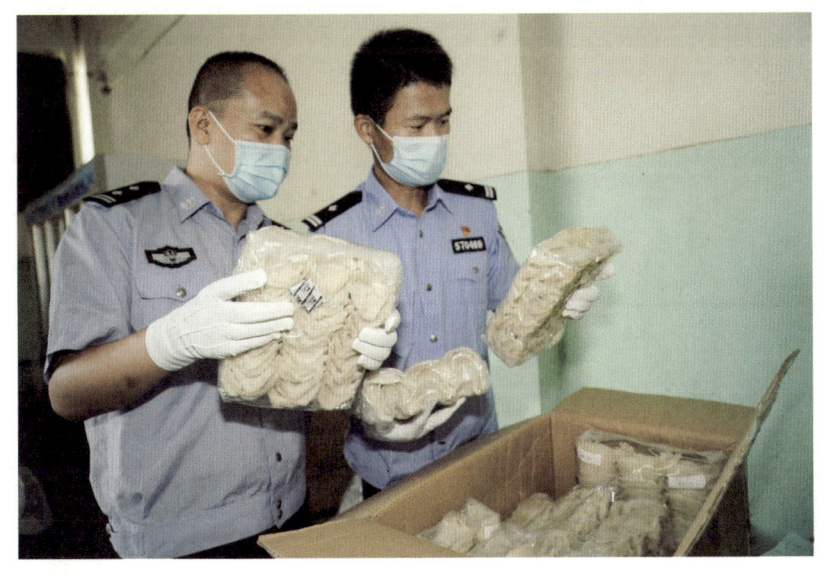

▲2022年9月19日,拱北海关缉私局民警清点查获的走私燕窝 (梁裕冬 摄)

行动"十大毒品案例。

（孟庆雨）

【打击枪支走私】2022年，拱北海关与珠海市公安局联手破获货运渠道走私枪支散件出境案2宗，缴获枪支配件3351件，其中1宗案件被广东省公安厅列为"11·10专案"组成部分。深查细挖"水客"团伙走私枪支进境案，缴获枪支数量由立案时的2支扩至46支。

（孟庆雨）

【海关执法规范化建设】2022年，拱北海关推进执法规范化建设，刑事、行政执法质量考评成绩连续13年保持"优秀"等级。完善制度建设，制定执法办案管理中心管理制度等4项制度，规范执法办案管理中心建设。与珠海市人民检察院、人民法等部门联合制定侦查监督与协作配合工作规则、涉案财物处置意见等制度规范，修订拱北海关案件审理委员会工作规程，完善行政处罚案件集体审议机制。严格执法管理，强化监督和审查，制发提示单28份，及时发现并督促整改问题。每月通报案件办理进度等，提升案件调查、审理、执行效率，压缩办案周期。夯实执法基础，组织"法制讲堂"，结合典型案例和执法热点，开展执法业务培训5场，参训民警600余人次，制发执法提示4期，围绕打击濒危动植物走私等重点工作，明确相关法律适用和证据要求，出台执法指引。

（孟庆雨）

▲2022年8月26日，拱北海关缉私局民警清点查获的走私枪支　（梁裕冬　摄）

第六篇 综合保障

政务管理

【概况】2022年，拱北海关坚持以习近平新时代中国特色社会主义思想为指导，深刻领悟"两个确立"的决定性意义，增强"四个意识"、坚定"四个自信"、做到"两个维护"，以党的政治建设为统领，推动"铸忠诚、担使命、守国门、促发展、齐奋斗"，加强统筹协调、参谋辅政、督促落实，全面提升"三办三服务"（办文、办会、办事；服务发展、服务决策、服务落实）水平，各项工作再上新台阶。

（杨旭）

【应急值守】2022年，拱北海关配合做好迎接海关总署疫情内部防控专项检查、海关总署疫情防控专项督查检查等系列重要工作，印发调整、强化新冠疫情内部防控工作措施的系列文件，督促各单位部门进一步强化防控意识，完善防控措施。每周报送排查情况，向海关总署报送疫情防控值班信息314期、风险排查信息48条、内部防控情况292次。做好突发事件应急处置，完善突发事件报告规范，及时报告"粤省事"移动政务服务平台"粤康码"故障导致拱北口岸旅客拥堵等热点信息，处置疫情期间各类突发事件20余次，履行报告职责，未发生瞒报、漏报、缓报情事。印制《拱北海关应急知识手册》，跟踪暴雨、台风等自然灾害，及时启动预案，做好灾害预警和响应处置工作。强化值班管理，落实三级值班带班制度，完成重点敏感时期值班工作，关区年内参与带班值班1000余人次。

（阮新武）

【政务信息】2022年，拱北海关发挥信息主渠道作用，围绕"一带一路"、粤港澳大湾区、横琴粤澳深度合作区建设、用好管好大桥等政治任务，高质量报送相关工作举措、成效和风险分析建议等信息，服务中央领导、上级部门科学决策。年内，获上级部门采用信息155篇次，办公室获评全国海关信息工作先进单位，1人获全国海关信息工作先进个人。制发进一步加强信息工作的通知，规范信息报送时效、采用分值等内容。健全专兼职信息员队伍，"一对一"指导优秀人才，选育管用"全链条"培养，建立信息员备案制度，动态调整信息员。开展以干代训、会商调研，提高信息员能力。注重发挥职能部门专家优势，强化业务数据研判、理论研究转化，建立起立体化信息工作网络。

（阮新武）

【督查督办】2022年，拱北海

关对标海关总署建立进一步加强习近平总书记重要指示批示精神贯彻落实工作制度，全力服务关区落实重大政治任务。每月汇编习近平总书记重要讲话和重要指示批示精神，对形势分析例会、外贸形势分析会等会议议定事项建立任务清单，按期通报落实情况，及时发现问题并督促整改。年内，对落实习近平总书记重要指示批示精神，党中央、国务院决策部署等开展专项督办190项，围绕粤港澳大湾区建设、支持和服务横琴粤澳深度合作区建设、打击治理"水客"走私、"用好管好大桥"等工作开展督办66次，紧扣关领导批示督办落实重点工作147项。

（杨旭）

【建议提案办理】2022年，拱北海关不断优化完善建议提案办理机制，加强制度建设，完善"关'一把手'负总责、主管关领导具体推动、办公室统筹协调、各业务部门单位具体办理"的运作机制，制订建议提案办理工作方案，做到"定任务、定人员、定时限"，以"零差错、零延误"为标准，严把复文关，提升答复质量。加强与人大、政协代表委员沟通联络，做到办理前联系、办理中沟通、办理后反馈。坚持问题导向，针对人大、政协代表委员反映的热点问题开展调查研究，不断提升办理工作的针对性、准确性、全面性。年内办理人大建议、政协提案29件。

（郑争鸣）

【保密管理】2022年，拱北海关严格落实保密工作责任制，做好定密、涉密人员和网络保密"三大管理"。完成2021年度涉密文件清退销毁。印发拱北海关工作秘密事项清单，细化39项工作秘密事项及知悉范围。排查敏感信息发布情况，排查计算机1182台。安全有序推进到期设备换装工作。参加"保密故事大家讲"主题讲述活动，主导拍摄的作品《小白秘事》获海关总署采用、通报表扬并推荐至国家保密局。开展保密知识线上测试，参加人员近1000人次。举办全民国家安全教育日专题保密展览1次，制作新媒体作品2部，发布警示教育片4部，印发保密知识宣传册300余份。开展重点敏感时期保密专项检查，组织关区2022年度保密自查自评工作。部署国产保密检查软件，运用检查工具自查计算机3000余台。复查重点部门、重点场所、重点人员计算机150台，筑牢保密安全防线。

（吴思婷）

【档案管理】2022年，拱北海关增强档案安全红线意识，

▲2022年4月24日，拱北海关举办关区保密专题展览　　（张建林　摄）

进一步加强重特大事件档案工作。制定拱北海关档案安全检查对照表，通过"实地+视频"方式开展档案专项检查。在关区19个档案库房安装"拱北海关档案工作突发事件应急处置预案流程图"，加强紧急情况响应处置。开展档案安全保密宣传教育。完成《拱北海关新冠疫情防控资料汇编（2021年度）》475万字。用好用活红色档案资源，收集海关令、单证、地图等实物524件，完成数字化工作343件。完成2021年度文书档案归档工作，整理上架文书档案资料4558件，接收其他门类档案458卷和126件。完成《党委（组）会议纪要（2016—2021）》《珠海市商检局组织沿革（1986—1999）》《珠海检验检疫局大事记（2017—2018）》等资料编辑。制定拱北海关档案工作管理办法，明确档案资料利用审批权限、归还期限等要求，推动档案管理标准化、制度化。配合"海关重点项目和财物管理以权谋私"专项整治工作调取档案7921件，配合关区房产办理更名过户手续调取档案212件。加大档案开放利用效率，开展档案利用1450人次、10060件。做好档案宣传培训，开展第15个国际档案日活动，联合珠海市档案馆举办"档案颂辉煌——百年拱关成长记"专题展览，相关情况获"学习强国"App、珠海电视台、《珠江晚报》等载体报道。普及档案管理应知应会知识，发布新媒体作品2篇。选送主题征文5篇，其中4篇在广东分署、海关学会广州分会联合举办的征文活动中获奖。组织实地参观珠海市档案馆库房，印发档案工作知识题库，在"钉钉"平台开展知识测试，1259人参与。

（吴思婷　张佩玲）

▲2022年6月17日，拱北海关联合珠海市档案馆举办"档案颂辉煌——百年拱关成长记"专题展览　　　　　　　（张佩玲　摄）

【政务公开】2022年，拱北海关修订关区政府信息公开规程、审查规程，更新拱北海关主动公开基本目录，编制拱北海关基层政务公开标准目录和拱北海关政府信息依申请公开操作指引，定期编写"案说政府信息公开"学习提示单。推进海关领域基层政务公开标准化规范化建设，进一步"规范目录、健全机制、夯实阵地、试点先行"，完成关区首批试点隶属海关政务公开规范化标准化建设任务。在拱北海关门户网站开设隶属海关政府信息主动公开专栏，在"拱关微发布"微信公众号开设政务公开专题，实现门户网站与政务新媒体联动互通。依法合规办理政府信息依申请公开，年内，办理依申请公开23件次，协助处置当事人不服横琴海关政府信息公开答复提起行政复议及诉讼各1宗，组织及参与政策宣讲24场，印发宣传资料9万册（份）。

（温阳蕾）

【信访工作】2022年，拱北海关贯彻落实海关总署关于加强和改进海关信访工作的部署，做好关区信访工作。修订拱北海关信访工作制度，完善依法分类处理信访事项清单、信访工作应急预案等关区信访工作配套制度，制定关长接待日制度，推动领导干部接访下访、阅办、包案化解信访事项，构建"党委统一领导、信访工作领导小组协调、信访部门推动、各方齐抓共管"的关区信访工作格局。践行新时代"枫桥经验"，突出治理化解，在重大敏感时间节点，开展信访风险排查治理。年内开展排查治理7次，组织信访专题研讨会4次，梳理重点信访事项2宗、重点人群9人，做到早发现早处置，将矛盾纠纷化解在基层、化解在萌芽状态。年内，处理信访投诉事项300宗。

（温阳蕾）

【新闻宣传】2022年，拱北海关贯彻落实海关总署关于进一步加强新闻安全的部署，统筹做好关区新闻舆论工作，积极构建"大宣传"格局。全方位、多角度、立体化宣传学习贯彻党的二十大精神，做好"喜迎二十大""奋进新征程建功新时代"专题专栏报道供稿，抢抓RCEP落地生效首日、港珠澳大桥开通4周年、高栏港综合保税区预验收、横琴粤澳深度合作区二线主体工程落成、第十四届中国国际航空航天博览会等关键宣传节点，策划实施澳门回归祖国23周年主题宣传等专项宣传活动，在《人民日报》、中央电视台等各级主流媒体发稿1144条次，其中在海关总署官方新媒体"海关发布"微博微信、抖音视频发稿308条次，海关总署网站"今日海关"栏目发稿67条次，"海关影像"播出微视频5部。5部作品获中国海关传媒中心"第四届国门传播奖"，列全国直属海关获奖数量第1名，获"传播组织奖"，个人作品《温暖老人心》（摄影者俞波）获新闻摄影类唯一一等奖。"我关口岸截获拉丁蠊全球新物种"等话题登上微博热搜榜，参与量超1.8亿次。

（李婧）

【12360海关热线】2022年，拱北海关妥善应对口岸疫情防控各阶段性咨询高峰，每月编写热线动态，抓好节点充实本地知识库。年内收到来电18852个，答复满意度逾99%。承担政策解读、网站答疑等责任，答复网站留言咨询268条，获"12360服务订阅号"微信公众号编发新媒体作品13篇。落实班前例会机制，结合热点、难点问题定期邀请后台专家为话务员进行专题授课，提升话务员答复咨询、处理问题的水平和应答效率。将优化地方政务服务便民热线工作融入"我为群众办实事"实践活动，承接12345珠海市民热线转接来电和转办事项。

（温阳蕾）

【关史办成立】2022年1月11日，拱北海关下发关于加强海关史研究工作的通知，安排部署关史研究工作的组织领导、职责任务、时间进度以及工作要求等，成立由分管关领导担任组长的拱北海关海关史研究工作领导小组，负责统筹规划、协调推进关史研究工作，统筹开展海关年鉴编纂、地方志资料年报及年鉴供稿、拱北海关史料抢救征集等工作。拱北海关海关史研究工作领导小组下设关史办，承担拱北海关海关史研究工作领导小组日常工作。

（陈进利）

【首部年鉴编纂】2022年，拱北海关首次开展年鉴编纂工作。《拱北海关年鉴（2022）》是拱北海关首部年鉴，采用分类编辑法，设类目、分目、条目3个结构层次，有特载、专记、政治建设、业务建设、政务及后勤保障、隶属海关、事业单位、荣誉榜、大事记、海关统计资料10个类目，载录2021年度拱北海关工作的基本情况，包括海关改革发展的重要举措、重大事件以及所取得的成绩和经验。首部年鉴的编纂，填补拱北海关年鉴的空白，是拱北海关海关史研究工作的重要里程碑。

（陈进利）

【公文处理"三应"机制】2022年，拱北海关在公文处理工作中贯彻"响应、呼应、反应"机制，不断提高关区公文处理工作水平，提升以文辅政效能。强化对上"响应"，坚持政治为先，建立思想理论、重大政策、重要文件数据库，开展政治表述权威出处、最新要求、规范用法"三必查"，确保经手文稿政治表述零差错，健全公文处理制度，实施发文总量控制、质量把关、清单管理、动态监控，减轻基层负担；强化相互"呼应"，构建办公室主管、各部门齐抓共管格局，多线开展内控审核、合法性审查、专业审核等工作，做到行文合规、内容合法、表述合理，实行"前期会商—中期追踪—后期复盘"公文办理模式，减少推诿扯皮现象，设立专业人才"孵化仓"，围绕"多专多能"，一体提升文字能力和业务水平；强化对下"反应"，建立公文处理"分级负责、分工协作、全程管控"机制，搭建公文处理快车道，确保重要件批办零争议、办理零延误、发文零差错，提升机关运转效率。加强正向指导，设立公文处理实训基地，常态化开展以干代训、专项实训等沉浸式培训，定期开展送教下基层，提升机关运转能力。严格逆向管控，建立"公文医院"纠错机制，定期点名通报，形成"规范起草—从严审核—错情通报—总结改进"工作闭环，从源头严防公文"带病"流转。

（郑争鸣）

【"一国两制"海关跨境合作新实践探索】2022年，拱北海关坚持推动关区全面准确贯彻"一国两制"方针，深入践行"三智"合作理念，探索海关跨境合作新实践。以智慧海关为导向，提升海关管理效能，将"三智"理念全面融入海关监管模式创新和监管制度设计，构建海关管理智能综合体。以智能边境为要求，打造便利通关模式，探索口岸查验机制创新，推动客货车粤澳联合"一站式"验放等合作事项取得新进展，开展粤澳海关查验结果参考互认，建立"执法互助、便捷通关"合作互助机制。以智享联通为倡导，提高多元共治水平，探索网络智能互联，搭建粤澳货物"一单两报"综合服务平台，开展内地海关与澳门海关AEO互认合作研究，推动和参与检验检疫合作，联合打击治理"水客"走私。开展进境暂存中转澳门食品监管合作等项目,支持澳门"一中心、一平台、一基地"建设,构建珠澳一体化高水平开放新体系。截至年底,拱北海关5项"三智"早期收获、先行先试项目全部落地实施,推动海关总署与澳门海关开展11项合作项目试点。

(杨旭)

财务管理

【概况】2022年，拱北海关坚决贯彻落实中央减税降费重大决策部署，落实总体国家安全观，深入推进关区国有企业改革工作，全力做好疫情防控经费和物资保障工作，强化海关改革发展财力保障，服务综合治税大格局，税收入库153.24亿元。持之以恒落实中央八项规定及实施细则精神，牢固树立"过紧日子"思想，有效推进节约型机关创建工作，扎实做好关区资产及装备保障管理工作。

（江舟）

【税费财务管理】2022年，拱北海关按照"依法行政、依法理财，应收尽收、应缴尽缴，收缴分离、管理有序"的海关税费财务管理原则，组织税费会计核算，及时办理各种税费资金收、缴、转、退款手续，编报财务统计报表，反映各项税费收入和资金征缴入库情况。紧盯税款入库退库工作时效性要求，主动加强与业务现场及国库联系配合，细化税款退库台账管理，优化退税纸质单据传递流程，确保税款退库时效。管理罚没收入、海关行政性收费和其他收入，保证国家预算资金及时、足额解缴，上缴罚没收入1.04亿元。落实每月保证金对账工作，坚持问题导向完善制度，结合国家审计查发问题，加强风险研判，建立健全保证金台账管理长效机制。开展关区保证金利息缴库专项检查，立行立改，举一反三；对税费独立核算单位开展现场检查指导，进一步强化基层基础工作，提升税费财务管理整体水平。

（马轶先）

【预算决算管理】2022年，拱北海关落实"过紧日子"要求，坚持统筹兼顾、突出重点，管好用好中央财政预算资金，全面统筹存量资金，优化支出结构，重点保障维持正常运转支出和重大改革支出，精准保障海关科技支撑、检验检疫、监管办案等刚性需求，保障关区各项工作平稳开展。推动预算执行量质并举，全面实施预算绩效管理，完成2021年全部66个项目绩效自评工作，对2023—2025年全部支出规划项目设定绩效指标并委托会计师事务所参与评审，提升资金使用效益。推进预算管理信息化建设，启用预算管理及经费报销系统，使预算数据"进系统、标准化、留痕迹、可追溯"，做好中央预算管理一体化系统上线各项准备工作，实现预算支出动态监控，严密全线条运行管理。

（方博锐）

【**行政机关财务管理**】2022年，拱北海关全面统筹资金收支管理，强化统计分析，跟踪落实预算执行情况，提高预算资金支付效率，做好海关经费保障。严把支出政策和支出标准关，配合专项巡察、海关总署审计及关区经济责任审计工作，提升财务核算水平。严格预算资金支付管理，落实国库集中支付制度，配合财政资金支付动态监控，核实反馈关区财政资金支付疑点信息，规范财政资金支付，保证财政资金的安全性、规范性和有效性。

（刘伟　章鹏飞）

【**企事业财务管理**】2022年，拱北海关坚决贯彻落实中央减税降费重大决策部署，进一步优化口岸营商环境。加强涉企收费管理，开展涉企收费排查等专项工作4项，严格执行收费目录清单制度，严格收费审核，确保收费项目和标准合法合规。完成1家国有企业公司制改制工作，完成2家"僵尸企业"清理工作。加强国企基础管理，完善公司治理结构，完成一

▲2022年5月30日，拱北海关财务处办理报销业务现场　　（章鹏飞　摄）

级企业产权登记、企业名录建立、企业国有资本收益申报等专项工作。完成2家企业脱钩注销工作。组织2个事业单位开展集中转让脱钩企业产权工作。组织修订拱北海关事业单位监督管理委员会工作规程，进一步优化议事规则，提高监管质效。

（李升亮）

【**节约型机关创建**】2022年，拱北海关推进节约型机关创建工作，明确工作职责，抓实工作步骤，巩固创建成果，全关符合创建条件的拱北海关本级、中山海关、高栏海关、湾仔海关、九洲海关、万山海关、香洲海关、斗门海关、中山港海关9个单位全部通过验收，获国家机关事务管理局等4部委联合授予的"节约型机关"称号，创建成功率100%。

（郑秋纯）

【**政府采购**】2022年，拱北海关做好政府采购管理工作，修订拱北海关政府采购管理实施细则、拱北海关小额采购操作规程，执行海关政府采购需求管理办法，加强政府采购需求管理。做好2022年政府采购计划、执行情况及信息统计编报工作，做好政府采购意向公示、脱贫地区农副产品采购等工作。

（于波　张宇恒）

【**节能和低碳宣传系列活动**】2022年6月13—19日，拱北海关通过线上线下方式开展2022年全国节能宣传周和全国低碳日活动。组织观看全国公共机构节能宣传周启动仪式、公共机构绿色低碳讲堂，收看公共机构节能降碳云展播及公共机构塑料污染治理云宣传，发动广大职工参与宣传竞答。发送节能公益信息，宣传绿色低碳引领

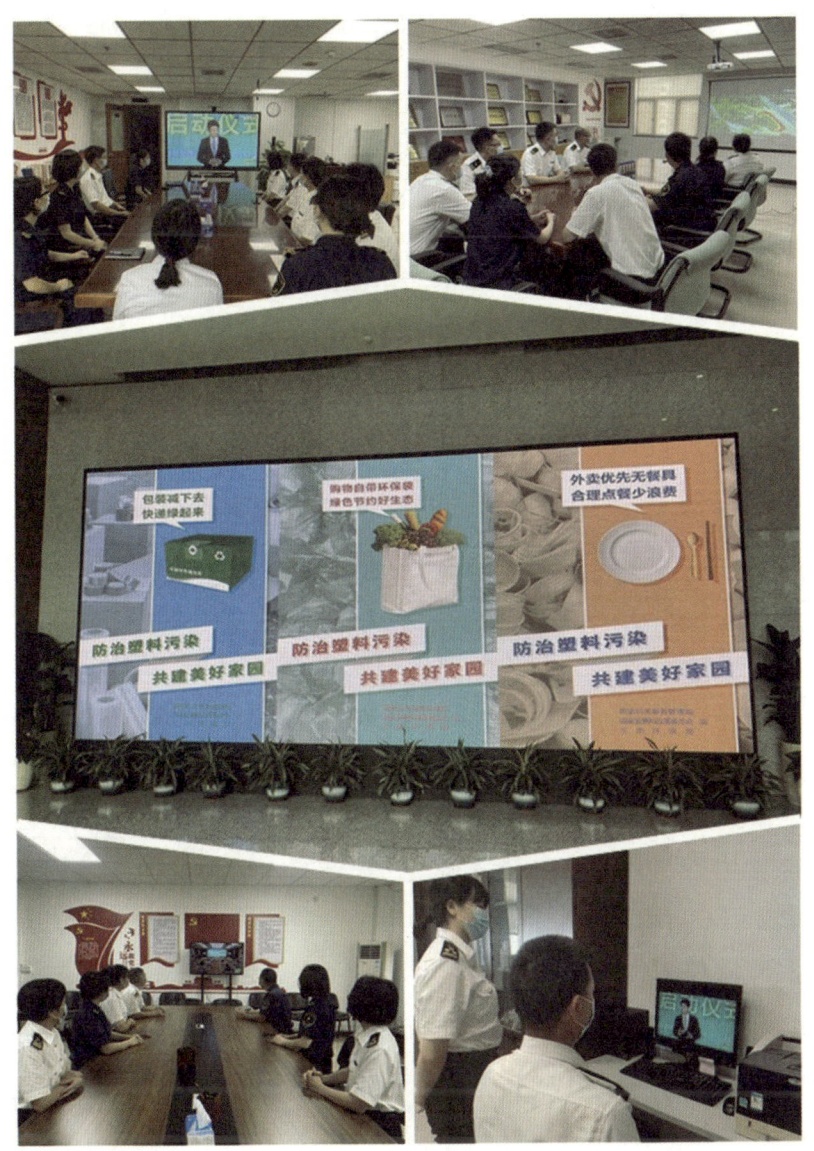

▲2022年6月15日，拱北海关财务处组织开展关区2022年节能宣传周和全国低碳日活动　　　　　　　　　　　　　　　　　（郑秋纯　摄）

行动、节约型机关创建、反对食品浪费等内容。在办公区张贴宣传画、制作宣传条幅。利用办公区LED大屏幕、电梯电视播放电子宣传海报、节能小常识。开展"落实'双碳'行动，共建美丽家园"全国低碳日体验活动。收集报纸、书本、塑料瓶等废旧可回收物品，组织兑换绿植、绿色低碳产品。提炼好经验好做法，编发新媒体作品，在"拱关青年"微信公众号宣传推广，展现关区节能工作成效。

（郑秋纯）

【疫情防控经费和物资保障】2022年，拱北海关全面统筹各项资金，做好物资采购、核酸检测、场所消杀等疫情防控工作经费保障。加强与珠海市政府联系沟通，发挥联防联控机制作用，积极向珠海市争取调拨防疫物资，做好防疫物资适用标准验收工作。严格落实常态化疫情防控监督检查工作机制，组织开展相关检查，召开防疫物资管理专项监督研讨会，进一步提升关区防疫物资管理水平。持续推进关区储备库规范化建设，优化储备库管理。

（方博锐　刘婷）

【财务领域重大风险防范化解】2022年，拱北海关强化对财务工作各环节的监督，重点防范政府采购、涉案财物处置等非执法领域风险。落实基建项目"管建分离、管采分离、管办分离"的内控机制。对照防范化解海关系统腐败风险等内容开展自查自纠，梳理研究防范化解非执法领域腐败风险的措施。制发及修订政府采购管理实施细则、重大财务事项集体审批制度实施办法、预算资金管理办法等13项制度，从源头防控风险，发挥制度管基础、管根本、管长远的作用。

（于波　张宇恒）

科技发展

【概况】2022年,拱北海关贯彻习近平总书记关于科技创新的重要论述,制定印发贯彻落实《"十四五"海关科技发展规划》细化措施,推动智慧海关建设,强化科技支撑,进一步加强口岸新冠疫情防控科技保障,实验室核酸日检测能力达7000人份,新增部署健康申报闸机49台,年内累计验核7880万人次。推进关区信息化建设,横琴粤澳深度合作区信息化建设取得积极进展,"一站式"车辆通关系统不断优化。进一步丰富关区大数据池资源,完成"关区跨境客车风险甄别"等信息化应用项目建设7个,审批通过"进出口商品规范申报智能审核系统"等5个关级信息化应用项目立项,形成政务管理一体化的综合管理服务平台。强化信息系统安全管理,聚焦"制度、意识、技术"三道防线构筑网络安全体系,保障关区网络安全,重点应用系统运行平稳。加大科研项目攻关力度,承担的5个海关总署科研项目按期通过验收,3个项目获"研究成果质量优秀"评价,申报"微创新"应用项目16个。加强实验室技术能力提升,优化规划布局,海关总署医学检验区域实验室(珠海)和海关总署化矿金属材料检测区域实验室(珠海)获批筹建,制定国内首个国境口岸医学媒介昆虫DNA条形码鉴定操作规程,完成猴痘灭活病毒检测能力备案,实验室检验检测保障水平不断提高。

(许家祺 陈煜东)

【信息化建设】2022年,拱北海关按照"四平台+四应用+两体系"(基础支撑平台、大数据平台、物联感知平台、融合监控指挥平台+监管应用、企管应用、风控应用、缉私应用+信息系统运维体系、信息系统安全体系)框架,加快横琴粤澳深度合作区"二线"通道海关监管信息化建设,确认系统深化设计方案,推动应用需求细化工作;搭建基础设施云,完成103台服务器设备上架及基础软件部署,开展核心节点联调,完成云底座搭建。推进横琴粤澳深度合作区"一线"横琴口岸二期工程信息化建设,明确"联合一站式"系统业务需求和技术方案。配合地方政府做好横琴粤澳深度合作区智慧口岸公共服务平台建设,配合完成项目可行性研究报告制定。服务用好管好大桥,做好"澳车北上"政策落地的系统承接研究,完成"一站式"车辆通关系统的配套开发和功能落地，提升前端设备识别率，持续完善系统功能，平均缩短车辆验放时间30秒。开发行邮物品资料库，在拱北口岸等4个环澳口岸部署行邮物品资料库客户端，入库商品信息2.27万条，资料平均录入时间同比缩短50%。开发暂存仓管理系统，实现暂存仓物品进出仓信息化管理。开发音视频单兵拓展应用，搭建旅检业务场景移动工作平台。推动关区数字化转型，推进监管拓展应用辅助系统、特殊监管区域管理系统等项目建设，提升监管智能化应用水平。丰富关区打击走私大数据池资源，新增入池数据库4个，新增数据记录条数19.3亿条，建立各类数据模型48个。推动高栏港综合保税区海关信息化建设，保障高栏港综合保税区按时按质接受验收评估。配合开展拱北口岸"安全改造"、港珠澳大桥旅游岛建设等信息化基础设施工作，助力地方政府政策落地。在港珠澳大桥公路口岸、横琴口岸、青茂口岸、湾仔口岸、九洲港口岸、中山港口岸6个口岸新增健康申报验核闸机49台，

关区健康申报验核闸机累计部署120台，完成健康申报验核闸机限频限次、健康申明卡等功能优化升级，支撑健康申明卡调整等政策实施，年内验核7880万人次。

（许家祺）

【基础运维保障】2022年，拱北海关持续推进关区网络安全防护体系建设，开展网络安全应急演练，完成重点时期网络安全保障。组织开展拱北海关在线运行署级、关级系统等40个应用系统授权账号清理工作，强化数据安全管理。完成关区分机房、配线间巡检及合规性整改，关区机房视频监控100%覆盖，提升关区机房安全管理水平。推进关区SDN网（软件定义网络）建设，网络灵

活性和安全性提升。完成关区水湾路办公区语音网优化升级，实现IP电话统一纳管。保障关区视频会议和监控系统，关区监控镜头在线率长期保持在97%以上，居全国海关前列。落实科技人员跟班作业长效机制，开展跟班作业活动130人次，22名专家参与解决跟班作业发现的问题，发现问题49个，其中关级问题36个，解决36个，解决率100%。

（许家祺）

【实验室管理】2022年，拱北海关有技术机构4个，分别为拱北技术中心、珠海保健中心、中山技术中心、中山保健中心。有海关总署规划的实验室28个，包括国家新发传染病检测重点实验室

▲2022年1月4日，拱北海关科技人员检查核心机房设备　（俞波　摄）

（珠海）、国家焙烤食品检测重点实验室（中山）等重点实验室9个，海关总署植物检疫区域实验室（珠海）、海关总署医学媒介生物监测区域实验室（珠海）等区域实验室13个，海关总署进口固体废物属性鉴定常规实验室（珠海）、中山海关综合检测实验室等常规实验室6个。拱北海关加强关区实验室规划建设，海关总署医学检验区域实验室（珠海）和海关总署化矿金属材料检测区域实验室（珠海）获批筹建，完成中山"P2+"实验室设施建设验收。落实实验室管理和安全监督，制定拱北海关实验室仪器设备绩效考核实施细则，开展关区实验室仪器设备绩效考核，完成13832条基础数据维护，涉及仪器设备3066台套。针对生产安全、生物安全、危险化学样品安全、检测质量安全和实验室数据安全管理，组织开展全面安全检查，对发现的问题及时整改，消除安全隐患。开展生物样本溢洒、化学品泄漏、试剂灼伤、消防事故等应急演练24次，提升实验室应急处置能力。采用LEC风险评价法（作业条件危险性分析评价法）实施实验室安全分级分类管理，根据模型评估结果，制定分级管理措施。加强实验室检测能力建设。作为试点单位参加海关总署病原体基因测序平台试点应用，完成138份数据上传和序列分析。推进国门生物安全实物及数字资源库建设，收录病媒生物600余种、7万余头，DNA条形码数据2万余条，研发DNA条形码鉴定技术，制定国内首个国境口岸医学媒介昆虫DNA条形码鉴定操作规程。

（许家祺　吴锦橙）

【科研管理】2022年，拱北海关承担的5个海关总署科研项目按期通过验收，其中"多模态视觉技术在提升旅客无感通关的研究""检疫性小蠹名录修订""基于数字微流控技术的呼吸道病毒多重检测芯片的研究"3个项目获"研究成果质量优秀"的评价。获批授权国家发明专利5项、实用新型专利13项。开展"如何更好发挥科技的引领支撑作用"课题研究，参与广东省智慧海关科技协同创新中心建设。组织开展"微创新"申报工作，申报"健康申报掌上移动验核终端""RPA旅检查验小助手"等"微创新"应用项目16个。

（艾文宇）

【网络安全体系构筑】2022年，拱北海关聚焦"制度、意识、技术"防线，完善关区网络安全防护体系建设，完成中国共产党第二十次全国代表大会及北京冬奥会、冬残奥会等重大时期网络安全保障。加强网络安全常态化、长效化机制建设，压紧压实主体责任，落实核心机房"7×24小时"值班制度，重点时期严格执行24小时值守、每日巡检、日报告零报告、机房进出审批管控等举措，推进网络安全通报机制，发布关区网络与信息系统安全运行情况月度通报12期，下发2022年网络安全保障工作联系单13期。举办主题为"网络安全为人民，网络安全靠人民"网络安全宣传周活动，开展《中华人民共和国网络安全法》《海关网络安全管理规定》基础知识有奖答题活动，举办培训2期，加强安全意识教育和应急处置培训。深化安全体系建设，强化应用开发、部署过程安全管控，加强供应链和运维外包人员安全管理、数据安

▲2022年10月21日，拱北海关科技人员在水湾路办公区值班室开展党的二十大期间关区网络安全保障　　　　　　　　　　　　　　　（周晏　摄）

全管理，部署零信任身份认证设备等国产化安全设备。

（俞海敏）

【实验室技术能力建设强化】2022年，拱北海关加强实验室检测能力建设，建立新冠病毒核酸检测实验室"双活"备份机制，检测能力达7000人份/天，年内完成89.46万份核酸检测。提升核酸快检能力，满足3.5小时出具检测结果的要求。珠海保健中心卫生检疫实验室满分通过国家卫生健康委员会临检中心组织的"2022年新型冠状病毒奥密克戎变异株核酸检测"和"2022年新型冠状病毒抗体检测"，"进口商品检测新型冠状病毒核酸检测项目"获CNAS认可，为全国首次。珠海保健中心病媒生物实验室获广东省低温现场消毒效果评价工作资质。完成猴痘灭活病毒检测能力备案，关区具备猴痘灭活病毒检测能力。实验室参加国际"FAPAS"等权威认证机构组织的能力验证199次。加强危险化学品检测能力建设，平均检验周期由5个工作日压缩至3个工作日。

（吴锦橙）

【政务数字化转型】2022年，拱北海关依托关务云系统，推行智慧人事、智慧法律、智慧财务、智慧督审4个领域管理和服务事项信息化应用，形成一站式、一体化的综合管理服务平台。通过"智慧财务"实现关区物资、公务用车精细化管理。打造管理服务应用泛在化，关务云平台累计办理事项超过69万条，访问人次超过72万人次。"深耕关务云建设，政务数字化转型成效显著"项目获得2022年度"拱北海关事业高质量发展"十大实事提名项目。深化RPA技术（机器人流程自动化技术）运用，完成督察审计条线13.05亿条数据自动推送。

（付治政）

督察内审

【概况】2022年，拱北海关持续提升督审监督工作质效，强化跟踪问效，推行督察项目流程标准化管理，稳步推进经济责任审计和专项审计，健全关区整改长效机制，强化内控机制建设，开展审计、督察、执法评估项目29个（署级项目9个、关级项目20个），查发问题213个，提出建议187条，完善规章制度68项。加强监督贯通融合，与巡察、纪检共享成果文件74份，审计移交问题线索并立案1宗。

（李正刚）

【督察监督】2022年，拱北海关组织开展督察项目10个（署级项目2个，关级项目8个），实施远程和实地督察26次，查发问题46个，提出建议36条，制发督察内审建议书11份，督察整改通知书30份，完善规章制度7项。开展行政执法检查事项"双随机、一公开"落实情况、口岸检查作业规范情况、口岸卫生监督工作、事业单位所属企业脱钩情况、进口食品化妆品安全监管工作、支持外贸促稳提质措施落实情况等专项督察项目10个，查发问题46个，提出建议36条，完善落实行政检查随机抽查事项相关管理要求细化清单、规范国境口岸卫生许可有关工作、进境空集装箱风险布控工作等监管制度规定7个，推动重大决策部署落实。推行督察项目流程标准化管理，指导隶属海关制定督察项目流程标准化操作指引12份，构建督察项目"闭环管理"长效机制，提高隶属海关督察工作标准化、规范化水平。年内督察部门与业务职能部门联合开展督察4次，联合研判问题7个，函询职能部门意见9次。整合"直属+隶属"督察力量，推行关级督察项目"交叉督察"，以旅检现场暂存仓库管理督察项目为试点，牵头组织湾仔海关、闸口海关、港珠澳大桥海关、青茂海关、横琴海关5个隶属海关实施交叉督察，抽调隶属海关业务骨干14人次参与关级督察项目，指导隶属海关开展"指定+自选"督察项目43个，发现问题162个，提出建议113条。

（黄媛）

【内部审计】2022年，拱北海关组织开展经济责任审计项目8个，其中，对高栏海关、闸口海关、香洲海关3个隶属海关单位负责人开展离任经济责任审计，对青茂海关、中山港海关、拱北技术中心、珠海保健中心、中山保健中心5个隶属海关单位负责人开展任中经济责任审计，指出91个问题和11个关注事项，提出审计建议116条。2020—2022年，实现关区经济责任审计对象3年全覆盖目标。开展海关事业单位所属企业脱钩和转让产权、大金额差错报关单、禁止"洋垃圾"进境措施落实情况、进口冷链食品、高风险非冷链食品集装箱货物监管措施落实情况、贸易管制相关风险防控机制运行情况6个专项审计（调研）项目，查发问题15个，指出风险28个，向海关总署提出对策及建议19个。配合国家审计自查工作，细化、拓展自查重点2882个，收集整理2022年审计署对直属海关单位制发的取证单1004份，编发督察审计工作动态16期。截至年底，全关自查发现问题215个，完成整改205个。制发拱北海关审计查出问题整改工作实施细则，开展审计整改跟踪检查13次，持续紧盯2021年海关总署审计仍在整改中的问题1个。年内，为10个隶属海关单位量身打造审计画像，向职能部门制发督察内审建议书5份，促进完善规范关级文件制度2项、隶属海关单位文件制度47项。

（殷悦）

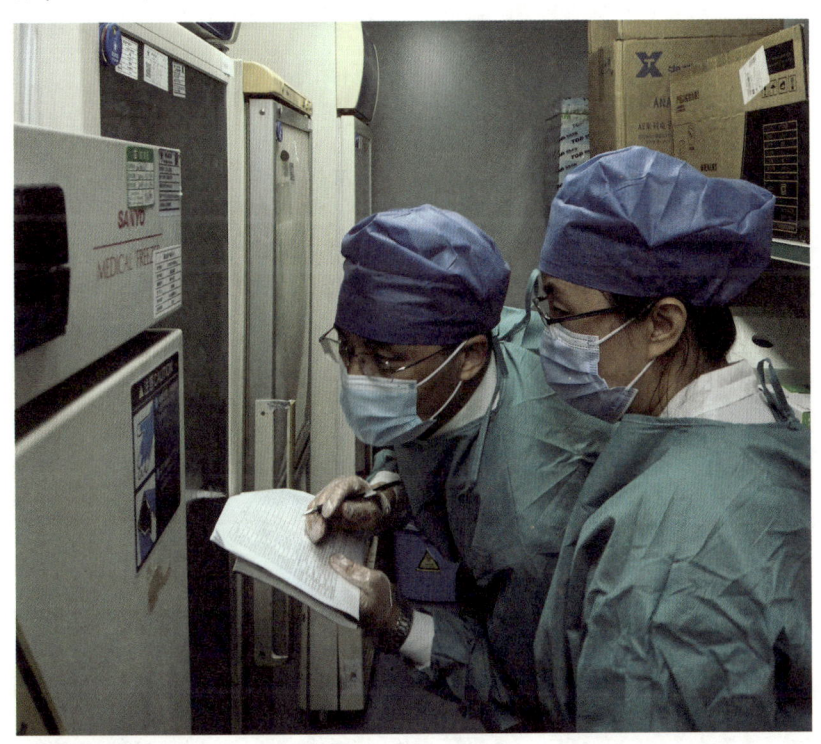

▲2022年11月17日，拱北海关审计组人员盘查中山技术中心试剂耗材仓库

（靳超 摄）

【内控建设】2022年，拱北海关持续建设"有效管用"的内控品牌，在2021年"助手+清单+手册"的基础上，形成"科室+节点+助手+清单+手册"的"5+"内控工作法，"以高质量内控机制建设，推动关区高质量发展"入选2022年度"拱北海关事业高质量发展"十大实事。

聚焦基层一线，打造内控示范科室，各创设科室建立岗位责任、业务管理、问题风险、内部防控、内控节点等清单376份，梳理形成操作手册、工作指引、制度包、文件库等275份，规范执行、防范风险。健全内控节点体系，结合关区业务运行和问题风险的实际情况，持续推进关级内控节点建设和应用，累计建立关级节点332个，占所有现行节点的20.7%。年内，应用署级、关级内控节点开展监控检查2981次，查发问题2586个，纠正违规金额1.25亿元，其中，关级节点应用成效分别占21.5%、22%和25.6%。优化监控助手，结合海关总署HLS2017内控平台功能更新，全面优化RPA（机器人流程自动化技术）监控助手，年内，在运行RPA监控助手152个，自动查发异常数据1430次，提示异常数据2026条，异常数据量同比下降82.7%。强化内控清单管理，开发上线"拱北海关内控清单管理系统"手机端应用，进一步提升清单系统应用便利性，督促内控措施落实到位。截至年底，全关242个科室累计建立内控清单1691条，覆盖271个业务环节，自动提醒岗位人员落实内控要求5万余次。配发拱北海关内部控制工作手册，指导规范化开展内控工作。在海关总署督察内审司的认可和推荐下，该手册被北京、上海、广州等20余个直属海关借鉴使用。

（李正刚）

【执法评估】2022年，拱北海关组织开展执法评估项目5个（署级项目1个、关级项目4个），查发问题22个，提出建议16条，制发督察内审建议书1份。以"云擎"执法评估站点为主，搭建执法评估指标体系，年内搭建通关时间等评估指标23个。围绕海关总署2022年度专题执法评估项目清单，突出海关重点领域和关键环节改革，开展"2022年1至3月跨境电商进口情况""2022年上半年跨境电商进口情况""2022年前三季度跨境电商出口专题评估""有风险布控查验指令货运机检情况专题评估"关级执法评估项目4个。采用"数据+指标+分析+调研"工作模式，设计评估指标体系，运用"云擎"建模提取数据，综合分析评估，查发问题9个，提出建议11条。参与天津特派办牵头承办的"海关进出口危险化学品监管情况专题评估"署级专题评估项目，派员参加集中工作2人次，承担部分内容的基础文字撰写、"云擎"模型搭建、调查问卷设计、书面调研问题设计等工作。协助完成《区域全面经济伙伴关系协定》（RCEP）及海关推动RCEP相关措施落地成效""海关跨境电商监管措施""海关进出口危险化学品监管情况""全国海关跨境贸易便利化工作成效""海关属地查检改革成效"5个署级专题评估项目的数据收集、问卷调查、书面调研和情况上报等工作。参与海关总署执法评估"送教上门"培训活动，分享拱北海关"'全周期管理'理念提升执法评估效能"的有关做法和经验，重点介绍和交流"全周期管理"的概念和意义，应用"全周期管理"理念开展执法评估、跟踪评估、取得的经验与存在不足、相关工作建议5个方面内容。

（黄嫒）

【内控示范科室创设】2022年，海关总署首次部署在全国海关开展内控示范科室创

▲2022年5月20日，拱北海关举办关区督察流程标准化培训　　（陈嘉良　摄）

设工作。拱北海关秉承"三实"文化和"三应"要求，上下联动、左右互动，将内控示范科室创设作为不断提升关区内控能力和水平的重要实现路径。制订内控示范科室创设工作方案，对照海关总署印发的14条基础标准，结合实际情况细化30条落实措施和评价标准，为创设工作提供操作性强、标准清晰的指引。对港珠澳大桥海关、高栏海关、香洲海关、横琴海关等隶属海关开展督导和宣讲。编发拱北海关创建内控示范科室学习材料7期，组织开展集中培训和送教上门，参训人员超400人次。全关13个单位31个科室申报创设，涵盖综合业务、法制、口岸查验、物流监管、属地查检、邮件快件、旅检、稽核查、加工贸易、特殊监管区域、风险管理、综合保障、监控分析13类业务科室，占全关科室总数的10.5%。经督审部门、机关党委、纪检监察部门、业务职能部门联合验收评选，17个科室获评2022年度拱北海关内控示范科室，其中，青茂海关监控分析科获评署级内控示范科室。通过开展创设活动，争创科室管理制度机制逐步健全，科室管理水平和内控能力得到提升，创设科室通过应用HLS2017内控平台制发和办理监控核查处置联系单1953份，自查处置问题1494个，处置成效分别占全关总数的43.5%和40.6%。

(李正刚)

【"鹰眼"工作室运作】2022年，拱北海关成立"鹰眼"工作室，该工作室是全国海关首个专业化内控工作室。工作室致力于进一步强化内控职能作用发挥，健全完善内控风险提示机制，实施常规和专项风险监控，开展内控专题评价，综合利用监控成果，提升业务运行监控、防范化解重大风险的效果，提升督审工作质量。该工作室重点围绕国家审计、海关内部督察审计查发的问题和关注重点，收集、研究、整理问题风险信息特点、变化趋势等，建立问题库，编发拱北海关内控机制建设工作提示单32期，向各单位部门提示风险177项。结合审计整改长效机制和内控机制建设有关要求，研究建立内控监测点5类、14项，涵盖税收征管、口岸监管、资产管理等领域，确定监测内容、方式、频率和责任人等，定期开展常规监测。通过数据监控分析、实地调研检查等，监控、核实风险点，形成监控分析报告。年内，针对危险化学品监管、快件监管、反倾销税征收、出口水运码头卡口管理等领域风险开展专项监控。针对行政执法检查事项"双随机、一公开"的21个抽查事项制度建设、信息化系统应用、执行落实等情况开展内控专题评价，综合运用数据分析、问卷调查、实地调查、流程跟踪、穿行测试等方式方法，指出6方面存在问题，提出5方面优化工作建议。针对督察项目、审计对象开展数据分析，参与督察审计项目34次，分析数据30余万条次，向海关总署报送监控专项成果报告182份。

(李正刚)

离退休干部管理

【概况】2022年，拱北海关坚持精准服务，优化管理，围绕中心大局，推动离退休干部工作走实走细。开展特色主题调研，开展"喜迎二十大"系列活动，开展"四有"暖心荣誉退休系列活动。优化精准理念，深化帮扶慰问机制，强化老年大学教育，落实疫情防控工作部署，做好养老保险待遇相关工作，不断提升服务保障水平。截至年底，关区离退休干部职工1078人，其中离休干部4人，厅级退休干部53人，处级退休干部386人，科级及以下退休干部职工576人，事业编制退休人员59人。

（王环）

【离退休人员党建工作】2022年，拱北海关坚持以习近平新时代中国特色社会主义思想为指导，注重学用结合，引导老同志增强"四个意识"、坚定"四个自信"、做到"两个维护"。强化离退休党组织建设，将离退休干部党组织建设纳入年度党建总体规划。落实加强新时代离退休干部党的建设工作的意见，学习海关总署相关实施意见，拟定关区若干措施。优化"互联网+党建"机制，落实"三会一课"制度，举办"离退休党建云课堂"160期，举办线上政治生日活动、寄送政治生日贺卡800余张。使用党费通系统，协助20个党支部实现党费收缴信息化管理。举办离退休党组织书记、委员线上专题培训讲座。离退休第四党支部获拱北海关"四强"党支部称号。加强对离退休干部党员的管理监督，教育引导老同志严格遵守党中央关于公开发表言论、兼职任职投资、继续从业、出国（境）审批等方面纪律规定。结合政治机关建设专项教育活动，开展"遵纪守法，清廉传家"等纪法警示教育。

（刘莹）

【离退休人员服务】2022年，拱北海关做好重大节日和日常关怀慰问，为12名离退休党员颁发"光荣在党50年"纪念章。坚持分类施策，做优做细4名离休干部"一人一策"精准服务。利用七一、端午、中秋等重要节日，慰问困难、重病老同志450余人。重阳节前夕，关领导带队慰问老党员、老干部11人。建立帮扶特困老同志长效机制，年内开展"老青结对"帮扶200余人次。开展百岁老人生日慰问。强化离退休老同志医疗保健工作，科学设计、精心组织开展年度健康体检，为1300余名离退休老同志增加包含胃肠镜

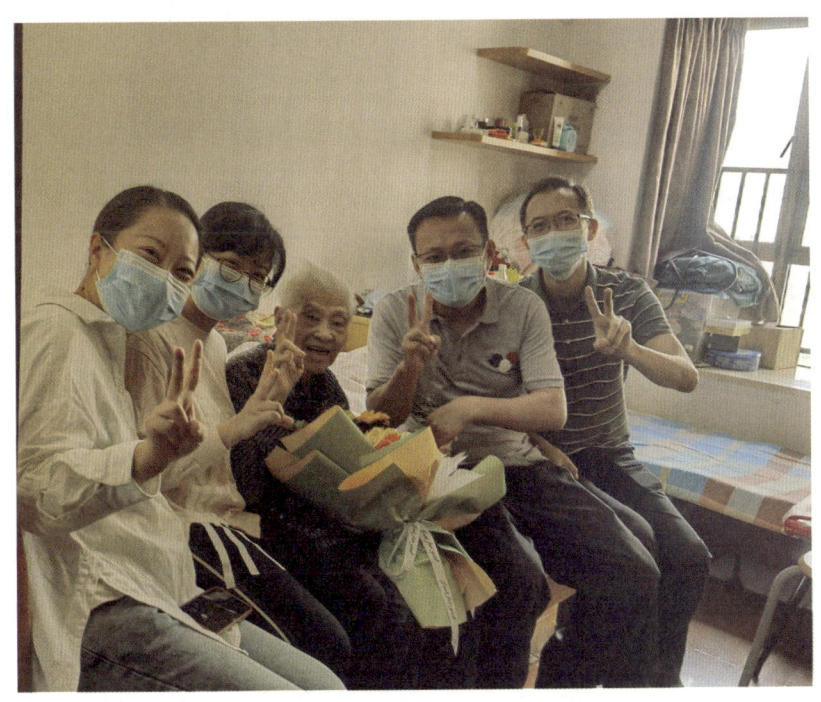

▲2022年11月10日，拱北海关离退办人员为退休职工刘瑞莲庆祝百岁生日

(刘莹 摄)

等项目的体检套餐。发掘社区资源，为关区65周岁以上离退休老同志开展口腔义诊。梳理医保医疗相关政策，持续提供医疗保健资讯服务，解答政策咨询400余人次。做好养老保险政策宣讲，为离退休老同志召开专题政策宣讲会6场。开发手机小程序，为参保人员提供线上便捷查询个人养老保险信息服务。

(王环 何慧)

【老年文化教育】2022年，拱北海关老年大学坚持正确的办学方向，践行积极老龄观、健康老龄化理念，加强制度建设、优化教学课程、落实安全责任，细化风险防范措施。开设二胡、书法、国画、太极拳、摄影、图像后期、智能手机使用、瑜伽等11个课程，参加学员500人次。老年大学宣传文章"精彩云课堂 学出年轻态——拱北海关老年大学'文化养老'纪实"在《中国国门时报》、"鑫海桑榆"微信公众号等平台刊载。组织有专长的老同志通过笔墨创作参加抗疫书画展。徐蕴冬参加拱北海关"弘扬廉洁家风 共建清风国门"故事分享会，分享交流清廉家风故事与好的经验做法，弘扬海关清廉家风。

(刘莹)

【"学习二十大 桑榆心向党"主题系列活动】2022年，拱北海关坚持离退休人员与在职人员学习"一盘棋"谋划，注重学习的系统性、连续性，在广大离退休人员中掀起学习党的二十大精神热潮。通过"三会一课"、主题党日等

▲2022年11月18日，拱北海关老年大学舞蹈班学员表演古典舞《风筝误》

(刘莹 摄)

方式,组织离退休干部认真领会党的二十大提出的新思想新论断、作出的新部署新要求,准确把握党的二十大精神核心要义。组织开展党的二十大精神专题学习研讨2期,交流学习心得体会,统一思想认识。开展"博闻乐学 喜迎二十大"党建活动,为离退休党员购置、邮寄学习材料800余份,以线上讨论和线下创作的方式,引导老同志感受祖国取得的历史性成就,共享改革开放、日新月异的社会主义建设成果,弘扬爱国爱党热情。创新学习方式,探索"互联网+党的二十大精神学习"模式,优化"云端"学习,利用"智慧银海"平台、"爱老人吧"微信公众号、离退休人员党支部微信群,搭建离退休人员深入学习党的二十大精神便捷化平台。举办"离退休干部党建云课堂",每月制订学习计划、明确学习目标,每周选定学习专题、编制学习材料,每日推送学习内容、开展学习小结,提升学习的针对性和有效性。围绕党的二十大精神举办"云课堂"100余期。围绕"建言二十大"和"我看中国特色社会主义新时代"主题,面向老同志展开调研,引导老同志积极建言献策,收集老同志意见建议50条,上报调研报告2篇。举办"喜迎二十大 奋进新征程"主题文艺作品展,编发退休干部作品展示专刊3期。组织老同志参加海关总署"舞动精彩旋律 共享幸福生活"艺术舞蹈云展演、广东分署"喜迎二十大、永远跟党走、奋进新征程"主题摄影比赛、珠海市"喜迎二十大、翰墨丹青颂党恩"书画作品展、"清风国门"廉洁文化创意作品征集等活动,展示老同志退休不褪色、永远跟党走的精神风貌。

(王环)

第七篇

隶属海关

中山海关

▲ 中山海关办公楼

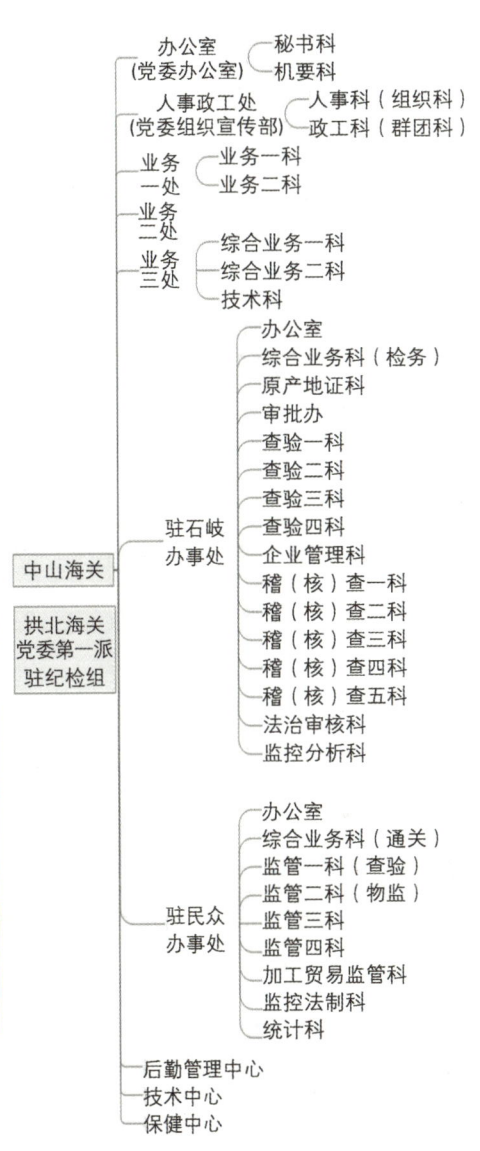

▲ 中山海关组织机构图

【概况】中山海关位于广东省中山市，为隶属于拱北海关的副厅级属地型海关，业务门类包括行政审批、加工贸易管理、原产地签证、属地查验、企业管理、稽（核）查、保税物流中心监管、打击走私8大类，入驻中山行政服务中心。截至2022年年底，内设正处级处室5个、正处级派驻机构2个。

2022年，中山海关监管进出口货物26.84万吨，同比下降10.99%；税收入库10.25亿元，同比增长4.33%；助力中山市进出口总值2798.71亿元，同比增长3.86%，创历史新高。查办各类走私违法案件390宗、案值8.76亿元、涉税1.89亿元，同比分别增长73.33%、147%、199%。办结稽查作业115起，主动披露作业44起。

（任汉毅　刘书湘）

【党的建设】2022年，中山海关研究制定11方面、19项细化措施，掀起党的二十大精神学习宣传贯彻热潮。坚持党委会"第一议题"制度，推动党史学习教育常态化长效化，班子累计集中学习56次，组织科学规范决策88项次，督办落实重大决策部署50项次，着力防范化解重大、系统性风险。严格贯彻中央八项规定及其实施细则精神，认真落实海关总署17条措施、拱北海关59项细化任务，驰而不息纠"四风"、树新风。坚持思想业务廉政分析例会制度，立足源头管控、关口前移。持续夯实基层党建基础，统筹推动27个基层党组织集中换届选举，开展"季度抽查+半年交叉检查"，督促基层党组织严格落实"三会一课"、主题党日活动、收缴党费等制度。开展"走好第一方阵，我为二十大作贡献"主题系列活动，推进党建协作区与地方交流，加强联学联建。

年内，以点带面打基础、创品牌，评选"十佳党建工作法"，建设中山海关党建教育实训中心，驻石岐办事处稽（核）查三科党支部获评全国海关党建示范品牌，驻民众办事处综合业务科党支部、驻民众办事处加工贸易监管科党支部2个党支部获评拱北海关党建示范（培育）品牌；办公室党支部、驻石岐办事处企业管理科党支部、驻石岐办事处稽（核）查四科党支部、驻民众办事处加工贸易监管科党支部、驻民众办事处监控法制科党支部5个党支部获评拱北海关第二批"四强"党支部。截至年底，中山海关有机关党委1个、党总支2个、党支部34个；党员287人，其中正式党员284人、预备党员3人。

（邹衍煜）

【队伍管理】2022年，中山海关抓好执法一线科长队伍建设，选拔2名正科级领导干部。培养使用优秀年轻干部，评选中山海关第三届"十佳青年"，更新"优秀年轻干部储备培养库"。稳步推进职级晋升，突出择优晋升导向，充分激励担当作为。加强和规范3个事业单位管理，围绕党的建设、队伍管理、业务运行、防范化解风险等方面开展专题调研，成立事业单位监督管理委员会，召开推进事业单位高质量发展工作动员会，关心和支持事业单位发展。

2022年，中山海关获评中山市文明单位。员工王勇入选中共中央委员会组织部第22批博士服务团。员工李蓉获评第十二届"南粤巾帼十杰"，同时被授予"广东省三八红旗手标兵"称号，中山海关疫情防控进口冷链食品安全监管新时代"四最"青年突击队获评中山市新时代青年突击队，员工左国卿家庭、唐莲馨家庭获评拱北海关"最美家庭"，员工程治雄家庭、李亚男家庭获评中山市"最美家庭"。全关收到企业群众的感谢信、锦旗29件。

（邹衍煜）

【属地管理】2022年，中山海关加强正面监管，优化查检作业，全力保障供港澳鲜活农产品"5+2""7×24小时"通关，监管供港澳鲜活水产品4.69万吨，同比下降16.72%；鲜蔬菜2.27万吨，同比下降22.77%；活猪1.72万头，同比增长10.19%；活鸡苗19.33万只，同比下降38.22%。100%落实进出口食品安全抽检计划及非洲猪瘟监测计划。完成51个实蝇监测点的布点工作，监测实蝇9种、杂草60余种、红火蚁蚁巢7个，首次在进口货物目的地查验中查获2种检疫性有害生物。完成辖区内首家生物材料出口企业对欧盟注册登记。主动监控并反映企业通过保税加工叠加利用特殊监管区域政策规避贸易救济措施相关风险，获署领导批示。

（任汉毅 胡荣镇）

【实验室管理】2022年，中山海关辖区内有中山海关技术中心食品安全检测三室、综合检测室、机电产品检测实验室和中山保健中心医学检测综合实验室4个实验室。年内，发挥实验室技术优势，受理检验检疫样品1.41万批次，检出不合格样品46批次，鉴定固体废物18批次。强化实验室科技支撑，中山技术中心通过"二合一"实验室复评审，持续获得中国检验检测机构资质认定（CMA）和实验室认可（CNAS）资质。国家医学媒介生物监测重点实验室通过竣工验收。危险化学品检测领域技术能力获CMA认定和CNAS认可，获实用新型专利授权2项。完成进口食品安全抽检20大类、914批次专项工作任务。配合中山市市场监管局在高考、中考期间抽检12个供餐学校食堂589餐次。

（刘恭源）

【业务改革】2022年，中山海关继续推进集团保税监管改革试点推广，新增3家重点企业参与改革，累计5家，为企业节省报关、物流、仓储等费用超300万元，保税料件流转时间从2~3天缩短至0.5天。压缩出口食品生产企业备案办理时限至3个工作日，实现当日办结率100%。推动"报关企业注册改备案""多证合一"措施落地，办理"多证合一"企业备案42家。"加工贸易边角废料网上拍卖全国统一版信息化系统"（由海关总署企业管理和稽查司会同科技部门组织开发，2022年11月1日起上线运行）上线运行平稳，助力239家企业将边角料"变废为宝"。

（任汉毅 胡荣镇）

【加工贸易边角废料网拍全覆盖】2022年，中山海关贯彻落实国务院《关于促进加工贸易创新发展的若干意见》中关于"加快推进内销便利化"的政策导向，自2018年9月以来，推进辖区近450家加贸企业参与边角废料网拍改革，实现"加贸产废"企业全覆盖。年内，中山关区审核通过拍卖申请1699票，价值3.23亿元；在淘宝网拍卖成交942票，价值6780.07万元，平均溢价率8%。

（胡荣镇）

【查缉走私】2022年，中山海关开展"国门利剑2022"等系列专项行动，深化反走私综合治理，修订案件审理委员会审议规则。聚焦重点区域、重点渠道、重点商品走私势头，严厉打击象牙等濒危物种及其制品、"洋垃圾"、冻品、成品油、武器弹药、毒品、反宣品等各类走私。查办案值超千万元大案7宗，打掉较大的走私犯罪团伙16个。罚没收入770.52万元。参加广东省打击治理粤港澳海上跨境走私联合行动，联合地方公安查获案件40宗。

（刘书湘）

【优化口岸营商环境】2022年，中山海关全力支持中山市建设省级改革创新实验区和自贸区联动发展区，助推中山综合保税区区申建和药品进口口岸建设，联合中山港海关出台并推动优化口岸营商环境21项工作措施，做好中山市75家"白名单"企业进出口货物通关保障。密切与政府部门、社会团体、民间智库等协作配合，向地方党政部门提出政策建议30余篇，获中山市委主要领导批示。建立并优化"日推进、周调度、月汇报"助企纾困长效机制，分层次、多行业实地调研企业100余家次，形成专题调研报告1篇。因地制宜探索知识产权海关保护新举措，在中山市南头镇挂牌设立"海关知识产权保护工作室"，加强专精特新企业服务帮扶，开展信用培育98家次，助力9家企业通过AEO高级认证，中山海关辖区高级认证企业累计69家。帮助企业抢抓RCEP新机遇、积极开拓新兴市场，2022年1月1日签发拱北关区首份输日本RCEP协定优惠原产地证书，年内指导110家企业用足用好RCEP在内的税收优惠政策红利，涉及货值8.82亿元。打通供应链条，充分发挥查检绿色通道优势，保障"人等货、快验放"，有效应对因疫情造成供港澳鲜活产品运输问题以及节日需求增加影响，全力保障港澳民生物资稳定供应。

（任汉毅　吴杰奋）

【疫情防控】2022年，中山海关完整、准确、全面贯彻落实海关总署和属地政府疫情防控要求。配合完成海关总署督查组对中山海关的督查工作2次，发现问题立行立改。完成18批次、755.10吨进口冷链食品预防性消毒监督。按要求实施封闭管理，落实封闭人员心理疏导等关心关爱工作。精准做好跨境司机疫情防控。迅速反应、有效应对中山市本土疫情，妥善处理办公区划入地方交通临时管控区域等突发情况。

（孙宗林）

【安全生产】2022年，中山海关强化安全生产"一把手"负责制，完善安全生产相关制度4项，制定标准化安全生产检查指南，明确检查项目130个，动态开展排查、排除50余次，组织督促安全隐患整改71处。发布气象预警预报信息157条，有效应对台风"暹芭""马鞍"等极端天气，组织防风防汛、防暴反恐、消防等应急演练4次，开展交通安全培训，强化应急处突能力。用好"监督检查""隐患排查"2个台账，推进"检查—通报—整改"闭环管理，开展安全生产大检查"回头看"。巩固"口岸危险品综合治理"百日专项行动成效，全力打造"加强版"危险品安全监管体系，对63家危险货物包装生产企业、危险化学品出口企业开展拉网式排查，对近300种涉危险货物进行风险等级分类，压实经营单位主体责任，及时向地方政府有关部门通报，坚决防范遏制重特大安全事故发生。

（吴劲松）

【医学专业保障】2022年，中山海关发挥中山保健中心专业优势，为疫情防控研判和决策提供专家组意见建议。开展疫情防控培训和应急演练，提升关员专业水平和应急处置能力。完成国家卫生健康委员会临床检验中心能力验证29次、16大类、61项、129项次，满意结果为128项次，满意率99.22%。1项不满意结果按不符合项进行整改。完成广东省临检中心室间质评21次、9大项、130项次，满意结果为129项次，满意率99.23%。年内，完成出入境人员体检1520人，同比增长19.9%；接种霍乱疫苗100人次，同比增长313%；检出传染病14人，检出率1.08%，同比下降26.02%。完成社会人员体检4.3万人次，同比下降30.1%；完成从业人员体检9899人次，同比下降34.7%。

（余念）

【助力"中山造"月饼出口】2022年，中山海关采取措施，不断优化监管服务，支持月饼制造产业健康发展，"中山造"月饼出口量连续17年保持全国第一，远销30多个国家和地区。坚持"一企一策"，引导关区7家出口月饼生产企业采用实施国际先进管理体系，指导企业建立实验室，妥善应对国外技术性贸易措施；科学运用海关核查手段，着力提高风险管理的前瞻性和有效性，加强从原辅料、加工过程、产品检验到仓储运输的"全链条"风险管控，确保出口月饼质量安全，出口月饼继续保持"零通报""零退货"记录；加快产品检验检测和放行出证速度，缩短通关时长，实验室检测时间由10天缩短为5天，出证时间由1天缩短为1小时，查验抽样作业当天完成，通关监管效率持续提升。

（魏峰）

【"春晖2022"惠企行动】2022年，中山海关结合新冠疫情形势举办"海关·企业面对面"之"春晖2022"惠企政策宣讲10期，开展"在线面对面"，个性化定制"政策礼包"，建立"问题归零"台账，解决企业诉求200条。

（魏峰）

【跨境电商"网购保税进口+展示交易"】2022年，中山海关支持跨境电商新业态扩面增量，配合地方政府部门搭建跨境电商公共服务平台，

▲2022年4月28日，中山海关开展"春晖2022"行动网上宣讲直播

（黄妙双 摄）

推动关区首个"网购保税进口+展示交易"项目落地,助力中山跨境电商进口业务实现零突破。

(梁海锋)

【原产地证书自助打印进镇街】2022年,中山海关不断优化原产地签证服务,持续推进全国首创原产地证书自助打印进镇街工作。在前期试点的基础上,将"共享"打印模式复制推广到中山市24个政务服务中心和交通银行所有网点。年内,新增自助打印企业468家,同比增长205.26%;企业自助打印证书6.46万份,自助打印率84.24%,同比增长35%。

(陈敏凤)

▲2022年9月30日,中山市首票跨境电商"网购保税进口+展示交易"业务在中山保税物流中心通关

(黄妙双 摄)

高栏海关

▲高栏海关办公楼

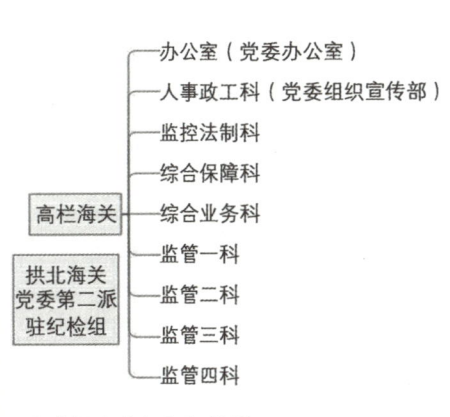

▲高栏海关组织机构图

【概况】高栏海关位于广东省珠海市金湾区，为隶属拱北海关的正处级口岸型海关，主要承担其辖区的海关监管、税收征管、检验检疫、海关统计、查缉走私等各项海关职能。辖区有海关监管作业场所18个，是拱北关区主要的国际贸易海运口岸之一。截至2022年年底，内设科室9个。

2022年，高栏海关监管进出口货物2246.09万吨，同比下降14.77%；监管进出境船舶3027艘次，同比下降14.32%，登临检疫船舶903艘次，检疫出入境船员5.52万余人次，同比分别下降27.8%、13.8%；进出口货值812.32亿元，同比增长3.56%；税收入库58.35亿元，同比下降7.93%。高栏口岸进口整体通关时间10.97小时，同比压缩1.8%。

（邓璐　庞荃元）

【党的建设】2022年，高栏海关以习近平新时代中国特色社会主义思想为指导，深入学习宣传贯彻党的二十大精神，深刻领悟"两个确立"的决定性意义，增强"四个意识"、坚定"四个自信"、做到"两个维护"，始终坚持严的基调，推动全面从严治党向纵深发展。坚持"第一议题"制度，认真学习贯彻习近平总书记系列重要讲话和重要指示批示精神，制定落实重点工作项目31项。贯彻落实民主集中制，规范"三重一大"决策程序内容，坚持每周班子碰头沟通。坚决落实"一岗双责"和意识形态责任制，建立"4411"（党委班子成员每月跟班作业4次、发现问题4个、调研企业1家，分管科室人员谈心谈话每年1次全覆盖）、落实"走动式"管理监督制度和管理报告制度，召开外贸形势分析会议12次，定期研究防范化解风险异动。一体推进"学查改"专项工作和政治机关建设专项教育活动，梳理整改问题19个及具体措施64条。构建"四维研学"机制（党委理论学习中心组带头示范学、党委委员督导科级领导干部全面深入学、基层党支部结合实际学、青年学习小组及时跟进学），开展"中心组+学习交流"31次，专题读书班6次，集中学习研讨300余次，班车学习分享480期，撰写学习心得体会112篇，形成调研报告6篇。编制应知应会学习手册，采用"你问我答"等方式检验学习成果。举办主题书画摄影作品展，开辟工作专栏，推动党的二十大精神入脑入心、走深走实。

年内，高栏海关牢记"三个务必"，发挥党组织战斗堡垒作用和党员先锋模范作用，开展"双提升"行动，建立高栏海关党组织标准化规范化建设工作指引，完成机关党委、机关纪委补选和9个党支部换届选举，建立支部交叉巡查工作机制和不定期组织生活督导制度，落实"三会一课"等组织生活制度，与广东分署督查审计工作处党支部开展支部共建活动，综合业务科党支部被授予拱北海关党建培育品牌，监管四科党支部获评拱北海关第二批"四强"党支部，接收预备党员3名、按期转正党员1名。截至年底，有基层党组织11个、党员65人。

年内，高栏海关召开全面从严治党工作联席会议2次，与拱北海关党委第二派驻纪检组召开3次联席会议，邀请派驻纪检组全程参与"三重一大"决策和议事过程，落实纪检监督建议书9份，函复意见56条。统筹做好"海关重点项目和财物管理以权谋私"专项整治，梳理重点岗位49个，开展谈心谈话、个人违规事项申报22人次；梳理重点项目29个，通过建立数据模型25个，人工分析17项，实地走访验证等方式排查68个问题疑点。落实中央八项规定及其实施细则精神，开展以案促改、警示教育月、《警示录》专题学习，建设廉洁文化长廊。收到政务服务"好差评"系统评价113件次，全部获5星好评。

（李冰洁　赖书缘）

【队伍管理】2022年，高栏海关开展"夯实业务基础"专项学习，形成"一周一例一测"案例研学模式，推动提高基层法治意识和执法统一性。制订3类44项年度培训计划和4类12项岗位资质考取计划，144人次取得进出口危险货物及其包装检验监管等各类资质。出台加强青年干部培养措施8项，设立"成长导师制"（由处级领导担任导师，助力青年学员提高思想认识、培养职场思维、提升综合能力、加强关心关爱），构建"高栏学堂""班车时分""青年开讲"多维学习培训新模式，开展3类26项专业知识及实操培训，开展公文写作训练营，青年干部撰写理论文章分获各类奖项12人次。严格考勤、外出、请休假管理审批，加强重点时段、重点人员管理，维护好人事系统干部信息。健全完善两级内务督查机制，开展内务督察12次，纠正不规范行为25人次。以案为鉴坚决纠治酒驾醉驾问题，做好节假日廉政和纪律提醒，组织签署廉政承诺书。加强正向激励，8人获个人三等功、34人获个人嘉奖、1人获海关总署通报表扬。

（李冰洁　赖书缘）

【疫情防控】2022年，高栏海关聚焦党中央"疫情要防住、经济要稳住、发展要安全"主线，强化组织领导，严字当头做好疫情防控工作，坚决守住外防输入关口。落实"人、物、环境"同防、多病共防要求，结合海运口岸特点强化船舶及出入境人员检疫监管，对所有检出阳性快速上报。做好口岸环节新冠病毒监测、预防性消毒等工作，梳理形成高栏海关疫情防控随手册，提升作业规范性，探索推进无接触式登临检疫模式。落实"3+2"（"岗前检查、工作巡查、全程监督"+"双人作业、互相监督"）安全防护制度，持续更新完善内部防控措施；优化调整疫情防控响应体系，建立36个网格小组实施精细化管理，制订关区疫情突发风险应急和人力调配预案，组织全方位培训82次，开展桌面推演、实战模拟等应急演练10次。珠海本土疫情期间，党委班子带领党员先锋队24小时值守保障通关畅顺。高栏海关关领导落实"关长走进口岸封管区"工作要求，进入封闭管理，实际体验关员的感受，开展一线调研指挥。建立封闭管理"六严禁、六倡导"和"四维管理"机制，补齐封闭管理短板弱项12个。加强一线人员关心关爱，制定23项细化措施，优化调整人力配置及班次安排，配备AED除颤仪、血氧检测仪等设施设备，设立事务代办员，结合节日慰问、心理疏导、视频连线等做好暖心保障工作。48个封闭班次、192人次实行两点一线、闭环管理，整体运行情况平稳。精细化建立检查清单12项，以"四不两直"方式开展每日视频巡查、每周实地检查、每月专项监督，建立常态化疫情防控"挑毛病"专家组远程检查，全程复盘阳性病例船舶处置事宜，以问题清单为抓手改进完善问题短板70余个，通过监督检查提升防控实效。

（李朝钊　庞荃元）

【口岸监管】2022年，高栏海关开展禁止"洋垃圾"入境"蓝天2022"行动，严防废矿渣等固体废物落地入境，排查进口铁矿固体废物泊位161次，巡查堆场2366次、查验223次，取样送固体废物检测8批，均未发现异常。重点加大对涉税涉证、进口旧机电、进口涂料等敏感商品查验监管力度，查获并妥善处置异常进出口货物41批。加强监管场所管理，开展"双随机"巡查102次，制发整改通知书21份，及时向珠海经济技术开发区港口事务局、珠海经济技术开发区危险化学品监督管理局通报安全问题。对口岸卫生许可单位卫生监督及国境口岸存储场地开展"双随机"抽查监督58次，对辖区外供食品经营企业开展卫生监督20次，现场登记核查外供食品653批次，抽检55批次；对外轮供水企业开展卫生监督58次。加强核生化及口岸应急管理能力建设，组织开展口岸监管环节反恐应急演练桌面推演1次，做好核辐射设备维护和日常监测工作。

(邓璐　马艺虓)

【属地查检】2022年，高栏海关属地查检进出口货物2621批、货值39.73亿元，检出不合格进出口货物50批。落实出口危险品检验监管要求，检出不合格出口危险化学品25批、不合格出口危险货物包装18批。签发出入境货物包装性能检验结果单229份、出境危险货物运输包装使用鉴定结果单2911份。加强进口旧机电等重点敏感商品检验监管，查获并妥善处置异常进口货物6批，检出不合格出口化肥1批。保障供港澳食品安全快速验放，属地监管供港澳食品421批，货值1.01亿元。

(邓璐)

【筑牢国门生物安全屏障】2022年，高栏海关做好外来入侵物种口岸防控工作，查发有垃圾、植物种子、蚁类、蟑螂入境空集装箱14批、集装箱34个；检出植物检疫性有害生物2种（红火蚁、硬雀麦），病媒有害生物2种。开展外来有害生物监测，监测实蝇6种，其中3种（海口棍腹实蝇、双斑实蝇、绣实蝇）首次捕获；监测红火蚁蚁巢8个，督促、指导场所经营单位采取紧急控制、根除措施。监管辖区内饲料生产企业进口玉米等调运情况及饲料出口，监督进境粮食下脚料无害化处理。开展入境口岸外来入侵物种普查工作，踏查监测杂草6种，及时清除薇甘菊等检疫性有害杂草。开展口岸病媒生物监测，捕获成蚊3种、408只，针对伊蚊诱卵指数和成蚊监测密度超标情况，指导口岸运营单位开展整改工作。落实国门生物安全监测，从某养殖场桂虾中检出一类动物疫病白斑综合征病毒核酸阳性，检出虾肝肠胞虫核酸阳性，按要求开展处置工作，通报珠海市金湾区农业农村和水务局。

(邓璐)

【税收征管】2022年，高栏海关强化税收质量，提升综合治税能力，加强税收调研，全面掌握辖区重点税源企业及重点税源商品情况，加强与异地纳税企业沟通交流，收集并解决企业在通关监管方面的合理诉求；扩大汇总征税、自报自缴、提前申报和两步申报应用范围，提升征管效能；按月跟进税收进度，加强日常监控分析，及

▲2022年11月24日，高栏海关关员在企业开展出口危险化学品及其包装检验监管

(冯校圣　摄)

时了解入库税额异常情况，防范化解风险，避免税款流失。利用HLS2017内控平台、"云擎"系统数据分析功能，强化查发问题的跟踪处置、规范应用和监督检查，自主复核原产地证1633份、许可证25次、担保2215份、税单389份。指导企业用足用好RCEP等税收优惠政策红利。

（唐小骅）

【促进外贸保稳提质】2022年，高栏海关改革创新，优化服务，促进外贸保稳提质。制定"16+16"（海关优化营商环境16条措施+拱北海关关于促进外贸保稳提质的16条措施）项促进外贸保稳提质的具体实施措施，开展"走基层、解难题、促发展"专项工作，走访辖区重点企业58家，开展政策宣讲8次。落实首问责任制，为重点企业、项目研究制定"一企一策"，量身定制通关监管方案，解决辖区企业急难愁盼事项47项，各级媒体报道26篇次。开通重要生产原料进口和鲜活农产品、食品属地查检绿色通道，实施"7×24小时"预约通关，设立党员志愿服务岗和AEO企业专员，建立实施AEO企业"三优先、三优化"（优先实验室检测、优先安排口岸检查、优先开展属地查检；优化风险管理措施、优化加工贸易监管、优化核查作业）便利措施，确保通关畅顺"零延迟"。监管进口油气化工品、煤炭、铁矿砂等关键原料，精准服务高端装备制造、电力生产、民生能源保障重点产业。开展通关业务流程改革，推动现场监管由"串联"向"并联"转变，集约化调整船舶入境申报手续。改革优化大宗散货查验送检程序，实施保税油气液体化工品"同时进出"业务监管模式；推动珠海国际货柜码头（高栏二期）高标准开放，实施内外贸泊位同时作业、内外贸货物同船运输等业务模式创新，升级卡口设施开展全天候"提吉还重"业务，优化提高通关便利化水平。

（邓璐　李朝钊）

【查缉走私】2022年，高栏海关保持打击走私高压态势，扎实开展打击走私"国门利剑2022"联合专项行动，高压严打固体废物、濒危动植物及其制品走私，严厉打击货运渠道"洋垃圾"、涉枪涉毒涉爆、伪瞒报及夹藏走私，严打严控重点商品、重点领域走私，对查验发现的低瞒报价格、伪报品名、归类等走私线索，及时移交缉私局处理，密切协作有效打击成品油走私，维护市场经济秩序。办结行政处罚案件10宗，其中快速办理案件7宗、简易程序案件3宗。

（邓璐　李朝钊）

【督察内控】2022年，高栏海关加强督察内控工作，建立隶属海关级内控节点8个，开展监控检查69次，查发问题49个。建立内控清单65条，创建内控示范科室，制发整改联系处置单78份。运用HLS2017内控平台，核查处置异常数据246条。开展专项督察2项，发现问题2个。全面梳理关区重点业务指标，搭建业务数据集110个，制作数据展示报告14个，撰写风险态势分析报告18份，实现数据监控实时化、可视化。配合开展审计相关工作，落实整改问题15个，开展审计问题"回头看"，做到"不贰过"。

（李朝钊　陈志泽）

【政务服务】2022年，高栏海关精简发文、会议数量，推行清单管理，建立云盘档案资料及知识共享库。围绕重点工作，做好新闻舆论、政务信息工作，严肃工作纪律。严格落实法定公开职责及政府信息公开保密审查工作，利用"关企面对面"等多种方式开展政策解读，加强门户网站管理，政务公开工作质效有所提升。严格档案管理和保密工作，抓好教育培训和督促检查，加强涉密物品管理使用，未发生失泄密事件。加强与地方部门的联系配合，做好地方政府部门、辖区进出口企业、兄弟单位来访交流等工作。做好"八五"普法工作，配合开展"送法到一线"等普法活动，邀请普法讲师团授课、开展"以案说法"等线上线下活动23次、400余人次参加。规范行政执法重大执法决定法制审核工作，修订案件审理委员会制度，召开2次案件审理委员会审议6宗疑难案件。宁波某国际贸易运输有限公司不服高栏海关补税决定及拱北海关行政复议决定诉讼案例入选"拱北海关2022年普法创先创新案例汇编"。建立健全高栏海关安全生产工作体系，设置安全生产工作日志，明确安全生产职责清单7类、139项具体工作任务，制订完善应急处置预案15个，开展应急演练10次。加强节约型机关建设，规范资金使用流程，健全固定资产台账，推进业务综合楼、集体宿舍维修改造等重点基建项目，确保资产管理制度化、规范化。完善乒乓球室、书法室、羽毛球场地、青年园地等设施建设，组织开展多种文体活动；通过拍摄职业形象照、寄送新春"高栏家信"、生日慰问等形式全方位关心关怀，开展各类慰问活动22次；打造"荣誉墙""青春墙"，制作"我们不简单"视频，制作入关一周年纪念H5（第五代超文本标记语言），举办3名退休人员座谈会，打造暖心高栏。

（陈志泽　赖书缘）

【支持珠海高栏港综合保税区建设】 2022年，高栏海关做好珠海高栏港综合保税区封关验收支持、指导、配合等工作，推动珠海高栏港综合保税区于8月30日通过预验收。成立专项工作领导小组，抽调业务骨干组成筹备组，建立内、外联系配合机制，第一时间研究反馈监管设施、运作模式、系统建设等需求，跟进推动正式验收工作。与地方政府、建设单位召开线上、线下会议40余次。做好跟踪督促，建立工作日志和半月报告制度，坚持开展实地查勘，严格对照《综合保税区基础和监管设施设置规范》，制定5方面16项验收问题清单，逐一推动落实、对账销号。助力招商引资，宣讲综合保税区政策和海关监管规定，深入5家拟入区企业开展"一对一"政策宣讲，了解企业意见建议及诉求，跟进解答企业疑难问题12个。推动健全招商引资工作机制，配合地方政府开展监管模式研究，引导高新技术、高附加值、低能耗、低污染企业向综合保税区聚集发展，参加招商宣讲会议10余次，组织开展政策宣讲2次。提前研究谋划，收集国内近期验收综合保税区建设情况、验收流程等信息，研究制订区内监管方案及业务操作指引，制订业务测试方案并开展实车测试，做好业务运作准备。开展调研，探索"区港联动"、无感快速通关等新模式，研究进出区分类管理、非保税货物与保税货物集拼分拨等便利化措施，推动珠海高栏港综合保税区高水平开放、高质量发展。

(徐媛媛)

【重点能源和矿产品供应保障】2022年，高栏海关立足珠江西岸进口能源、矿产品等大宗商品重要口岸，面对严峻复杂外贸形势，保障产业链、供应链安全稳定，助力地方产业发展。监管验放煤炭、液化天然气、铁矿砂等大宗能源商品2183.47万吨，同比增长8.4%。开展覆盖辖区主要能源、矿产品进口企业调研，及时了解企业进口计划及意见建议，建立企业反映问题及特殊业务事项跟进清单，梳理企业的关注环节、实际诉求，专人专项落实"问题清零"机制。指导企业用足用好"提前申报""两步申报"等通关便利化措施，进口提前申报比例72.65%。成立政策性退税小组，压缩审核时长，加快办理政策性退税。开通重要生产原料进口绿色通道，"7×24小时"预约通关服务，紧贴企业订单及船期安排等优化一线人力配置，实现到港船舶即到即检、优先查验、快速验放。开展全流程通关时效分析，优化作业流程，压缩通关时间。用好进口铁矿"先放后检"、依企业申请实施品质检验等政策措施，合理缩短检测周期。铁矿砂进口通关时间平均3.5天，从卸货完成到允许提离最快1小时。

年内，高栏海关优化船舶登临检疫，改革优化大宗散货查验卸货和送检程序，推动现场监管由"串联"向"并联"转变，船舶从靠泊到卸货平均时长降至6.2小时，同比压缩21.6%。实施保税油气液体化工品"同时进出"业务监管模式，助力仓储企业发展。

(陈志泽　庞荃元)

▲2022年4月22日，高栏海关关员对进境国际航行船舶开展登临检疫

(周彪　摄)

【口岸危险品综合治理常态化】2022年，高栏海关推进口岸危险品综合治理常态化，紧盯危险货物"滞""瞒"风险，采取多项举措，不断提升综合治理效能。与珠海海事局港口海事处等部门建立定期协商和信息共享机制，优先检测危险货物、联合处置风险疑难，"一企一策"做好通关预案完善和政策宣传宣讲，推动形成海关、地方、企业三线联动监管合力。聚焦高危货物、滞留瞒报风险等关键环节，建立问题隐患和制度措施"两个清单"，通过"日、周、月"监控排查、优先安排涉危货物船舶检疫检查、实时跟踪督办危险品通关进度、实施企业分级分

类管理等手段强化实际管控力度，全力压减危险品海关监管时长。升级完善综合监管信息平台，搭建监管报告展板，实现进出境危险品监管状态立体化展示和管控。组织编写危险品监管与防护手册，通过资质考试40人并补充到危险品检验监管人才梯队。开展安全生产风险隐患专项排查5轮、实地巡查50次，监管进出口危险化学品3279批次、787.8万吨，查获伪瞒报案件2宗，危险品集装箱、直装直取危险品集装箱堆存时间同比压缩27.27%、52.17%。

(邓璐　孔飞扬)

【"十佳管理优化项目"评选】2022年，高栏海关开展"十佳管理优化项目"创建及评选活动。经汇报展示、现场投票，评选出2022年度高栏海关"十佳管理优化项目"："深化'云盘'应用，构建文档管理和知识共享体系""构建'四维管理'机制，提升封闭管理综合效能""构建党建'+'，促进党建工作强基提质""建设'数'读平台，提升关区业务运行数字化管控能力""持续优化水运进口铁矿固体废物排查工作，促进进口铁矿量质齐升""运用清单管理，扎牢'两区'安全生产屏障""涉税举措'解难题'，稳企惠企有成效""依托'岗前检查、岗中执行、岗后处置'清单管理，综合提升属地监管效能""构建安全生产动态监控机制，提升安全生产治理效能""固化'一周一例一测'研学测试机制，助力优化清单管理"。通过上述活动，进一步畅顺"三应"运行机制，弘扬"求实、扎实、朴实"的海关文化，规范业务建设、改进作业机制流程、强化科技应用创新，提升运行管理整体质效。

(邓璐)

湾仔海关

▲湾仔海关办公楼

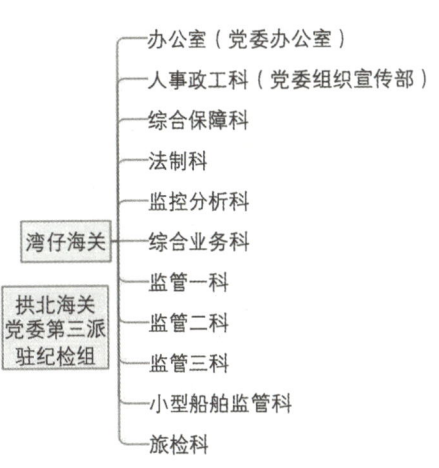

▲湾仔海关组织机构图

【概况】湾仔海关位于广东省珠海市香洲区,为隶属拱北海关的正处级口岸型海关,主要承担海关监管、税收征管、检验检疫、海关统计、查缉走私等各项海关职能。湾仔海关辖区包含洪湾港、西域码头、湾仔轮渡客运口岸及湾仔中途监管站4个监管现场。关区设有一类口岸1个,二类口岸2个,中途监管站1个。洪湾港是珠海市区最大的国家二类口岸,西域码头是珠海市肉类进口和供港澳砂石、水泥出口主要口岸。截至2022年年底,内设科室11个。

2022年,湾仔海关监管进出口货物1.09亿吨(含原水和砂石);检疫进出境人员46.81万人次,同比下降5.2%;监管来往港澳小型船舶1.3万艘次;监管来往珠澳轮渡1.76万艘次。申报进出口总值920.85亿元,同比增长10.6%。税收入库25.04亿元,同比增长6.51%。查获各类违法案件84宗、案值9024万元,同比分别增长33.3%、390%,处罚款金额11.84万元。关区进、出口整体通关时间分别为9.77小时、0.57小时。

(何志斌)

【党的建设】2022年,湾仔海关落实"第一议题"制度,以习近平新时代中国特色社会主义思想为指引，学习宣传贯彻党的二十大精神，开展党委理论学习中心组集中学习研讨16次，制发学习提示单10期，创新"每日一刻""指尖课堂""树下课堂"等学习形式，制作"用心学懂党的二十大报告"新媒体，通过电子屏、网页专栏、信息动态等，把党的二十大精神融入日常宣传内容。开展理论业务大学习、大培训、大练兵，深化学习型海关建设，实施"墩苗育苗壮苗"（增知强技"墩苗"、综合施策"育苗"、量才定岗"壮苗"）青年干部培养计划，组织撰写理论文章12篇。召开研究全面从严治党工作专题会议2次，开展专题调研1次，制发5方面、16项、51条具体措施，关党委书记履行"第一责任人"职责，实施"书记项目"，开展"月月谈"，讲授"书记谈责任"专题党课并参加视频访谈。严格执行民主集中制，落实"三重一大"等事项集体决策制度，结合以案促改，围绕管党治党、疫情防控、正面监督等重点工作，开展谈心谈话23人次，抓实日常监督管理。加强与拱北海关党委第三派驻纪检组贯通协同，召开联席会议2次。落实关长接待日、关企面对面、特约监督员等机制，定期召开座谈会，畅通联系渠道，自觉接受社会监督。推进"学查改"专项工作和专项教育活动，制发2个活动方案，统筹5大类、14项、26条具体推进措施，梳理汇总4方面、11条风险问题并完成整改。强化基层党组织标准化规范化建设，开展"双提升"行动，监管一科党支部"党建+项目"品牌获评全国海关党建培育品牌，人事政工科党支部、监控分析科党支部获评拱北海关第二批"四强"党支部。开展以案促改，制发细化分工表，组织谈心谈话37次，观看警示教育片13次，组织参加"纪法送教下基层"、监察室纪法宣讲等活动。开展"青年面对面"座谈会，帮助青年干部扣好廉洁从政"第一粒纽扣"。深化纠"四风"树新风，开展内务规范强化月活动，推进打造内务建设"样板间"，运用"第一种形态"提醒谈话1人次。加强新时代海关廉洁文化建设，创新开展"五廉"系列活动，制作发布廉洁文化新媒体2篇，拍摄宣传视频《湾仔海关"五廉"并举推进新时代海关廉洁文化建设》获海关总署政工网站采用播放。推进"海关重点项目和财物管理以权谋私"专项整治工作。截至年底，湾仔海关有党委1个，机关党委1个，党支部12个，党员126人。

（刘潇潇）

【队伍管理】2022年，湾仔海关加强班子建设，推进优秀干部储备培养和青年干部培养计划，优化调整科级领导班子9个，交流干部25名，"选人用人工作总体评价"好评率连续3年100%。树立择优晋升导向，制订未来5年一级主办职数使用计划，年内推荐晋升四级高级主办及以上职级9人，晋升一级主办及以下职级2批、15人次，参加赴拉萨海关互派锻炼的执法一线科长直接晋升一级主办。年度考核优秀比例向执法一线倾斜。强化正向激励，封闭人员平时考核获评为"好"等次45人次，执法一线科长2021年度考核获评优秀等次4名、占比50%，卫生检疫一线人员年度考核评优35%以上。参加专项工作和紧急任务表现优秀人员3批、49人次获通报表扬，1集体获海关总署通报表扬，3批疫情防控及时奖励个人20人次、集体1个，其中执法一线科长个人三等功1人次、嘉奖6人次。推进分级分类培训，学时学分完成率100%。走访慰问生活困难、患重大疾病党员7人次，慰问困难伤病员工和老同志42人次。

（胡昕鑫）

【促进外贸保稳提质】2022年，湾仔海关出台优化口岸营商环境促进跨境贸易便利化措施22条，促进外贸保稳提质举措20条，对滞留单证"挂图作战"，每周督办报关单申报超3日未放行的单证。推广"提前申报""两步申报"通关便利措施，持续开展"70、100"计划（鼓励进口单证70%提前申报，提倡抵港当天100%申报），口岸年内进、出口提前申报率分别为63.45%和66.91%，处于近年来最高水平。推动"同船运输""直提直装"，监管同船运输55艘次、直提直装集装箱1.52万标箱。推进24小时"提吉还重"模式，加班作业2861集装箱。支持跨境电商出口新业务，在香港疫情趋紧期间推行水运和公路两种运输模式，探索利用监管作业场所毗邻接驳站的地理优势，开展"全接驳式"箱式货车转关业务，关企综合发力推动电商提速，年内监管跨境电商零售出口商品量、值同比分别增长50.4倍、50.9倍。推动洪湾、西域—蛇口"组合港"通关模式，监管"组合港"通关187艘次。支持澳门游艇产业发展，监管澳门国际帆船赛参赛帆船22艘。规范监管出口供港澳砂石1539.67万吨，输澳电力48.49亿千瓦时，输澳原水9408.47万吨。保障第十四届中国国际航空航天博览会物资快速通关，提前对接航展承办方，定制通关流程方案，设立"航展物资专窗"，开通"绿色通道"，参展物资随到随验。畅通关企沟通渠道，通过关企面对面、微信、电话等多渠道收集通关疑难问题，企业诉求"即接即办"。年内"问题清零"台账收集问题64个，解决问题64个。

（王峥）

【口岸监管】2022年，湾仔海关落实海关总署和拱北海关工作要求，规范监管作业场所运行管理，优化现场作业方式，完善智慧物流监管中心建设。开展运输工具监管，完成船舶登临检查1880艘次，转异常处置39艘次。中途监管站监管来往港澳小型船舶1.3万艘次，登临检查420艘次，查获燃油申报不实案件5宗。开展监管场所"双随机"巡查82次，发现安全隐患11处，下发整改通知书16份。开展"口岸危险品综合治理"百日专项行动，制定危险品综合治理长效机制，严查重打危险品伪瞒报违法行为，查发危险品伪瞒报情事5宗，立案3宗。年内退运、销毁不合格货物35批次。开展"切片"行动，检查空集装箱1212个，发现异常情事30宗。开展"龙腾行动2022"知识产权海关保护专项活动，查办知识产权案件49宗，同比增长480%。

（何志斌）

【征税统计】2022年，湾仔海关坚持依法科学征管，推动综合治税，税款入库25.04亿元，同比增长6.51%，完成年内税收预算目标。审核进出口报关单15.84万条，其中人工审单4396份。设立RCEP工作专职咨询岗，对有RCEP项下税款担保形式需求的通关货物申报进行"一对一"辅导，鼓励企业用好优惠政策，减免税费156.48万元。强化关区商品预警监控，移交申报不实案件20宗。围绕海关中心任务和新时期海关工作热点、难点问题，撰写政研文章16篇，参与拱北海关政研课题1项。报送统计分析报告31篇，获拱北海关采用5篇次。

（刘坤宇）

【查缉走私】2022年，湾仔海关深化全员打私，统筹推进打击走私工作。开展"国门利剑2022"联合专项行动，严打"洋垃圾"、野生动物、象牙等濒危物种及其制品走私，跟踪打击货运集装箱渠道热点消费品等高税率商品走私行为，加大对进口旧打印耗材、旧电子产品的查验力度，查获涉嫌走私固体废物6宗，货值3652.14万元。查获各类违法案件84宗、案值9024万元，同比分别增长33.3%、390%，处罚款金额11.84万元。严厉打击"水客"走私，查验进出境旅客行李物品2.27万票，移交缉私案件12宗，办理简易程序和快速办理程序行政处罚案件9宗。

（何志斌）

▲2022年7月27日，湾仔海关关员查获再生黄铜固体废物44.57吨。图为关员查验现场

（敖璟荟　摄）

【检验检疫】2022年，湾仔海关坚持总体国家安全观，强化底线思维和系统观念，做好口岸检验检疫工作。开展"国门绿盾2022"行动，截获进境植物有害生物505种次，截获病媒生物24批次，截获昆虫、节肢动物26批次，截获拱北口岸首例病媒生物结缕草象甲。落实食品安全"四个最严"要求，查处食品化妆品不合格13批次，同比

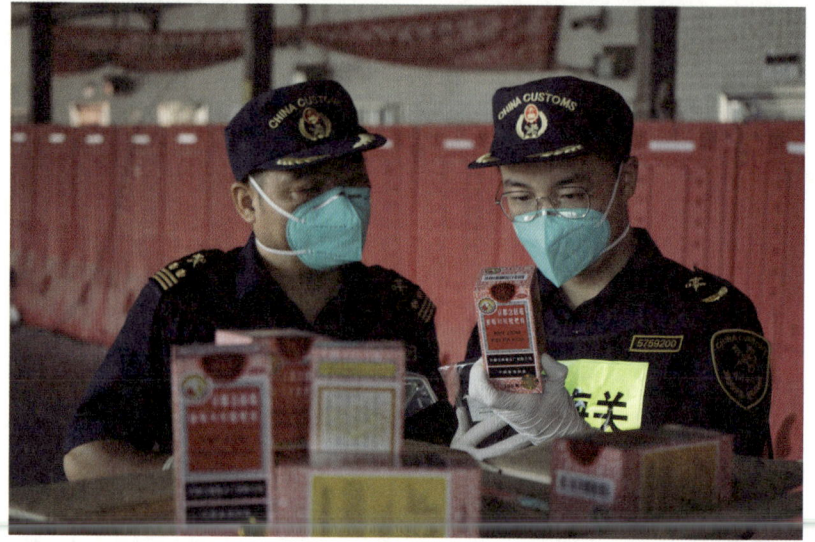

▲2022年8月19日，湾仔海关关员对进境药品进行监管　　（王晓伟　摄）

增长216%。检出工业品不合格54批次，同比增长186%。

（何志斌）

【政务服务保障】2022年，湾仔海关做好重大时间节点网络安全和信息宣传工作，聚焦热点动态、重点工作，报送政务信息452条篇、互联网信息4500余篇，在各类媒体发布新闻稿97条次。改进文风会风，提升政务运作效能，服务保障调研25批次。跟进督办重点工作安排382项。落实"五核一校"公文审核要求，完善机要保密、档案管理、应急值班、信访等工作，信访办结率100%。落实对外普法宣传，组织特色法制宣传活动8次。通过组织法治讲座、法律培训、岗位练兵等开展业务实操，配合完成送法到基层活动5次。落实"过紧日子"要求，推进节约型机关建设。做好疫情防控常态化物资保障工作，强化公务用车管理，加强食堂精细化管理，严控成本，保障质量。

（何志斌）

【督察内控】2022年，湾仔海关完善关、科两级内控监控工作架构，完善各科内控监控清单，对标审计问题清单举一反三，制定湾仔海关内控节点岗位落实清单和科室"日清周查月结"清单，落实工作事项具体到岗、责任到人，年内制发处置联系单536份，处置异常数据2447条。对标湾仔海关工作重点和风险点，年内开展常规督察4个，完成旅检暂存仓交叉督察，发现问题31个，均立行立改。

（王峥）

【疫情防控】2022年，湾仔海关落实常态化疫情防控要求，专题研究部署疫情防控工作34次，督办落实重点工作280余项，建立工作方案17个、应急预案9个，组织应急演练14次。梳理内部工作人员感染新冠病毒应急处置工作手册。与澳门内港海关站建立"点对点"快捷协作机制，与鹤洲新区（筹备组）建立工作联系机制。细化疫情防控优化措施23项。严密来往港澳小型船舶船员闭环管理，协调地方政府支援医务人员参与对入境人员的核酸采样，累计采样3.64万人次，实现入境船员核酸检测全覆盖。严格货运渠道疫情防控工作，规范实施非冷链货物核酸监测采样71票，预防性消毒监督4票。落实"日报告""零报告"、岗前检查和日常健康监测制度，建立一线人员健康管理档案，实行进入办公场所扫描验核。制订常态化疫情防控远程检查工作方案，开展视频巡查和现场检查902次。常态化开展实操培训考核73次，考核人员200余人次。

（何志斌）

【药品进口通关保障】2022年，湾仔海关建立进口药品、中药材及防疫相关保健食品企业目录，每日通过舱单了解掌握企业进口到港计划，做好人力资源统筹调配，优先派单查验，加强与实验室联系，提高送检效率。密切监控通关情况，做好风险分析、预警和布控。年内监管进口药品、中药材及防疫相关保健食品10398.7吨，同比增长22倍，整体通关时长压缩16.18%。

（王峥）

【供港澳民生物资通关保障】2022年，湾仔海关设立"供港澳砂石出口专用窗口"，完善砂石监管场所基础设备，协调海事部门提前调度船舶，缩短船舶高峰期进出港时间，持续提升口岸验放效率。为供澳门水电企业制定"集中报关、外出监管"便捷通关模式，简化供澳门水电监管验核手续，开展外出监管，检查水泵、测量站等设备运行状态，保障对澳门供电供水安全稳定。畅顺与企业沟通渠道，提供预约通关、延时作业等服务。年内，监管供澳门原水9408.47万吨，供澳门电力48.49亿千瓦时，快速验放供港澳砂石1539.67万吨。

（黄颖）

九洲海关

▲九洲海关办公楼

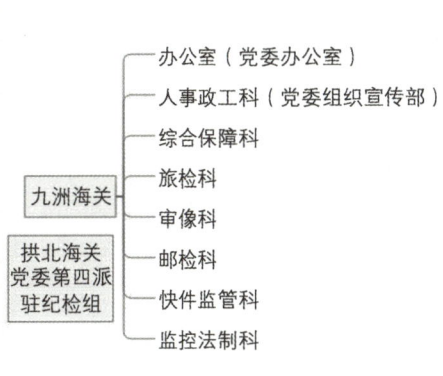

▲九洲海关组织机构图

【概况】九洲海关位于广东省珠海市香洲区，为隶属拱北海关的正处级口岸型海关，下辖九洲港客运码头、珠海上冲国际邮件监管中心、珠海邮政快件监管中心、南屏快件监管中心4个海关监管作业场所（集中作业场地），主要承担拱北关区监管查验设备集中审像，承担其辖区的海关监管、税收征管、检验检疫、海关统计、查缉走私等各项海关职能。截至2022年年底，内设8个科室。

2022年，九洲海关监管进出境邮件142.11万件，同比增长7.8%；监管进出口快件64.13万件，同比下降7.9%；征收税款738.60万元，同比下降7.18%。查获各类走私违规案件160宗，同比下降4.76%，其中刑事立案14宗。截获检疫禁止进境物58批次，同比下降86.35%。珠海九洲港至香港、澳门客运航线停航。

（曾剑　张霈）

【党的建设】2022年，九洲海关把学习贯彻习近平新时代中国特色社会主义思想作为首要政治任务，坚持"第一议题"制度，全面学习、把握、落实党的二十大精神。党委班子开展专题学习研讨7次，深入支部宣讲12次，各党支部开展学习研讨34

次。举办"工余时间大讨论"48期、应知应会测试20期。坚持学用结合，聚焦落实"12个必"、38个"深入思考"开展调查研究。落实重大决策部署，抓好常态化疫情防控、打击治理"水客"走私等重大政治任务，落实意识形态工作责任制。开展"学查改"专项工作、政治机关专项教育活动和基层党建"双提升"行动。制发九洲海关党建工作指导书，梳理6方面、175项党建任务及文书模板。邮检科党支部获评拱北海关第二批"四强"党支部；审像科党支部通过拱北海关基层党建示范品牌复核，入选拱北海关基层党建"书记项目"试点；吴颖获评拱北海关党务之星。开展党建工作督察3次，吸收入党积极分子2名，发展预备党员1名，转正预备党员2名。运用谈话提醒关注解决苗头性倾向性问题，对1名干部进行提醒谈话。开展党的十九大以来巡视巡察项目整改"回头看"。常态化开展领导干部报告个人有关事项、企业兼任职问题清理等工作。截至年底，九洲海关有基层党组织10个、党员90人。

（吴颖）

【队伍管理】2022年，九洲海关履行选人用人主体责任，开展干部选拔任用工作"一报告两评议"，完善"任务+作业"青年培养模式，开展选拔任用纪实专项复核工作。举办"九洲课堂"7期，教育培训学时学分完成率100%。做实思想政治工作，关心爱护一线人员，开展专题调研2次，开展各类慰问56人次。发挥工青妇桥梁纽带作用，九洲海关工会接受"全国模范职工小家"复查，获评2022年珠海市职工书屋示范点；九洲海关妇委会获评拱北海关优秀妇工组织，唐莲获评拱北海关优秀妇工干部，曾铮获评拱北海关优秀女员工。开展珠海市文明单位创建工作。建立九洲海关志愿服务队。

（顾德谦）

【集中审像】2022年，九洲海关持续推进集中审像、智能审图建设，联网集中审像6.93万幅。开展风险分类审图，实施优先审核、低风险直放模式，提升进出境货物通关时效。完善"中心+现场"映证交互机制，机检审图发现异常664起，经现场查证后移交综合处置139起，其中查获进口固体废物19吨。开展监管查验设备智能审图图像标注工作，防范同类风险，标注图像2955幅，为审图算法优化提供标注样本。推进拱北海关机检审像业务实训点建设，培养专业性审图人才。扎实开展"口岸危险品综合治理"百日专项行动。查发蓄电池、填缝剂等涉嫌危险货物。

（朱燕）

【邮件、快件、跨境电商监管】2022年，九洲海关推行邮件、快件、跨境电商业务集中审单，启动进境邮件税款信息联网项目试点。支持企业开通"珠海—澳门—香港"临时邮路，保障进出境邮件安全通关。落实粤港跨境货车口岸全接驳、"点对点"监管模式。推进C类快件纳入货物一体化通关作业，监管出口快件21.27万件、货值1.1亿元。加强寄递渠道安全准入、重点商品等正面监管，开展"清邮"等专项行动。自主开展"斩草"专项行动，查获香烟、电子烟7.1万余支。加强知识产权海关保护，查获涉嫌侵犯知识产权情事612宗、侵权物品1530件。

(李晓明 蔡文舒)

【寄递渠道涉毒涉精神药品查获】2022年，九洲海关整合数据资源，建立一体化动态风险监控模型，深化"1+N"跨部门协作机制，与缉私局、地方有关部门协同配合，实施跨境联合打击。查发涉毒案件1宗、国家管制类精神药品案件22宗，涉及冰毒300克、安非拉酮等6000余粒。

(张锐)

【检验检疫】2022年，九洲海关强化口岸公共卫生核心能力建设，严格进出境动植物检疫和食品安全监管，筑牢国门安全屏障。严密口岸卫生检疫，持续关注港澳地区及周边国家（地区）疫情动态，开展新冠病毒环境监测，科学开展传染病检疫排查处置，防止疫情叠加。加强口岸卫生监督，在九洲港口岸区域持续开展口岸病媒生物监测，开展口岸微小气候与空气质量监测12次。加强国门生物安全防控，与拱北技术中心联合开展实蝇监测和外来入侵物种普查工作，监测实蝇种类10种、近3万头，

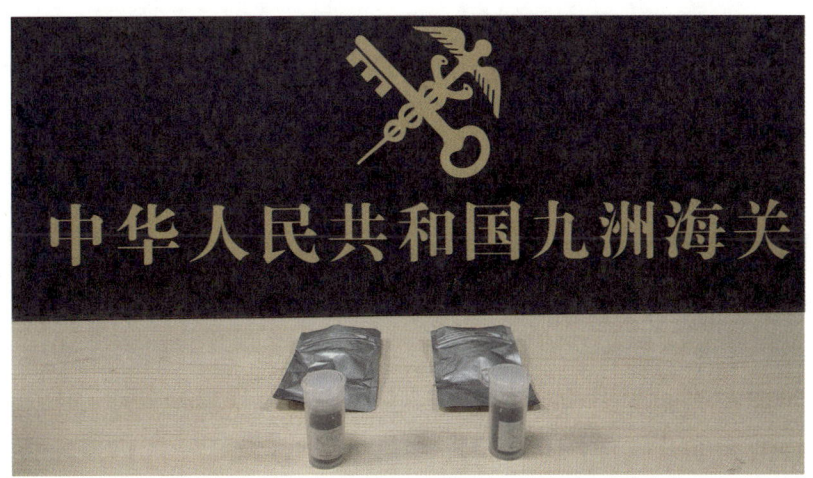

▲2022年10月21日，九洲海关在进境邮件中查获脐带血制品2瓶

(张锐 摄)

发现并防除红火蚁蚁巢10个；在踏查区域普查发现外来入侵生物16种。开展"跨境电商寄递'异宠'综合治理"专项行动，查获寄递入境"异宠"1批次。截获一般性有害生物和外来物种等检疫禁止进境物58批次。

(陈浩 张锐)

【筑牢国门生物安全屏障】2022年，九洲海关实施寄递渠道一体化排查分析，收集、分析查发典型案例及各渠道查发态势，提炼风险要素，

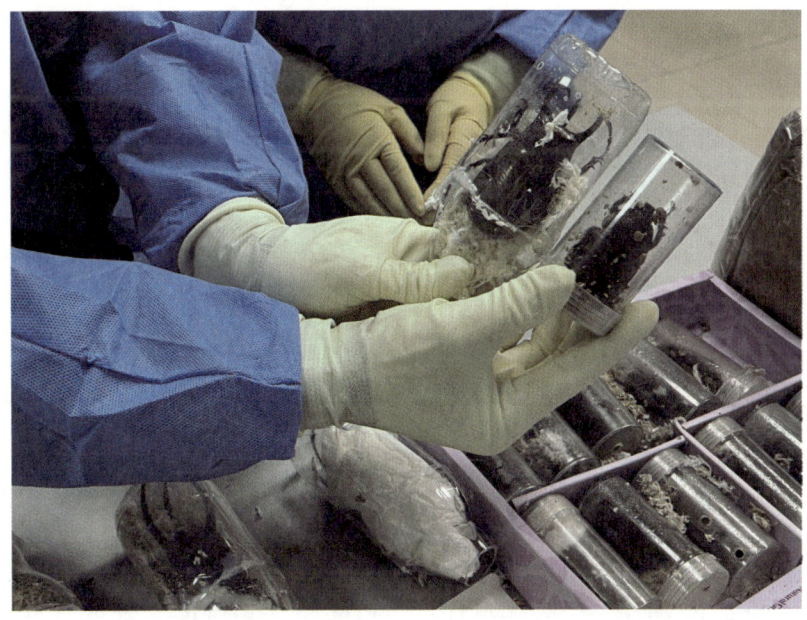

▲2022年4月1日，九洲海关在进境邮件中截获活体高卡萨斯南洋大兜虫16头

(马静子宁 摄)

加强预警监测，动态更新查缉重点。发挥CT机智能审图、监管工作用犬（以下简称"工作犬"）等资源效能，对可疑邮包实行100%开箱（包）检查。针对邮包特点，开展审图、开箱检查技巧等技能培训，提升查验效能。面向企业及收寄件人开展普法宣传，加强源头治理，共同维护国门安全。年内，截获检疫禁止进境物58批次，检出一般性有害生物40种类、47种次，外来物种11种类、15种次，其中查获"异宠"高卡萨斯南洋大兜虫16头。

（张锐）

【疫情防控】2022年，九洲海关坚持"人、物、环境"同防、多病共防，落实"二十条""新十条"优化措施，做好疫情防控工作。强化应急指挥、响应、保障，完善预案方案，加强"三个梯队"建设。落实常态化监督检查，通过下沉一线、"四不两直""挑毛病"专家组及时督促整改。开展"疫情防控强化培训月"活动，常态化开展培训和实战演练46次，制作"海上伤病船员紧急救援"汇演视频。规范做好进出境邮件和快件监管、跨境货车司机疫情防控，落实口岸卫生检疫岗位工作人员封闭管理。落实内部防控分级分类措施，加强健康监测，规范落实核酸检测频次，做好个人安全防护，当好自我防疫"第一责任人"。加强办公区、生活区管理，做好疫情防控经费和物资保障。

（陈浩　李晓明）

【促进外贸保稳提质】2022年，九洲海关制定促进外贸保稳提质15条具体措施，主动送政策上门，到企业开展实地调研，持续用好"问题清零"机制，跟踪解决企业诉求、建议11项。促进跨境电商新业态规范发展，支持邮递企业与大型电商平台开展合作，提前对接"6·18"等商业大促期间业务量激增需求，采取资料预审、预约通关等便利措施，保障合规邮件安全高效通关。支持快件企业承接周边转移物流、拓展出口货源，提升市场竞争力。发挥监管查验设备非侵入式查验优势，对有指令机检、公路口岸图像、防疫物资、援港物资等采取优先审像、优先验放。

（钟文）

【查缉走私】2022年，九洲海关树立关区打私"一盘棋"观念，保持打击走私高压态势，落实打击治理"水客"走私长效机制，深化反走私综合治理。落实"坚决打私、文明执法"11条措施，坚持正面监管、立体管控、多元共治，严防"水客"走私跨口岸、跨渠道漂移，提升打击走私效能。开展打击走私"国门利剑2022"联合专项行动，查获刑事案件14宗，均为寄递渠道涉嫌走私毒品案；查获行政案件146宗，其中涉及国家管制精神药品案件9宗，烟草类案件120宗，珠宝首饰等案件8宗，高价值品牌手表、化妆品、挎包等案件9宗。

（钟文）

【政务服务保障】2022年，九洲海关践行"三应"机制，优化科室职能，完善牵头负责事项安排，提升政务运转效能。聚焦重大决策部署加强督促检查，督办落实重点任务、重点事项157项。强化绩效管理，定期开展评估问效，抓好考核指标任务落实。推进调查研究，围绕海关总署党委提出的6个重点题目、"12个必"重点工作，形成研究报告5篇。开展学习宣传贯彻党的二十大精神信息新闻宣传,做好网络和信息系统安全保障等专项工作。推进基层政务公开标准化规范化建设,开展信息公开工作,落实关长接待日工作制度,自觉接受社会监督。统筹做好公文审核、机要保密、值班应急、新闻舆论、档案管理、年鉴资料编撰等工作,完成九洲海关关史陈列室建设。强化法治保障,落实行政执法"三项制度","庄某违规携带古钱币出境案"入选拱北海关旅检渠道具有法治教育意义典型案例。加强内控督察,推进内控示范科室建设,开展支持外贸促稳提质措施落实情况等年度督察4项,开展常态化自查自纠3次,落实整改长效机制。

(曾剑 胡昕)

【后勤保障】2022年,九洲海关落实"过紧日子"要求,被国家机关事务管理局等四部委联合授予"节约型机关"称号。加强财务管理,规范服务项目采购,统筹做好年度预算申报和经费执行工作。开展"海关重点项目和财物管理以权谋私"专项整治工作,梳理排查风险隐患,及时推动整改落实。强化安全生产管理,全面梳理514项安全事项,推动责任清单"上墙",用好"吹哨人"预警机制。与口岸管理部门、场地经营人签订安全生产管理合作备忘录,深化安全领域合作共治。

(李卓然 胡昕)

万山海关

▲万山海关办公楼

▲万山海关组织机构图

【概况】万山海关为隶属于拱北海关的正处级口岸型海关，主要办公地点在广东省珠海市万山海洋开发试验区（以下简称"万山区"）桂山岛，业务管辖范围包括桂山岛、外伶仃岛和大万山岛，主要业务为来往港澳小型船舶中途监管、保税燃料油监管、万山港口岸进出境监管、万山区出入境检验检疫监管等，其中中途监管实行年内365天、24小时不间断监管，辖区万山港口岸为国家一类口岸。截至2022年年底，内设科室4个。

2022年，万山海关监管保税燃料油跨关区直供20.91万吨，同比下降4.3%，货值9.83亿元，同比增长59.32%；监管来往港澳小型船舶5008艘次，同比增长21.82%；开展检疫性实蝇监测和红火蚁监测42次，截获检疫性实蝇8428头。

（王越然）

【党的建设】2022年，万山海关学习宣传贯彻党的二十大精神，组织召开中心组学习30次，讲好专题党课，党委委员撰写心得体会6篇，细化11方面、19条措施，带动全关党员干部把思想和行动统一到党的二十大精神和决策部署上来。运用"学习+研讨"机制，打造"海岛晨读"

"一期一会""万关青年读书会"等海岛特色学习品牌，分级分层分类开展研讨28次，编发"第一议题"学习材料28期，各支部开展"三会一课""海岛晨读"180次，"一期一会""青年读书会"等活动12次。制定万山海关2022年全面从严治党工作要点、重点事项推进表，制定15类、51项重点任务清单。定期研究党建工作，收集解决基层党建问题9个，研究提出措施13条，启动课题研究3项，党委书记项目入选关级试点，指导培树"四强"党支部2个，关级党建品牌1个。开展"海关重点项目和财物管理以权谋私"专项整治工作，深入查找问题，落实整改措施9项。截至年底，万山海关有党组织6个，党员34人。

（戴亮）

【促进外贸保稳提质】2022年，万山海关加大助企纾困力度，优化营商环境，促进外贸保稳提质。制定优化口岸营商环境促进跨境贸易便利化工作措施，加强政策宣传，支持辖区企业自主选择进出口申报模式，完善进出口货物"提前申报""两步申报"通关模式。年内进出口货物32.67万吨，同比增长2.33%。进出口货物完税价格总值15.58亿元，同比增长63.39%。平均整体通关时间0.16小时，同比压缩23.8%。

（刘奇）

【海上供油保税监管业务改革】2022年，万山海关优化保税油供船业务监管流程，推进监管模式改革，"一船多供""先供后报""非转关供油"模式多层次结合，压缩企业供船业务周期，提升企业获取订单能力。深入辖区企业调研，收集东澳锚地供油、浮舱供油、"两仓"合一、燃料油混兑调和企业诉求4项，专题研究企业诉求，分析东澳锚地保税燃料油供船业务创新等事项，形成《推进东澳锚地保税燃料油供船业务促进海洋经济发展》政研文章。监管保税燃料油跨关区直供20.91万吨，同比下降4.3%，货值9.83亿元，同比增长59.32%；入库21.44万吨，货值10.75亿元，同比分别增长3.9%和60.7%；出库21.4万吨，货值10.65亿元，出库量保持平稳，货值同比增长55.7%。

（李海洋）

【口岸监管】2022年，万山海关优化监管流程，扎实推进口岸危险品综合治理，设立危险品口岸通关专门窗口，指定专人指导企业办理通关手续，紧盯"口岸滞留危险品"和"危险品伪瞒报"2个重点环节，实行"吹哨人"制度，开展安全生产风险隐患排查。强化监管场所管理，加强监控摄像头信号维护，通过"视频监控+实地巡查"方式定期巡查危险品存放场所，开展实地巡查42次。与关区企业开展座谈10次，督促企业承担安全生产主体责任。加大稽核查力度，组织参加核查业务培训，提高核查业务水平。落实"两仓"盘库核查指令，开展核查作业3次。强化口岸监管环节反恐工作，规范反恐怖设备的管理工作，检修维护旅检通道核辐射探测门，制订口岸监管环节恐怖袭击事件应急预案，开展万山港口岸交通工具反恐应急处置演练。开展"国门利剑2022"联合专项行动、粤港澳海关保护知识产权联合执法行动等专项行动，做好禁止"洋垃圾"入境、打击象牙等濒危物种及其制品走私活动，加强风险分析，强化中途监管职能作用，坚决打击水上走私活动。年内，监管来往港澳小型船舶5008艘次，同比增长21.82%，其中进口2445艘次、出口2563艘次。

(廖钧杰 徐咸)

【检验检疫】2022年，万山海关外来有害生物监测小组在万山群岛开展实蝇监测、红火蚁监测和外来入侵物种普查工作。在桂山岛、东澳岛、万山岛及外伶仃岛选取33个实蝇监测点开展实蝇监测。年内，组织开展检疫性实蝇监测33次、红火蚁监测9次，截获检疫性实蝇8428头；开展外来入侵物种普查8次，检出入侵物种14种，包括白花鬼针草、薇甘菊、马樱丹、石茅、假臭草、非洲大蜗牛等。开展出境食用水生动物安全风险监控和疫病监控采样送检工作，辖区4家注册水生动物养殖场抽样32个，检测项目455个，结果全部合格。万山海关病媒生物监测工作组加强辖区口岸区域病媒生物监测，完成4次鼠类、12次成蚊、6次伊蚊、6次游离蜱监测，其中捕获鼠类病媒生物2只，检验结果显示均为黄胸鼠，未检出螨类、蚤类等寄生虫，捕获白纹伊蚊10只、致倦库蚊9只，结果未见异常。

(梁志璇)

【政务后勤保障】2022年，万山海关加强法治建设，制定2022年普法责任清单，推动将习近平法治思想纳入党委理论学习中心组学习重点内容，纳入干部教育培训总体规划。落实"谁执法谁普法"普法责任制，开展"送法进企业"活动，修订案件审理委员会工作规程、强化关区制度建设、服务构建"三应"运行机制工作方案。结合海岛特点，组织开展面向往来游客、岛上居民的新冠疫情防控、进出口食品安全、国门生物安全等宣传活动。做好业务运行监控，完成督察计划2项，发现问题4个，提出改进意见建议5条，督促整改落实。围绕保税油跨关区直供等重点业务，新建内控节点2个，组织内控培训1次。进一步规范内控清单建设，打造内控清单"三化"管理机制，推动内控清单同整改清单一体化、内控清单更新调整动态化、内控清单监督检查常态化。落实"过紧日子"要求，推进"节约型机关"建设，倡导节能减排的科学生活方式，节约用水用电，杜绝餐饮浪费，

▲2022年1月12日，万山海关关员进行口岸病媒生物"四害"监测作业
(劳杰贞 摄)

形成以俭为荣的节约型海关文化。落实关心关爱边关干部职工措施，加强与驻地政府联系配合，提升大院绿化水平，优化工作生活环境，营造凝心聚力、拴心留人的良好氛围。

（刘奇　王越然）

【疫情防控】2022年，万山海关落实口岸疫情防控各项规定，加强与属地政府、珠海市商务局香洲口岸分局、边检、海事部门的联防联控联动，建立协同配合机制，开展信息共享、情况通报，加强与码头、船舶代理等单位的沟通，协调提供口岸疫情防控工作必要的海关工作场所等。落实"一口岸、一方案"要求，拟定万山港口岸新冠疫情防控工作方案，制定相关应急预案，做好应对处置突发公共卫生事件准备工作。开展视频监控检查，明确监控检查要点，重点关注口岸现场人员防护、作业规范性及污染控制方面存在的问题隐患。

年内，万山海关加强对内部防控应急处置工作的指导和组织实施。做好内部疫情防控工作，开展紧急排查34次。落实每日健康监测"日报告、零报告"和风险接触信息报告要求，每日编辑报送情况日报、"应检尽检"人员核酸检测记录表等，每周编发疫情防控周报，实行健康码"绿码"上岗制。落实安全防护管理主体责任，加强海岛通勤个人安全防护。成立安全防护"挑毛病"专家组，建立健全定期自查和督导检查相结合的常态化风险排查机制。开展个人防护理论培训、实操培训及桌面推演27次。持续推进新冠病毒疫苗接种和加强免疫接种工作。

（王越然）

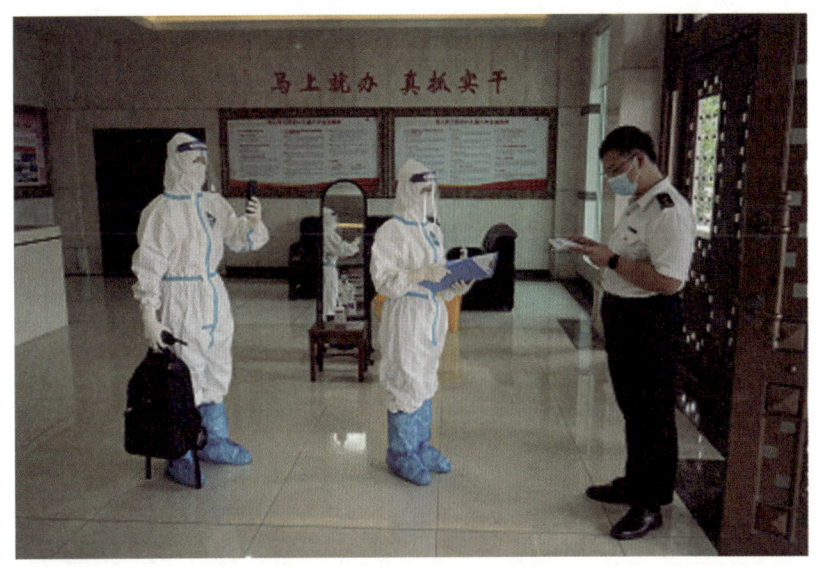

▲2022年8月4日，万山海关关员在口岸登临检疫应急处置演练中模拟进行资料审核

（欧家豪　摄）

▲2022年11月16日，万山海关组织消防安全实战演练　　（王越然　摄）

【安全生产】2022年,万山海关定期召开安全生产工作会议,制订安全生产大检查方案,对办公区、生活区、机房、配电房、监管艇等安全管理重点部位开展日常检查,重点排查消防安全、防汛准备和疫情防控等风险,做好灾害应对处置。加强值班应急管理,密切关注天气预警信息,提前做好防台风、防汛工作值班安排和物资储备。开展房产安全专项检查3轮,定期开展危房检查,做好房产安全隐患排查整治。与所在地政府、边检、海事等部门签订合作备忘录,提升协调配合工作效率,提升安全生产管理水平。

(王越然)

闸口海关

▲闸口海关办公楼

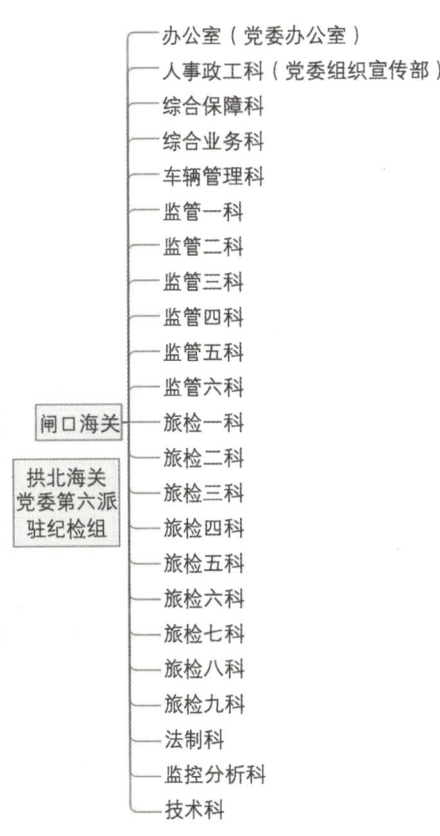

▲闸口海关组织机构图

【概况】闸口海关设在广东省珠海市拱北口岸,为隶属拱北海关的正处级口岸型海关,辖区范围为珠海市拱北口岸。主要承担海关监管、税收征管、检验检疫、海关统计、查缉走私等职能。截至2022年年底,内设科室23个。

2022年6月19日至8月3日,珠海、澳门两地口岸新冠疫情防控措施调整;8月5日起,拱北口岸启动旧建筑物安全改造项目并开始实施限次分流措施,拱北口岸进出境旅客大幅下降。年内,闸口海关检疫进出境人员7270.71万人,同比下降16.37%;监管进出境客车

102.88万辆次，同比下降21.82%；监管进出境货车4.04万辆次，同比下降0.74%；办理车辆备案各类手续2.08万宗，同比下降10.86%；验放供澳门鲜活产品19.41万吨，同比下降0.07%；征收税款1648.40万元，同比下降75.1%。

（周睿颖）

【学习宣传贯彻党的二十大精神】 2022年，闸口海关以"对标看齐、齐头并进、戮力齐心"答好"学习、宣传、贯彻"3道题，推动学习宣传贯彻党的二十大精神落实落细。召开党委理论学习中心组学习会5次、扩大学习会2次，编发专题学习材料，抓住科长、"两委"委员等"关键少数"，分组分批开展主题研讨。党委书记在全关范围内开展宣讲3次，党委班子成员通过班前会领学、业务廉政分析会督学等督促引学，宣讲党的二十大精神9次，推动委员领学、党员必学。成立课题组，围绕落实党的二十大精神海关工作"12个必"和38项思考落实重点，开展专题调研，广泛听取基层意见，撰写调研报告6篇。突出"一支部一学习品牌"鲜明特色，开展"学研新经典 奋进新时代"系列学习活动，分时段、分类型集中展播全关24个党支部学习品牌。制作"学思践悟二十大 号角催征启新程"视频，推送学习党的二十大精神的权威解读内容13篇，组织参加学习党的二十大精神理论知识竞赛。用好"三会一课"、班前会等平台，开展"读原文学原理——我读我思""二十大金句每日学"等特色活动。在办公区域、业务大厅、党建活动室制作党的二十大精神专题展板20幅，营造沉浸式、全方位学习氛围。开展巾帼文明岗"岗长带头学、岗员同思考"主题活动，突出"泛读+精读"，带动全关妇女小组开展学习研讨大交流。聚焦"青年文明号"，搭建"初星如炬"宣传先锋组、"星火相传"业务尖兵组、"星伴桑榆"关怀慰问组"三星"展示平台，开展"学习二十大、永远跟党走、奋进新征程"主题学习活动，通过接力诵读学、志愿服务学、户外集中学等，带动全体青年干部激发新动力，拓展新思路。

（周睿颖）

【党的建设】 2022年，闸口海关坚持"第一议题"制度，把学习贯彻习近平新时代中国特色社会主义思想作为首要政治任务，落实习近平总书记重要指示批示精神、党中央决策部署，服务粤港澳大湾区，守好意识形态安全"南大门"。党委理论学习中心组开展集中学习25次，专题研讨6次。打造"精读十分大家学""短评一刻书记讲"两大特色学习项目，改进支部学习方法。开展"砥砺奋进守初心 青春献礼二十大""巾帼心向党，奋发新征程"及接力诵读等特色活动，提升学习质效。深化青年大学习，组织青年干部开展读书分享，撰写书评体会19篇。开展强化政治机关建设专项教育活动，统筹推动"学查改"专项工作，落实从政治看业务、从业务看政治的要求，排查问题底账25项，对照4个方面梳理风险隐患9处，组织24个党支部全面梳理政治要求87条，查摆问题169个，制定整改措施260条。严格落实领导干部报告个人有关事项制度，组织开展点对点专题宣讲。完善机关党委、机关纪委组织架构，完成20个党支部换届选举工作，健全组织建设。召开强化机关纪委建设专题会议，规范纪检委员履职。与拱北海关党委第六派驻纪检组召开加强监督贯通协同联席会议2次。持续深化科室自控、职能管控、内控监督，明确定期核查、现场巡查、视频监控等监督方式，开展监督检查30次。开展党建工作和党务工作培训、交叉检查3次，制发政治工作提示单17期，提升支部标准化规范化建设水平。组织25名干部参与海关系统党务干部练兵，3个党支部获评拱北海关第二批"四强"党支部，1个党建品牌获拱北海关党建培育品牌。党员王殿获全国海关系统"党务之星"，党员唐德慧获拱北海关"党务之星"。推进"海关重点项目和财物管理以权谋私"专项整治，制发工作提示单23期，研究确定重点项目39个，排查发现问题点7个、梳理高风险环节2个，制定整改措施7条。组织开展"准军建设从我做起"大讨论，开展全覆盖内务督察4次。组织开展廉洁文化建设主题活动，常态长效开展日常廉政教育，引导干部职工筑牢拒腐防变底线。截至年底，闸口海关有党支部24个、党员282人。

（周睿颖）

【监管服务优化】2022年，闸口海关服务粤港澳大湾区建设，改善通关服务，畅顺通关环境，优化营商环境，拱北口岸进出口整体通关时间分别为0.21小时和0.08小时。细化制定提高货物通关效率、支持免税品经营企业健康发展等16条措施。畅通企业联系渠道，常态化收集企业在口岸通关环节遇到的问题和困难。完善"问题清零"机制，促进产业链供应链循环畅通。深入调研免税企业发展需求，建立免税企业服务专班，"量体裁衣"制定帮扶措施，提前介入拱北口岸改造涉及免税店搬迁相关工作，提供全过程政策辅导，年内审批进出仓、调拨申请纸质单据1825份，开展"双随机"实地核查239票。常态化清理超期滞留境内跨境客车，落实因疫情超期滞留车辆的具体处置方案，集中清退内地承办单位存在问题的粤澳跨境客车备案担保，持续推进跨境货车备案"无纸化"，年内，办理新（换）车辆备案1429辆，同比下降13.6%；注销车辆1426辆，同比下降7.94%；延期18026辆，同比增长9.66%；收取备案担保345份，同比增长45.57%。

（周睿颖）

【食品农产品安全供澳门】2022年，闸口海关保障活动物、农产品、食品安全供应澳门。优化鲜活易腐农食产品通关绿色通道，支持企业提前申报、集中申报，发挥珠海市九星级党员志愿服务岗作用，提供"5+2""7×24小时"预约通关服务，实施快速审核、快速验放，保障供澳门鲜活商品顺畅通关。规范开展供澳门活动物离境查验，完善安全监管机制，落实供澳门活动物离境临床检疫工作，开展活猪、活牛离境查验3140辆次、103920头，同比分别增长11.82%和15.02%。强化信息分析研判，掌握动物疫情动态，及时通报查验中的异常情况。规范跨境司机体温检测与人员安全防护管理，监督落实场地清洁消毒。疫情期间，及时了解企业通关需求，提供24小时预约通关等服务，实施

▲2022年10月1日，闸口海关关员在拱北口岸检疫监管供澳门出境活猪

（刘文 摄）

"即到、即审、即验、即放"便利措施。依托珠澳两地海关"点对点"联系机制，加强与口岸管理部门、边检等单位的联系配合，结合企业需求适时延长通关时间，快速高效验放，保障鲜活商品"零滞留"。强化对生物毒素、农药、兽药及污染物等风险监测，确保有效检疫监管，实现快验快放。

（周睿颖）

【筑牢国门生物安全屏障】2022年，闸口海关筑牢国门生物安全屏障，严厉打击非法引进外来物种和其他禁止进境动植物及其产品，严防外来物种入侵和动植物疫情疫病传入。年内，截获活动物（犬、猫除外）和种子苗木286批次，同比增长0.35%；送检检疫物品2111批次，同比下降42.68%；检出有害生物2267批次，同比下降38.08%，其中检疫性有害生物4种、17批次。成立外来入侵物种普查工作小组，编制拱北口岸普查工作计划，对照外来入侵物种参考名单，明确普查对象、普查方式、监测区域、频次时间，详细掌握外来入侵物种种类数量、分布范围、发生程度等信息，逐次做好采送样、鉴定、标本制作等工作。年内开展普查工作4次，发现植物48种、昆虫4种、植物病原体2种、软体动物等动物4种。

成立实蝇监测小组，开展拱北口岸区域检疫性实蝇疫情调查和监测工作，在拱北口岸、水质监测中心、炮台山公园、板障山公园布置监测点21个，监测桔小实蝇、瓜实蝇等检疫性实蝇，完成监测工作16次，诱捕到实蝇18096头，其中桔小实蝇

▲2022年9月27日，闸口海关在进境旅客携带物中查获濒危植物龟甲牡丹、切迹兜等6株

（刘文 摄）

16913头、瓜实蝇870头、南亚果实蝇313头，未监测到地中海实蝇。加强工作犬应用管理，对照新版禁止进境的动植物及其产品和其他检疫物名录，开展针对性训练，发挥工作犬快速识别和高效搜检的能力，年内工作犬查获检疫物品262批次、1984.64千克。开展国门安全宣传教育活动，在口岸现场播放生物安全宣传图片、向旅客派发宣传资料、向口岸免税店工作人员开展宣传等多种形式，引导公众树立正确的国家安全观和生态文明理念。

（周睿颖）

【卫生检疫】2022年，闸口海关建立统筹口岸疫情防控和促外贸稳增长工作指挥部例会制度，坚持"多病共防"严防口岸传染病叠加风险。履行"三查三排一转运"等法定职责，根据拱北口岸既往传染病检出情况，融合海关总署疫情公告、警示通报及重点传染病监测等信息，研判评估风险，重点关注登革热、黄热病等疫情流行趋势。开展线上线下培训、学习，提升卫生检疫人员专业能力。综合进境旅客症状、

▲2022年11月29日，闸口海关关员对旅客进行体温监测　　（刘文 摄）

体征、旅行史、接触史等，科学规范开展可疑病例的排查处置和采样检测。年内，医学排查88446人次，同比增长97.16%；流行病学排查21629人次，同比增长372%；完成采样并送检17692份，同比增长292%；向珠海市卫生健康部门转运染疫嫌疑人或有症状旅客288例，同比增长142%；检出实验室确诊传染病病例148例，同比增长17.5倍。

疫情期间强化与澳门、拱北口岸管理部门的沟通协调，开展重点人员经拱北口岸通关风险排查，配合做好相关人员移交、闭环转运。关注珠澳口岸通关政策调整及客流量变化，开展突发事件应急处置演练，确保口岸通关安全。从严就高落实工作人员安全防护及内部防控措施，优化岗位人力安排，保障值勤备勤人员充足；落实封闭管理要求，细化"人、物、环境"同防措施，严管厚爱督促员工做好自己的健康管理"第一责任人"。加强与珠海市委台港澳工作办公室沟通联系，掌握广东省支援澳门核酸采样队通关人员、车辆、路线等信息，"特办速办急办"，安排专人指导支援澳门人员健康申报，登车实施体温检测，完成支援澳门核酸采样队伍和工作人员2批、653人次的监管验放任务。

加强口岸卫生监督及口岸食品安全监管工作。督促口岸物业落实疫情防控主体

责任，监督拱北口岸各通关场所卫生设施消毒保洁、密集场所通风换气、中央空调系统清洗消毒。开展疫情防控口岸日常卫生监督现场检查48次，监督终末消毒209次，消毒面积6479平方米。开展口岸公共环境卫生监督及病媒生物监测，监测口岸旅检大厅室内微小气候4次，空调通风系统军团菌6批次，伊蚊、成蚊、鼠类及其寄生虫、蜱螨等各项病媒28次。开展口岸环境新冠病毒核酸监测，采集送检环境样本3024份，检出新型冠状病毒阳性6份。监督企业落实食品安全主体责任，开展口岸食品经营单位卫生监督检查4次，注销食品经营企业国境口岸卫生许可证1单。

（周睿颖）

【政务公开建设】 2022年，闸口海关着力提升政务公开服务质效，推进标准化规范化建设。聚焦拱北口岸旅检纠纷易发频发等问题，梳理客货运监管通关法律法规42条，在旅检通关现场、粤澳跨境车辆通道等20个业务现场广泛宣传。针对鲜活产品快速通关、延期办理旅检征税手续等需求，通过微信公众平台推送政策措施和办事指南，实行"线上提前预约+窗口延时服务+线下一站办理"。"走出去""请进来"并行，重点走访劳务中介行业协会、免税品经营企业、物流报关企业，以政策宣讲会、"关企面对面"等方式开展政策解读、座谈交流等活动9次，了解企业困难诉求，提供"政策良方"。邀请全国人大代表和澳门街坊会及珠海市口岸局、公安机关、联检单位等部门的代表实地考察、现场调研、征求意见、探讨研究、出谋划策。结合国门安全教育、"我为群众办实事"实践活动、"青年文明号"创建等，开展志愿服务、专题讲座、现场模拟演示、问答讲解，搭建良性互动桥梁，扩大公众参与度与体验感。设立互联网门户网站闸口海关政务公开专栏，制定并动态更新基层政务公开标准化规范化建设推进表和目录，建立信息公开审查机制，主动公开涉及群众企业切身利益的办事服务事项27个、行政执法信息91条，明确违法事实和依据、救济途径等，保障通关旅客和企业的合法权益。通过"拱关微发布"微信公众号推送查获打击"水客"走私典型案例、粤澳两地牌车辆逾期滞留信息，强化与拱北海关12360海关热线的协调机制，提供一站式政策咨询服务。健全完善"关长接待日"制度，设立政务公开专线、通关全时段值班电话以及信访专用邮箱，对外公示信访投诉、举报监督渠道，健全完善信访投诉工作流程，分级分类妥善处理各类信访事项105个。

（周睿颖）

【政务服务保障】 2022年，闸口海关持续做好政务运行、综合保障等各项工作。梳理信息新闻宣传和政研工作重点要求和薄弱环节，紧扣关区中心工作和业务特点，制定重点选题计划表和工作方案，围绕打击"水客"走私、疫情防控、国门安全、法治建设、队伍建设等主题，报送政务信息900余条篇、互联网信息765条篇，发布新媒体篇数和新闻稿数100余条（次）。明确政研课题6类选题方向，筛选论证并择优选择6个课题，组建政研课题组深入调查研究，推动研究成果转化为可应用实施的工作制度和措施。成立拱北口岸旧建筑物安全改造工作（以下简称"安改"）专项工作小组，针对性地制订改造规划建设及搬迁工作方案，科学论证，进一步细化、完善海关相关区域功能规划布局，加强与珠海市商务局、珠海出入境边防检查总站拱北边检站等部门的沟通协调，研究探讨安改过程中出现的问题，及时优化相关措施。落实"坚持勤俭办一切事业"要求，精打细算、厉行节约，践行"光盘行动"，进一步压减非必要、非急需支出，不断降低行政运行成本。

（周睿颖）

【打击治理"水客"走私】2022年，闸口海关坚决贯彻落实习近平总书记关于打私工作的重要指示批示精神，强化正面监管，"坚决打私文明执法"，查获走私违规案件8566宗、同比下降5.95%，案值7584.10万元、同比下降51.72%，其中走私案件6458宗、同比下降22.82%；查获"1年内曾因走私被给予2次行政处罚后又走私"的刑事案件238宗，同比下降0.44%；处置冻品67.64吨，同比增长63.18%。收缴处置自愿放弃物、未经检疫动植物等物品45.61万票、2413.24吨，同比分别增长439%、175%。密切关注关区"水客"走私活动新形势、新动向，逐一梳理风险点，提升查缉效能。强化旅检、跨境客货车立体管控，严防"水客"跨渠道走私漂移。完善与缉私局协调机制，优化案件移交办理程序，推动快速有效处置走私违法案件。推动实施缉私警察协同执法作业模式，共同加强对"水客"聚集通关、寻衅滋事、扰乱秩序、暴力抗法等行为的即时处置，协同维护拱北口岸通关现场秩序。深化综合治理，加强与地方打私部门、公安机关等执法部门的信息互通和执法联动，开展联合专项行动，强化收货地整治。发挥与澳门海关"点对点"联络机制作用，强化来源地整治，形成打击合力。坚持侦查办案和信息、新闻宣传同步推进，在拱北口岸免税店长廊、进出境旅检监管现场、健康申报等16个区域悬挂粘贴条幅、展架，利用LED屏、电视机循环播放海关法律法规宣传视频；在"人民日报"微信公众号、中央电视台《经济新闻联播》、《中国国门时报》、《澳门日报》、《珠海特区报》等媒体上发布打击"水客"走私新闻稿件50余篇，由"海关发布"微信公众号、抖音号、微博账号同步推送；通过"拱关微发布"微信公众号等平台推送海关执法宣传视频34期。

（周睿颖）

【珠澳口岸执法合作】2022年，闸口海关立足口岸区位特点，针对拱北口岸连续单日通关客流量超30万人次，"水客"走私严峻的形势，与澳门有关部门建立"点对点"快捷协作机制，开展全链条打击治理"水客"走私，严密疫情防控措施，保障口岸通关安全顺畅。与澳门海关、澳门治安警察局等部门定期开展联络磋商座谈，建立和完善常态化"点对点"快捷协作联络机制，通过"定期通报+即时通报+同步打击"相结合的方式保持沟通联系。联合开展打击"水客"走私专项行动、"2022春悦"粤澳海关反走私联合行动，强化正面和后续查缉力度，构筑口岸立体监管空间。支持珠澳同城化抗疫，加强与澳门卫生局、澳门治安警察局在疫情防控、口岸限流截流方面配合，一体化防输入、防输出、戒拥堵。强化风险联防联控，排查并向澳门卫生局移交有症状者、密切接触者和具有相关旅居史的高风险人员，年内多次移交有症状旅客。通过三级监控指挥中心实时监测现场通关情况，即时通报拥堵、聚集等异常情况和风险，根据实际情况开展限流截流分流等措施500余次。

（周睿颖）

▲2022年12月21日，闸口海关完成首单"澳车北上"车辆海关备案手续

（朱伟俊 摄）

【"澳车北上""一站式"海关备案】2022年，国务院批复同意"澳车北上"的车辆免于收取担保。闸口海关做好"澳车北上"车辆备案工作，创新备案模式，通过"单一窗口"模式受理申请，跨部门数据交换和共享，简化申请资料，不收取纸质单证，不发放《来往香港/澳门汽车进出境专用手册》，全程实现无纸化、网上办，单宗业务办理时效压缩至5分钟。参与配套信息化系统建设及优化升级，开展虚拟数据测试4次、80余条，实车测试2次，推动完善信息管理服务系统功能20余项。深化拓展"我为群众办实事"实践活动，通过微信公众号、视频号等媒体广泛开展政策宣传，接受电话及现场咨询，及时回应合理诉求。完善异常事项处置流程，加强与指标主管部门、职能部门和地方平台的沟通，推动解决车架号、车牌号冲突等备案疑难问题。12月20日起接受申请，截至年底，办理"澳车北上"车辆备案126宗。

（万学玲）

【"枫桥经验"实体工作室深化建设】2022年，闸口海关贯彻落实习近平总书记关于坚持和发展新时代"枫桥经验"重要指示精神，充分利用设立在口岸旅检进境大厅的拱北海关"枫桥经验"实体工作室，组建以现场业务科室兼职调解员、公职律师为主的90余人复合型调处团队，运用"现场调解+专职调解+专业调解""三元"工作机制，积极化解执法纠纷矛盾。配备便民设施，摆放法律法规宣传资料，安装多媒体普法设备，集中展示针对携带货币、检疫物、违禁品等常见争议类型制作的原创普法作品8部，对公众开展"嵌入式"普法宣传，将执法现场变为实时普法课堂。制定运行制度，明确调处的事项范围、衔接机制，推行公职律师上岗"亮身份、亮职责、亮承诺"。绘制常见纠纷8类调处流程图，制定制度规范48项，化解执法风险。开展能力提升培训，编发闸口海关行政执法专刊12期，选取工作室调处典型，编制指导案例，摸索出"一看二听三问四讲"调处工作法。强化宣传联动，与珠海市检察院、拱北海关法规处联合开展普法宣传活动，共同制作微动漫《带货带出"祸"》和短视频《请注意："走水"违法，三次入刑》，在拱北口岸现场大屏幕滚动播出。开展旅检渠道"枫桥经验"专项普法活动，面向港澳同胞、跨境学童等开展针对性宣传。与中资（澳门）职业介绍所协会、澳门街坊会联合总会等行业组织签订合作备忘录，引导重点人群签订海关监管规定告知书13万余份，形成"守法便利、违法惩戒"共识。在"学习强国"App、《中国国门时报》等平台和新闻媒体上发表《口岸上的新"枫"景》《"枫桥经验"实体工作室〈调解日记〉》等文章，推广工作室相关做法。拱北口岸派出所通过"枫桥经验"工作室开展口岸治安、民事等各类纠纷调处，共享纠纷调处平台。年内，化解执法争议193宗，办理行政复议案件答复6宗，同比下降40%，行政诉讼案件降至0宗。

（周睿颖）

港珠澳大桥海关

▲港珠澳大桥海关办公楼

▲港珠澳大桥海关组织机构图

【概况】港珠澳大桥海关为隶属拱北海关的正处级口岸型海关，位于大桥口岸，监管区域涵盖珠澳人工岛珠海口岸（以下简称"珠海口岸"）出、入境客车查验场和出、入境货检区、珠海口岸珠港出、入境大厅和珠澳出、入境大厅以及珠海口岸出、入境随车人员验放厅、珠海口岸出、入境客车通关检查区。截至2022年年底，设科室16个。

2022年，港珠澳大桥海关监管进出境客车114.7万辆次，同比下降1.6%；进出境货车45.8万辆次，同比增长30.19%；监管进出口总值2700.3亿元，同比增长96.4%；税收入库12.17亿元，同比增长253%；年内大桥口岸进、出口货物整体通关时间为0.63小时和0.01小时，通关效率继续保持全国前列水平。大桥口岸2018年开通以来，累计进出口总值在2022年突破5000亿元大关，货物收发地涉及31个省（自治区、直辖市）、全球200多个国家（地区）。

（朱家兴）

【党的建设】2022年,港珠澳大桥海关践行"两个维护",走好第一方阵。深入学习贯彻习近平总书记重要讲话和重要指示批示精神,把学习宣传贯彻党的二十大精神作为首要政治任务。建立"领学、导学、督学、考学"机制,完善理论学习体系,下发工作指引12期。创建"班前5分钟""支部分享联学共建"等学习形式,开展学思践悟52次,确保党员干部全覆盖。成立"习·思·享"青年理论小组和"理响大桥"学习驿站,形成会学、爱学氛围。将捍卫"两个确立"、做到"两个维护"、强化政治机关建设专项教育活动摆在突出位置,组织支部书记讲好"思政微课堂",梳理47个岗位职责蕴含的政治要求124条,细化支部"学查改"问题清单17个,专项督办抓好落实。下发"海关重点项目和财物管理以权谋私"专项整治工作提示单17期,收集问卷73份,开展跟班座谈11次,形成重点清单5张。结合工程建设重点项目,开展谈话和个人剖析,防范风险。针对巡察组反馈的具体问题,研究细化措施43项,督办推动整改。对巡察整改措施完成情况,逐一审核、评估、销账。

(朱家兴)

【基层党建】2022年,港珠澳大桥海关贯彻习近平总书记在中央和国家机关党的建设工作会议上的重要讲话精神,树立抓基层、抓基础、抓支部导向,坚持"三聚三提",推动基层党建提质增效。截至年底,港珠澳大桥海关有基层党组织17个,党员284名。

年内,港珠澳大桥海关聚焦"规范+示范",提升组织力。建立规范标准,清单化布置、标准化推进、常态化开展组织生活,确保落实时间不缩水、内容不缺项、程序不走样。树好示范标杆,发挥"桥头堡"党建品牌矩阵效应,推进"一支部一品牌一特色",通过署级品牌1个、关级品牌7个,5个"四强"党支部引领带动17个党支部实现党建品牌和工作法全覆盖。建立"学习+建账+调研+督办报告"闭环机制,推动重点任务落实落细。年内,获评珠海市直机关工委基层党建"全面进步全面过硬"示范点、党建创新案例、"书记项目"关级试点。聚焦"党建+业务",提升服务力。成立党员先锋队、青年突击队,通过亮身份、践承诺、作表率,把党建政治优势转化为发展优势。立足口岸区位优势,推行"两步申报""跨境一锁"等便利措施,进出口企业"提前申报"比例超99%。守牢安全底线、监

▲2022年11月21日,港珠澳大桥海关"桥头堡"党建阵地展厅

(陈卫江 摄)

▲2022年11月18日，港珠澳大桥海关政工干部开展季度党组织生活记录检查

(林昌锋 摄)

管红线。聚焦"联合+联动"，提升战斗力。联合拱北海关党委第七派驻纪检组落细会商研判、联合监督等6项机制，定期召开贯通协同联席会。联动地方推动高水平对外开放，锚定珠海"产业第一"战略目标，支持港珠澳大桥经贸新通道和粤港澳物流园等建设，打造区域性货物集散配送中心，引导跨境电商企业实施包裹预检等措施，支持企业利用港珠澳大桥打通对接香港、澳门国际机场"出海"新路径，与香港海关探索建设"香港机场—大桥口岸—粤港澳物流园"内港鲜活产品空、陆专属快线，实现大桥口岸大进大出、快进快出、优进优出。

(王媛慧)

【队伍管理】2022年，港珠澳大桥海关持续正风肃纪，主动接受拱北海关党委第七派驻纪检组监督，同步落实主体责任与监督责任。聚焦以案促改，开展纪法学习心得交流，组织参观警示教育基地。制订以案促改整改方案、整改措施，确保对账销号、见底清零。严肃自查自纠，开展落实中央八项规定精神专项治理自查，形成问题风险清单并完成整改。开展选人用人专项治理自查，对关党委成立以来的领导干部、职级晋升纪实材料开展复核自查。深化警示教育，下发进一步强化纪律作风建设工作任务分解表，细化工作措施。培树廉洁文化，征集廉政主题书画、摄影、手工艺品18件，入选拱北海关廉洁文化作品展11件。涵养准军作风，开展准军大讨论，组织开展内务规范知识测试。实施内务督察，定期评比内务规范流动红旗和示范岗、样板间，定期组织队列训练。严格内部管理，领导干部按要求报告个人有关事项，对在职人员和离退休干部开展违规投资企业及在企业兼(任)职自查工作。组织各类培训210期，参加岗位资质考核74人次，18名新入关公务员参加"青羽"人才培养计划(即通过举办读书分享、研学分享、经验分享等培训交流活动，助力青年干部提升政治理论水平和业务素养)。注重人文关怀，关心生病、困难员工和离退休干部，丰富业余生活，开展志愿活动、文体活动84次。通过"一对一"关怀机制、组建心理联络员队伍、书写感谢信及发放慰问品等方式，关心慰问封闭管理人员。年内，港珠澳大桥海关团总支获评"珠海市五四红旗团(总)支部标兵"和拱北海关"先进共青团组织"，1个职工家庭获评拱北海关"最美家庭"，1人获评"珠海好青年（担当奉献好青年）"称号。

（朱家兴）

【查缉走私】2022年，港珠澳大桥海关全面落实习近平总书记关于打击走私工作重要指示批示精神，保持打私高压态势，与风控、缉私局联动，开展"切片"行动，防范走私漂移。规范执法记录仪使用，文明规范执法，做到宽严相济、守法便利，打私政治效果、法律效果和社会效果有机统一。年内，查获走私违规案件974宗，同比增长近七成。

（朱家兴）

【口岸监管】2022年，港珠澳大桥海关提升监管效能，年内监管进出境客车114.7万辆次，同比下降1.6%；进出境货车45.8万辆次，同比增长30.19%。经大桥口岸供港鲜活产品61种，惠及企业近80家。严格归类、价格、原产地等单证审核，严打低瞒报价格走私和虚假贸易行为。规范跨境电商管理，巩固"断链刨根"，开展溯源抽核工作，对相关企业开展安全等级评估。年内，办理知识产权案件921宗，查扣涉嫌侵权商品100万件，同比分别增长44%和780%。抓紧抓实口岸卫生监督，开展公共场所及饮用水和食品安全抽检，对口岸食品生产经营单位开展常态化监督。开展口岸区域病媒监测，捕鼠27只、捕蚊221只，收取阳性诱卵器36个，督促口岸运营管理单位加强环境清洁消杀。维护国门生物安全，开展红火蚁普查、实蝇监测、外来入侵物种普查80余人次，送检截获的禁止进境动植物及其产品1253批，检出有害生物105种、1891次，其中检疫性有害生物3种、10次，检出非洲猪瘟病毒核酸阳性4例，上报截获外来物种36种、38批次，被海关总署纳入外来入侵物种统计13种。

（朱家兴）

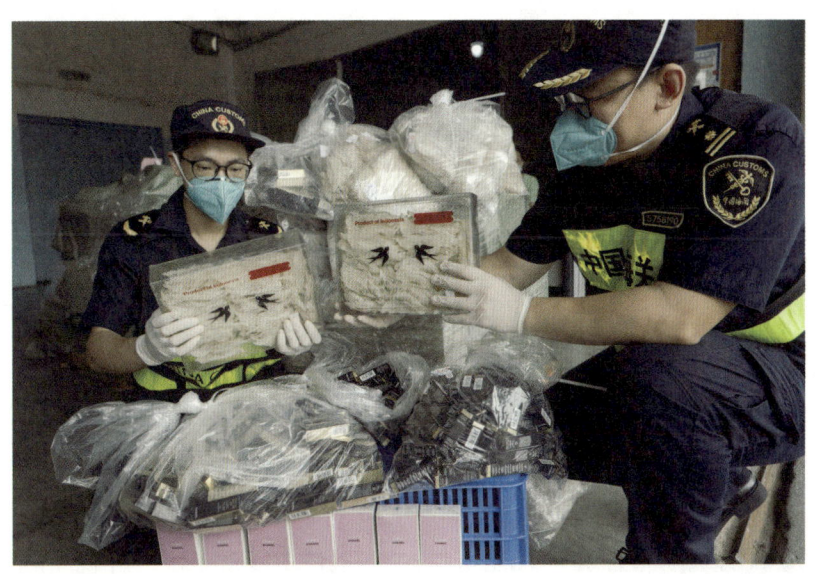

▲2022年8月14日，港珠澳大桥海关关员查获1宗利用空集装箱暗格藏匿走私货物进境案

（林昌锋 摄）

【促进外贸保稳提质】2022年，港珠澳大桥海关发挥大桥口岸区域枢纽和"7×24小时"通关优势，构建"大桥口岸+港澳机场"快速物流通道，加强与地方政府协同联动，保障外贸产业链、供应链循环畅通。梳理影响通关时效作业节点，落实"问题清零"机制，打通通关难点堵点，跟进处置通关时间超长报关单，巩固口岸通关压时工作成效。优化综合治税，量、质、效并举做好开源、挖潜、补漏工作，税收入库连续4年保持增长。支持企业用好用足"汇总征税"、税

款担保等优惠政策，2项税政调研建议被海关总署关税征管司采用。关长带队开展税收调研，对接深圳外溢税源企业，吸引涵养优质税源，重点企业带来税收增量占总税款55.84%。防止税收"跑冒滴漏"，将多发问题纳入内控清单，实现清单式管理和常态化管控。加强对重点敏感商品风险管控和批量复审，化解税收风险。用足政策红利，关党委委员带队，"线上+线下"调研企业20多家，解决问题50余个。举办政策宣讲会、送政策上门、现场解读等，推动"两步申报"、RCEP落地实施。成立专班，参与港珠澳大桥旅游开发、澳车港车北上、"经珠港飞"等项目研究，完善配套建设，研究提出监管保障需求，倒排工期推动港珠澳大桥旅游开发。服务发展大局，持续暖企稳企惠企，巩固"我为群众办实事"成效，做好"六稳""六保"工作。健全企业分类管理等制度，专人指导规范申报，助力跨境电商新业态健康发展，年内验放大桥口岸跨境电商出口货值同比增长138.8%。支持港珠澳大桥经贸新通道建设，2022年9月至年底，日均验放入境粤港跨境货车数量增长98.5%。

(朱家兴)

【政务后勤保障】2022年，港珠澳大桥海关加大信息报送和新闻宣传力度，围绕港珠澳大桥开通4周年、疫情防控、打击"水客"走私、促进外贸保稳提质等，发布新闻稿件300余条次。开展主题普法宣传活动5次，关企面对面和送法进企业5次，策划的新媒体作品"美容针能否携带入境？"获拱北海关习近平法治思想新媒体比赛二等奖。提升政务公开和信访满意度，受理信访诉求36人次，及时办结率100%。严格执行项目申报、重大财务事项审批制度，依法审批基建采购项目。检定红外测温仪、个人辐射监测剂量计，进行大型辐射检查设备辐射环境监测，接受环保部门辐射安全检查。清查固定资产，盘活现有资产，定期盘点复查退运仓库，入仓3812票、出仓2339票。强化应急工作，完善值班管理办法。健全安全生产工作领导小组，完善应急预案。开展核辐射反恐应急演练。开展"口岸危险品综合治理"百日专项行动，定期组织安全生产检查，及时整改问题隐患。

(朱家兴)

【疫情防控】2022年，港珠澳大桥海关严格外防输入，修订口岸新冠疫情防控工作方案，建立3层审核及轮值机制，与科技部门共同研发数据抓取工具，及时准确上报数据。加强联防联控，争取地方医护人员支援现场。年内采样8.15万人次，规范处置口岸检出的新冠病毒感染阳性病例。坚持"人、物、环境"同防，对港澳货车司机、货物实施分类分区监管检疫，做好进口冷链食品、高风险非冷链集装箱货物口岸环节新冠病毒检测和预防性消毒监督工作，督促消毒、场站、物业、运输企业落实相关主体责任。开展环境采样送检4476份，监督终末消毒432次，消毒面积超19万平方米。坚持多病共防，加大对猴痘、霍乱、埃博拉、黄热病、疟疾、流感等预警监测排查力度，"逢警必处""有疑必查"，协同配合地方卫生、疾控部门移交转运重点人员及信息交流，防止疫情叠加。落实"日报告、零报告"制度和绿码上岗制。抽调专业精干力量参加封闭管理，组建"一线、应急、预备"3个梯队，保障防疫人力。加强监督检查，"挑毛病"专家进驻三级监控指挥中心开展常态化巡查，督促整改查发问题。通过"百名科长百日督查""口岸核心能力建设"等专项评估考核。加强防护培训，依托拱北海关旅检卫生检疫实训点，开展疫情防控培训54期。实行岗前"四查一讲"（查设施、查物资、查穿戴、查任务，开班前小会宣讲）、岗中"四查一控"（查全部现场作业点、查重点岗位、查重点帮扶人员、查重点检疫对象作业过程，做好作业过程污染控制和职业暴露应急处置）、岗后"四查一评"（查装备污染状况、查脱卸、查洗消、查垃圾处置，评职业暴露风险），全程做好关员防护意识教育、作业过程污染控制和职业暴露风险评估。选派卫生检疫专家参加援港抗疫集中工作，设置援港援澳抗疫物资通关"专用窗口""绿色通道"，提供"一对一"服务，指导企业用好各项便利化措施，发挥大桥口岸24小时通关优势，依托优化升级后的货车"一站式"系统，实现通关"零延时"。

（朱家兴）

【供港冰鲜冷冻禽肉新通道开通】2022年，港珠澳大桥海关促进港珠澳大桥功能再发挥，首批冰鲜冷冻禽肉于6月22日获批经大桥口岸供港，成为继2019年12月开通内地鲜活水产品供港后，又一重要供港民生物资经大桥口岸通关。为做好供港冰鲜冷冻禽肉通关保障工作，港珠澳大桥海关实施"一企一策"，依托"关企联络员"机制，对接企业需求，提前掌握出口冰鲜冷冻禽肉的种类、数量及时间等要素，安排专人提供通关指导服务。针对冰鲜食品易腐烂变质、通关时效要求高的特点，推广"提前申报"，提供优先查检和预约查检。严格落实卫生检疫要求，设立24小时值班专岗，健全与上级职能部门、产地海关以及香港食物环境卫生署的沟通联系机制，建立应急预案，确保供港食品安全。年内监管供港冰鲜冷冻禽肉产品5525.9吨，货值1.37亿元。

（朱家兴）

【港珠澳大桥经贸新通道首票珠海—武汉转关运输货物通关入境】2022年，港珠澳大桥海关支持服务湖北"光芯屏端网"产业发展，针对产业"高精尖"特点，听取企业在降低贸易成本、提高通

▲2022年6月22日，港珠澳大桥海关关员监管经大桥口岸通关的首票供港冰鲜冷冻禽肉

（林昌锋 摄）

关效率等方面诉求，发挥港珠澳大桥经贸新通道便利通关优势，与武汉海关共同定制帮扶企业方案，建立两级联系配合机制；针对芯片产品真空包装、防光防尘、恒温存储等特殊包装特点，依托智能卡口、GPS等技术，应用监管查验设备等非侵入式查验手段，加强跨关区协同监管，确保转关运输全程安全便利。通过"属地重点查验+口岸外观查验"模式，打造"香港机场—港珠澳大桥—武汉"空陆联运快速物流通道，确保相关产业供应链稳定。

12月22日，港珠澳大桥经贸新通道首票珠海—武汉转关运输货物通关入境，来自全球多个国家（地区）价值694万元的芯片、光通信产品，从香港国际机场经大桥口岸入境办结口岸海关手续后，通过转关运输方式迅速发往武汉快件监管作业场地。

（朱家兴）

青茂海关

▲ 青茂海关办公楼

▲ 青茂海关组织机构图

【概况】青茂海关为隶属于拱北海关的正处级口岸型海关，主要办公地点在青茂口岸，位于珠海拱北与澳门青洲相邻的鸭涌河上，东距拱北口岸800米，西距珠澳跨境工业区1000米。下辖"一个园区、两个口岸"，即珠澳跨境工业区珠海园区、珠澳跨境工业区专用口岸及青茂口岸，承担海关监管、税收征管、检验检疫、海关统计、查缉走私等各项海关职能。截至2022年年底，内设科室12个。

2022年，青茂海关检疫进出境旅客1274万人次，同比增长168%；监管进出境车辆5.93万辆次，同比下降11.29%；进出口货值149.61亿元，同比增长19.05%；税收入库2.01亿元，同比增长39.28%。

（徐紫菁）

【党的建设】2022年，青茂海关落实"第一议题"制度，坚持以习近平新时代中国特色社会主义思想为指导，开展"学查改"专项工作和强化政治机关建设专项教育活动，开展党委会学习39次，中心组学习及扩大学习13次，各基层党支部学习200余次。学习宣传贯彻党的二十大精神专题宣讲18次，制作"青关微课堂"等学习内容

222期,定期编发政治工作简报、新媒体宣传作品,获署级媒体采用6期次。巩固党史学习教育长效机制,组织讲授专题党课18次,专题宣讲39次。跟踪督办落实习近平总书记重要指示批示精神、党中央重大决策部署等重点工作任务300余个。落实对"一把手"和领导班子的监督,强化纪法警示教育,党组织书记讲授廉政党课13堂,与拱北海关党委第八派驻纪检组协作召开党风廉政建设和纪检工作联席会议4次,发布"青周纪语"30期,建设廉洁文化阵地3个。落实双重组织生活和基层党支部联系点制度,加强基层党建工作,关党委委员检查调研50余次。深化"强基提质工程",巩固拓展基层党建"双提升",创建拱北海关第二批"四强"党支部2个、"四强"党支部党建品牌升级1个、书记项目5个。截至年底,青茂海关有基层党组织13个、党员140人。

(徐紫菁)

【队伍管理】2022年,青茂海关从素质培养、知事识人、选拔任用、从严管理、正向激励等方面健全"选育管用"链条,优化人力资源使用,做好干部交流、晋升工作。年内完成干部职工岗位交流46人次,职级晋升工作7批次、25人次,办理6名干部职工退休手续。规范培训管理工作,统筹执行2022年度培训计划编制,依托"青关学堂"等载体举办各类培训考核29次,参加培训846人次,年内一线科室开展疫情防控专业能力实操培训164期、岗前培训19期。发挥实训教员、兼职教师等师资力量,3名实训教员参与拱北海关关区授课1次、青茂海关关内授课2次、科室内授课14次。强化纪律作风建设,常态化开展队列训练,开展内务规范强化月、纪律作风专项整治活动,年内组织内务检查7次。组织开展走访慰问困难党员、离退休老干部等各类慰问活动35人次,举办"三八"妇女节庆祝活动等工青妇活动12次。推进精神文明建设,青茂海关申创珠海市精神文明单位通过初步验收,综合业务科创建广东省巾帼文明岗,监控分析科获评为海关总署"内控示范科室"。做好日常工作表现突出的集体和个人通报表扬,年内通报表扬215人次。

(徐紫菁)

【口岸监管】2022年,青茂口岸年内实施"7×24小时"旅客通关模式。根据珠海市新冠疫情防控指挥部通知,珠澳跨境工业区专用口岸自5

▲2022年12月12日,青茂海关关员在跨境工业园区企业仓库执行月的地查验指令

(林子淇 摄)

月21日0时起由24小时通关模式调整为每日7时至24时通关，仅向园区工作人员开放。

年内，青茂海关深化"三智"理念运用，强化正面监管，实现分类管理，针对青茂口岸假期水客活动特征，动态调整监管力量，发挥机检、图像分析、视频监控等作用，加大抽查力度，为守法旅客提供无干预、低阻扰式便捷通关。强化应急值班，落实巡视带班制度，加大内部防护和现场执法视频检查力度，促进规范公正文明执法。强化"三联"机制，加强与口岸单位、澳门各方的联系配合，共同做好情报信息共享和突发事件应急处置工作，与青茂口岸澳门海关站建立常态化联防联控机制，开展日常业务联络对接和执法风险信息共享，互通信息、互相预警，年内通过"点对点"机制通报线索600余条，互通正面清单24份。加强货运渠道正面监管力度，制定与港珠澳大桥海关货车机检联系配合办法，加强对往来珠澳鲜活商品回空车、出入园区一线卡口载货车改装夹藏等风险的排查，发挥关区智能审图监管效能，强化口岸监管威慑，遏制"水客"向货运渠道漂移势头。加强对供澳门鲜活商品回空车的巡检力度，提高查验精细度。召开关企座谈会，宣讲木质包装进境规定，规范司机行为，降低疫情、病虫害等输入风险，年内验放供澳门鲜活商品回空车3.37万辆次。规范进口宠物现场检疫监管，编制宠物检疫监管工作流程，严格验核"两证一芯"（官方检疫证书、疫苗接种证书、植入宠物体内的芯片），密切关注旅检渠道"水客"携带宠物入境动态，开展专题风险分析及政策研讨，防范经旅检渠道走私宠物风险。年内验放进境宠物犬、猫65批次。

（徐紫菁）

【查缉走私】2022年，青茂海关落实"坚决打私，文明执法"要求，按照"抓统筹、抓关键、抓队伍"思路，开展"海鹰2号""2022春悦"以及粤澳联合打私等专项行动，深化与青茂口岸澳门海关站、珠澳跨境工业区海关站（澳门）之间交流合作，巩固口岸点对点快捷协作机制。协调边防武警、地方公安、打私办等执法力量构建"前中后"全链条打防机制，深化珠澳跨境执法合作，合力围堵"水客"走私。会同边防武警、缉私局3方配合查发以无人机方式飞线走私情事，捣毁走私窝点。聚焦"研、查、处、联、宣"5个关键点，加强风险研判处置，防止走私活动跨渠道、跨口岸漂移。开展打击"洋垃圾"走私、象牙等濒危物种及其制品走私工作，年内，查办固体废物案件1宗、涉濒危案件3宗。坚持创新引领、科技赋能，设计开发"简快+e"办案利器、"卷宗宝""图片宝"快速生成器等小工具，实现案件文书"一次录入、一键印制"，文书制作效率提升50%。年内查办各类案件262宗，案值348.33万元，其中走私案件236宗（含三次入刑案件11宗）、案值299.72万元，违规案件26宗、案值48.61万元。

（徐紫菁）

【促进外贸保稳提质】2022年，青茂海关落实"六稳""六保"要求，开辟绿色通道，服务供澳门民生物资运输通关。年内验放供澳门民生物资3.63万吨，货值3.10

亿元；验放输澳门天然气8万立方米，货值29.68万元。落实暖企稳企惠企政策，助力民用航空发动机"包修"免税业务落地，专人对接业务需求，理顺中转业务流程，明确监管重点，年内开展飞机发动机维修业务14台。助力生产型企业便捷通关，支持恒温控制阀等生产加工设备零部件境外维修和高效返仓，利用"云端+大数据"引导企业建立"数据库"，节省企业运营、仓储成本，高效快速审核通关，用好保税政策，做好暂进复出货物申报指导。推动"广东陆路快速通关模式"改革在珠澳跨境工业区专用口岸落实落地，提升口岸通关效率，年内进、出口通关时间分别为1.07小时、0.02小时。年内，走访15家企业宣讲政策、调研指导，解决业务诉求12项，为3家园区企业解决重点难点问题3个。

（杨益涵）

【综合服务保障】2022年，青茂海关统筹做好文件收发、机要保密、档案管理等工作，制定"日查周清月结"督办管理机制，年内制发重点工作周报27期、月度督办情况通报12期。加强值班应急管理，提升应急处突能力，修订值班工作制度，开展应急演练9次。推动政务公开标准化、规范化建设，结合"诚信兴商宣传月""全国食品安全周"等重要节点，面向企业开展海关政策宣传解读17次。开展"关长接待日"活动3次，年内处理信访投诉28宗。挖掘工作亮点，加强新闻宣传，年内报送各类信息800余条，编发新闻稿和新媒体作品27篇，其中"你笑起来真好看""身藏必露"等获海关总署媒体平台采用。落实普法责任，组织开展海关法治宣传日、知识产权宣传周等系列活动。夯实法制基础，编发规范执法清单4项、"每周一学"普法资料52期。健全完善规章制度18项，编发相关操作指引12份。定期开展行政案件"全面体检"，抓好7大类问题的剖析整改工作，指导检查重点业务，完善执法规章制度8项，规范公正文明执法，开展普法和执法培训10次。

年内，青茂海关强化安全生产工作，组织全员观看学习《生命重于泰山——习近平总书记关于安全生产重要论述》电视专题片，在旅检大厅LED屏投放海报，以"遵守安全生产法，当好第一责任人"为主题做好宣传，营造浓厚氛围。建立安全生产网格化管理机制，运用网格化管理扎牢安全生产"铁篱笆"。通过视频巡查、实地检查等方式加强对重点场所、重点环节的监督检查，组织对公务用车、房产安全、监管场地等开展全面检查，建立问题隐患及整改措施清单，实行"编号登记、限期整改、跟踪督查、复查销号"，推动问题解决。年内，常态化开展安全生产专项检查16次，解决风险隐患24处。落实"过紧日子"要求，加强采购审批管理，减少非必要物资采购，坚持修旧利废原则，实施报餐制管理，减少食堂浪费。开展"海关重点项目和财物管理以权谋私"专项整治工作、海关房产安全专项整治工作，梳理解决风险隐患10处。

（徐紫菁）

【检验检疫】2022年，青茂海关贯彻落实疫情防控决策部署和要求，规范处置有症状旅客363人次，检出流感病毒阳性77人次，组织5批次、40名干部员工参与口岸闭环管理，开展安全防护实地检查及视频检查380余次，平稳有序做好疫情防控转段工作。做好"人、物、环境"同防，开展口岸环境新冠病毒核酸监测3356次，开展终末消毒284次，消毒面积5.8万平方米。落实"国门绿盾2022"专项行动要求，坚持多病共防，年内开展病媒生物监测54次，国门生物安全监测21次，捕获蚊类2种、77只，鼠类2种、6只，实蝇2种、7339头。开展非洲猪瘟、高致病性禽流感等重大动植物疫情防控，加大外来入境物种的截获力度。年内，截获植物及其产品1790批次，截获动物及其产品1243批次，检出有害生物2647批次，检出检疫性有害生物23批次，检出非洲猪瘟59批次，外来物种51种次。

（徐紫菁）

【青茂口岸开通一周年】2022年9月8日，青茂口岸开通启用一周年，检疫进出境旅客1054.9万人次，其中，2022年8月4日检疫进出境旅客17.58万人次，创口岸单日客流新高。依托口岸实行24小时通关、便捷对接广珠城际铁路优势，助力提升粤港澳大湾区"硬联通"能力。年内，青茂海关深化珠澳卫生检疫合作，建立高风险旅客移交机制，在口岸中界线设置交接室，协同简化卫生检疫查验程序，提高通关效率。设置跨境学童优先通道，缩短高峰时段通关时间，保障学童便捷安全通关。定期开展跨境学童家长反走私普法宣传，引导家长履行监护人职责，严防走私分子诱骗。抓好"外防输入、内防反弹"各项工作落实，强化口岸疫情防控和内部安全防护，实施流调、采样等检疫排查256人次，向地方移交有发热等症状旅客111人次，检出流感病毒40人次。

（徐紫菁）

▲2022年5月17日，青茂海关在青茂口岸组织开展"关爱跨境学童，保障通关安全"专项普法活动。图为现场关员为跨境学童及家长普及国门安全知识

（刘莹 摄）

【智慧监控指挥体系构筑】2022年，青茂海关践行"三智"理念，建设三级监控指挥中心，总结"三管六模"（"三管"指管日常、管异常、管风险，"六模"包括监控检查、联防联控、报警中心、应急处置、业务运行、风险分析）工作法，围绕信息流、数据流、业务流，打造青茂海关智慧监控指挥平台，通过集成业务系统数据资源、设定异常情况预警限值、设置应急处置步骤节点、调度指挥现场作业和资源配置，构建"全、控、处、析"四

位一体智慧监控指挥体系。三级监控指挥中心所在监控分析科获评为署级内控示范科室。通过应用 AR 全景监控、电子沙盘、数据驾驶舱技术，搭建 AICloud 旅检数智大平台。提炼"十看十有"监控指挥中心口诀，编制监控指挥中心"三智"应用机制思维导图，将应用情景以思维导图形式呈现，推进监督、监管、监控效能。年内，开展研判 140 余次，通过智慧监控指挥平台自主分析布控拦截异常旅客 42 人次，有效拦截率 40%。

（徐紫菁）

▲2022 年 8 月 29 日，青茂海关监控指挥中心关员观测到报警情况，提醒现场及时处置

（范冬妮 摄）

【助力澳门金饰珠宝行业发展】2022 年，青茂海关响应企业开拓"深圳—珠澳跨境工业区—澳门"西线产业运输链、缓解供货难的诉求，依托"一企一档"和专题研讨、专班组建、专人负责的"三专"订制服务，了解企业诉求，指导规范申报，提供全天候"零延时"咨询服务，助力跨工区企业拓展高端订制式珠宝业务。10 月 13 日，某珠宝公司黄金珠宝展示业务在跨境工业区落地。该业务有效推动珠澳两地珠宝行业交流合作，充分释放政策红利，加快构建基于海关特殊监管区展示交易模式的珠宝贸易生态圈，为拓展粤港澳大湾区实体经济业态持续发力。

（徐紫菁 杨益涵）

香洲海关

▲香洲海关办公楼

▲香洲海关组织机构图

【概况】香洲海关位于广东省珠海市香洲区梅华东路48号，是隶属于拱北海关的正处级属地型海关，辖区范围为珠海市珠海大桥以东区域，承担拱北关区的现场通关集中验估、减免税审批、加贸集中审核、案件计税等集约化业务，同时承担珠海片区的统计数据审核、原产地签证、行政审批等工作，以及承担珠海大桥以东区域的辖区企业管理、保税监管、稽核查、属地查检、税收征管和打击走私等职能。有梅华路、先烈路、九洲大道和珠海市政务服务中心4个办公区。截至2022年年底，内设科室17个。

2022年，香洲海关税收入库6.03亿元，同比增长76.32%；设立加工贸易电子化手（账）册1481本，同比下降8.52%；办结稽查作业

49起、核查作业224起，同比分别下降34.67%、60.98%；非政策性退税核批报关单713份，同比增长244%；签发原产地证书2.47万份，签证金额134.35亿元，同比分别下降17.94%、1.55%；办理行政审批核批事项2795件，同比下降10.04%；监管供港澳鲜活食品农产品3.12万批、11.71万吨，批、量同比增长均为2.63%。

（陈永康）

【党的建设】2022年，香洲海关坚持"第一议题"制度，学习贯彻习近平新时代中国特色社会主义思想，组织全关各支部通过"三会一课"、专项教育活动线上读书班、"晨读一刻""午间半小时""关员小讲台"等多种形式学习，组织各支部书记开展"思政微课堂"36场次。统筹推进"学查改"专项工作和专项教育活动，细化重点任务4方面、11项，制定具体推进措施27项，编发工作提示单29期，编写工作简报37期。开展"讲政治、明责任、强业务"主题党日活动，梳理岗位背后蕴含的政治要求99条，建立政治业务融合式落实清单17份，形成整改清单，涵盖突出问题21个、整改措施71条。将推进党史学习教育常态化、长效化与学习宣传贯彻党的二十大精神结合起来，用好关区红色资源，坚持第一时间同频共振学、中心组研讨示范带动学、全员热议联系实际学、"指尖课堂"随时随地学，把学习成果转化为更具体的落实措施和工作成效。推动16个支部完成集中换届选举工作。加强党务干部自身建设，组织新任支部书记、党务工作者学习培训。新增总关级"四强"党支部2个。通过梯次培育、跟踪问效完善党建品牌良性运行机制，逐步形成"品牌+工作法"基层党支部8个，获评拱北海关党建示范品牌支部1个，新入选拱北海关党建培育品牌支部1个，综合业务一科党支部"三协同"工作法获海关总署相关载体印发。结合属地型海关工作实际，组织各支部书记开展"书记项目"课题研究，12个支部提交"书记项目"材料，综合业务一科党支部书记项目获评关级试点项目，香洲海关机关党委书记"高举旗帜、走在前列、步调一致走好践行'两个维护'第一方阵"专题党课入选海关总署优秀党建课程。与拱北海关党委第九派驻纪检组形成监督合力，召开加强监督贯通协同联席座谈会2次。推进清廉海关建设，巩固拓展"现场监管与外勤执法权力寻租"专项整治成果，组织开展"海关重点项目和财物管理以权谋私"专项整治、警示教育月活动、以案促改等工作。推进新时代海关廉洁文化建设，组织召开2022年度特约监督员座谈会。组织开展纪法专题学习、交流心得、支部书记讲廉政党课、"线上"参观"广东省反腐倡廉教育基地"网上展馆、"年轻干部谈廉洁"等活动开展纪法教育、警示教育。参加"清风国门"廉洁文化创意作品征集活动，上报作品3份。截至年底，香洲海关有基层党组织18个、党员119人。

（张玉阳）

【队伍管理】2022年，香洲海关做好干部选拔任用、职级晋升、年度考核、平时考核、评优评先等工作，开展人力资源调研，加强人员结构和队伍思想动态分析，优化人力资源配置。强化干部日常管理监督，加强内务管理、考勤管理。常态化开展海关工作人员违规投资企业和在企业兼职（任职）问题清理规范工作。抓好人才队伍建设，组建政策研究和统计分析人才库，承办关区关税线条实训教学点建设。鼓励青年干部参加各类比赛、专项工作及实践活动，带动青年干部形成向心力与凝聚力。加强准军事化纪律部队建设，落实中央八项规定精神，开展内务规范强化月活动。组织工青妇活动9批次，参加活动500余人次。加强关心关爱，"一人一档"建立困难员工档案，"一人一策"研究帮扶措施，开展各类慰问40人次，协助办理重病帮扶3人次。开展窗口作风提升行动，落实助企纾困降成本措施，落实首问负责制、服务承诺制、一次性告知制、限时办结制等制度，落实政务公开、政务服务"好差评"、窗口仪容仪表等要求。强化社会服务，实现"i志愿"平台（广东省志愿者联合会服务平台）注册党员占比90%以上，加强与社区共联共建、党建资源共享，联合开展疫苗接种、文明交通等社会公益活动。

（张玉阳）

【征税统计】2022年，香洲海关统筹通关便利和依法科学征管，强化属地纳税管理，税收入库6.03亿元，创历史新高，同比增长76.46%。深化综合治税，推进减税降费，完成非政策性退税审批713份，退税779.95万元。推动RCEP政策落地实施，1月1日为珠海松下马达有限公司一批出口日本的货物签发珠海首份RCEP原产地证书，推广自助打印、智能审核等信息化便利模式，签发原产地证书2.47万份，签证金额134.35亿元。强化单证集中验估综合处置，加大重点商品价格风险核查力度，报送税收风险参数33条。加强统计数据审核，审核珠海片区报关单记录340万条。

（陈永康）

【企业管理】2022年，香洲海关深化"放管服"改革，分类推进"证照分离"等各项改革措施，推广"多证合一"申办方式，提高应用率，通过"多证合一"方式备案的企业数量占拱北关区同方式的80%。开展企业信用培育工作，对辖区企业开展电话或实地调研80余家，确定重点培育对象7家，统筹推进企业认证，新增海关高级认证企业5家。推广应用华南片区首家保税仓库出仓征税货物"分送集报"改革新模式，压减一般贸易货物出仓时间超9成，惠及货值超3亿元，每天节省通关时间3小时。推进加工贸易集中审核作业改革，进一步优化业务流程和岗位设置，建立加工贸易集中审核复核内控作业机制，规范统一拱北关区加工贸易监管执法标准和尺度。提升加工贸易集中审核效率，基本实现2个工作日办结。探索区外加工贸易监管风险管理工作模式和方法，梳理风险建议处置流程。提出重点核查建议11家，常规核查建议111家。审核设立加工贸易手（账）册1418本，办理手（账）册变更1.22万次。深化"多查合一"改革，落实"双随机、一公开"，推进"部门间联合执法""企业自查结果认可"等改革，用好"互联网+"远程稽核查，整合、缩减检查项目，减轻企业负担，开展部门间联合执法7次，运用"企业自查结果认可模式"办结核查作业6起。年内，移交行政处罚9宗，同比增长125%。

(陈永康)

【查缉走私】2022年，香洲海关保持打击走私高压态势，深化反走私综合治理，组织开展打击走私"国门利剑2022"联合专项行动，加强稽核查、加工贸易、缉私、关税等部门联系配合。办理涉海关快办案件40宗，案值1476.60万元。办理涉检验检疫验检疫案件5宗，案值1.37亿元。加大大要案稽核查力度，查发涉及货值千万元以上案件5宗，其中1宗为涉检验检疫验检疫行政处罚职能移交稽查部门以来全国海关最大宗涉检验检疫验检疫违法案件，涉及货值7555万元。办结缉私案件计税2435宗，同比增长69.21%。

(陈永康)

【疫情防控】2022年，香洲海关落实疫情防控各项工作要求，及时修订制度文件等40余份，妥善应对处置12次属地疫情，研究细化落实优化疫情防控20条措施。强化属地海关外勤作业疫情防控，开展"挑毛病"实地检查11次，发现并整改防控薄弱环节和问题24个，组织开展外勤作业落实疫情防控专项督察，发现并整改问题5个。强化科室网格化管控，加强人员管理、场所安全、物资保障等各项工作。线上线下动态开展疫情防控培训和应急演练24次，完善一线、预备和应急三个梯队建设，细化突发疫情下办公场所及人员安排应急预案，提升快速应急处置能力。

(陈永康)

【检验检疫】2022年，香洲海关提升属地查检作业效能，动植、食品、商品和特殊品风险研判4个小组开展集中研判工作，查发不合格货物26批，移交缉私局处理1批，销毁或退运处理4批，责令企业召回问题产品5批，技术整改处理16批。严格执行进出口食品安全监督抽检和风险监测工作，送检样品中被检出不合格进出口食品11批。强化源头管理，关注国内外进出口货物质量安全动态，进行有毒有害物质和疫病风险监测抽样298个，检出安全卫生项目超标超限或水生动物疫病17个。加强出口产品属地质量管理，签发检验检疫证书1.82万批次，同比增长28.72%。

(陈永康)

【综合保障】2022年，香洲海关做好督查管理，督办落实重点工作370项次。加强值班应急管理，制订完善应急预案，严格落实值班和突发事件报告制度，做好重要敏感时期值班工作。落实精文简会，提升办文质量。落实保密工作主体责任，开展年度保密自查自评和保密专项检查工作。按期完成政务公开标准化规范化建设，办理12360海关热线工单5份，向"12360服务订阅号"微信公众号供稿并获采用1篇。进一步完善工作制度机制，制定香洲海关信访工作制度、香洲海关关长接待日工作制度。做好新闻信息宣传工作，报送新闻稿43篇，获各级媒体宣传报道135家次。强化4个办公区协同安全生产管理，建立安全责任网格化管理、"日检查、周研判、月报告"等常态机制，细化要点45项，开展巡查检查16次，整改风险隐患问题33个，开展各类培训和应急演练24次。建立健全"过紧日子"长效机制，持续推动公共机构节能改革创新，获评全国"节约型机关"称号。强化财务保障，加强固定资产实物、公务车等管理，做好民生供应保障。

（陈永康）

【督察内控】2022年，香洲海关加强和完善内控机制建设，夯实内控制度基础。推进"智慧海关"建设，深化大数据应用，针对高风险领域和重要业务环节，提炼重点监控指标"7+26"项，建立数据监控模型22个，核查异常系统数据约1.4万条次，发布风险预警提示37条，发现问题30个，形成常态化处、科两级监控分析机制。完善内控节点管理，应用内控节点开展检查400次，查发问题349个，应用内控平台制发监控核查处置联系单469份，处置有效异常数据4919条。强化基层自控，为17个科室量身定制内控"画像"，应用内控清单系统建立覆盖执法和非执法领域共61个业务环节、111条科室内控清单。配合上级部门开展督察审计自查及调研工作13项，自主开展强化稽查工作措施落实情况、外勤执法疫情防控措施落实情况、审计整改及内控工作落实情况专项督察，查发问题15个。配合拱北海关对香洲海关主要负责人进行离任经济责任审计，从执行和内控层面分析审计发现的14个问题，强化整改落实，建立督察审计问题整改长效机制。

（董文卉）

【"护航2022"行动】2022年，香洲海关部署开展"护航2022"行动，制定实施稳外贸稳外资措施6方面12项。及时响应海关总署及拱北海关保稳提质系列工作部署，细化落实举措"20+19"条。开展问卷调研2次，"线上+线下"双路径调研重点企业230家次，形成分析报告3篇。组建政策研究和统计分析人才库，报送政研文章8篇，获广东海关相关载体刊载1篇，参与署级课题、牵头关级课题各2项，统计分析文章获上级部门采用10篇。深化"关地企"（海关、地方政府部门、企业）三方联动，与地方政府部门联合建立稳外贸专班，举办政策宣讲30余次，覆盖企业900余家次。减免企业风险担保金24亿元，享受出口签证优惠货物货值124亿元。开展保税仓库出仓征税货物"分送集报"（支持企业对保税仓库出仓征税货物先行申报出仓，次月初再完成货物的集中报关纳税手续）、参与创新供澳门水果属地监管模式等改革，助力制冷设备、办公设备及耗材技术性贸易措施研究评议基地在全国第一批通过考核。建立"问题清零"台账，实行意见诉求"收集—研究—反馈—回访"闭环管理，解决企业问题150个。年内，获赠锦旗13面、感谢信7封。

（陈永康）

【拱北海关首个属地型海关"枫桥经验"工作室成立】2022年，香洲海关揭牌成立拱北海关首个属地型海关"枫桥经验"工作室。提炼"三早工作法"（矛盾早预防、困难早解决、风险早化解），打造重普法、优服务、解难题的暖企惠企工作平台。制定香洲海关"枫桥经验"工作室行政执法纠纷预防调处化解工作指引，成立由主管法治工作副关长、13个业务科室主要负责人及该关公职律师组成的调处专班，注重多主体参与，建立行政执法纠纷调处化解工作台账，推进属地型海关践行新时代"枫桥经验"工作，进一步提高以法治促进外贸保稳提质

▲2022年9月23日，拱北海关首个属地型海关"枫桥经验"工作室在香洲海关揭牌　　　　　　　　　（陈永康　摄）

工作的制度化规范化水平。针对企业易错问题，开展"合规引导"主题普法，减少过失违法，促进高效通关，入选拱北海关2022年普法创先创新十大案例。

（李贝贝）

【供澳门水果监管模式创新】2022年，香洲海关推进3项优化措施，创新供澳门水果属地监管"集中申报+风险监测+协同监管"模式。优化申报模式，属地查检由每天逐票申报变为按月集中申报，首月企业申报批次同比下降94.8%，为企业减负增效，节约报关成本，提升企业获得感。优化风险监测计划，针对供澳门水果易腐变质、对通关时效要求高的特点，结合企业质量体系运行及历史安全风险监控数据，科学制订监测计划，实施周期抽检和检查监测，保障供澳门水果的新鲜。优化与口岸的协同配合，对供澳门水果按比例在离境口岸实施查验，实现属地与口岸协同监管，节约企业等待时间，提升通关效率50%以上。

（李霖）

【"液化天然气"能源类商品快速审价模式实施】2022年，香洲海关运用集中验估机制，创新打造"液化天然气"快速审价模式。液化天然气既是关系国计民生的重要能源物资，又是保供应链产业链的重要一环，针对这一实际情况，香洲海关打破公式定价商品常规审价流程，结合企业信用等级和既往申报情况，评估税收风险、下调担保金额，企业保函额度得以灵活周转。采用"分类审核""即到即审、季度复核"方式，压缩审价时长，提升企

▲2022年10月3日，香洲海关关员首次运用供澳门水果属地监管新模式监管供澳门水果　　　　　　（陈永康　摄）

业转税效率。"一季一审结",便捷企业缴税后办理大金额政策性退税。支持液化天然气进口349万吨,货值198亿元。获企业赠送感谢信及锦旗、境内外多家媒体报道,社会反响良好。

(陈芝)

横琴海关

▲横琴海关办公楼

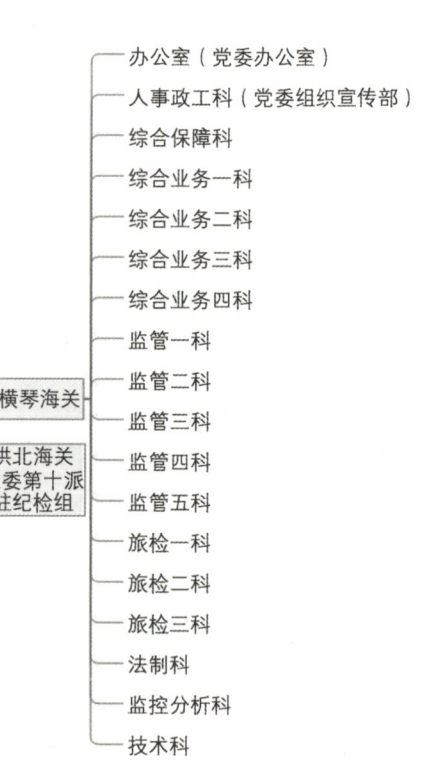

▲横琴海关组织机构图

【概况】横琴海关位于横琴岛（横琴粤澳深度合作区），是隶属拱北海关的正处级偏口岸综合型海关，关区范围为珠海保税区和横琴岛，承担筑牢国门检疫防线、支持和服务横琴粤澳深度合作区建设、打击治理"水客"走私和促进外贸保稳提质等重点工作，整体业务呈现"双线、多点、24小时"全天候、广区域状态，业务种类齐全。截至2022年年底，内设科室18个。

2022年，横琴海关检疫进出境人员822万人次，同比增长2.16%；监管进出口货物18.64万吨，同比增长14.36%；监管进出境运输工具124万辆次，同比增长15.76%；进出境（口）总值767.46亿元，同比增长7.59%；年内税收入库5.75亿元，同比下降0%。

（梁涛立）

【党的建设】2022年,横琴海关坚持以习近平新时代中国特色社会主义思想为指导,切实把思想和行动统一到党的二十大精神上来,巩固拓展党史学习教育成果,制定落实全面从严治党工作要点5大类、14项具体任务。落实"第一议题"制度,发挥"中心组学习+"示范带动作用,打造"学习讲堂",党支部书记、青年代表围绕政治机关建设谈心得、悟体会、享经历,通过用"身边人"讲"身边事",坚定理想信念。利用班前会和党小组学习会,开展组内研讨1800余次,推动干部员工以理论清醒确保政治坚定。开展"学查改"专项工作和政治机关建设专项教育活动,梳理政治要求155条,查摆问题160个,制定整改措施47条。开展"海关重点项目和财物管理以权谋私"专项整治,细化工作重点45项,检查财物资金管理项目资料213份,建立财物资金管理项目档案11个。提升基层党建水平,建立分级分类的"支部档案",推动党建品牌提档升级,横琴海关综合业务四科党支部全国海关系统党建示范品牌获复核通过,横琴海关监管二科党支部获评拱北海关党建培育品牌,横琴海关办公室党支部、监管二科党支部、旅检二科党支部获评拱北海关"四强"党支部。截至年底,横琴海关有基层党组织19个、党员191人。

(张一欢)

【队伍管理】2022年,横琴海关严明政治纪律和政治规矩,形成一级抓一级、层层抓落实的监督工作格局。依托拱北海关旅检业务全流程实训旅检智能化设备操作教学点,发挥"教学练战"作用,培养旅检线条业务骨干80人。抓好以案促改专题警示教育"七个一"(开展一次"我为群众办实事——纪法教育进基层"活动、开展一次学习纪法专题心得交流会、观看一次警示教育片、组织一批旁听案件庭审或观看相关录像、开展一次参观警示教育基地活动、组织一轮谈心谈话、开展一次廉洁文化创意作品征集活动)活动,开展"清廉微课堂"5期,征集"清风国门"主题散文、诵读等作品20余份,开展案例教育50余期,举办党内法规知识竞赛、"廉政灯谜"主题党日、"初心"廉政推理实训等活动。抓实关科两级队列指挥员管理,围绕"七一""十一"等重要节点开展针对性集中队列训练,提升准军事化纪律部队精神风貌。构建"党建+文明创建+业务"格局,打造"活力横关"品牌,争创广东省文明单位,依托2个珠海市十星"党员志愿服务岗"开展窗口作风提升行动,开展内务督察12次,关区社会满意度测评总体满意率95%以上。加大推优评选和典型选树力度,年内,1人获评全国海关"百名优秀执法一线科长"。

(张一欢)

【特色班前会做法获海关总署推广】2022年,横琴海关立足工作点分散、人员集中难的实际,将党小组建在班组上,提供带队伍、抓管理、防风险的有形载体,党委班子常态靠前督导,科领导参与前台作业,将每日必开、人人都学的班前会打造为打通贯彻落实党中央决策部署"最后1公里"的重要载体。固化班前会政治理论学习、业务技能实训、风险分析研判、廉政警示教育、扎实准军事化纪律部队建设5个基础版块内容，开展政治理论学研1800余次，组织案例学习235次、专题研讨41次、业务实操培训9轮次、327场，逐一销号、破解难题40余项，相关做法获海关总署推广。

（张一欢）

【支持和服务横琴粤澳深度合作区建设】2022年，横琴海关参与横琴粤澳深度合作区海关监管思路研究、海关监管办法起草、法律梳理、检验检疫模式改革创新等重点工作，提出意见73条。按照集约化监管思路，践行"智慧海关、智能边境、智享联通"理念，对标时间节点、建设要求，推动横琴粤澳深度合作区"二线"通道海关监管作业现场主体工程落成，横琴口岸二期工程主体结构施工完成98%，机电管线安装完成70%，获采纳意见建议139条。发挥基层海关紧贴一线优势，及时通报工作动态和进展，为上级决策提供参考。

（伍秋琳）

【澳门单牌车便捷入出横琴】2022年8月22日，横琴粤澳深度合作区全面放开澳门非营运小客车（9座及9座以下）入出横琴配额。横琴海关密切与横琴粤澳深度合作区执行委员会、澳门相关机构协作配合，推行手机App申请，实现小客车备案申请、数据审核、系统备案等业务线上办理，与横琴粤澳深度合作区经济发展局、澳门新通达公司达成三方共识，单牌车车主可委托新通达公司在澳门办理"入出横琴澳门机动车专用签证簿"领取业

▲2022年7月4日，横琴海关工作人员实地查看横琴口岸建设进度

（徐梦超 摄）

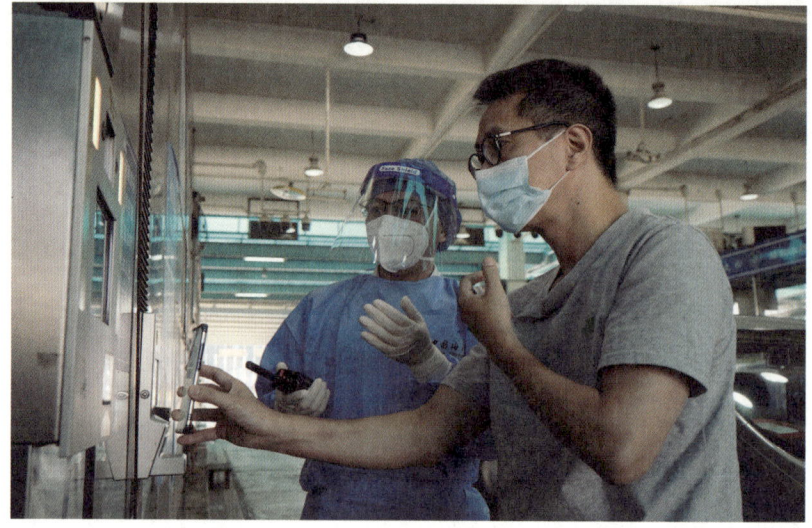

▲2022年6月2日，横琴海关关员指导澳门单牌车车主快速通关

（徐梦超 摄）

务，减少窗口环节，便捷备案流程，节省车主跨境跑动成本。调整车辆信息识别设备参数、验放配置，实现对货、客车自动化验放，创建健康申报移动验核终端，高峰时期可提前完成健康申报，提升通关体验感，入出横琴、澳门单牌车日均通关量占横琴口岸跨境客车通关总量近七成。

（许佳铤）

【口岸监管】2022年，横琴海关统筹横琴口岸、珠海保税区业务实际，以旅检、货运两大业务条线为抓手，建立"两个集中联合研判"机制，专题研究解决系统业务问题14项。深化安全生产风险隐患信息"吹哨人"预警机制，参与洪湾永久危险化学品查验场建设协调工作，明确场所设计、建设标准、安全保障等要求。定期与珠海鹤洲新区筹备组（万山海洋开发试验区）互通信息，围绕永久查验场场所运营管理、安全评估、人员资质等提出海关专业意见，推动横琴粤澳深度合作区"二线"临时危险化学品查验场搬迁工作按期完成，巩固"口岸危险品综合治理"百日专项行动成效，年内未发生重特大安全事故。结合拱北口岸、青茂口岸通关场所实施限次分流措施最新态势，发挥三级监控指挥中心实时监控和运行统筹作用，加强应急值守，及时发现、即时提醒、跟进督促作业现场异常情况，开展通关流量监测，保障口岸通关畅顺有序。畅顺粤澳海关联络渠道，加强跨境反走私动态通报、风险分析、信息交换等合作，统筹开展打击走私"国门利剑2022"联合专项行动、粤澳海关反走私联合行动等专项行动。加强知识产权海关保护，查获涉嫌侵犯世界杯相关知识产权商品916件。规范执法流程和用语，践行新时代"枫桥经验"，化解矛盾于基层，提升守法旅客获得感。

（张曦　梁涛立）

【打击治理"水客"走私】2022年，横琴海关巩固前期治理实践成果，持续保持打击治理"水客"走私高压态势。用好"大厅+车道+机动+缉私"4支力量，自主开展3轮次专项行动和多次突击行动，加强数据分析，加密现场巡查，加大机检力度，进境渠道查获各类案件842宗、同比增长128%，案值2.1亿元、同比增长960%。围绕"水客"走私案件特点、物品流向，加快深挖扩线进度，加强专案经营，破获一批有影响力的"水客"走私案件。推动横琴粤澳深度合作区执行委员会履行反走私综合治理主体责任，协调建立横琴粤澳深度合作区反走私协同机制。固化完善与澳门海关"点对点"日常联络机制，加强粤澳两地反走私动态通报、风险分析、情报交换、案件协查等合作。践行"宣传也是打私"理念，相关新闻报道获中央电视台、《人民日报》等各级媒体刊载40余次。

（苏晓珊　梁涛立）

【疫情防控】2022年，横琴海关坚持科学精准防控，紧跟疫情防控要求和形势变化推送防控方案、应急预案、操作指引29份，开展疫情防控知识讲解和装备穿脱实操24轮次，共计6批次、104人次参加集中居住管理，妥善应对多轮次珠澳口岸通关政策调整和本土疫情挑战。健全联防联控机制，参与横琴粤澳深度合作区陆路口岸疫情防控专班，实现横琴关区应急指挥体系 24 小时处于激活状态，组织开展 15 轮次实战演练，共检出新冠阳性多例、其他传染病 32 例。

（许佳铤　黄宁）

【检验检疫】2022 年，横琴海关坚决筑牢国门检疫防线，做好口岸医学媒介监测和外来有害生物监测工作，开展口岸医学媒介监测 40 次，捕获蚊类 2 种 103 只、鼠类 2 种 3 只；布设外来有害生物监测点 28 个、监测 18 次，捕获检疫性实蝇 5 种、8993 只；踏查 126 个监测点，发现红火蚁活跃蚁巢 67 个并做除害处理。承担海关总署"一带一路"病媒生物专项监测工作，捕获蚊类 267 只、鼠类 57 只、蜱 2 只，捕获鼠类中检出流行性出血热病毒，为横琴口岸首次检出。做好口岸公共卫生监督工作，开展公共场所微小气候及空气质量监测 12 次、军团菌取样监测 12 次，未发现异常。规范截留物集中处置，送检动物产品 211 批、植物产品 940 批，检出有害生物 2994 种次，其中检疫性有害生物 10 种次，检出非洲猪瘟病毒核酸阳性 3 批次、外来物种 80 种次。

（许佳铤）

【促进外贸保稳提质】2022 年，横琴海关建立问题动态清零机制，通过问卷调查、专题宣讲、走访调研等方式了解企业实际困难，开展企业调研 10 次，收集企业诉求 32 条，100% 解决问题诉求。跟进中欧班列业务，为企业提供咨询及政策指导，珠海保税区 14 家企业业务辐射"一带一路"共建国家（地区）34 个。实行非工作时段预约加班服务，落地 AEO 企业贸易便利化、航空器材免税优惠税收政策等措施。优化横琴保税物流监管项目，支持开展国内生产食品进入横琴保税仓储、分批输澳门业务。

（曾兵　韩硕）

【珠海鹤洲跨境电商监管中心启用】2022 年，横琴海关主动对接地方政府及企业发展诉求，围绕场地规划、业务流程、安全管理等开展充分论证研讨，支持配合保税区跨境电商查验平台建设落地，实现关区跨境电商监管业务由合作区平稳过渡至珠海保税区。开展业务运行测试，理顺业务流程、人力配备、系统运行情况，配备自动 X 光机分拣线，切实提升物流时效。强化与澳门航空货运联动，整合珠澳货物聚集、高效清关、物流便捷优势，推动两地跨境电商融合发展。1 月 10 日，鹤洲跨境电商监

▲2022 年 1 月 21 日，横琴海关关员在珠海保税区企业实地调研　（徐梦超　摄）

管中心首票跨境电商零售出口货物通关。年内，出口货值增长44.61%，产品输往巴西、墨西哥、沙特阿拉伯、马来西亚等18个国家（地区）。

（曾兵　郭克野）

【助力保税区航空维修】2022年，横琴海关设立全国首本"耗料型账册"，确保航空维修企业业务运行顺畅。拓宽拓深运输路线，指导境外包修业务项下飞机发动机经珠澳跨境工业区流转进厂维修，规避境外疫情风险，境外包修业务项下飞机发动机运输成本节约近70%。落地航空器材免税政策，实施民用航空维修用航空器材进口税收政策，支持企业采用集中申报模式。进一步推广"两步申报"、汇总征税、自报自缴、新一代电子支付等便利措施。

（韩硕）

【政务服务保障】2022年，横琴海关做好学习宣传贯彻党的二十大精神、横琴粤澳深度合作区管理机构揭牌一周年、澳门回归祖国23周年等重大信息宣传工作，报送信息532条。落实公文"五核一校"，做好值班应急、机要保密、档案管理等工作，组织应急演练14次。持续落实"过紧日子"要求，厉行节约，规范设立、定期盘点防控物资出入库台账。强化法治建设，立足横琴粤澳深度合作区属地海关定位，依托粤澳共商共建共管共享新体制，打造"横关同行"品牌，开展系列普法宣讲活动，"推进普法六式积极支持和服务横琴粤澳深度合作区建设项目"入选拱北海关2022年"谁执法谁普法"创新创先项目。整理汇编横琴、澳门两地民事法律差异、横琴粤澳深度合作区相关政策法律规定300余条，为"澳门新街坊"（内地第一个为澳门居民专门打造的，集居住、教育、养老、医疗等多功能于一体的综合性民生项目）居民推送法律指引手册，用澳门市民熟悉的语言和方式讲解横琴粤澳深度合作区通关、生活、就业等场景的相关法律问题。设置学童专用通道，在开学季等重要时间节点，制发针对性执法操作指引，发放资料100余份，解答民事法律问题与通关问题20余个。与地方联合建立"横琴粤澳深度合作区国家安全（生物安全）教育基地"。落实行政执法"三项制度"，规范权力运行，加强案件办理过程合法性、合规性建设。

（张曦　王凌）

【科技赋能】2022年，横琴海关首创5G智能执法记录仪与无线对讲数字集群系统融合，实现应急指挥双系统联动和执法视频在线回传。立足横琴口岸监管作业场所地点分散、距离较远实际，创新搭建远程流调系统，实现资料上传、旅客问询线上完成、全程回溯，节约流调对象时间成本，减少面对面接触，降低疫情感染风险。自主研发运维小程序，便利网上报修和机房申请审批管理，处置故障177次。做好重大节点网络安保专项工作，确保前端设备、机房、配线间全面保全。

（梁华振）

斗门海关

▲斗门海关办公楼

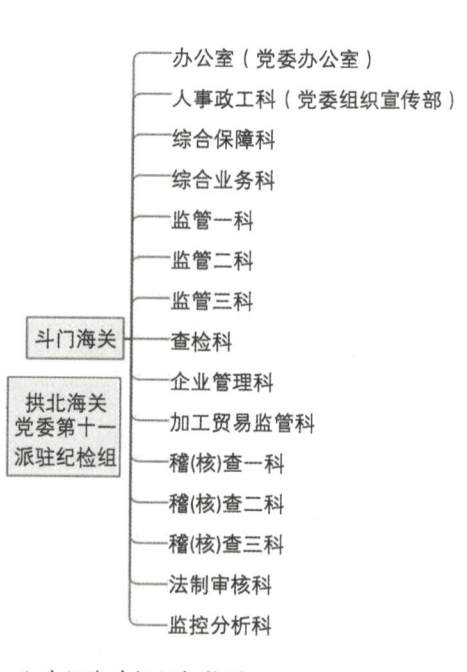

▲斗门海关组织机构图

【概况】斗门海关位于广东省珠海市斗门区，为拱北海关隶属正处级偏属地综合型海关，承担辖区海关监管、税收征管、检验检疫、海关统计、查缉走私，以及珠海片区（珠海大桥以西区域）企业管理、加工贸易管理、稽核查作业等各项海关职能。截至2022年年底，内设科室15个。

2022年，斗门海关监管进出口货物36.91万吨，同比下降3.4%；监管进出境船舶968艘次，同比增长31.88%；税收入库7.4亿元，同比增长23.37%；进口平均整体通关时间5.5小时，同比下降22.49%。

（王琳）

【党的建设】2022年，斗门海关学习宣传贯彻党的二十大精神，结合海关工作"12个必"要求和关区实际细化31项落实举措，第一时间打造党建宣传阵地、开设学习专栏，依托"斗关学堂"学习平台，开展系列培训10次，以"中心组学习+""党建带团建"形式举办"书记谈思政"3期，推送专题公众号推文1篇，用好"三会一课"、主题党日等平台，开展专题宣讲、交流研讨，确保学习宣传贯彻党的二十大精神进支部、到个人。开展"学查改"专项工作与政治机关专项教育，明确4方面、8项具体任务，梳理39个岗位蕴含的政治要求121条，对照查摆问题93个，提出整改措施144条，整改落实关级问题8个，总结制度创新成果2项。用好"会前自学+会中论学+会后研学"学习机制，抓好常态化长效化政治理论学习，组织中心组"月学习"12次、党委理论"周学习"39次，推送"每日时政晨学"249期。推进党建"双提升"行动，印发党建工作推进单8期，规范机关党委、党支部两级党建工作责任清单，建立支部年度台账、季度计划、月度通知，完善全链条工作指引机制，1篇政工简报、3篇创新案例分获海关总署广东分署、拱北海关采编，创建党建示范品牌1个、培育品牌1个以及"四强"党支部5个，1人获评"党务之星"。组织14个党支部开展换届选举，1个党支部进行书记补选，年内发展党员2人，组织党务培训7期。截至年底，斗门海关有基层党组织17个、党员98人。

组织召开斗门海关全面从严治党工作会议，研究制定全面从严治党工作要点及重点事项推进表，明确5方面61项工作任务，按季度检查工作落实情况。制订"海关重点项目和财物管理以权谋私"专项整治工作实施方案，明确6方面重点事项、18项工作安排，协同拱北海关党委第十一派驻纪检组畅通意见收集、情况举报渠道。重点科室严格落实申报、剖析等工作，推动全面自查，梳理重点项目清单28个，确定高发风险项目2个。完成整改任务7项，制定廉政风险防控措施2条，完善规章制度1个。认真开展以案促改，关党委成立工作领导小组、工作专班，联合第十一派驻纪检组抓好部署推进、督促落实，推进4方面专项治理，汇总问题风险2条并完成整改，明确10项整改措施。贯彻巡视巡察工作方针，组织开展党的十九大以来巡视巡察整改事项清查工作，组织完成问卷调查199人次，配合开展书面调研2次，落实海关总署党委巡视整改60项整改措施推进表等系列工作。选派2名干部参加巡察工作，落实业务廉政分析会制度，各科室年内开展业务廉政分析会88次，做到底数清、风险明、措施准。加强干部监督管理，开展海关工作人员违规投资及在企业兼（任）职集中自查2批次、342人次，抓好领导干部配偶、子女及其配偶从业自查抽查、廉政信息管理系统填报等工作。常态化开展警示教育，细化工作安排14项，开展"清风国门"廉洁文化创意作品征集活动，报送创意文化作品3份。

（张睿旎）

【队伍管理】2022年，斗门海关坚持正确导向抓好队伍建设。强化政治把关、奖励激励，年内37人获2021年度考核优秀，6人获个人三等功，48人获个人嘉奖，1个工作专班获集体嘉奖。加强年轻干部培养使用，做好新录用干部源头培养和动态管理，科学制订轮岗培训计划，打造青年实务微课堂，注重在抗击疫情和基层一线艰苦岗位培养锻炼年轻干部。深化准军建设，打造"科室+片区间"内务督察、结对共训的工作新形式，开展内务规范强化月活动。精准开展关心爱护，严格落实谈心谈话制度，组织意识形态专题研究会议2次，开展干部队伍思想动态调研和心理健康评估5次。做好在职困难员工、离退休人员春节、中秋节期间慰问工作，慰问困难人员11人次，组织退休慰问4人次。关心爱护疫情防控一线人员，组建斗门海关互助帮扶小组，做好疫情防控一线员工、特别是封闭管理人员关心慰问工作，向封闭管理人员家属制发感谢信。争创珠海市文明单位，成立以"一把手"为组长的创建工作领导小组和创建工作专班，有序开展"全民阅读"、"全民健身"、志愿服务等活动，搭建社会主义核心价值观长廊、弘扬道德模范精神等创建宣传阵地，营造浓厚创建氛围。依托"广东省青年文明号"、"珠海市青年文明号"、斗门海关"新芽"志愿服务队等岗位品牌发挥群团组织作用。完成"广东扶贫济困日"爱心捐款活动，全国职工线上健身运动专题活动等工作。组织建关30周年系列活动、"国门她力量筑梦展芳华"妇女节活动、"让爱传递下去"志愿服务活动、"童说家风"六一儿童节活动等文体活动。

（刘伊峰）

【法治建设】2022年，斗门海关持续开展普法宣传，推动关区法治建设，促进执法规范统一。修订印发案件审理委员会审议规则，坚持重大及复杂疑难行政决定集体审议。制定普法责任清单，落实"谁执法谁普法"，加强日常落实督导和反馈，确保责任落实到位。举办"海关执法中的法治思维"专题讲座，增强行政执法中的行政复议、行政诉讼预判意识。按要求在行政执法信息公示平台等平台及时公示执法信息，做好法制审核，严格落实"三项制度"。参与粤港澳海关保护知识产权联合执法行动2次，履行保护知识产权工作职责。牵头开展"规范执法行为 强化权力运行法治监督"专项治理自查工作，推动全关强化法治意识，自觉规范执法行为。派员参加珠海市"喜迎二十大 携手法治行"主题法治演讲。在"斗关e办事"微信小程序新开辟线上海关法律宣传专栏，为企业查询相关法律提供方便，该普法案例获评为拱北海关2022年普法创先创新十大案例。年内，办理行政处罚案件51宗，货值19.75亿元。

（蔡昭衡）

【税收征管】2022年，斗门海关推进综合治税，优化税收服务，多形式同企业建立沟通联系机制。推进属地纳税人管理，建立23家属地纳税人企业底账，完成14家重点企业属地纳税底账及税收遵从度评估工作，面向辖区2家企业开展税收政策调研，提出建议3项。及时开展RCEP等政策宣讲，引导企业用足用好政策红利。年内，斗门海关辖区企业使用RCEP优惠原产地政策申报进口货值7421.73万元。

（宁旭洲）

【检验检疫】2022年，斗门海关开展"国门绿盾2022"专项行动，加强有害生物防控体系建设，强化口岸外来有害生物综合防治措施，开展入境口岸外来入侵物种普查、口岸卫生监督和病媒生物监测，在口岸区域捕获鼠类、蚊类等病媒生物，均未检出病原体。强化进口货物、集

▲2022年4月10日，斗门海关关员对入境马匹进行隔离检疫　（周佳慧　摄）

装箱动植物检疫工作，指导斗门港口岸场地经营单位完成进口水果指定监管场所整改工作。年内，送检各类疫病检测样本1640份，其中出境水生动物样本12份，供港澳活猪样本800份，供港澳活禽样本540份，进境马匹样本288份，检测样本全部合格。开展实蝇监测13次、红火蚁监测13次、杂草监测3次，开展进境种苗疫病监测2次。

（刘伟淳）

【疫情防控】2022年，斗门海关科学精准开展出入境船舶船员检疫监管、船舶卫生检疫，更新斗门港口岸新冠疫情防控工作方案等，细化工作措施，强化个人防护，做好"岗前检查、工作巡查、全程督查"和"双人作业、互相监督"，筑牢"外防输入、内防反弹"口岸疫情防线。落实"三查三排一转运"要求，规范出入境船员健康申报制度，监管进出境船员5781人次，其中下船船员9人，开展船舶登临检查104次。认真落实外贸转内贸船舶船员、离船入境船员等管理，确保疫情防控闭环运作。结合口岸业务特点，提出优化港澳小型船舶登临"1+2"检疫监管模式方案（对指令命中登临检疫/检查的船舶安排不少于2名关员，其中1名关员实际登轮，2名关员提供技术支持保障、监督提醒和突发事件处置等，参与关员资质需满足布控指令要求）。开展进境寄递物品及环境采样监测工作、口岸环境新冠病毒核酸监测工作、高风险非冷链集装箱货物监测及预防性消毒监督工作，提醒场所企业按要求做好进境商品消毒，年内开展高风险非冷链新冠病毒采样18票，未检出阳性样本。按要求开展封闭管理，落实封闭管理人员健康登记、核酸检测、房间消毒并做好台账登记，开展封闭管理累计53批、81人次。

（王琳）

【援港抗疫】2022年，斗门海关成立专项工作领导小组，统筹解决斗门港口岸物资通关问题。2月21日至5月31日，斗门港作为广东省新增的6条供港生活物资水路通道之一，承担援港抗疫物资出境任务。开通"7×24小时"工作机制，设立疫情防控物资、企业急需生产物资快速通关绿色通道，指导企业用好提前申报、"抵港直装"等便利措施。合理配置人力资源，保障供港防疫物资装运船舶"优先申报、优先查验、优先放行"，验放活动房屋、医用防护服、病毒检测采样管等援港抗疫物资2.66万吨。

（杨亮）

【监管业务】2022年，斗门海关持续优化营商环境，推进全业务领域一体化改革，做好拱北海关首个检查异常处置系统试点工作。运用监管查验设备等手段加强监管和非侵入式查验。针对尺寸、重量超标、公路运输困难的游艇、钢结构件等特殊货物，量身打造4份出口监管方案，提升口岸通关速度，保障重点物资通关"零延时"。持续推进"口岸危险品综合治理"百日专项行动常态化工作开展，完善危险品的风险预判、查发、处置流程，与珠海海事局斗门海事处签署"斗门港口岸危险品综合治理合作备忘录"。落实进出口危险化学品及其包装属地查验要求，加强旧机电入境维修/再制造企业监管，完成进口工业品目的地查验291批，查验出口工业品999批，开展出口危险货物包装使用鉴定665批，监管供澳门工业气体1561.5吨。年内检查进出口货物509票，监管查验设备过机5498个自然箱，查验入境空箱56票。进口货物查获42票，采取退运、技术整改、罚款、移交缉私等处理，其中检出危险品2票，固体废物2票，不合格旧机电21票。

（甘森）

【快件、跨境电商监管】2022年，斗门海关持续提升监管效能，优化服务，支持快件、跨境电商新业态健康发展。强化正面监管，严格执行跨境电子商务零售进口商品清单管理，督促落实促销提前报备制。加强运输工具途中监管，充分运用集装箱机检、车辆行驶轨迹监控、车体厢体检查等进行综合研判，防控"掉包"风险。开展现场关员岗位培训，提升现场主动查发能力。开展药品安全专项整治行动，全面排查辖区寄递渠道进口食品药品备案资料，运用智能同屏比对手段加强夹藏、伪瞒报等行为查缉力度，年内拦截、查发国家二类精神药品涉咖啡因成分药品782票，涉人参、熊胆等濒危物种成分保健品123票，分别予以退单、退运处置。支持新业务拓展，组织开展清单审核、布控查验放行等模拟推演，强化政策宣讲，指定专人跟进企业诉求，实行预审商品归类，提前介入引导企业规范申报，指导企业完成跨境电商出口业务测试3次，引导1家辖区新增澳门跨境电商企业完成跨境电商进口业务实货测试。全力保障电商促销期间通关顺畅，提前预判业务增量，合理调配人力资源，保障设备运维，"6·18""双11"期间监管验放进口快件及跨境电商直购进口商品36.21万票、20.35万票，同比分别增长79.26%、21.93%。年内，监管验放进口快件171.54万票，同比增长131.14%，货值6.25亿元。查发跨境电商进口非正面清单商品2项。

（刘德华）

【企业管理和稽查】2022年，斗门海关落实"六稳""六保"部署，持续暖企稳企惠企，落实"放管服"改革要求和"一次申请、一次办理、一次性告知"等服务承诺，对报关单位全面实施无纸化备案，实行"注销便利化"措施，便利市场主体退出，办理报关单位注销业务254家次。做好海关信用管理工作，举办"促进外贸保稳提质"政策宣讲会，向辖区进出口企业宣讲海关系列措施，助力企业用足用好海关政策红利。推动AEO企业便利措施在关区落实，对有意愿申请高级认证的企业，制订专

门培育方案，辖区新增高级认证企业6家，总计22家，高级认证企业数占辖区备案企业数的比例列拱北关区第一。发挥企业协调员作用，为企业进出口业务提供精准服务，年内为辖区企业处置协调事项400余家次，培育辖区东电化电子（珠海）有限公司入选全国海关首批AEO互认观摩企业。组织认证专家全程参与中国海关与菲律宾海关AEO互认线上认证观摩工作，通过对辖区观摩企业的实地认证，实景展示中国海关AEO认证过程。开展特定资质企业注册备案、预制菜产业发展等专项调研，收集企业经营的难点堵点问题以及个性化发展诉求，供稿制作"政策解读 | 出口食品生产企业备案指南"等获"拱关微发布"微信公众号采用，撰写"放管服"背景下实施特定资质企业注册备案工作的思路和对策、促进斗门区预制菜产业高质量发展的几点思考政研文章，提出海关帮扶方案和意见建议。完善境外注册企业信息，及时向企业通报境外相关政策调整情况。截至年底，斗门海关辖区（包含斗门区、金湾区）有效报关单位2702家，其中高级认证企业22家，其他注册和备案企业2676家，失信企业4家。辖区加工贸易内销货值、实征税款同比分别增长70.60%、47.92%。辖区加工贸易和保税监管进出口总值581.59亿元，同比增长20.45%，加工贸易内销货值18.63亿元、同比增长71.23%，实征税款2.84亿元、同比增长47.92%。

推动稽查业务改革，制定进一步强化属地监管部门与缉私局联系配合提升监管效能工作方案，加强部门联动，提升监管效能。开展企业主动披露制度等政策宣传5次，办结主动披露作业17起，同比增长183%。运用"互联网+稽核查"、部门间联合抽查等新形式，降低企业成本，提高稽核查工作效率，开展网上核查4次，与市场监督管理部门开展联合抽查7次，开展"企业自查结果认可模式"核查6次。加强稽核查队伍建设，组织全员参加2022年全国海关稽查岗位练兵，3人进入线上个人技能比武全国前100名。年内办结稽查作业66起、核查作业140起。

（王琳）

【查缉走私】2022年，斗门海关强化正面监管，聚焦重点区域、重点领域、重点商品，扎实开展"口岸危险品综合治理""国门利剑2022"联合行动等专项行动，发挥多种监管设备作用，打击货运渠道伪瞒报、夹藏行为，打击来往港澳小型船舶、快件、跨境电商等渠道走私违法活动，严防"水客"走私跨渠道漂移。年内，查获危险品伪瞒报情事5宗，办理知识产权侵权案件1宗。

（王琳）

【政务管理】2022年，斗门海关扎实推进公文处理、应急值守、信访维稳、保密管理、信息宣传、政务公开等各项工作。紧扣宣传贯彻党的二十大精神主题，聚焦促进外贸保稳提质、服务粤港澳大湾区建设等重要工作，突出特色做好年内信息新闻宣传工作，撰写新闻稿件23篇，获"学习强国"App、《珠海特区报》、香港商报网、珠海电视台等媒体采用89篇次。参与制作、拍摄的新闻"内地供港冰鲜冷冻禽肉增加新通道"获中央电视台《新闻联播》《朝闻天下》等栏目报道。推进基层政务公开标准化规范化建设工作，修订2022年政务公开工作要点、主动公开基本目录，明确工作要点19项，基本公开事项25项。年内，制定下发关长接待日工作制度、信访工作制度，持续推进"关企面对面"，举办服务企业各类政策宣讲会7次。回应信访投诉诉求3项。做好重点信息发布，通过"双随机、一公开"栏目公开工作情况47项。完善档案室硬件设施设备，落实突发事件应急处置流程图上墙。落实保密主体责任，严格落实印章使用审批制度，开展保密宣传工作。加强调查研究，开展重点课题政策理论研究4个。贯彻落实"三智"理念，加强"三智"工作的政策研究及信息宣传力度。落实值班值守各项工作要求，做好重要节点的应急值班和风险防范，做好值班计划和人员培训，组织值班70人次。严格落实请示报告及监管现场危急事件和重大敏感情事"第一时间"报告制度，处置各类突发事件4次。

(王琳)

【后勤保障】2022年，斗门海关落实"过紧日子"相关措施，压减一般性支出。加强疫情防控物资保障，向上级部门、地方政府申领防疫物资26批次、11.37万件（套）。修订斗门海关重大财务事项集体审批制度实施办法、斗门海关小额采购操作规程。通过节约型机关验收，获国家机关事务管理局等四部委联合授予的"节约型机关"称号。筑牢安全生产防线，制发安全生产大检查方案等，制订应急演练计划8项，推进"安全生产月"活动，开展日常及特殊节点安全生产检查20次，排查、整改风险隐患15处，年内未发生安全生产责任事故。

(马钊悦)

【督察内控】2022年，斗门海关推进内控机制建设，落实审计自查工作。编发内控机制建设工作提示单7期，应用内控节点开展监控检查135次，查发问题116个，其中，应用署级节点23个、关级节点17个。推广应用内控清单管理系统，建立内控清单64条，涵盖业务领域15个、业务环节39个。创建内控示范科室，加工贸易监管科运用"党建铸魂+准军塑形+内控强基""三管齐下"推进内控示范科室建设。配合完成拱北海关督察项目5个，制定斗门海关督察工作流程标准化操作指引，开展属地查检作业、移动单兵装备使用管理等专项督察3次，发现并督促整改问题11个，提出督察建议9条。配合国家审计，开展国家审计自查自纠及回头看对照检查工作2轮次，自查问题52个，落实整改。年内，制发监控核查处置联系单162份，处置有效异常数据4357条，纠正业务差错171个。

(向英杰)

【"三控"机制建立】2022年，斗门海关贯彻总体国家安全观，统筹监控指挥、内控督察、风险防控等职能联动，筑牢国门安全屏障。依托三级监控指挥中心强化发挥监控作用，聚焦党中央、国务院决策部署落实，开展针对性专项监控，建立主题监控表单，搭建报关单实时监控模型，实时分析研判进出口企业和商品风险。发挥内控功能，形成重点内控节点17个、清单55项，统筹开展基层党建、准军作风、廉政建设等专项督查，建立常态化风险问题监控清单，定期开展风险问题排查，形成"监控—分析—研判—处置—整改"内控工作闭合链条。发挥"风控+大数据"优势，组建数据分析风险研判工作专班，建立"自主分析、及时响应、联系配合、工作例会"4项机制，搭建"云擎"大数据模型145个，编发风险信息专刊6期，发布风险预警信息2条，编发业务监控分析月报12期，全面掌握关区业务运行情况，排查业务风险9个。自主开发快件智能审单辅助小程序，通过设置风险参数，自动筛选高风险数据提示关员重点审核，提升审单效率和风险识别能力，实现进口快件大数据整合分析。年内查发固体废物、危险化学品伪瞒报情事7宗。助推供澳门花卉苗木"检疫前推，合作监管"政策实施，实现区域生态安全一体化防控，查发企业特殊关系申报不实情事9宗、逃避商品检验监管情事2宗，处置虚假贸易风险企业11家次，纠正商品归类错误2起，查获B类快件渠道拆单集货走私案1宗，案值844万元。

（向英杰）

【企业集团加工贸易监管模式推广】2022年，斗门海关开展宣讲培育，辅导企业加强内部管理、完备信息化系统、规范加工贸易货物流和数据流，指导企业申请适用企业集团监管模式。11月21日，珠海伟创力集团获拱北海关批准适用企业集团加工贸易监管模式，伟创力电脑（珠海）有限公司为牵头企业，伟创力制造（珠海）有限公司为成员企业，是珠海市首例由本土企业牵头的企业集团加工贸易监管模式。集团内企业享有保税物料跨企业调拨、自主存放、外发加工免担保等多项优惠措施，节约运营成本。据伟创力公司测算，此模式为企业年节省运营成本100多万元。

（王琳）

【"关园"联动合作机制】2022年，斗门海关加强与地方政府的联系配合，通过签署合作备忘录、联合赴企业调研等形式，主动探索建立"关园"联动合作机制，共同服务促进辖区实体经济高质量发展。12月7日，斗门海关与富山、新青科技工业园签订合作备忘录，围绕服务构建新发展格局、推动高质量发展、优化口岸营商环境、建立联络协调机制4个方面深化合作，海关为园区逾500家企业提供"量体裁衣"式监管服务。

（王琳）

▲2022年12月7日，斗门海关联合富山、新青科技工业园召开服务实体经济政策宣讲会 （周佳慧 摄）

【助力地方特色农产品出口】2022年,斗门海关扶持辖区粤港澳大湾区"菜篮子"认证企业发展,推动"珠海鳗鱼""斗门笋壳鱼"等地方特色农产品出口。针对辖区企业笋壳鱼出口的诉求与困难,成立专项帮扶工作组,梳理监管要点,推动企业建立标准化质量控制体系,落实企业主体责任,做好自检自控。提供咨询服务和技术支撑,按照出口水生动物安全风险监控、疫病监测要求取样送检,把好质量关。设立属地查检"绿色通道"实施优先查验、"5+2"、"7×24小时"预约查验,落实通关便利措施,解决笋壳鱼长途运输监管、封识、中转打包等问题,实现鲜活易腐农食产品通关"零延时"。年内,出口活鳗鱼、笋壳鱼1491.7吨,同比增长61.68%。

(王琳)

【助力大湾区生物医药企业发展】2022年,斗门海关抽调业务骨干组建"生物医药产品"工作专班,利用微信、电话、现场指导等方式对企业开展精准辅导。畅通与澳门市政署沟通机制,研究制订专项监管方案,指导企业完善ISO 9001体系,做好工艺流程、运输存储、质量控制等工作。及时掌握企业出口计划,提供"7×24小时"预约查检服务,实现"优先检测、优先出证""随报随检、即检即放"。10月18日,经斗门海关检疫合格,首批来自珠海市金湾区珠海百试通生物科技有限公司的60只实验用SPF级小鼠装车启运,经港珠澳大桥运抵澳门科技大学。

(王琳)

【服务辖区预制菜企业发展】2022年,斗门海关主动服务助力辖区预制菜企业发展,关领导带队到斗门生态农业园管理委员会开展调研,了解斗门区预制菜产业园建设情况以及预制菜企业出口面临的困难诉求。主动协调企业和养殖场,加强与澳门市政署、珠海市农业农村局沟通联系,争取各方支持配合。召集业务骨干研究制订专项监管方案,专人指导企业完善长途运输、工艺流程、质量控制等多个关键控制点,形成全流程闭环监管,确保产品质量安全。主动了解企业出口计划,铺设快速通道,顺畅转运、加工、屠宰等环节。优化出口预制菜企业备案和对外推荐注册服务,通过技术性贸易措施保护出口企业合法权益。9月29日,国家农业地理标志产品——石岐乳鸽预制菜首次从珠海供应澳门。年内,斗门海关

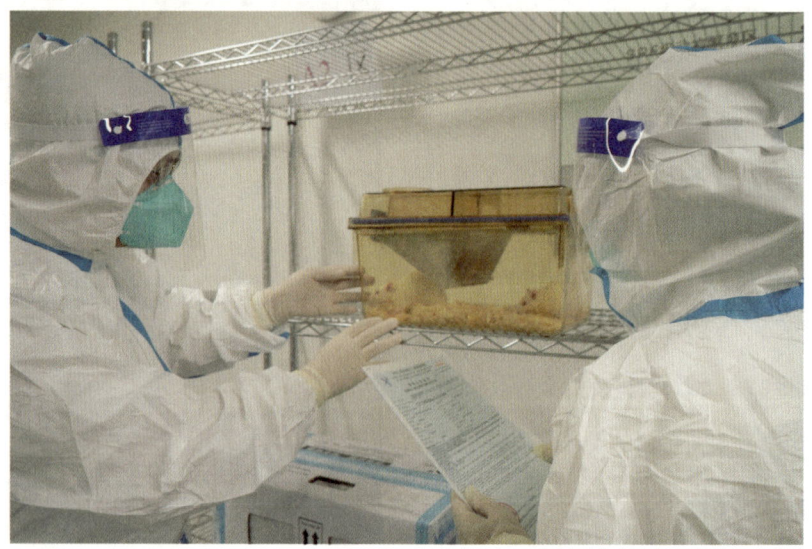

▲2022年10月18日,斗门海关关员对首批供澳门实验用SPF级小鼠进行检疫

(周佳慧 摄)

辖区出口预制菜49批次、347吨，650万元，出口品种主要有浓缩鱼汤、熟乳鸽、熟鸭、熟鸡、冻黑鱼片、冻鲈鱼片、酸菜鱼、浓缩鱼汤等。

（王琳）

【CT机智能审图试点工作推进】2022年，斗门海关推进B类快件CT机智能审图试点工作，推动人工智能技术与海关一线监管深度融合，提升监管实效，压缩通关时间。成立试点工作组，制定工作任务推进表，明确工作内容、推进措施及时间节点。优化算法部署，研究制订"海关总署分类部署算法清单+现场海关本地数据库"需求方案，有效识别商品57种，有效拦截商品30种，算法覆盖80%的商品种类。规范业务流程，标记各环节风险点，制定监管查验工作操作细则，明确智能审图系统及CT机同屏比对系统审图结论的后续处置、作业要求等。升级改造分拣线软件，调整CT机智能审图判图时间由6秒缩至4秒，审图效率同比提升33%。对下线包裹及新增商品机检图片进行定期多频次集中入库操作，加快CT机智能学习进度。自2022年3月试点工作启动以来，累计审图94.32万幅，完成制图4.32万幅，智能审图总体准确率由试点前的95.39%提升至99.38%。

（刘德华）

【"粤港澳大湾区组合港"模式启动】2022年，斗门海关建立跨关区专项对接及异常处置机制，强化跨关区协同监管。对接企业需求，开展"组合港"业务专题培训5次，组建工作专班，结合辖区进出口企业特点提前拟订个性化监管方案。10月21日，斗门港加入"粤港澳大湾区组合港"业务，"珠海斗门—深圳蛇口"组合港启用。该模式下海关依托区块链、物联网等技术对货物运输开展全程监管、实现监管互认，出口货物全程"一次申报、一次查验、一次放行"，在斗门港完成验放后即可由驳船运至深圳蛇口港出境，无须"二次申报"。"组合港"模式启用至年底，监管验放集装箱230标箱。

（王琳）

中山港海关

▲ 中山港海关办公楼

▲ 中山港海关组织机构图

【概况】中山港海关为隶属拱北海关的正处级口岸型海关，设在广东省中山市。下辖4个港区（中山港、小榄港、黄圃港、神湾港），其中有5个货运码头、1个客运码头、1个监管车场、1个游艇码头。承担中山市4个港区的进出境运输工具、货物、物品海关监管，税费征收管理，进出境卫生检疫、动植物及其产品检验检疫、食品及化妆品检验检疫，打击走私等工作。截至2022年年底，设20个科室。

2022年，中山港海关监管货物416.84万吨，同比下降2.25%；进出口货物总值1815

亿元，同比增长21.41%；监管进出境运输工具8263艘次，同比下降2.87%；税收实际入库25.98亿元，同比增长20.47%。关区进、出口整体通关时间分别为6.47小时、0.59小时。

（朱华霞）

【党的建设】2022年，中山港海关坚持"第一议题"制度，深入学习贯彻习近平新时代中国特色社会主义思想，学习宣传贯彻党的二十大精神，制订工作方案，细化11方面、21项具体措施。开展党委会理论学习、中心组集中研讨53次，党委书记带头讲专题党课3次，各支部开展理论学习420余次，党委班子成员聚焦"12个必"要求和38项思考落实重点，开展4项课题研究。统筹抓好"学查改"专项工作和政治机关专项教育活动，梳理61个岗位政治要求203条，查摆整改问题13项。抓好年度全面从严治党52项重点任务落实，专题研究全面从严治党、意识形态等5次，党委班子成员开展责任落实情况检查200余次。健全与拱北海关党委第十二派驻纪检组7项会商通报机制，联合开展监督检查调研17次，针对36条监管建议开展整改。开展基层党建"双提升"行动，获评拱北海关基层党建品牌2个、"四强"党支部3个。开展"书记项目"课题攻坚，组织优秀党员、业务骨干承担党建实训体系建设。组建10个青年业务理论研究小组，推进青年理论学习提升工作。开展"海关重点项目和财物管理以权谋私"专项整治，梳理重点项目11个，落实整改措施113条，健全制度16项。推进新时代海关廉洁文化建设，开展"五个一"（编发一封廉洁倡议书、录制一期初心诵读活动、举办一期廉洁文化作品展、开展一次典型案例专题教育、播种一朵清廉之花）系列特色活动，以"身边案例"为教材强化警示教育，开展"一顿饭有多贵"大讨论。规范用好"四种形态"，开展提醒谈话6次、诫勉谈话1次，责令1个科班子作出书面检查。截至年底，中山港海关有基层党组织22个、党员177人。

（袁同雄）

【队伍管理】2022年，中山港海关优化领导班子和队伍结构，培养选拔优秀年轻干部，2021年度选人用人工作总体评价好评率100%，从严监督管理干部满意率100%。3个集体和98人次获得奖励表彰，推荐7名干部参与海关总署、拱北海关专项工作。年内分级分类开展各类培训191次，参训3574人次，承担"青篱"国门生物安全业务实训点建设任务，制作实训课程21门，课程《坚持政治统领　强化履职尽责　共筑"青篱"守护国门安全》被海关总署选定为首批习近平新时代中国特色社会主义思想海关特色课程。加强员工关心关爱，慰问困难伤病员工和集中封闭管理人员119人次。

（李日晴）

【口岸监管】2022年，中山港海关持续强化完善优化监管，保持打击走私高压态势，开展"国门利剑2022"联合专项行动等专项行动，年内查办各类走私违法案件111宗。严厉打击"洋垃圾"、象牙等濒危物种及其制品等走私，查办禁止进口固体废物案件6宗，查证固体废物102吨。严把国门生物安全关，严防疫病传入和外来物种入侵，送检样品中检出有害生物954

种次，同比增长46%。强化知识产权海关保护，年内查获侵犯知识产权案件12宗。夯实安全生产责任，深入开展"口岸危险品综合治理"专项行动，积极推动建立中山市口岸危险品综合治理机制，与中山海事、交通部门签订合作备忘录，年内查发伪瞒报危险货物7批次、68.6吨，全部作快速离场处置。

（刘启恒）

【税收征管】2022年，中山港海关加强税收调研，通过实地走访、发放调查问卷等方式对重点企业开展税收分析。以优质服务吸引外地企业集成电路、计算机主机等电子产品分流至中山市各口岸报关进出口，增加税收3.5亿元。推进税收征管改革，引导企业积极使用多元化税收担保，推动提升税款电子支付、自报自缴、汇总征税等应用比例。加强税收征管内控管理，强化数据监控分析，严厉打击不实贸易、涉税走私等逃税涉税违法活动。辅导辖区企业用足用好RCEP等优惠贸易协定原产地规则抢抓新发展机遇，减让关税近2亿元。

（刘启恒）

【疫情防控】2022年，中山港海关持续抓好口岸新冠疫情防控工作，严格检疫查验出入境人员、交通工具、货物、物品，规范落实海关总署"三查三排一转运"措施，对进境冷链食品及非冷链高风险货物实施监测检测和预防性消毒监督。做好中山港客运口岸复航准备工作。密切与中山市商务、卫生健康、疾病预防控制中心等部门联防联控，加强入境转内贸、维修船舶、下船入境船员管理。推广实施进出境船员"船边体检""船边接种"等便利措施，解决疫情期间船员"换证难""接种难"等问题。保障援港抗疫物资通关，"零延时"验放"活动房屋"、检测试剂等物资170余批次。辖区口岸所在镇区因疫情封控期间，强化与市镇（区）专班等部门联系配合，在口岸开辟"绿色通道"，延长闸口开放时间，保障外贸产业链供应链循环畅通。

（刘启恒）

【促进外贸保稳提质】2022年，中山港海关优化口岸营商环境，促进中山市外贸高质量发展。制定出台促进外贸保稳提质、优化口岸营商环境"18+21"系列措施，巩固深化"粤港澳大湾区组合港"、"湾区一港通"、进口货物"船边直提"、出口货物"抵港直装"等通关提速举措。深化稳企安商，联合中山海关深入开展"春晖2022"惠企行动，巩固深化"关长送政策上门""问题清零"等机制。赴企业调研60余家次，组织线上线下政策宣讲会80余次，"一企一策"收集解决企业诉求100余项。优化完善支持码头开展供港澳基建材料散货运输业务、支持神湾港开展原木进口业务等"一码头一策"措施，服务中山市各码头错位发展、高效有序运作。制定9项措施支持中山港口岸获批成为药品进口口岸。依托市场采购、跨境电商等外贸新业态便利贸易方式，帮助中山五金、小家电、灯饰等特色产品顺畅出口，支持扩大原木、再生金属、乳品等货物进口。针对疫情等因素影响导致枢纽港码头塞港、货物滞留等情况，持续提供"7×24小时"延时通关服务，保障200余航次延误到港航班货物及时通关。

（刘启恒）

【督察内控】2022年,中山港海关制定督察项目流程标准化操作指引、流程图,完善重点项目、重点内容、督察问题、整改落实清单,自主开展进口再生金属原料监管规范性、疫情防控内部防控等5项专项督察。创新督察方式,与拱北海关党委第十二派驻纪检组联合开展再生金属原料进口监管等专项督察。推进内部控制清单管理系统应用,细化关、科两层级内控工作任务,设立清单148份,应用内控节点开展监控检查353次,查发问题282个。依托HLS2017平台强化风险分析,处置异常数据5575条,制发处置联系单401份,形成内控专项成果报告43篇。培育"内控示范科室",组织9个科室开展内控示范科室创设。

(刘启恒)

【法治建设】2022年,中山港海关持续推进执法统一性、规范性建设,梳理完善各业务线条操作要点107项。修订完善案件审理委员会制度,密切与缉私局联系配合,建立案件移交法制前置把关制度。深入落实"谁执法谁普法"责任制,实施"嵌入式"普法、"说理式"执法,开展"送法到一线"19次,创作专题普法新媒4篇,编发"以案说法"24期。持续强化知识产权海关保护工作,面向企业开展知识产权保护宣传答疑40余家次,实施"一企一策"指导、备案绿色通道、预确权等服务,压缩企业确权环节耗时30%。强化"关地"执法联动,协助法院执行及律师调查2次。整理小家电、服饰等6类常见侵权商品清单,加大查验力度,查获侵犯知识产权案件12宗,涉案货物5700余件。

(程志航)

【政务服务保障】2022年,中山港海关全面落实"五核一校"要求,持续推进精文简会。加大信息新闻宣传力度,"推广'组合港'打造出口便捷通道""保障中山口岸首批进口药品顺利通关"等相关报道获新华社、《人民日报》、中央电视台、《南方日报》等各类媒体平台采用200余篇次。做好档案管理及保密工作,2个作品入选海关总署"党旗飘扬保密护航"——庆祝中国共产党成立100周年海关保密宣传教育作品展。开展国际档案日宣传等系列活动,撰写征文获海关总署广东分署"喜迎二十大·档案颂辉煌"主题征文活动二等奖。加强海关史研究,撰写征文获"广东省内海关海关史研究征文活动"三等奖。提高政务公开工作规范性,主动公开资料54份,妥善处理依申请公开1件。优化综合保障,规范公车、关产、宿舍管理,做好财务独立核算,完成中山港业务技术综合楼停车场车棚二期工程等修缮及基建项目。探索基层海关"3+3"(信息技术资源、安全管理人员、安全管理责任3个管理层面;网络安全防范意识、网络安全管理制度、网络安全防御行为3个保障支撑)网络安全管理体系,做好网络安全保障及信息化建设基础运维。

(施宽)

【首推"组合港"系列改革】2022年,中山港海关助力中山市融入粤港澳大湾区一体化融合发展格局,持续推动"粤港澳大湾区组合港""湾区一港通"等物流一体化改革拓点增面。优化作业模式,依托区块链、物联网等技术支撑,实现港口间信息互联互通、海关跨关区监管互认，带动中山港与深圳、广州等枢纽港联动作业、无缝衔接，实现全程"一次报关、一次查验、一次放行"，出口物流时长压缩2—3天，物流成本降低三分之一，年内运作超300航次。实现中山市口岸与广州南沙港、深圳蛇口港、盐田港等枢纽港全部开通"组合港""一港通"等物流一体化业务，相关改革成效获中央电视台、新华社等主流媒体报道30余次。7月3日，推广"组合港"新闻报道获中央电视台《新闻联播》播出。

（朱华霞）

【援港抗疫】2022年，中山市黄圃港等码头承接活动房屋等中央援港抗疫物资出口业务。中山港海关落实中央援港抗疫重大决策部署，组建工作专班，制订出口监管专项方案，在口岸现场开通"援港抗疫物资专窗"，专人跟进单证、货物流实时状态。推行"提前申报""抵港直装"作业模式，提供"7×24小时"全流程通关服务，确保物资随到随办、边运抵边装船。加强与项目承建、货物承运企业沟通，协调港口

▲2022年2月27日，中山港海关关员在黄圃港监管内地援建香港方舱医院项目活动房屋

（陈庆霖　摄）

优先解决货物场内堆放、装卸问题，支持企业根据港方诉求临时在码头组装活动房屋，助力援建的青衣方舱医院迅速建成投入使用。2月22日，在黄圃港保障首批援港抗疫物资活动房屋166个顺利通关。2—6月，"零延时"验放"活动房屋"、检测试剂、口罩等物资170余批次。

（朱华霞）

【中山市药品进口口岸开通】2022年，中山港海关全力支持中山市药品口岸申报建设。

▲2022年5月16日，中山港海关关员在中山港外运码头监管中山口岸首批进口药品

（施宽　摄）

制订专门工作方案和支持措施,与中山市商务局、市场监管等部门联合开展实地调研和政策宣传,建立企业"点对点"联系沟通机制。推动建设药品口岸"一港五区",将中山市各水运口岸全部纳入药品进口口岸范围。联合中山海关制定提高药品通关效率、培育药品企业开展AEO高级认证管理、建立"问题清零"机制等9条措施支持中山市药品进口口岸发展。全流程指导药品进口准入、归类、检验监管等政策,推广"提前申报""船边直提"等便利化改革,搭建药品进口"绿色通道",实现"即来即验即放"。5月16日,首票进口药品在中山市中山港外运码头通关。6月8日,1批自韩国进口药品凭RCEP原产地证书享受税款减让措施,为中山市首批享受RCEP优惠协定税率的进口药品。年内验放进口药品38票,货值超8600万元。

(朱华霞)

【筑牢国门生物安全屏障】2022年,中山港海关落实海关总署"国门绿盾2022"专项行动,严格进出境动植物检疫,收集输出国(地区)动植物疫情信息,加强业务风险研判、风险预警,严防境外动植物疫情和外来物种传入。定期在辖区口岸开展鼠类、蜚蠊、蚊蝇等病媒生物监测,指导监督口岸运营单位实施病媒生物防治措施。加强对进境木材等货物检疫,持续开展"口岸海关+实验室专家"现场联合监测模式,提高输入性病媒生物截获率,查获全球首次报道的新物种拉丁蠊属蜚蠊种(*Latindia sp. nov.*)、全国口岸首例病媒生物篦齿拉丁蠊(*Latinadia Pectinata* Rehn,1937),相关新闻《截获国内未见分布篦齿拉丁蠊》《截获全球新物种》先后2次登上微博热搜,阅读量超2.8亿次。

(朱华霞)

【"青篱"国门生物安全教育基地建设】2022年,中山港海关持续推进"青篱"国门生物安全科普教育基地建设,建有室内展厅8个、室外展区22个。依托基地建设拱北海关国门生物安全业务实训基地,提高动植物检疫、卫生检疫等专业能力水平,完成"拱北海关国门生物安全科普基地建设与管理思路的研究与实践""进境木材口岸检疫监管机制研究"2个关级课题研究。开展国门生物安全科普宣传教育,开展线上线下活动50余次,接待参观6000余人次,制作科普普法

▲2022年5月28日,中山港海关在"青篱"国门生物安全教育基地组织"认识入侵生物 守护美好家园"研学活动 (黎桐彤 摄)

音频、视频、漫画等新媒作品160多条（篇），新媒体作品"植物背后的党史故事"获评珠海市第二届"五个一批"网络正能量宣传精品。"青篱"国门生物安全研究小组获评"珠海市青年文明号""中山市新时代'四最'青年突击队"，1人获评"中山金牌青年讲师"。7月25日，中山港海关"青篱"国门生物安全教育基地被中山市科学技术协会命名为中山市科普教育基地。

（朱华霞）

第八篇

直属事业单位

拱北海关后勤管理中心

【概况】拱北海关后勤管理中心（简称"拱北后勤中心"）主要承担拱北海关（珠海片区）安全保卫、环境卫生、绿化、人防、防汛、消防、防灾减灾、集体户口管理、房产日常管理和办公、生活基础设施设备的使用维护及服务管理工作；承担拱北海关（珠海片区）生活区、宿舍物业管理和相关服务工作；承担拱北海关机关食堂、会议中心等生活服务管理工作；承担拱北海关（珠海片区）重大会议和公务活动服务保障工作；承担拱北海关（珠海片区）相关单位交通安全日常事务管理工作、公务车辆管理及社会化通勤用车服务保障等相关工作；受拱北海关委托承担后勤产业综合服务保障运作管理、相关政府采购实施、本单位不占编合同工日常管理和全关不占编合同工职能管理等工作。

2022年，拱北后勤中心深化全面从严治党，加强政治理论学习，防范非执法领域各项风险，做好职责所辖疫情防控、安全生产和各项服务保障，树立"过紧日子"意识，想方设法节流开源，优化后勤服务效能。

（鄢佳紫）

【党的建设】2022年，拱北后勤中心坚持以习近平新时代中国特色社会主义思想为指导，把迎接学习宣传贯彻党的二十大精神作为年内工作主线，深刻领悟"两个确立"的决定性意义，全面落实新时代党的建设总要求，履行全面从严治党政治责任，推进拱北后勤中心党建工作高质量发展。拱北后勤中心领导班子、党总支委员会开展专题学习5次，带动各党支部、群团组织学原文、悟原理，多形式、分层次开展集中研学46次，撰写心得47篇。统筹推进党史学习教育常态化长效化，开展政治机关专项教育活动和"学查改"专项工作，健全中心领导班子、党总支、党支部、部门班前会"四层级"学习机制，落实"第一议题"制度和"领学+研讨"要求，讲好"后勤微党课"，把好"集中学习+碎片化学习"内容质量关，一体推进思政、党史、警示、先进典型、精神谱系宣传教育。组织开展"强化政治机关建设，提升政治能力大讨论"活动，围绕"没有脱离业务的政治，也没有脱离政治的业务"主题，领导班子深入12个部门，与各部门党员、业务骨干同研究、共探讨，梳理各岗位政治要求25项、具体落实举措60条，形成"我为群众办实事"

长效机制及便民举措15项。完成党总支换届选举，加强总支委员对各党支部的监督指导，推进基层党建"双提升"工作，党群工作部党支部获评"四强"党支部，施嘉民获评拱北海关"党务之星"。配齐配强支委班子，培训党务干部73人次。加强国有企业党建管理，成立金关公司党支部，加强基层党组织建设。落实民主集中制、请示报告制度、班子议事规则，加强对下级"一把手"和领导班子的监督，层层传导压力，规范用好"第一种形态"，开展谈话提醒1人次，推动队伍管理抓早抓小，防微杜渐。坚持将正反两面教育融入日常、抓在经常，结合以案促改、警示教育月等活动，各部门开展纪法交流学习、警示教育、先进典型宣传105次，加强准军事化纪律部队建设，引导广大干部职工牢固树立底线思维，增强纪律意识。落实业务廉政分析例会制度安排，排查风险问题51个，完成整改32个。开展"海关重点项目和财物管理以权谋私"专项整治工作，梳理内部控制业务关键节点74个，录入内控清单系统330项，25项业务进入信息化管理系统，建立修订规章制度15份。启用"拱北海关内控清单管理系统"，实现信息化管理运行，推动依规依据办事。截至年底，拱北后勤中心有党支部12个，党员68人。

(施嘉民)

【队伍管理】2022年，拱北后勤中心修订印发工作人员考勤休假管理办法、不占编合同工考勤管理规定，规范员工考勤管理。按时完成管理岗位八级职员及见习干部试用期满考核工作，完善干部队伍建设。推进全员教育培训，组织中心相关人员参加各项专题培训，完成网上专题班20余次，参训1200人次，开展疫情防控培训25次，参训900人次。做好劳动合同及离入职管理，梳理规范在职不占编合同工网签合同，不占编合同工劳动合同续签、转签等工作近90人，为保障用工需求完成劳务派遣29人。抓好疫情内部防控工作，压紧压实主体责任，强化重点人员核酸检测，严格员工出差出行管理，持续监测员工及共同居住人健康情况，坚持实行健康监测"日报告、零报告"制度。做好春节慰问、生日慰问、"送清凉"、"八一"等各项慰问活动，慰问困难员工44人，年内慰问1392人次，把对员工的关心关爱落到实处。结合全体干部职工日常工作考核情况，培树中心先进典型，以点带面，发挥榜样力量，在内部掀起比、学、赶、超的工作氛围，开展第一批"后勤之星"评选工作，唐志明等8人获评"后勤之星"。

(李娟)

【后勤管理】2022年，拱北后勤中心坚守后勤保障主阵地，节流开源"过紧日子"。落实拱北海关本级节约能源资源工作，推进节能减排工作，拱北海关本级机关获得中央4部门（国家机关事务管理局、中共中央直属机关事务管理局、国家发展和改革委员会、财政部）联合授予的"节约型机关"称号。规范拱北海关关区公产房管理，做好膳食保障工作，按照内部防控分级分类要求及时调整就餐模式，规范公务用车管理。做好新录用公务员初训学员的住宿、培训、会务、用餐等后勤保障工作。

▲2022年2月3日，拱北后勤中心开展业务技术综合楼灭蚊工作

(王大军 摄)

做好物业日常服务，对所辖物业场所开展体温检测108.38万人次，公共区域消毒1.65万次，电梯消毒7.36万台次。统筹疫情防控物资的采购、验收、存储、分发和调拨，按照"够用、好用"原则就近设置分布式应急物资仓储点。保障封控期间机关正常运转，加强与属地街道办联系，及时沟通、化解涉及拱北海关场所、人员的疫情防控问题。做好封闭场所管理服务，将拱北海关党委的关心关爱落到实处。

(鄢佳紫)

▲2022年8月10日，拱北后勤中心盘点防疫物资仓库　(李伟 摄)

【政府采购】2022年，拱北后勤中心围绕"依法采购、优质服务、规范操作、廉洁高效"的服务宗旨，推动政府采购工作提质增效。加强采购标准化建设，严格落实新修订制度，更新政府采购工作规程，规范和完善采购程序，修订完善采购文件范本11份。开展在库采购代理机构考核、调整工作，完成政府采购项目120个。创新工作方式，提高服务意识，在疫情防控不同等级背景下，利用微信等线上线下相结合方式开标，依规完成采购任务。邀请政府采购专家开展业务培训，提升拱北海关政府采购工作人员业务能力和风险防范意识。

(冯燕禧)

【安全生产】2022年，拱北后勤中心夯实安全根基，筑牢安全防线，防范化解重大风险隐患，构建办公及生活区平安格局。年内召开2次安全生产工作会议，分析研判安全生产形势，明确安全生产工作职责。调整安全生产领导小组成员，强化安全主体责任落实。制定安全生产检查指南，细化检查项目121个，规范安全生产检查工作。

健全"吹哨人"预警机制，制作安全管理员公示牌，整合优化监督渠道，形成"吹哨人"协同监管工作格局。在各重要时间节点，对隶属海关、事业单位开展安全大检查，组织开展专项检查122场次，排查整治安全隐患456处，防范化解各类风险隐患。制发安全生产提示单12期，收集重特大安全事故案例，分析研判风险预警，发挥典型事故警示作用，提升安全保障能力。发布气象预警预报信息378条，制发切实加强防备极端天气灾害工作的紧急通知、突发气象预警通知4份，强化极端天气和重大灾害预报预警工作。落实24小时领导带班值守和信息报告制度，提升应急响应能力和突发事件应急管理能力。策划全国防灾减灾日、全国消防日、全国"安全生产月"安全生产专题宣传3次，提高干部职工安全生产法治观念和安全意识，营造人人参与的浓厚氛围。组织开展关区安全知识应急技能培训演练，提升风险防范意识和应急处置能力。汛期及台风季节等极端天气期间，与社区职能部门联系疏通排水措施，解决暴雨气象灾害海安园水涝问题3个，协同构建社区平安防线。

（林旺南）

拱北海关技术中心

【概况】拱北海关技术中心（简称"拱北技术中心"）主要承担拱北海关（珠海片区）属地化验、固体废物鉴定、口岸检验鉴定业务；承担拱北海关（珠海片区）出入境动物及其产品，进出口食品、化妆品、保健品、机电产品、轻工产品、纺织品、化工品、矿产品、金属材料、包装及材料等商品实验室检验检测及检疫工作；承担拱北海关出入境植物及其产品检疫工作。2022年，拱北技术中心受理委托检验44621批次、55647个样品，其中法定检验委托5155批次、15959个样品。

（刘永毅）

【党的建设】2022年，拱北技术中心严格落实"第一议题"制度，完善"党建+质量+绩效考核指标"三融合机制，纵深推进全面从严治党，梳理5大类、49项重点事项，明确班子责任分工，落实"一岗双责"。推动党史学习教育常态化长效化，开展政治机关专项教育活动和"学查改"专项工作，梳理包含6大类、24项推进计划的特色清单，结合"六对照六看六查"，建立领导责任机制、全面统筹机制和协调推进机制，制定38项整改措施并逐一整改完成，系统梳理党员所涉岗位职责蕴含的政治要求128条，撰写心得体会86篇。把党的建设要求写入拱北技术中心章程。第一党支部获评关区基层党建示范品牌。扎实推进"海关重点项目和财物管理以权谋私"专项整治，紧盯重点项目和财物管理的重要环节，整理163个重点项目，梳理问题和廉政风险5项，制定整改措施和方案，精准施治。与拱北海关党委第五派驻纪检组密切配合形成监督合力，在落实全面从严治党、安全风险隐患监管、业务廉政监督等方面同向发力，筑牢思想堤坝，推进清廉海关建设。截至年底，拱北技术中心党总支下设党支部3个，有党员79人。

（刘永毅　曾川）

【队伍管理】2022年，拱北技术中心强化人事管理，优化考核内容和考核指标，建立多维度评价体系。组织7人申报高级职称、中级职称评定，完成选拔聘任的管理岗位七级、八级职员考核转正。制定拱北技术中心退休返聘人员管理规定。完成各类培训221人次，其中参加外部培训6次、33人次。强化政治教育、纪法教育和警示教育，组织观看警示教育片6场，书记讲授廉政专题党课4次。严格落实党风廉政形势教育，开展谈心谈话195人次。强化纪律作风建设，组织学习内务规范制度14次，打造实验室内务"样板间"。强化对员工"8小时以外""社交圈""生活圈""朋友圈"的监督，完成在编人员违规投资企业及在企业兼（任）职问题自查并落实跟踪整改。举办"培育好家风"活动、"反腐倡廉，警钟长鸣"主题团课，营造良好家风，增强文化自信，涵养务实清廉工作作风。

（刘永毅　曾川）

【技术鉴定】2022年，拱北技术中心检出进口固体废物11批次，鉴定濒危植物物种61批次、动物物种68批次，鉴定国家重点保护野生动植物106项次，含国家一级保护野生动物四爪陆龟5只，检出转基因阳性47批次。检出一般性有害生物286种，5901批次，检出率36.5%；检出检疫性有害生物15种、151批次，为红火蚁、南美乳白蚁、长芒苋、加拿大苍耳、硬雀麦、桔小实蝇、四纹豆象、橡胶材小蠹、南洋臀纹粉蚧、美澳型核果褐腐病菌等检疫性有害生物，有效维护国门生物安全。鉴定外来入侵动物物种2批次、2100余只，植物物种396种次及旅客携带进境"异宠"活体龟3000余只。检出非洲猪瘟阳性样品39批、83份。检出不合格进出口食品94批次。拍摄国门生物安全教育微视频"看不见的入侵者"，获"央视频"App播出。配合深入开展"国门利剑2022"系列专项行动，对接各直属海关缉私局及地方打私机构，年内承接缉私鉴定委托业务3369批次，涉案货值5.7亿元。完成濒危物种鉴定16种、61批次，涉及檀香紫檀、龟甲牡丹、三角牡丹、象牙宫、象牙玉、乌羽玉、太平丸、碧岩玉、鬼栖阁大戟、柱叶大戟、节枥尤伯球等种

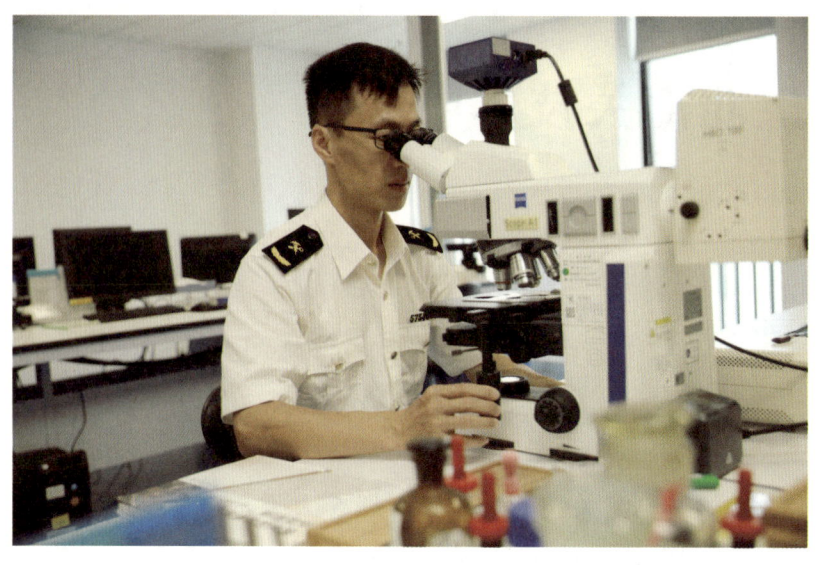

▲2022年4月25日，拱北技术中心植物检验实验室对濒危物种进行鉴定

（俞波　摄）

类，为打击濒危物种走私提供技术支撑。

（刘永毅　曾川）

【科研能力提升】2022年，拱北技术中心强化质量体系管理，完成CNAS现场评审及CMA扩项评审2次，认证认可项目51大类、7866个。强化科技创新引领支撑，获批筹建海关总署化矿金属材料检测区域实验室。验收3项署级科研项目，申报6个署级科研项目。发表论文17篇，获得专利授权9项，获得海关技术规范立项8项。1人获评创新珠海科学技术奖"科技创新之星"。新增马病毒性动脉炎、西尼罗热、亨德拉、瓦螨病、美洲幼虫腐臭病、蜂房小甲虫病等疫病

检测，转基因棉花、油菜、玉米、大豆、甜菜等数字PCR检测能力65个新项目认可。法定检验自检率98%。发挥高层次专家作用，举办8期"技术保障能力提升——专家大讲堂"活动。落实关区"三应"机制，强化与隶属海关的"左右呼应"，成立检测业务技术支持小组，对接专业性强、难度高、有特殊要求的法定检验业务问题，助力口岸提升快速通关效能。推进智慧实验室建设，研究大检测仪器设备检测数据数字化采集和检测原始记录全面数字化，初始化农业残留检测项目4400余条。试点建设"检测流程自动化处理系统"，研究检测结果数据自主采集、自动计算、自助流转等功能，联网运行20台食品安全检测仪器设备。升级拱北技术中心外部委托业务系统，建设实验室检测业务管理系统，实现实验室"全流程、全要素、全覆盖"管理，有效防控实验室检测业务风险。相关业务整体效率同比提高10%。

(刘永毅　曾川)

【安全防控】2022年，拱北技术中心落实生产安全主体责任，多措并举推进体系化安全管理工作。召开安全生产部署推进会6次，运用"吹哨人"机制发现并完成安全隐患整改20处，创新性运用LEC（Likelihood、Exposure、Consequence）风险评价法对实验场所开展风险评估，分级分类、精准施治。梳理完善安全管理制度及应急预案17项，组织开展安全演练及培训15场次。强化日常巡查和重要时间节点安全自查，与拱北海关党委第五派驻纪检组对办公和检测区域开展联合专项检查、突击检查17次。维护消防设施、应急处置设施34台套，安全处置危险废弃物8.6吨。落实关区新冠疫情防控要求，组织开展生物安全应急演练、疫情防控培训及桌面推演，落实人员防护和环境管理。启动新冠病毒核酸检测"双活"机制备份实验室2次，保障关区疫情防控新冠病毒核酸检测需求。设置进口冷链食品检验绿色通道，做好出入境冷链食品和高风险非冷链食品、农产品检验工作。完成新冠病毒核酸检测18046份，检出阳性样品3份。参与推进"口岸危险品综合治理"百日专项行动，设置专用通道，采取"专人对接、优先受理、优先检验"的工作模式，解决非常规及疑难样品危险特性分类鉴别的困难，消除大量危险品样品在口岸滞留的潜在隐患，检验涉危险化学品样品190批次，鉴定为危险化学品163批次，协助

▲2022年5月6日，拱北技术中心科研团队在研究课题　　(俞波　摄)

口岸海关查获危险化学品进出口伪瞒报情事34宗。

（刘永毅　曾川）

【助企纾困解难】2022年，拱北技术中心发挥珠海进出口公共技术服务平台作用，对接地方监管部门、电商平台及企业，拓展市场化委托业务，持续服务澳门民生，为澳门政府机构和企业提供食品药品、环境空气和水质等检测服务，开发新项目299个，满足企业检测需求。联合实施产学研协同创新计划，对接企业新产品研发、工艺改进项目41个，帮助破解企业创新发展难题。为22家"专精特新"企业开通标准查询权限，为54家"专精特新"企业69名技术人员提供文献查阅服务，为2家"专精特新"企业提供实验室间比对服务，为40家"专精特新"企业提供培训服务。与5家"专精特新"企业开展产学研协同创新计划项目，联合生物医药类企业，开展"纳米技术消毒剂的质量研究""抗生素的烤干包被工艺""枸橼酸托法替布的质量研究和分析检测""水产用抗菌肽添加剂饲料颗粒的研究开发"关键技术的研究。积极参与粤港澳大湾区"菜篮子"、珠海市"东西部协作菜篮子"项目，助力63家农产品基地和加工企业拓宽销路。协助珠海市、区两级市场监督管理部门，开展全市生产、流通、餐饮等环节食品监督抽检2000批次。推出"提质增效""专精特新"补贴政策，减免723家企业、11923批次检测费用795万元。

（刘永毅　陈敬）

珠海国际旅行卫生保健中心（拱北海关口岸门诊部）

【概况】珠海国际旅行卫生保健中心（拱北海关口岸门诊部）（简称"珠海保健中心"）位于珠海市香洲区侨光路133号，承担出入境卫生检疫技术保障与国际旅行健康服务，开展拱北海关（珠海片区）国境口岸传染病检测监测及风险控制、健康体检、预防接种、国际旅行卫生咨询、病媒生物监控以及口岸相关医疗服务等工作。

2022年，珠海保健中心检测口岸出入境人员呼吸道病毒样本214378例，同比增长90.86%；检出各型流感175例，阳性病例增长74倍。完成出入境人员健康体检12069人次、社会体检31352人次、接种疫苗2177人次、新冠疫苗接种记录转签1083份、留学人员医学咨询1031人次。

（王淑慧）

【党的建设】2022年，珠海保健中心贯彻落实习近平新时代中国特色社会主义思想，学习贯彻党的二十大精神，坚定拥护"两个确立"、坚决做到"两个维护"。强化政治机关建设专项教育活动，印发专项教育活动工作方案及推进措施，明确11方面要求，细化21项具体内容。组织专题党课及专题研讨，支部书记讲述专题党课，围绕"对业务线条背后政治要求和政治考量的思考"开展专题研讨交流。召开"讲政治、明责任、强业务"主题党小组活动72次。落实"第一议题"制度52次，贯彻落实习近平总书记重要讲话和重要指示批示精神。利用"班子带头、二线协同、三级联动"机制，分别开展理论学习研讨13次、理论学习37次、学习研讨520次。制订学习宣传贯彻党的二十大精神方案，从全面学习、全面把握、全面落实3方面细化，营造学习氛围。发挥"学习强国"App、"海关发布"等主流媒体的作用，开展"指尖学习""主题打卡"等活动。开展"学思悟践打卡二十大""巾帼大学习"等活动，党员谈感悟写心得，分享心得体会44人次。组织参加"奋进新征程 共创强国业"理论知识竞赛，参加人员380人次，推进领导干部专题学、党员干部示范学、线上线下全员学、青年群体创新学，确保学习全覆盖、无死角。截至年底，珠海保健中心党支部实有党员38名，下设3个党小组。

（王明月）

【队伍管理】2022年，珠海保

健中心开展内部培训233次，参训人员4600余人次。定期开展培训效果评估。协助关区各职能处室开展疫情防控、病媒生物监测业务、新录用公务员个人防护等培训12次，参训人员370余人次。落实选拔任用、岗位聘任等制度，完成选人用人专项检查问题整改与反馈报告，整改6方面、16条问题。研究制定内部晋升机制、人员管理和绩效考核办法等，深化专业技术人才培养，推进急需紧缺人才培养引进工作，增强技术机构人员力量。强化表彰奖励，关心关爱干部，推进完成机关事业单位养老保险缴费清算，持续开展困难员工慰问，加强政治关爱、工作关心、生活关怀，将关心关爱措施落到实处。提高聘用人员基本工资水平和社会保障水平。

（徐国英　曲明明）

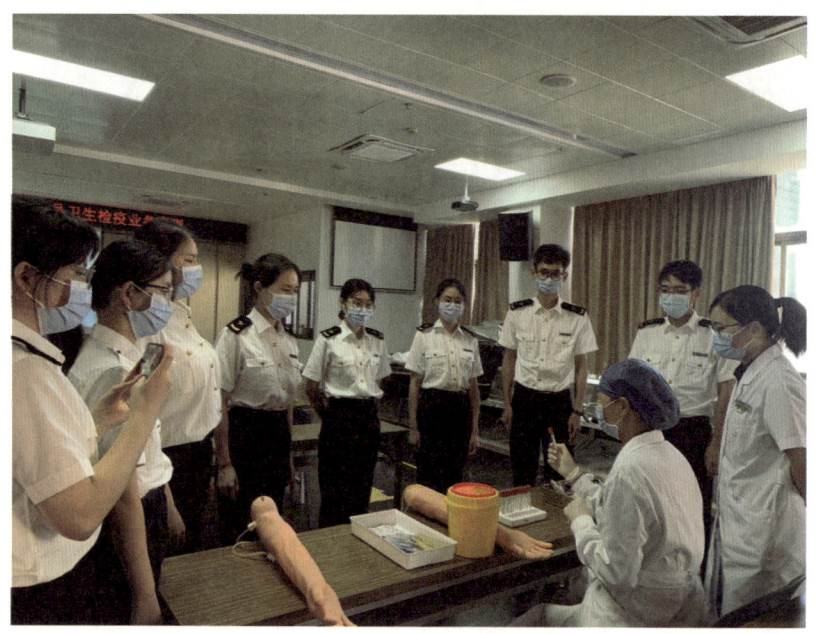

▲2022年10月26日，珠海保健中心开展2022年新录用公务员卫生检疫静脉采血实训

（徐国英　摄）

【实验室检测】2022年，珠海保健中心完成海关工作人员核酸检测105次，采集新冠病毒样本37588份，检测封闭管理场地样本11672份。年内开展"双活"实验室检测工作2次，检测样本19541份。加大对流感的检测力度，在前期自主设计的甲、乙型流感病毒双色荧光核酸检测试剂的基础上，自主创新设计H3N2、H1N1四色荧光核酸检测试剂，可对流感病毒的H1、H3、N1、N2四个靶标同时进行检测，提高检测效率，节约检测时间，年内运用该技术检出各型流感157例。

（涂承宁）

【首获猴痘检测机构资质】2022年，全球多个国家相继报告猴痘病例，为防止疫情叠加，落实口岸疫情防控海关必坚守的工作要求，持续做好"多病同防"，珠海保健中心卫生检疫实验室储备猴痘检测试剂并开展方法验证，成为珠海市首家获得猴痘检测资质的机构。11月16日开始对入境发热病人开展猴痘检测，截至年底，完成猴痘检测89份，检测结果均为阴性。

（陈新彬）

【实验室能力提升】2022年，珠海保健中心卫生检疫实验室通过ISO 9001质量管理体系线上评审。参加各种国内外能力验证和实验室间比对活动79次。配合海关总署科技发展司实验室检测能力提升专业指导及视频检查工作，围绕实验室设备、环境、检测方法、实验检测试剂、质量控制等方面开展实验室安全检查工作，确保实验室工作环境安全,保护工作人员身体健康和设备完整性。先后完成对石家庄海关等22个单位的新冠病毒检测线上指导和视频检查。

(汪海波)

【"口岸海关+实验室专家"现场联合监测模式建立】2022年,珠海保健中心建立"口岸海关+实验室专家"现场联合监测模式,定期开展病媒生物监测,运用病媒生物DNA条形码系列检测技术以及传统形态学等方法,完成病媒种类检测4260项次。鉴定出全球首次报道、全国口岸、广东口岸及拱北口岸首次截获的病媒生物,包括多恩拉丁蠓、小异甲蠓、匈牙利粉蝇、显赫蕈菌蝇等。从进境原木中截获鉴定的拉丁蠓属萤蠓种,为全球首次报道的新物种,相关情况在《中国媒介生物学及控制杂志》发表、在中央电视台新闻频道播出,获《人民日报》、新华社、人民网、《南方都市报》等多家媒体转载报道,阅读量1.8亿次。

(陈健)

【实验室机制优化】2022年,珠海保健中心持续优化卫生检疫实验室、病媒生物实验室工作机制。卫生检疫实验室建立检出阳性样本后"逢阳必查"机制,组织专业技术人员在实验室检出阳性个案的24小时内,采用视频回放的方式,复查检测实验操作过程是否符合实验安全规范,进一步确保实验室的生物安全管理,防止发生阳性病毒泄露等实验事故、造成生物危害。年内开展22次视频回放检查。与拱北技术中心建立并实施实验室"双活"机制。利用两个不同区域的实验室开展新冠病毒核酸检测,防止出现因一个实验室所在区域封控造成实验检测工作停滞的现象发生。

(涂承宁)

【新冠病毒变异株不间断监测】2022年,珠海保健中心卫生检疫实验室建立基于S5二代测序平台和Nanopore三代测序平台的新冠靶向测序技术,利用高通量测序仪对病毒全基因组进行序列测定、分析、寻找特异性变异点,确定其变异株型,该技术是目前及未来一段时间内病毒全基因组测序的主流技术。年内利用新冠靶向测序技术在珠海市率先检出奥密克戎变异株。

(汪海波)

【院感控制】2022年,珠海保健中心构建院感防控体系,完善制度、流程,建立院感风险监测、预警、干预和处

▲2022年2月21日,珠海保健中心会同中山港海关在中山港口岸对进口木材开展"口岸海关+实验室专家"现场联合监测　　(李婷婷　摄)

置机制。强化内部督查,形成领导班子,拱北海关党委第五派驻纪检组、专家组和质量部日常监督,定期抽查,专项检查,随机暗访的多维度院感防控督查模式。开展院感防控监督364次,发现问题51个,均整改到位;接受地方主管部门院感防控监督46次,其中42次满分通过,其余4次监督发现的问题主要涉及环境管理、记录规范、器械消毒等方面,均按要求完成整改。

(刘亚平)

【科研创新】2022年,珠海保健中心组织申报海关总署科技计划项目3个,主持或参加科研项目、课题5个,获批珠海市科技创新局科研课题1个,参与行业标准制定4项,获得发明专利公示2个,获得实用新型专利授权3个,新申请发明专利和实用新型专利4个。

(罗瑞玲)

【技术支撑】2022年,珠海保健中心协助拉萨海关、西安海关完成检测和输入性病媒生物的检测鉴定;为海关总署卫生检疫司提供蜚蠊物种鉴定复核工作;积累大量不同生物核酸提取和检测鉴定方法,为公安局、缉私局、市场监督管理局等部门开展物种鉴定技术支撑;入选海关总署基因测序平台专家组并参加海关总署基因测序平台测试工作;完成海关总署卫生检疫司快检设备测试验证专项工作;组织复核检出的工作人员阳性结果。

(陈健)

【新冠核酸检测结果互认】2022年3月初,经珠海市疫情防控指挥部批准,珠海保健中心与珠海市疾控中心双方对香港入境人员的新冠核酸检测结果实行互认,节约时间成本和医疗成本,进一步缩短阳性个案处置时间,提升处置效率。

(涂承宁)

中国电子口岸数据中心拱北分中心

【概况】中国电子口岸数据中心拱北分中心(简称"数据分中心")为海关总署委托拱北海关管理的海关总署所属事业单位,主要职责有:承担拱北海关电子口岸应用项目及联网企业的技术支持、操作培训、热线值班等工作;协助做好本地区中国国际贸易"单一窗口"标准版推广运维工作;承担拱北海关外网及相关政务业务服务类项目的环境建设、项目开发、信息安全、运行维护、技术支持工作;承担拱北海关电子口岸系统运行、维护管理,电子口岸专网分中心节点的网络系统和信息安全保障工作;承办拱北海关电子口岸政务卡、企业卡入网的身份鉴别、录入、制作等工作;参与地方电子口岸应用项目建设、地方国际贸易"单一窗口"应用项目建设,做好技术支持;承担拱北海关委托的信息系统项目开发、技术支持以及关区信息化前台设备运行维护、信息安全管理等工作。

2022年,数据分中心坚持以习近平新时代中国特色社会主义思想为指导,学习宣传贯彻党的二十大精神,围绕关区重点工作,弘扬"求实、扎实、朴实"的海关文化,发挥科技支撑引领作用,统筹疫情防控和经济社会发展,积极参与珠海市、中山市地方国际贸易"单一窗口"、电子口岸项目建设,持续做好关区电子口岸联网企业入网、热线服务及相关信息系统项目开发运维等工作,为持续优化口岸营商环境,促进跨境贸易便利化贡献分中心应有力量。

(卢金)

【党的建设】2022年,数据分中心坚持不懈抓好理论武装,以习近平新时代中国特色社会主义思想为指引,严格落实"第一议题"制度,传达学习习近平总书记重要讲话和重要指示批示精神,坚持每周学习政治理论,运用"党员领学+心得研讨+书记点评"带领分中心、下属企业以及关区20个驻点单位人员参与政治理论学习70次。依托支部会、周例会、专题分享会等,开设信息专栏、更新宣传阵地、转发权威解读等,全面学习贯彻党的二十大精神。制订下发工作方案,线上线下联动开展"'数'颂二十大"诵读原文、"我与二十大"手书金句、"'数'享时光"畅谈感悟、"每日一悟"和"每周一测"等活动,开展政治理论学习研讨12次。深化"强基提质",开展支部提前换届选举工作,将党建工作要求写入分中心及下属企业章程,发展下属企业入党积极分子2名。持续推进支部标准化规范化建设，建立5大党建板块档案集，印制党建工作备忘簿，制订支部"3计划2清单1推进表"（年度工作计划、理论学习计划、党员发展计划、年度工作清单、问题整改清单、工作推进表），完善党建阵地6个。提炼支部"3S支点工作法"，获评拱北海关第二批"四强"党支部，党建品牌创新案例获海关总署采用，党建工作典型做法在海关总署数据中心、"拱关青年"微信公众号发布。促进党建业务融合，一体推动专项教育活动和"学查改"专项工作，梳理政治要求11条，查摆6方面问题，细化整改措施14条，挂账销号。举办"喜迎二十大'数'岗竞一流"岗位技能展示暨岗位手册展评活动，制作"'数'说党情"手书祝福展牌，举办"书启心智　阅见未来""铭记政治生日　不忘入党初心"等特色主题党日活动，激发爱党爱国热情。持续深化"关银一KEY通""邮寄办"等多项便民利企举措，推动党史学习教育常态化长效化。截至年底，数据分中心有党支部1个，党员6人。

年内，数据分中心落实全面从严治党主体责任和党风廉政建设责任，与拱北海关党委第五派驻纪检组共同研究全面从严治党工作2次、意识形态工作2次、员工思想动态4次。结合警示教育月、内务规范强化月活动，做深做实以案促改工作。开展经常性谈心谈话50次，常态化开展内务规范督察和纪律作风检查11次，严肃整治内务规范，防范酒驾醉驾行为。加强领导班子建设，加强对"一把手"和领导班子监督。贯彻执行民主集中制，健全完善"三重一大"事项决策机制，严格遵守议事规则和决策程序。班子带队赴地方政府、金融机构和企业调研12次，协调解决问题5项。开展各级"一把手"述职述廉，强化管理层任职前谈话，开展监督谈话5次。严格执行领导干部报告个人有关事项制度，开展海关工作人员及离退休人员违规投资企业和在企业兼职（任职）自查工作。深化家风家教建设，打造廉洁文化作品展示区，征集"清风国门"各类作品20件。支部书记讲授廉政专题党课，开展"中秋颂清风　趣味廉运动"主题活动。

（卢全）

【队伍管理】2022年，数据分中心严管厚爱锤炼队伍，创建珠海市"巾帼文明岗"，积极争创市级文明单位。建立"'数'炬志愿者服务队"，与

▲2022年7月28日，数据分中心成立"数"炬志愿者服务队　　（林文娟　摄）

驻在社区签订志愿者活动共建协议，开展志愿活动5场，逾130人次参加。加强培训学习，完成全体事业编人员网络培训学时学分"双百"任务。举办"党建红+数据蓝"11期"数智讲堂"，参训人员350人次。举办全员岗位实战比拼，培养一批青年业务骨干，评选"服务之星""运维之星"和"'数'一流团队"。完成2021年第一批内设部门管理岗位七级职员任职试用期满考核工作。工青妇组织常态化开展困难员工及退休老干部帮扶慰问，年内组织慰问员工9人次，开展妇委活动2次、文体活动5次。

（卢金）

【防风险保稳定】2022年，数据分中心筑牢疫情防线，协助做好关区全员核酸检测技术保障。守牢安全生产底线，采取网格化管理，建立"吹哨人"制度，制定防范化解重大、系统性风险任务3类、17条，以"自查+巡查+督查+抽查"相结合，排查风险隐患，整改、销号。组织开展消防演练、急救培训、行车安全等培训，防范遏制重特大安全事故发生。健全网络安全领导小组及工作机制，制发网络安全应急预案，做好党的二十大、"6·18""双11"等时间节点的网络安全保障。

（卢金）

【促进外贸保稳提质】2022年，数据分中心配合海关总署、拱北海关促进外贸保稳提质措施，协助做好"单一窗口"深化应用及推广运维，参与地方电子口岸应用项目建设。助力横琴粤澳深度合作区外贸高质量发展，横琴粤澳深度合作区首家"关银一KEY通"电子口岸制卡代理点落地中国建设银行横琴分行。做好珠海、中山两市跨境电商信息化网络独立二级数据交换节点日常运维保障。支持中山市跨境电商业务管理及综合服务平台通过验收。全力保障"6·18""双11"等业务高峰期间跨境电商业务平稳运行，年内处理珠海二级节点报文6.4亿份，中山二级节点处理报文5912万份。做好驻珠海市、中山市政务服务中心电子口岸窗口业务办理及95198热线咨询，对外服务窗口获评珠海市"星级党员志愿服务岗"，群众满意度100%。

（李锦尧）

【技术保障】2022年，数据分中心做好全关计算机系统前台设备运维服务，保障关港联网监管系统、关企E线通系统等在线项目运行稳定。年内处理故障11906项次，回访549人次，满意率100%。承接大桥口岸海关视频监控系统运维服务、开发建设"智慧纪检管理系统"和关企E线通企业信用培育子应用等项目，承接珠海保税区保税辅助系统运维项目。

（李锦尧）

【综合保障】2022年，数据分中心精简会议活动，严格控制发文数量。加大信息报送和新闻宣传力度，年内编报政务信息280条，拱北海关采用23条，《广州日报》《珠江晚报》、珠海网、"南方+"、《新快报》等媒体及网络平台采用1条。开展"全国节能宣传周和全国低碳日"活动，坚持节能减排，杜绝餐饮浪费。做好疫情防控物资保障、场所消毒等工作。制定完善下属企业工作规则、修订数据分中心固定资产、采购、财务管理等办法5项。完善财务、固定资产等非执法领域内控节点建设，形成事权审批清单46项。开展财务专题学习培训17期，梳理财务领域日常管理薄弱点。落实"过紧日子"要求，一般性公共支出、"三公经费"持续压减。完成固定资产定期清查盘点工作。配合完成中央预算管理一体化各项工作。推进国有企业改革。

（卢金）

【重点时期电子口岸专网网络安全保障】2022年，数据分中心健全网络安全领导小组及工作机制，制发网络安全应急预案，开展网络安全事件"加强版"应急演练，完成党的二十大、"6·18""双11"等重点时期电子口岸专网网络安全保障。以展板海报、宣传短片、专题培训等方式开展"网络安全为人民，网络安全靠人民"主题网络安全宣传教育。开展"失常、失控、失效"风险分析工作，分级分类网格化开展风险分析、识别，分步分段进阶式堵塞漏洞，形成靶向应对策略。建立完善管理台账，加强巡查代管机房、信息系统、安全设备。阶段性完成电子口岸专网网络及信息系统优化整合、电子口岸专网智能报警系统开发工作。年内组织网络安全培训4次，排查处置风险隐患6处39个。

（李锦尧）

【"关银一KEY通"合作】2022年，数据分中心主动融入横琴粤澳深度合作区建设，对接并推动横琴粤澳深度合作区首家"关银一KEY通"电子口岸制卡代理点落地中国建设银行横琴分行。"关银一KEY通"项目是海关总署中国电子口岸数据中心和中国建设银行积极贯彻国家"稳外贸"工作部署、着力深化"放管服"改革和优化营商环境的重要举措，进出口企业在"家门口"实现既可以办理海关业务，也可以登录建行企业网上银行、企业手机银行等渠道办理金融业务，"一站式"满足企业"电子口岸入网+线上金融"的综合业务需求。年内为2596家企业办理配发共享盾4237张。

（李锦尧）

▲2022年5月19日，数据分中心窗口工作人员为企业办理电子口岸业务

（黄家恩 摄）

【95198电子口岸热线服务】2022年，数据分中心做好驻珠海市、中山市政务服务中心电子口岸窗口业务办理及95198热线咨询，落实首问负责制和一次性告知制，建立服务热线后台专家库，动态完善咨询答复"业务知识库"，多渠道征集服务对象和群众意见，提升服务质量，对外服务窗口获评为珠海市"巾帼文明岗""星级党员志愿服务岗"。年内，受理业务5930单，接听热线5738个，制卡6711单，热线接听回复率100%，始终保持业务"零差错"，服务"零投诉"，连续19年获群众满意度100%。

（李锦尧）

第九篇

荣誉榜

2022年拱北海关荣获"光荣在党50年"纪念章名单

马　润　　方传兴　　卢杏萍　　刘炳棠　　许　可　　孙锦安　　肖锡池　　陆振强
陈炳煊　　黄月才　　梁金泉　　韩惠英

2022年拱北海关获国务院授二级关务监督及以上人员名单

李　峰　何宏恺　曲　航　翁林佳

2022年拱北海关获三等功及以上人员名单

(以下人员中连浩宇、饶月云各获得2次三等功；重名人员括注所在单位)

丁　艳	刁德辉	于　澜	王志明	王　宏(闸口海关)	王　玥	王　苑
王　莉	王　萱	王　婷(督审处)	王桂芬	王惠玲	王敦韬	乌兰托娅
邓　露	甘　帅	左国卿	石红霞	龙　鑫	卢一宁	叶颖琼	史建平
冯子力	冯雪玲	冯道春	司徒奕忠	朱建忠	朱海军	朱家兴	庄晓东
庄　涛	刘　洁	刘少华	刘心易	刘英杰	刘娜娜	江　波	江立明
孙　竞	苏海波	李　军	李　娜	李　娟(拱北后勤中心)	李　智	李　蓉
李　燚	李　鑫(科技处)	李书香	李光伟	李伟帜	李冰洁	李育朋
李标良	李俊伟	李晓明	李继伟	李康怡	李锋华	杨冰清	杨国欣
杨金华	杨剑萍	杨剑辉	杨晓蓉	连浩宇	肖　爽	肖秋兴	吴小玲
吴世德	吴成园	吴启欣	岑健儿	何卫东	何宇轩	何洪斌	邹喜彬
邹穆清	宋秋实	张　炜(法规处)	张　璞	张　曦	张大勇	张光喜
张宇恒	张展辉	张晨曦	陆　媛	陈　栋	陈　蕾	陈　瀚	陈卡锋
陈雨菡	陈清松	陈崬丹	陈煜东	陈震宇	邵　帅	范　斌	范鹏程
林学树	林培艳	罗芙蓉	罗诗龙	和　彦	金　宁	周　慧	周立峰
周坡盛	周思鸿	周绮霞	郑天梁	郑友敏	郑圣作	郑　敏	赵　沛
胡　伟	胡　佳	胡　媛	胡本钢	胡顺瑜	胡俊明	饶月云	施嘉民
夏文妤	党庆毅	倪　伟	徐　岚	徐　蔚	徐少凡	翁林佳	高玉新
郭云玲	黄　斌(横琴海关)	黄　颖(大桥海关 男)	黄小珍	黄飞灵	黄国荣
黄俊珺	黄绮琳	黄嘉恺	梁　倩	梁　斌(监察室)	梁艺菲	梁达汉
梁光辉	梁洪文	梁涛立	彭　霄	韩淑霞	惠　玮	焦魏魏	曾卫东
曾丽青	温书星	谢武中	谢俏霞	赖　梅	赖向阳	赖秀梅	蔡俊斌
蔡蒙蒙	廖　慧	廖月顺	谭文德	谭志健	樊艳艳	黎燕玲	颜建芬
戴骊锦	魏　波					

2022年拱北海关获省部级及以上表彰荣誉表

(按授予时间排序)

表 9-1　2022年拱北海关获省部级及以上表彰集体

荣誉单位名称	荣誉称号	授予时间	授予单位
拱北海关口岸监管处行李物品监管科	2021年广东省"扫黄打非"先进集体	2022年1月	广东省"扫黄打非"工作领导小组
拱北海关机关团总支	2020—2021年度"广东省五四红旗团支部"	2022年2月	共青团广东省委
拱北海关所属闸口海关监管四科党支部	2022年度全国海关党建示范品牌（通过复核认定）	2022年7月	海关总署
拱北海关所属港珠澳大桥海关监管三科党支部	2022年度全国海关党建示范品牌（通过复核认定）	2022年7月	海关总署
拱北海关保健中心党支部	2022年度全国海关党建示范品牌（通过复核认定）	2022年7月	海关总署
拱北海关所属横琴海关综合业务四科党支部	2022年度全国海关党建示范品牌（通过复核认定）	2022年7月	海关总署
拱北海关所属中山海关驻石岐办事处稽（核）查三科	2022年度全国海关党建示范品牌（新评选）	2022年7月	海关总署
拱北海关人事处党支部	2022年度全国海关党建培育品牌（通过复核认定）	2022年7月	海关总署
拱北海关所属湾仔海关监管一科党支部	2022年度全国海关党建培育品牌（新评选）	2022年7月	海关总署
拱北海关所属闸口海关缉毒组	一星级全国青年文明号	2022年8月	全国创建青年文明号活动组委会
拱北海关风险防控分局风险分析一科	一星级全国青年文明号	2022年8月	全国创建青年文明号活动组委会
拱北海关12360热线	一星级全国青年文明号	2022年8月	全国创建青年文明号活动组委会

表 9-2 2022 年拱北海关获省部级及以上表彰个人

姓名	荣誉称号	授予时间	授予单位
黄军南	2021 年广东省"扫黄打非"先进个人	2022 年 1 月	广东省"扫黄打非"工作领导小组
郗鑫	2021 年度全国海关"百名优秀执法一线科长"	2022 年 2 月	海关总署
伍秋琳	2021 年度全国海关"百名优秀执法一线科长"	2022 年 2 月	海关总署
李蓉	第十二届南粤巾帼十杰（广东省三八红旗手标兵）	2022 年 3 月	广东省妇女联合会
曹巍松家庭、陈兰家庭	公安部直属机关最美家庭	2022 年 3 月	公安部
刘欢欢家庭	2022 广东百户"最美家庭"	2022 年 5 月	广东省妇联、省委宣传部、文明办
胡顺瑜	全国海关"党务之星"	2022 年 7 月	海关总署
王殷	全国海关"党务之星"	2022 年 7 月	海关总署

2022年拱北海关群团线条获地市级表彰荣誉表

(按授予时间排序)

表9-3 2022年拱北海关群团线条获地市级表彰集体

荣誉单位名称	荣誉称号	授予时间	授予单位
拱北海关工会港珠澳大桥海关分会	珠海市模范职工小家	2022年1月	珠海市总工会
拱北海关所属闸口海关旅检八科"青春之我"先锋组	2021年度珠海市青年文明号	2022年1月	共青团珠海市委员会
拱北海关所属中山港海关"青篱"国门生物安全研究小组	2021年度珠海市青年文明号	2022年1月	共青团珠海市委员会
拱北海关所属港珠澳大桥海关团总支	2020—2021年度珠海五四红旗团支部(总支)	2022年2月	共青团珠海市委员会
拱北海关后勤管理中心人力资源部	珠海市"巾帼文明岗"	2022年3月	珠海市妇联
中国电子口岸数据分中心拱北分中心客户服务组	珠海市"巾帼文明岗"	2022年3月	珠海市妇联
拱北海关所属中山海关	中山市文明单位	2022年6月	中山市精神文明建设委员会
中山港海关《讲述植物背后的党史故事》	珠海市第二届弘扬社会主义核心价值观"五个一批"网络正能量传播精品	2022年6月	中共珠海市委网络安全和信息化委员会办公室
拱北海关(寓无形于有形,推动基层支部书记政治能力提升)	2022年珠海市直机关工作创新大赛优秀奖	2022年12月	中共珠海市直属机关工作委员会
九洲海关工会委员会	珠海市职工书屋示范点	2022年12月	珠海市总工会

表 9-4　2022 年拱北海关群团线条获地市级表彰个人

姓名	荣誉称号	授予时间	授予单位
刘彦君	珠海市优秀工会工作者	2022 年 1 月	珠海市总工会
徐海强	2020—2021 年度珠海市优秀共青团员	2022 年 2 月	共青团珠海市委
袁文立	2021 年度珠海市青年志愿者优秀个人	2022 年 2 月	共青团珠海市委
陈兰	珠海市文明家庭	2022 年 2 月	珠海市妇联、文明办
刘欢欢	珠海市最美家庭	2022 年 2 月	珠海市妇联、文明办
林嘉嘉	2021 年度珠海 12345 热线先进个人	2022 年 2 月	珠海市市民服务热线管理中心
王磊磊	2021 年度第十二届珠海十大交通人物	2022 年 3 月	珠海市交通运输局、珠海市公安局交通警察支队
张程	2022 年度珠海好青年（担当奉献类）	2022 年 4 月	共青团珠海市委、文明办等
江立明家庭	2022 年中山市百户"最美家庭"	2022 年 5 月	中山市委宣传部、文明办、妇联
陈咏仪家庭	2022 年中山市百户"最美家庭"	2022 年 5 月	中山市委宣传部、文明办、妇联
欧富年家庭	2022 年中山市百户"最美家庭"	2022 年 5 月	中山市委宣传部、文明办、妇联
程治雄家庭	2022 年中山市百户"最美家庭"	2022 年 5 月	中山市委宣传部、文明办、妇联
李亚男家庭	2022 年中山市百户"最美家庭"	2022 年 5 月	中山市委宣传部、文明办、妇联

第十篇

海关统计资料

2022年珠海市对外贸易进出口统计表

地区	进出口			出口				进口			
	人民币（万元）	同比（%）	美元值（万美元）	同比（%）	人民币（万元）	同比（%）	美元值（万美元）	同比（%）	人民币（万元）	同比（%）	美元值（万美元）	同比（%）
广东省珠海市	30534980.2	-8.0	4592971.8	-10.6	19286804.9	2.3	2900607.1	-0.6	11248175.4	-21.6	1692364.7	-23.7

2022年珠海市对外贸易经济类型统计表

地区	企业性质	进出口			出口				进口			
		人民币(万元)	人民币同比(%)	美元值(万美元)	美元同比(%)	人民币(万元)	人民币同比(%)	美元值(万美元)	美元值同比(%)	人民币(万元)	人民币同比(%)	美元值(万美元)	美元值同比(%)
广东省珠海市	合计	30534980.2	-8.0	4592971.8	-10.6	19286804.9	2.3	2900607.1	-0.6	11248175.4	-21.6	1692364.7	-23.7
	国有企业	710549.0	-73.3	106654.5	-74.1	307976.5	-83.3	46701.8	-83.6	402572.5	-50.7	59952.7	-52.5
	外商投资企业	14864428.0	-1.1	2231914.1	-4.0	8241699.2	10.3	1235246.0	6.8	6622728.9	-12.3	996668.1	-14.8
	民营企业	14902752.1	-3.7	2245758.6	-6.2	10733817.0	12.6	1618140.4	9.7	4168935.1	-29.9	627618.2	-31.7
	报关单位	0.1	-69.9	0.0	-72.9	0.1	—	0.0	—	0.0	-100.0	0.0	-100.0
	其他	57250.9	79.8	8644.5	75.7	3312.1	-62.1	518.8	-61.3	53938.9	133.5	8125.7	126.9

2022年珠海市对外贸易贸易方式统计表

地区	贸易方式	进出口				出口				进口			
		人民币(万元)	人民币同比(%)	美元值(万美元)	美元值同比(%)	人民币(万元)	人民币同比(%)	美元值(万美元)	美元值同比(%)	人民币(万元)	人民币同比(%)	美元值(万美元)	美元值同比(%)
广东省珠海市	合计	30534980.2	-8.0	4592971.8	-10.6	19286804.9	2.3	2900607.1	-0.6	11248175.4	-21.6	1692364.7	-23.7
	一般贸易	18032611.6	-14.6	2717115.6	-16.8	12222848.6	-0.1	1842274.0	-2.7	5809763.0	-34.5	874841.6	-36.2
	国家间、国际组织无偿援助和赠送的物资	0.0	-100.0	0.0	-100.0	0.0	-100.0	0.0	-100.0	—	—	0.0	—
	其他捐赠物资	0.0	-100.0	0.0	-100.0	0.0	-100.0	0.0	-100.0	—	—	0.0	—
	加工贸易	9923039.5	5.2	1487231.1	1.8	6576081.0	8.7	985053.5	5.2	3346958.6	-1.2	502177.7	-4.3
	加工贸易进口设备	7552.6	64.5	1153.6	62.3	0.0	—	0.0	—	7552.6	64.5	1153.6	62.3
	对外承包工程出口货物	21331.7	3465.6	3190.5	3363.0	21331.7	3465.6	3190.5	3363.0	0.0	—	0.0	—

续表

地区	贸易方式	进出口				出口				进口			
		人民币（万元）	人民币同比（%）	美元值（万美元）	美元值同比（%）	人民币（万元）	人民币同比（%）	美元值（万美元）	美元值同比（%）	人民币（万元）	人民币同比（%）	美元值（万美元）	美元值同比（%）
广东省珠海市	租赁贸易	10477.4	-8.5	1585.4	-10.5	10477.4	-8.5	1585.4	-10.5	0.0	—	0.0	—
	外商投资企业作为投资进口的设备、物品	3246.1	37.9	508.4	40.1					3246.1	37.9	508.4	40.1
	保税物流	2400771.0	-3.8	361673.7	-6.4	438464.3	-18.2	65810.2	-20.5	1962306.7	0.2	295863.5	-2.5
	海关特殊监管区域进口设备	14706.5	-46.7	2249.4	-47.4	0.0	—	0.0	—	14706.5	-46.7	2249.4	-47.4
	其他贸易	78306.4	58.9	11842.4	55.5	17601.9	-9.7	2693.4	-10.2	60704.6	103.7	9149.0	98.1
	免税品	42937.3	-19.9	6421.6	-22.7	0.0	—	0.0	—	42937.3	-19.9	6421.6	-22.7

2022年中山市对外贸易进出口统计表

地区	进出口				出口				进口			
	人民币（万元）	同比（%）	美元值（万美元）	同比（%）	人民币（万元）	同比（%）	美元值（万美元）	同比（%）	人民币（万元）	同比（%）	美元值（万美元）	同比（%）
广东省中山市	27987054.7	3.9	4222478.4	1.3	23280452.6	4.3	3514023.8	1.8	4706602.1	1.6	708454.5	-1.2

2022年中山市对外贸易经济类型统计表

地区	企业性质	进出口			出口				进口			
		人民币(万元)	人民币同比(%)	美元值(万美元)	美元值同比(%)	人民币(万元)	人民币同比(%)	美元值(万美元)	美元值同比(%)	人民币(万元)	人民币同比(%)	美元值(万美元)	美元值同比(%)
广东省中山市	合计	27987054.7	3.9	4222478.4	1.3	23280452.6	4.3	3514023.8	1.8	4706602.1	1.6	708454.5	-1.2
	国有企业	1558489.5	2.6	235175.7	0.2	1538785.8	2.6	232292.5	0.2	19703.6	6.1	2883.2	0.6
	外商投资企业	14179009.5	4.2	2137848.3	1.5	10752999.1	6.5	1621912.5	3.8	3426010.3	-2.4	515935.8	-5.1
	民营企业	12249514.2	3.6	1849448.0	1.1	10988627.3	2.5	1659812.7	0.1	1260886.9	14.3	189635.3	11.1
	其他	41.5	77.6	6.3	74.5	40.2	75.1	6.1	72.1	1.3	218.8	0.2	214.3

2022年中山市对外贸易贸易方式统计表

地区	贸易方式	进出口 人民币（万元）	人民币同比（%）	美元值（万美元）	美元值同比（%）	出口 人民币（万元）	人民币同比（%）	美元值（万美元）	美元值同比（%）	进口 人民币（万元）	人民币同比（%）	美元值（万美元）	美元值同比（%）
广东省中山市	合计	27987054.7	3.9	4222478.4	1.3	23280452.6	4.3	3514023.8	1.8	4706602.1	1.6	708454.5	-1.2
	一般贸易	16345118.3	-0.7	2468904.9	-3.1	14577456.5	-0.6	2203015.8	-2.9	1767661.8	-1.5	265889.1	-4.2
	加工贸易	10772391.1	8.9	1623037.9	5.9	8138594.3	11.4	1226408.8	8.5	2633796.8	1.6	396629.1	-1.2
	加工贸易进口设备	1774.7	-15.7	260.6	-20.3	0.0	—	0.0	—	1774.7	-15.7	260.6	-20.3
	租赁贸易	19.1	—	3.0	—	0.0	—	0.0	—	19.1	—	3.0	—
	外商投资企业作为投资进口的设备、物品	98.2	-89.2	13.9	-90.1	0.0	—	0.0	—	98.2	-89.2	13.9	-90.1
	出料加工贸易	0.0	-100.0	0.0	-100.0	0.0	-100.0	0.0	-100.0	0.0	-100.0	0.0	-100.0
	保税物流	474654.7	20.0	71652.9	17.0	173805.3	12.4	26352.2	10.0	300849.4	24.9	45300.7	21.5
	其他贸易	392998.4	103.6	58605.1	96.1	390596.4	104.7	58247.0	97.1	2402.0	9.2	358.1	5.0

附

录

中华人民共和国拱北海关公告

中华人民共和国拱北海关公告

2022 年第 1 号

根据业务实际，拱北海关决定自本公告发布之日起，废止 2018 年第 1 号公告（关于海关稽查引入社会中介机构提供服务工作的公告）。

特此公告。

拱北海关

2022 年 5 月 12 日

中华人民共和国拱北海关公告

2022 年第 2 号

根据工作实际，拱北海关决定废止以下 3 份规范性文件：

一、中华人民共和国拱北海关公告 2009 年第 7 号（关于推广应用 H2000 减免税后续管理系统的公告）；

二、中华人民共和国珠海出入境检验检疫局通告 2016 年第 2 号（珠海出入境检验检疫局关于实施原产地证无纸化申报的通告）；

三、中华人民共和国拱北海关公告 2019 年第 1 号（拱北海关原产地签证业务整合实施相关事宜的公告）。

本公告自发布之日起生效。

特此公告。

拱北海关

2022 年 8 月 30 日

中华人民共和国拱北海关公告[①]

2022 年第 3 号

（关于发布《拱北海关关于澳门机动车入出内地监管办法（试行）》的公告）

《拱北海关关于澳门机动车入出内地监管办法（试行）》（详见附件）经海关总署批准，现予公布，自公布之日起施行。

特此公告。

附件：拱北海关关于澳门机动车入出内地监管办法（试行）

拱北海关

2022 年 12 月 27 日

---

① 此公告已失效。依据中华人民共和国拱北海关公告 2023 年 1 号，进行废止。

附件

拱北海关关于澳门机动车入出内地监管办法

（试行）

第一章 总则

第一条 为贯彻落实《粤港澳大湾区发展规划纲要》有关要求，规范澳门机动车入出内地的海关监管，根据《中华人民共和国海关法》、《中华人民共和国国境卫生检疫法》及其实施细则、《中华人民共和国进出境动植物检疫法》及其实施条例、《国务院关于同意在广东省暂时调整实施有关行政法规规定的批复》（国函〔2022〕129号）、《中华人民共和国海关进出境运输工具监管办法》《中华人民共和国海关暂时进出境货物管理办法》等法律、行政法规、海关规章以及相关规定，制定本办法。

第二条 本办法所称澳门机动车（以下简称"车辆"），是指根据《广东省关于澳门机动车经港珠澳大桥珠海公路口岸入出内地的管理办法》规定，在澳门登记并领取有效牌照，经内地政府主管部门批准，可暂时入出内地的澳门籍非营运小型载客车辆。

第三条 车辆入出内地期间，具备暂时进出境货物的海关监管属性，海关按规定免予收取担保。在车辆本身不用于营运等商业目的的前提下，海关暂免征收进口税款。

第四条 车辆所有人应严格遵守本办法及相关法律法规，对车辆及驾驶员负有审慎、规范管理的义务，有责任确保车辆符合海关监管要求，有责任确保车辆在内地停留期间遵守海关监管规定，并承担相关的法律责任；负责办理车辆备案、车辆违规滞留内地接受海关处罚、车辆在内地灭失接受海关处理、提交相关许可证件、缴纳税款等海关手续。

第二章 海关备案

第五条 车辆所有人应当在车辆进入内地前，凭内地政府主管部门的批准文件，向海关办理车辆备案登记手续。海关备案登记有效期与内地政府主管部门批准文件的有效期一致。

海关办理备案登记手续可以依托科技手段，通过配套信息化管理系统，接收地方政府主管部门传输的车辆准入批准数据、机动车检验数据等，通过国际贸易"单一窗口"网上受理和办理。

海关备案登记手续办结后，车辆方可暂时入出内地。

第六条 车辆本身或其所有权、机动车牌证等需要变更、注销的，车辆所有人应在向内地政府主管部门申办相关手续前，将车辆驶离内地、返回澳门。

内地政府主管部门批准上述变更或注销后，车辆所有人应凭政府主管部门的批准文件，向海关办理相应的备案变更或注销手续。

车辆所有人办结海关备案变更手续后，车辆方可再次入出内地。

第三章 海关监管

第七条 车辆应当在海关备案登记有效期内，经由政府主管部门批准通行的口岸入出内地，并在政府主管部门规定的行驶范围内行驶。

第八条 车辆在入出内地时，驾驶员及车载乘客应当按海关要求如实申报及办理相关手续，接受海关检疫、监管和检查。

符合本办法规定的车辆进出口岸时，经海关卡口通道验放视同车辆所有人以车辆备案数据及通关时间作为要素将车辆作为暂时进出境货物向海关申报，无需就车辆单独向海关办理报关手续；但存在违反规定超期未复出境等特殊情况需要征税时，应当按海关要求办理纳税手续。

第九条 海关对驾驶员、车载乘客、车辆及携运物实施检疫、检查时，驾驶员及车载乘客应当予以配合，并根据海关要求为有关检查提供便利条件，开启车门，负责搬移、开拆、重装车上的携运物。

第十条 车辆入出内地时，不得载运进出口货物，车辆备用物料以保障车辆本次入出内地行驶必需为限。

驾驶员及车载乘客携带的物品，海关按照进出境旅客行李物品有关管理规定实施检疫、监管。驾驶员及车载乘客不得为其他人员托带物品入出内地。

车辆携运物不属于本条第一款备用物料、第二款行李物品的，由海关另按有关规定处理。

第十一条 车辆进入内地后，应当遵守内地政府主管部门规定的停留期限要求，在规定期限内返回澳门。

车辆进入内地后违反规定停留超过6个月仍未复出境的，海关依法征税。

第十二条 车辆进入内地后，不得在境内转让、抵押、质押或者移作他用。除正常使用而产生的折旧或者损耗外，车辆应当按照原状返回澳门。

因车辆受损原因无法原状返回澳门的，海关验核有关情况后，车辆应返回澳门；因受损不能正常行驶的，车辆须拖吊返回澳门。

第十三条 车辆在内地发生灭失或损毁的，车辆所有人或驾驶员应当及时向海关报告，并按海关有关规定办理相关手续。

（一）因不可抗力的原因导致灭失或者失去使用价值的，海关可凭事发地政府主管部门出具的证明文件办理注销车辆备案等手续。

（二）被国家机关依法没收的，海关可凭有关单位出具的相关证明文件办理注销车辆备案等手续。

（三）在内地因盗抢、丢失等非不可抗力原因造成灭失的，海关验核案发地公安机关等有关部门出具的证实车辆丢失事实的文件，予以免验汽车自动进口许可证，征收相关进口税款并办结海关手续后，不再签发汽车用《货物进口证明书》。如向海关虚假申报灭失情况的，按照本办法第十四条有关规定处理。

第四章 法律责任

第十四条 违反本办法及海关相关法律法规及规章的规定，构成走私或者违反海关监管规定行为的，由海关依照《中华人民共和国海关法》《中华人民共和国海关行政处罚实施条例》等有关法律、行政法规的规定予以处理；构成犯罪的，依法追究刑事责任。

当事人拒绝缴纳有关罚款、税款的，海关按照《中华人民共和国海关法》《中华人民共和国进出口关税条例》《中华人民共和国海关行政处罚实施条例》等有关法律、行政法规的规定予以处理。受处罚的当事人在出境前未缴清罚款或者提供担保的，海关可以依法通知出境管理机关阻止其出境。

第十五条 对违反海关监管规定且需要公安机关交通管理部门给予后续处理的情形，海关通过部门协作工作机制将处理结果通报公安机关交通管理部门，由公安机关交通管理部门依据有关规定处理。

对内地政府主管部门向海关通报，车辆所有人或驾驶人有违反《广东省关于澳门机动车经港珠澳大桥珠海公路口岸入出内地的管理办法》相关规定情形的，海关结合风险分析强化监管措施。

第五章　附　则

第十六条 澳门机动车入出横琴的管理，以及在《广东省关于澳门机动车经港珠澳大桥珠海公路口岸入出内地的管理办法》规定之外入出内地的澳门机动车的管理，另按有关规定执行。

本办法未尽事宜，参照海关现行相关规定办理。

第十七条 本办法由拱北海关负责解释。

第十八条 本办法自发布之日起施行。

2022年度"拱北海关促进高水平开放高质量发展"十大举措

1. 问题导向、精准施策,全力促进外贸保稳提质

2. 综合施策水陆一体,服务粤港澳大湾区物流畅通

3. 持续推进跨境贸易便利化,进口整体通关时间位居全国前列

4. 创新监管模式,保障供港澳食品农产品"优""鲜"供应

5. RCEP减税红利充分释放,综合治税成效显著

6. 促进企业守法便利,AEO扩容提质创新高

7. 强化监管优化服务,"澳车北上"政策顺利落地

8. 改革创新、优化监管,推动特殊区域高质量发展

9. 探索"智慧商检"建设,保障进出口商品质量安全

10. 深入践行"三智",跨境合作互助取得新成效

2022年度"拱北海关事业高质量发展"十大实事

1. 贯彻落实党的二十大精神取得初步成效,社会主义现代化海关建设扎实推进
2. 基层党建"双提升"行动成效明显,多个项目结硕果
3. 科学精准抓好常态化疫情防控,"双统筹"成效突出
4. 支持横琴粤澳深度合作区建设,服务"一国两制"行稳致远
5. 高压态势打击治理"水客"走私
6. 筑牢国门安全屏障,守牢安全生产底线
7. 强化后续监管,推行"智慧稽查",改革多点开花
8. "三应"机制助推贯通协同,监督效能持续提升
9. 推动内控机制高水平建设,保障关区事业高质量发展
10. 强化年轻干部培养,事业发展后继有人

名词解释

"12个必"重点任务：海关总署党委于2022年10月24日在全国海关学习宣传贯彻党的二十大精神视频会议上提出的工作要求。包括：一、口岸疫情防控海关必坚守；二、建设贸易强国海关必要强；三、促进高水平开放海关必作为；四、共建"一带一路"海关必贡献；五、海南自由贸易港建设海关必担当；六、确保粮食、能源资源、重要产业链供应链安全海关必尽责；七、防范化解重大风险海关必上心；八、国门生物安全关口海关必把牢；九、多双边合作海关必促进；十、建设堪当民族复兴重任的高素质干部队伍海关必力推；十一、青年工作海关必远谋；十二、正风肃纪反腐败斗争攻坚战持久战海关必打赢。

"1+1+6"重点工作：第一个"1"是全面学习、全面把握、全面落实党的二十大精神，确保党的二十大精神在海关走深走实。第二个"1"是以智慧海关建设为抓手，全面推进中国特色社会主义现代化海关建设，以海关高效率监管，服务高质量发展和高水平开放。"6"是着力构建全链条安全监管体系、守牢疫情防控第一道防线、落实一揽子促稳提质措施、服务高质量共建"一带一路"、打造高水平对外开放平台、坚持高标准全面从严治党等六项重点任务。

12360海关热线：中国海关于2012年10月1日对外公布的社会公益服务号码，用于受理海关业务咨询。

3个梯队：根据海关总署"333"人员调配原则，按照检疫、监管和保障三个类型，分别建立和完善一线、预备和应急三个梯队，进一步充实一线执法力量，进一步加强专业人员的统筹调配。

AEO：Authorized Economic Operator，经认证的经营者，以任何一种方式参与货物国际流通，并将海关当局认定符合海关组织或相应供应链安全标准的一方。

CMA：China Inspection Body and Laboratory Mandatory Approval，中国检验检测机构资质认定。

CNAS：China National Accreditation Service for Conformity Assessment，中国合格评定国家认可委员会。

IPPC：Internation Plant Protection Convention，国际植物保护公约，是1951年联合国粮食及农业组织（FAO）制定的一个有关植物保护的多边国际协议，1952年生效。中国于2005年起严格执行IPPC制定的国际植物检疫措施标准。

RCEP：Regional Comprehensive Economic Partnership，《区域全面经济伙伴关系协定》。

RPA：Robotic Process Automation，机器人流程自动化技术。

SPF：Specific Pathogen Free，无特定病原体，适用于实验动物的术语。

SPS协定：Agreement on the Application of Sanitary and Phytosanitary Measures，《实施卫生与植物卫生检疫措施协定》。

TBT协定：Agreement on Technical Barriers to Trade，《技术性贸易壁垒协定》。

多查合一：将海关后续监管环节（货物放行或完成检验检疫合格评定后）的各类涉企稽核查、检查（除刑事行政办案外）等外勤行政执法行为统一交由稽查力量实施的工作方式。

汇总征税：海关对符合条件的进出口纳税义务人在一定时期内多次进出口货物应纳税款实施汇总计征。

"简快"案件：简易程序案件、快速办理案件。

"两步申报"：适应国际贸易特点和安全便利需要，在充分尊重企业意愿的前提下，企业无须一次性提交全部申报信息及单证，第一步凭提单概要申报即可提货，第二步在规定时间内完成完整申报的通关制度。

"两地四方"："两地"指内地与澳门；"四方"指拱北海关、珠海市公安局、澳门海关、澳门司法警察局。

"两段准入"：将进口货物准予提离口岸监管作业场所视为口岸放行，以口岸放行为界，根据"是否允许货物入境"和"是否允许货物进入国内市场销售或使用"，分段实施"准许入境""合格入市"监管。

"两类通关"：逐步将邮寄、快递、跨境电商纳入全国通关一体化，针对邮寄、快递的物品及该渠道的小批量、多批次货物，统一规范通关模式，形成货运渠道和寄递渠道"两类通关"。

"两轮驱动"：通过研究制订抽查方案、改进抽样标准及方法、建立科学随机抽查决策机制，推动实现科学随机抽查对安全风险防控整体面上的驱动；通过优化人工分析作业流程，实现精细化管理、拓展信息来源，扩大风险分析视角、强化关联性分析能力，科学评定风险等级、建立"大数据+智能分析"模式，用好智能分析手段等措施，提升精准布控对安全风险防控关键点上的驱动。

"两优一先"：在党的系列中，指"优秀共产党员""优秀党务工作者""先进基层党组织"；在团的系列中，指"优秀共青团员""优秀共青团干部""先进基层团组织"。

"六严禁、六倡导"："六严禁"指严禁麻痹大意，严禁有令不行，严禁私自外出，严禁串访聚集，严禁危险作业，严禁饮酒聚餐；"六倡导"指倡导积极心态，倡导随时吹哨，倡导惠企暖企，倡导持续学习，倡导每日运动，倡导自我管理。

三项制度：行政执法公示制度、执法全过程记录制度、重大执法决定法制审核制度。《海关行政执法公示实施办法》《海关行政执法全过程记录实施办法》《海关重大执法决定法制审核实施办法》

"三查三排一转运"："三查"指健康申报核查、体温监测筛查、医学巡查；"三排"指流行病学排查、医学排查、实验室检测排查；"一转运"指对判定的确诊病例或无症状感染者、疑似病例、有症状人员、密切接触者四类人员一律按照有关规定落实转运、隔离、留观等防控措施。

"三实"："求实、扎实、朴实"新时代海关文化。

"三应"："响应、呼应、反应"运行机制。

"三智"：指智慧海关、智能边境、智享联通，是以"智能化"为依托，以高新技术驱动制度创新，推动海关一体治理、边境协同治理、全球合作治理，共促全球贸易安全与便利。

"三重一大"：重大决策、重要干部任免、重大项目安排和大额度资金使用事项。

"双随机、一公开"：为持续深化"放管服"改革，依据《国务院关于在市场监管领域全面推行部门联合"双随机、一公开"监管的意见》（国发〔2019〕5号），在海关行政执法检查事项中推行的随机抽查工作方式。

"双特"：特殊关系、特许权使用费。

"双提升"：强化政治意识，党建工作能力提升。

"四不两直"："四不"指不发通知、不打招呼、不听汇报、不用陪同接待，"两直"指直奔基层、直插现场。

"四方责任"：政治责任、工作责任、社会责任、家庭责任。

"四个最严"：指最严厉处罚、最严肃问责、最严格监管、最严谨标准。

"四强"党支部：指支部班子强、政治功能强、党员队伍强、发挥作用强。

"四责"：党委主体责任、纪委监督责任、党委书记第一责任人责任、班子成员"一岗双责"。

"四自一简"：综合保税区内企业自主备案、合理自定核销周期、自主核报、自主补缴税款，海关简化业务核准手续。

"四维管理"：疫情防控封闭管理期间，高栏海关封闭管理人员从"严格健康监测、坚持工作复盘、持续'学习+党建'、积极运动调适"四个维度开展封闭管理期间的自我管理。

"提吉还重"：24小时空集装箱提离业务模式。

"提前申报"：在进出口货物的品名、规格、数量等已确定无误的情况下，经海关批准的企业可以在进口货物启运后、抵港前或出口货物运入海关监管场所前3日内，提前向海关办理报关手续，并按照海关的要求交验有关随附单证、进出口货物批准文件及其他需提供的证明文件。

"五关建设"：政治建关、改革强关、依法把关、科技兴关、从严治关。

"五个有之"：一是一些单位、一些人不以为然、自作主张、自以为是搞软对抗的有之；二是按个人的偏好行事，权力最大化，责任最小化，功劳最大化，付出最小化，上推下卸的有之；三是有利于自己，有利于部门、单位的就执行，不利于本人，不利于本单位的一推了之、应付了事，选择性执行的有之；四是调子很高、动作很少、效果没有，搞形式主义、做表面文章的有之；五是跑风漏气、制造散布小道消息的有之。

"五核一校"："五核"指政核、办核、文核、法核、专核，"一校"指唱校。

"五自一免"：集团内企业保税料件自由调拨、生产料件自行串换、保税货物自主存放、不作价设备自行调配、外发加工自行管理和免缴全工序外发加工担保金。

"委内加工"：在海关特殊监管区域内，加工贸易企业接受境内区外企业委托，对企业提供的入区货物进行加工，加工后的产品全部运往区外，并收取加工费的商业活动。

"学查改"专项工作：中央和国家机关于2022年3月至6月开展"学习研讨、查摆问题、改进提高"专项工作。

"一案双查"：外查走私案件与内查违纪违法问题同步进行。

"一带一路"："丝绸之路经济带"和"21世纪海上丝绸之路"。

业廉会：业务廉政分析例会制度。

中欧班列：按照固定车次、线路等条件开行，往来于中国与欧洲及"一带一路"沿线各国的集装箱国际铁路联运班列。

索引

说　明

1. 本索引中文标目按汉语拼音顺序排列，同音字按笔画数多少排列。首字母为阿拉伯数字的主题词，排列在本索引之首。
2. 索引名称后的阿拉伯数字表示内容所在的页码，拉丁字母a、b、c分别表示左、中、右栏。
3. 本年鉴的特载、专记、荣誉榜、大事记、海关统计资料、附录均未作索引。

1—9

12360 海关热线　127c　132b　145a　158c　212c
　232c
2022 年度全国海关涉检验检疫罚没金额最大宗案件
　112a
"24 小时通关协调"工作机制　105b
"7×24 小时"预约通关　187a　189a　209c
95198 热线　275b　276c

A

AEO　144bc　145a　147abc　159c　180b　187a
　240b　246c　247a　257a
安全风险监测　124c　132c　133a
安全监督抽检和风险监测计划　126b　127a
安全生产大检查　130c　180c　206a　248b
安全准入风险　111b　112a
案件审理　97a　152b　180a　188a　204c　244b
　255a
澳车北上　98c　134c　164c　214ab
澳门单牌车　238ab　239a
澳门国际帆船赛　193b
澳门海关　107c　110c　113c　135c　147bc　150a
　151a　159c　160b　213bc　225ab　239c
澳门金饰珠宝行业　228a
澳门食品入境暂存仓储　129a
澳门市政署　123a　129bc　250ac

B

巴西红耳龟　113c　151c

班前会　78a　208ab　237ac　261c
保密工作　156b　188a　232c　255b
保密管理　156b　247c
保税仓库　137a　145a　231c　233b
保税维修外发加工　109c
保税物流　106ac　108ab　109a　137a　178a　182b
　240b
保税油供船业务　145a　203b
保税油气液体化工品"同时进出"业务监管模式
　187b　189b
备案时限　148b
边角料网上拍卖　145a
濒危动植物　110c　111ab　145c　151c　152c
　187b
濒危物种　135c　151c　180a　194a　204a　225c
　246b　253c　266bc
病媒生物监测　121a　186b　199a　204b　212a
　227a　244c　257b　270a　271a
病媒生物实验室　167b　271b
不合格进出口食品　126a　232b　266b

C

CMA 扩项评审　266c
CNAS 现场评审　266c
"菜篮子"　128a　250a　268c
查验结果参考互认　135a　159c
车辆备案　208a　209c　214a
成品油　115b　151b　180a　187c
宠物　122b　225b

出口食品生产企业备案　144c　148b　179c　247a

出入境人员　119ac　181a　185a　254b　269a

传染病监测　211a

传染病疫情监测　119b

船边直提　134b　254c　257a

船员闭环管理　195b

窗口作风提升行动　78a　231a　237c

"吹哨人"　201c　203c　239a　264a　267b　275a

春晖2022　181bc　254c

D

打击跨境电商进口走私"断链刨根"专项整治行动　135b

打击虚假贸易　141b

打击治理"水客"走私　90a　91c　92b　99c　101c　110c　118b　134a　135bc　150c　151a　156a　159c　198a　200c　213ac　236a　239b

大麻　111c　151c

大数据分析平台　112c

大数据应用模型建设　112c

大宗能源商品　189a

"单一窗口"　214a　273ab　275b

党建教育实训中心　178b

党建培育品牌　184b　192b　209a　230b　237b

党建示范品牌　178b　198a　230b　237a　243a　265b

党史学习教育　91a　178a　224a　230b　237b　261c　265b　274a

党委书记项目　203a

党务之星　77a　198a　209a　243a　262a

档案工作　157a

档案管理　156c　157bc　188a　195a　201a　226a　241b　255b

刀背麝香龟　113c　151c

抵港直装　134b　245c　254c　256a

第十四届中国国际航空航天博览会　137c　138a　158b　193b

"第一议题"　178a　183c　191c　197c　203a　208c　223c　230a　237a　253a　261c　265a　269b　273c

"点对点"快捷协作　113c　195b　213c

电子口岸制卡　275b　276b

电子口岸专网　273a　276a

调研报告　98a　103a　115b　140c　174c　180b　184a　208a

顶照式小客车检查智能审图　136b

动植物疫情疫病　122a　210a

冻品　97a　151b　180a　213a

多病共防　185a　200a　211a　220c　227a

多病同防　120a　270b

多证合一　144c　148b　179c　231b

E

二级监控指挥中心　137c

二类口岸　134a　191ab

二、三级监控指挥中心　136c　137b

F

法语AEO预认证专家　147c

法治大讲堂　99c

反恐怖联合会演　136b

反恐应急处置演练　203c

反走私联合行动　213c　239b

反走私综合治理　98b　135c　180a　200c　232a　239c

"放管服"改革　97b　148a　231b　246c　276b

飞机发动机保税维修　109c

非接触式货物交接　138c

非洲猪瘟　122b　127ab　179a　219b　227a　240a　266b

菲律宾海关　147c　247a

菲律宾输华水果企业　124a

"分送集报"　231c　233b

"风控+"机制　113b

风险业务监测指标　110b

枫桥经验　97b　99c　100b　101ab　158a　214b
　　215abc　233c　234a　239b

"枫桥经验"实体工作室　97b　100b　101a　214b
　　215b

复议诉讼　98ab　100b

G

港车北上　98c　220a

港珠澳大桥经贸新通道　134c　138bc　139a　218a
　　220a　221c　222ab

港珠澳大桥旅游开发　136a　220a

高栏港综合保税区　106ac　108ac　136a　158b
　　165a　188b　189a

隔离检疫场　122b

工作犬　200a　211a

公安部"百日行动"　151c

公共卫生事件应急处置　120b

公职律师　99a　100ab　101b　214c　233c

供澳门电力　196b

供澳门活动物　209c

供澳门活猪　122a　123a

供澳门民生物资　106b　225c

供澳门水果　122a　124ac　233c　234b

供澳门原水　196b

供港澳砂石　191b　193b　195c　196c

供港澳蔬菜　122c　146b

供港澳种苗花卉　122a　124a

供港鲜活产品　219a

估价　115a　118b

固体废物　111a　130b　133bc　151c　166a　179b
　　185c　187b　190b　194ab　198c　225c　246a
　　249a　253c　265a　266a

关长接待日　158a　192b　201a　212c　226b　232c
　　248a

关企面对面　188a　192b　193b　212b　220b　248a

"关银一KEY通"　274a　275b　276ab

"关园"联动合作机制　249c

广东省打击治理粤港澳海上跨境走私联合行动
　　180a

归类认定　115c

国家发明专利　166b

国门生物安全　76b　79c　90b　92ac　122a　124bc
　　166b　186ab　199ac　204c　210a　219b　227a
　　253c　257abc　258bc　266ab

"国门利剑2022"　150c　180a　187b　194a　200c
　　203c　232a　239b　247c　253c　266b

"国门绿盾2022"　123b　194c　227a　244c　257a

"国门守护"行动　126b

H

海关e课堂　91a

海关·企业面对面　181c

海关史研究　79bc　143b　158c　159a　255c

海关特殊监管区域改革　109a

"海关重点项目和财物管理以权谋私"专项整治
　　84b　85c　157b　184b　192c　201c　203a　209a
　　217b　226c　230c　237a　243b　253b　262a
　　265b

海上伤病船员紧急救援　200a

航空器材减免税　117b

航空维修　109c　241a

航展　137c　193b

"好差评"系统　78a　184c

鹤洲跨境电商监管中心　240c

横琴粤澳深度合作区　84c　87a　90a　91c　97a
　　98ab　102a　103c　105a　107c　108a　110a
　　114a　118b　122a　123c　128c　134a　140a
　　145c　155c　156a　158b　164ac　236a　238abc
　　239c　241abc　275b　276b

红火蚁　124a　179a　186ab　199b　202b　204a
　　219b　240a　245c　266a

猴痘　119c　120a　164b　167b　220c　270bc

"护航2022"行动　233b
"护卫2022"专项行动　136b
货运渠道　105b　110ac　111a　152a　187b　195b
　　225ab　247c

J

稽查岗位练兵技能比武　90b　91c　147b
疾控中心　272c
集团保税监管改革试点推广　179b
纪法送教下基层、进机关　85a
"技术保障能力提升——专家大讲堂"　267a
技术性贸易措施　102b　103c　104a　133a　181b
　　233c　250c
寄递渠道　105b　111b　115a　135b　147a　198c
　　199ac　200c　246b
加工贸易业务风险担保金　145a
监管场所管理　185c　203c
监管服务优化　209b
监管模式创新　122a　124c　128c　159c　234a
监管证件核查　103c
监管作业场所（场地）　136a
检验检疫行政处罚案件　147a
检疫禁止进境物　199c　200a
检疫性实蝇　124a　202bc　204ab　210c　240a
检疫性有害杂草　186b
减免税政策　114c　117b
减税降费　161a　162a　231b
健康申报闸机自助验核　137a
节能宣传周　162c　163a　275c
节约型机关　161a　162b　163b　188b　195a　201b
　　204c　232c　248b　262c
巾帼文明岗　78c　208b　224c　274c　276c
进出境货车　208a　216b　219a
进出境客车　207c　216b　219a
进出口危险货物及其包装　91c　131c　184c
进境马匹　123a　245a
进境邮件税款信息联网项目　115a　117c　198c

进口旧机电　112b　185c　186a
进口冷链食品　126bc　135a　169a　179a　180c
　　220c　267c
经核准出口商　116ab　117a
"经珠港飞"　220a
警示教育月　77c　184c　230c　262a　274b
境外航空器材包修　109c
纠治"四风"　77c　84a

K

卡塔尔世界杯　104b　105bc
"科技创新之星"　266c
科技人员跟班作业　165c
科普教育基地　257c　258c
科研创新　272ab
口岸安全风险联合防控　113c
口岸安全风险联合防控工作机制　110c
口岸公共卫生核心能力　121b　199a
口岸监管　92b　134a　136bc　171c　185c　186a
　　193b　203c　219a　224c　225b　239a　241c
　　253c
口岸监管环节反恐应急演练　186a
口岸食品安全监管　211c
口岸危险品综合治理　111a　147a　189bc　203c
　　246a　247c　254a
"口岸危险品综合治理"百日专项行动　113b　130a
　　131a　137a　145b　180c　193c　198c　220b
　　239a　246a　267c
口岸卫生监督　91c　120c　168b　199a　211c
　　219b　244c
口岸卫生许可审批　121a
口岸疫情防控措施　119c　137b
口述史料　79b
跨部门联合研判　111c　113a
跨境船舶　111a
跨境合作　151a　159c
跨境货车　111a　139b　198c　200b　209b　220b

跨境司机　180c　209c

跨境学童　99b　100a　215b　227b

"跨境一锁"　134c　139a　217c

跨境运输　134c　138c

跨企业存放　148a

快件　115a　135ab　136b　171ab　197ab　198c
　　200b　222c　246bc　247c　249a

快件CT机智能审图试点　251a

快件CT机智能审图算法试点　136b

快速物流通道　139a　219c　222b

L

来往港澳小型船舶　119c　191b　193c　195b
　　202ab　204a　247c

老年大学　172a　173abc

离任经济责任审计　168c　233b

"离退休干部党建云课堂"　174b

廉洁文化建设　75b　77b　192bc　209a　230c
　　253b

绿色通道　119a　120c　146c　147a　180b　187a
　　189a　193b　209c　221a　225c　245c　250a
　　254b　255b　257a　267c

M

鳗鱼　250a

贸易救济　115b　179a

模拟法庭　99a　100b

N

南粤巾帼十杰　178c

内控督察　201b　248c

内控工作法　169c

内控工作室　171b

内控节点体系　169c

内控示范科室　169c　170c　171ab　187c　201b
　　224c　228a　248bc　255a

内外贸泊位同时作业　187b

内外贸货物同船运输　187b

能力验证　167c　181a　270c

年鉴编纂　79c　159a

P

评议基地建设　104a

葡语国家商贸合作服务平台　127a

普法宣传　99bc　100a　195a　200a　214c　215a
　　220b　227b　244b

Q

企业集团加工贸易改革"五自一免"　148a

企业集团加工贸易监管模式改革　145a

"千百十一"信用工程　144b

签证官　91c　124c　126b

枪支　111c　135c　152ab

青年突击队　179a　217c　258b

青年文明号　78c　110b　208b　212b　244a　258b

"清风国门"　77bc　78c　174c　230c　237b　243c
　　274c

清廉家风　76a　77b　173c

全国低碳日活动　162c　163a

"全接驳式"箱式货车转关　193b

全面从严治党　75a　77a　84ac　85abc　183c
　　184b　192a　203a　237a　243b　253a　261b
　　265ac　274b

全民国家安全教育日　100a　124b　156c

R

RCEP原产地声明　116b　117b

RPA（机器人流程自动化技术）监控助手　169c
　　170a

燃料油　111a　151b　202ab　203b

人大建议　156b

"人、物、环境"同防　185a　200a　211c　220c

227a

任中经济责任审计　168c

入侵物种　123b　151c　186ab　199a　204ab
　　210bc　219bc　244c

S

三查三排一转运　211a　245b　254b

"三察联动"　81a　82c

三个梯队　87a　200a　232b

三级监控指挥中心　214a　221a　227c　228a　239b
　　248c

"三联三同"监管模式　128c　129a

涉企收费　162a

"身边事、警示谈"　85a

审计自查　169a　233a　248b

生物医药　107bc　250a　268b

"十佳党建工作法"　178b

"十佳管理优化项目"　190b

"十佳青年"　178c

实训教学点　92a　93ab　231a

实验室安全　166b　270c

实验室能力提升　270c

实验室"双活"备份机制　167a

实用新型专利　166b　179b　272b

食品安全大讲堂　128a

食品安全合作机制　127b

食品安全体系研究　126c

食品安全宣传周　127bc

食品标签技术整改　107a　128c

食用农产品　122bc

食用水生动物　122ab　123a　204b

首次　79a　86b　88b　90c　110a　111a　112a
　　119a　120a　121a　125c　128b　136b　140a
　　147c　159a　167b　170c　179a　186b　234b
　　240a　250c　257b　271a

首创　182a　241c

首单　134c　214b

首个　100c　136a　164b　166b　171b　182a　233c
　　234a　246a

首家　116a　179a　231c　270c　275b　276b

首例　194c　249b　257b

首批　92bc　128bc　138a　157c　221b　247a
　　250b　253c　255b　256b　257a

首票　138b　182b　221bc　222c　241a　257a

首宗　97b　151c

书画摄影作品展　184a

书记项目　192a　198a　203a　217c　224a　230b
　　253b

署级科研项目　125c　266c

署级研究课题　141a

属地查检绿色通道　146c　187a

数据安全分类分级　142a

数据安全审核　142b

"双活"实验室检测　270a

"双随机、一公开"　102a　103a　136a　146a
　　168b　171c　231c　248a

水上渠道　151b

税费财务管理　161ab

税款担保改革　114b

税收征管　98c　114ab　115a　116c　118bc　171c
　　183a　186c　191a　197a　207a　223a　229b
　　242a　244c　254a

税则税政　115b

思想动态调研　79a　244a

"四强"党支部　77a　172b　178c　184b　192b
　　198a　203a　209a　217c　224a　230b　237b
　　243a　253b　262a　274a

饲料　122bc　186b　268c

笋壳鱼　250a

T

特色课程　92bc　253c

特殊监管区域整合优化　108a

特殊物品　120c

特许权使用费 115a

特约监督员 78a 192b 230c

提吉还重 134b 187b 193a

提前申报 102b 137a 186c 189a 193a 203a 209c 217c 221c 245c 256a 257a

体温监测 136c 211b

"挑毛病"专家组 120a 137b 185c 200a 205c

通报表扬 87b 110b 142a 156c 185a 193a 224c

同船运输 134bc 187b 193a

统计监测分析 141bc

统计数据质量综合管控 140b 141a

团伙走私 112a 113b 151ac 152a

W

WCO 147c

外贸监测分析 142a

外贸统计数据 142c

"网购保税进口+展示交易"项目 181c 182ab

网络安全 76b 164b 165b 166c 195a 255c 275ab 276a

危险品检验监管 130ac 131ac 186a 190a

危险品监管 190a

危险品属地查检 137a

"微创新"应用项目 164b 166bc

卫生监督 91c 118a 120ac 121a 168b 185c 199a 211c 212a 218b 240a 244c

卫生检疫实验室 167a 270bc 271bc

文明单位 76b 178c 198b 224c 237c 244a 274c

"问题单"跨部门会审 103b

无接触式登临检疫模式 185a

X

习近平新时代中国特色社会主义思想 75ab 84a 90ac 91a 92b 155a 172a 183c 192a 197c 208c 223c 230a 237a 253ac 261b 269b 273b

洗钱 150a

"先放后检" 130a 132a 189b

先进单位 155c

先进个人 155c

鲜活 111a 122a 123a 124a 128b 146c 179a 180b 187a 208a 209c 210a 212a 218a 291a 221b 225ab 230a 250a

乡村振兴 79c

香港食物环境卫生署 123a 128a 221c

香港渔农自然护理署 123a

"响应、呼应、反应"体系 113a

消费品 132b 194a

新冠靶向测序技术 271c

新冠核酸检测结果互认 272c

新冠疫情 92a 124b 155a 157a 164a 181c 204c 205a 207b 220c 224c 245a 254b 267c

新能源电池 117b

新闻宣传 140a 142a 144c 158b 201a 212c 213b 220b 226b 247c 255b 275c

信访 77b 158a 195a 212c 220b 226b 232c 247c 248a

信息公开 98c 157c 158a 188a 201a 212b

信息化建设 110a 122a 125b 161c 164abc 165a 255c

信息宣传 195a 232c 241b 247c 248a

"星级党员志愿服务岗" 209c 275b 276c

行邮物品资料库 117c 165a

行政复议 97b 98c 158a 188a 215c 244b

行政执法"三项制度" 97a 100b 201a 241c

选人用人 77b 86a 87c 192c 198b 218b 253c 270a

"选育管用"链条 224ab

"学查改" 75ac 76c 82a 184a 192b 198a 208c 217b 223c 230a 237a 243a 253a

261c　265b　274a

巡察整改　81a　82abc　83ab　217b　243b

Y

洋垃圾　108c　110c　112a　145c　151c　169a
　　180a　185c　187b　194a　203c　225c　253c

药品进口口岸　102b　103c　180a　254c　256c
　　257a

业务运行管控　103b

液化天然气　189a　234c　235a

"一带一路"　127a　140a　155b　240ab

一港通　134b　139bc　254c　255c　256a

一类口岸　134a　191a　202b

一码头一策　254c

"一企一策"　181b　187a　189c　221b　254c
　　255b

以案促改　84a　184c　192ab　218b　230c　237b
　　243b　262a　274b

异宠　111b　113c　123b　124c　147a　199b　200a
　　266b

应急处置　120b　124c　155b　157a　166ac　181a
　　188b　195b　203c　205ab　211b　221a　225a
　　227c　232b　248a　264c　267c

应急演练　165b　166a　180c　181b　185b　186a
　　188b　195b　220b　226b　232bc　241b　248b
　　267c　276a

应急预案　158a　195b　203c　205b　220b　221c
　　232bc　239c　267c　275a　276a

用好管好大桥　84c　155c　156a　164c

优化口岸营商环境　84c　162a　180a　193a　203a
　　249c　254b　273b

邮件　115a　117c　135ab　171a　197ab　198c
　　199b　200ab

有害生物　122a　123ab　124a　179a　186ab　194c
　　199b　200a　204a　210b　219b　227c　240a
　　244c　253c　266b

预防性消毒监督　121a　135a　180c　195b　220c

　　245c　254b

预算管理信息化建设　161c

预算执行　161c　162a

预算资金支付　162a

预制菜　128b　247a　250bc　251a

原产地证书自助打印　116a　117b　182a

援港抗疫　102a　105ab　221a　245c　254b　256a

院感防控　271c　272a

月饼　181b

"粤澳联合一站式"查验　107c

粤澳执法合作　150a

Z

再生金属原料　130b　133bc　255a

"证照分离"　97c　231b

政府采购　162c　163c　261a　263c

政务公开　157c　188a　201a　212a　220b　226b
　　231a　232c　247c　248a　255c

政协提案　156b

政治机关建设大家谈　75c

政治机关建设专项教育　91a　172c　184a　208c
　　217a　223c　237a　269b

知识产权　102c　104abc　105bc　180b　193c
　　198c　203c　219a　226b　239b　244b　247c
　　254a　255b

执法办案管理中心　152a

执法评估　168a　170abc

执法协作　104b　107c

直提直装　193a

职称评审　88c

职工书屋　198b

智慧动植检建设　125b

智慧监控指挥平台　227c　228a

智慧物流监管中心　193c

智能审图　88c　136ab　198bc　200a　225b　251ab

中国海关贸易景气（进口）试点调查样本企业
　　143a

中国外贸出口先导指数调查样本企业　140c　142c

《中华人民共和国进出境动植物检疫法》颁布实施
　30周年　124b

中山市文明单位　178c

中山综合保税区　106a　108a　180a

中途监管站　191a　193c

中央八项规定精神　78a　84c　218b　231a

中央巡视　81b

重点实验室　165c　166a　179b

珠澳跨境联络　151c

珠澳两地食品跨境贸易　129b

珠澳卫生检疫合作　227b

"珠海—澳门—香港"临时邮路　198c

珠海保健中心　165c　167a　168c　269abc　270abc
　271abc　272abc

珠海市文明单位　76b　198b　244a

"珠海英才计划"　88c

主动披露　146a　148c　149ab　178a　247b

"注销便利化"措施　246c

专精特新企业　140c　141c　180b

专利授权　266c

专题党课　192a　202c　224a　230c　253a　265a
　269b　274c

专题调研　90b　98a　108b　132b　178c　180b
　192a　198b　208a

专项调研　140bc　141bc　247a

专项督察　168b　187c　232a　233a　248c　255a

专项核查　112b

专项稽查　145c

专项监督　84abc　85a　126c　163c　185b

专项审计　108a　168a　169a

专业技术人才培养　270a

准军事化纪律部队建设　78a　231a　237c　262a

资金收支　162a

综合保障　171a　212c　232c　255c　275c

综合管理服务平台　164a　167c

综合治税　114a　161a　186c　193c　219c　231b
　244c

组合港　134b　139bc　193b　251bc　254c　255bc
　256a

最美家庭　78c　179a　219a

"左、中、右"监管方案　107b

"中国海关史料丛书"编委会

主 任 委 员　胡　伟　许大纯

副 主 任 委 员　黄冠胜　赵增连　杨振庆

编 委 会 委 员　翟小元　张　红　吴瑞祥　刘书臣　龙夫春　李海勇
　　　　　　　　田　壮　詹庆华　陈福升　孙霞云

执 行 主 编　谢　放　詹庆华　郭志华

编　　　　辑　房　季　王　虎　解　飞　范嘉蕾　李　多　刘金玲
　　　　　　　贺　红　邓玉栋